Cahiers libres

DU MÊME AUTEUR

AUX MÊMES ÉDITIONS

Pour les musulmans, 2014 ; La Découverte-Poche, 2016, 2021.
La Victoire des vaincus. À propos des Gilets jaunes, 2019.
La Sauvegarde du peuple. Presse, liberté et démocratie, 2020.
Le Président de trop, précédé de « La question française », La Découverte-Poche, 2021.

CHEZ D'AUTRES ÉDITEURS

La République inachevée. L'État et l'école en France, Payot, 1985 ; Stock, 1997 ; « Biblio », 1999.
Voyage avec Colomb, Le Monde éditions, 1991.
La Part d'ombre, Stock, 1992 ; Gallimard, « Folio Actuel », 1994.
Un temps de chien, Stock, 1994 ; Gallimard, « Folio Actuel », 1996.
Les Mots volés, Stock, 1997 ; Gallimard, « Folio Actuel », 1999.
L'Épreuve, Stock, 1999.
Secrets de jeunesse, Stock, 2001 ; Gallimard, « Folio », 2003.
La Découverte du monde, Stock, 2002 ; Gallimard, « Folio », 2004.
Le Journaliste et le Président, Stock, 2006.
Procès, Stock, 2006 ; Gallimard, « Folio », 2007.
Chroniques marranes, Stock, 2007.
Combat pour une presse libre, Galaade, 2009.
Le Droit de savoir, Don Quichotte, 2013 ; Points, 2014.
Dire non, Don Quichotte, 2014 ; Points, 2015.
La Troisième Équipe. Souvenirs de l'affaire Greenpeace, Don Quichotte, 2015 ; Points, 2016.
Dire nous, Don Quichotte, 2016 ; Points, 2017.
Voyage en terres d'espoir, Éditions de l'Atelier, 2016.
Le Devoir d'hospitalité, Bayard, 2017.
La Valeur de l'information, Don Quichotte, 2018 ; Points, 2019.
Tous les films sont politiques. Avec Costa-Gavras, Points, 2021.

EN COLLABORATION

L'Effet Le Pen, avec Alain Rollat, La Découverte-Le Monde, 1984.
Mourir à Ouvéa. Le tournant calédonien, avec Alain Rollat, La Découverte-Le Monde, 1988.
L'Affaire Clichy, avec Jean-Pierre Mignard et Emmanuel Tordjman, Stock, 2006.
Devoirs de vérité, avec François Hollande, Stock, 2006.
Le 89 arabe, avec Benjamin Stora, Stock, 2011.
Notre France, avec Farouk Mardam Bey et Elias Sanbar, Sindbad/Actes Sud, 2011.

Edwy Plenel

À gauche de l'impossible

La Découverte

Composé par Facompo à Lisieux
Création graphique de la couverture : Valérie Gautier
Dépôt légal : septembre 2021

Si vous désirez être tenu régulièrement informé de nos parutions, il vous suffit de vous abonner gratuitement à notre lettre d'information par courriel, à partir de notre site

www.editionsladecouverte.fr

où vous retrouverez l'ensemble de notre catalogue.

ISBN 978-2-348-04196-9

En mémoire de Daniel Bensaïd
(1946-2010)

Il est bon qu'il y ait
des hérétiques.

Marc Bloch
L'Étrange défaite (1940)

J'ai inventé un culte secret
mon soleil est celui que toujours on attend

Aimé Césaire
Corps perdu (1949)

D'une décennie à l'autre

Ce livre fait suite au *Président de trop*, publié en 2011 et réédité en même temps que paraît *À gauche de l'impossible*[1]. D'une décennie à l'autre, tous deux chroniquent la transformation de la France en démocratie autoritaire au nom d'une idéologie identitaire. Commencé sous la présidence de Nicolas Sarkozy (2007-2012), ce basculement s'est poursuivi sous celle de François Hollande (2012-2017), avant de s'approfondir sous celle d'Emmanuel Macron qui, depuis son élection en 2017, en est devenu l'incarnation.

La prise de conscience de la dérive sarkozyste permit la victoire sans enthousiasme du candidat François Hollande tout comme, une fois au pouvoir, le renoncement sans combattre des socialistes, dont le Premier ministre Manuel Valls fut l'étendard, permit le coup de poker du protégé du président, Emmanuel Macron, devenu son successeur dans un chamboule-tout électoral. Derrière l'apparent effondrement de la politique traditionnelle, de ses partis et de ses repères, une constante unit ces trois présidences : la défense acharnée d'intérêts sociaux minoritaires, ceux d'une petite oligarchie de fortunés et de privilégiés, par la répression sans pitié des protestations surgies de la société et par la désignation de boucs émissaires en guise de diversion idéologique.

Qu'une partie de la gauche, partisane ou intellectuelle, soit emportée par ce courant réactionnaire et conservateur

1 Edwy Plenel, *Le Président de trop*, précédé de « La question française », La Découverte-Poche, Paris, 2021.

caractérise cette période qui en rappelle d'autres. Preuve qu'elle est toujours à refonder et à réinventer, ce n'est pas la première ni sans doute la dernière des crises morales qui déchirent ou emportent la gauche. Ce fut le cas aux débuts de la IIIe République – face à la Commune de Paris, puis avec l'affaire Dreyfus –, pendant l'entre-deux-guerres – devant la montée du fascisme et du nazisme –, ou lors de la décolonisation – durant la guerre d'indépendance de l'Algérie notamment.

Cette apparente répétition n'est en rien rassurante. Quand l'espoir se dérobe au sein même de la famille politique prétendant incarner l'alternative à l'ordre social dominant, l'avènement du pire ne rencontre plus guère d'obstacles tant le doute, la division et le renoncement lui facilitent la besogne.

J'ai fait ce livre pour tenter de les conjurer.

Paris, le 19 juillet 2021

Post-scriptum : Par pur hasard, j'ai mis le point final le jour où nous avons appris, grâce à une enquête du consortium Forbidden Stories, que Mediapart, son directeur et l'une de ses journalistes, Lénaïg Bredoux, avaient été espionnés en 2019 et 2020 par le Maroc. Hommage du vice à la vertu, cet attentat aux libertés commis par un régime monarchique et autoritaire confirme l'utilité d'une presse indépendante au service d'un droit de savoir sans frontières. Mais, surtout, au-delà de notre cas particulier, les révélations de Forbidden Stories sur la dissémination du logiciel espion « Pegasus » soulignent l'enjeu planétaire d'une défense radicale de la démocratie, des libertés et des droits, face à la menace d'une surveillance généralisée des sociétés et des individus.

I. Face à la catastrophe

La catastrophe n'est pas à venir, elle est déjà là. Elle ne se conjugue pas dans un futur proche, elle est installée à demeure, dans le présent. Il ne s'agit plus de l'éviter, mais de l'affronter. De la regarder en face en cessant de s'illusionner. Et d'abord d'échapper à son piège qui est celui des Gorgones, ces trois sœurs de la mythologie grecque dont la plus célèbre, Méduse, avait ce pouvoir redoutable de pétrifier les mortels ayant croisé son regard. La catastrophe fonctionne de même : en nous aveuglant, elle nous prend dans ses rets tels des lapins saisis par des phares, et ainsi nous paralyse, nous immobilise et nous tétanise, nous empêchant de réfléchir et de comprendre, d'agir et de lutter, de résister en somme.

La catastrophe, écrivait Walter Benjamin alors qu'il était minuit dans le siècle qui nous a précédé, c'est que tout continue comme avant. « Il faut fonder le concept de progrès sur l'idée de la catastrophe, notait-il. Que les choses continuent comme avant, voilà la catastrophe[1]. » Nous y sommes, de nouveau. Comment rompre ce cycle infernal de la répétition monotone, déprimante et démobilisatrice, d'un présent devenu monstrueux tant il entrave l'avenir et interdit le rêve ? Un présent d'aliénation, de domination et de soumission, de mensonge et d'imposture, où s'entremêlent les catastrophes sécuritaires, sanitaires, écologiques, sociales et démocratiques : désastres climatiques, attentats terroristes, virus inconnus, inégalités croissantes, injus-

---

1 Walter Benjamin, *Paris, capitale du XIXᵉ siècle. Le livre des passages*, trad. Jean Lacoste, Cerf, Paris, 1993.

tices persistantes et discriminations insistantes, libertés fragiles et régressions autoritaires, tentations nationalistes et aveuglements impériaux, Tout-Monde en guerre et Tout-Vivant en péril. Liste qui n'est pas exhaustive…

La réponse ne viendra pas d'en haut, d'avant-gardes autoproclamées, d'experts prétendus ou de gouvernants discrédités. Elle viendra du mouvement de la société elle-même, de ses inventions et de ses mobilisations, comme l'ont illustré ces dernières années en France le surgissement de mouvements sociaux inédits, des gilets jaunes aux luttes antiracistes, en passant par les jeunesses engagées pour le climat ou par l'irruption avec #MeToo d'un nouveau féminisme, sans oublier les convergences éco-sociales où fin du mois et fin du monde s'unissent dans une commune urgence, toutes ces mobilisations faisant front uni face aux mêmes violences policières.

C'est ce qu'entend documenter ce livre en se fondant sur les alarmes que je n'ai cessé de lancer, cette dernière décennie, depuis le journal en ligne Mediapart, m'appuyant sur son travail collectif d'information, d'enquête et d'analyse, au plus près du réel. Si la gauche politique est aujourd'hui bien en peine, fragile, minoritaire et divisée, c'est parce que, depuis les années 1980, elle s'est détachée de la société qui la légitimait pour s'identifier à l'État dont elle revendiquait la gestion. Or être de gauche, sur la durée, ce n'est pas vouloir absolument le pouvoir, c'est d'abord défendre la société contre les abus des pouvoirs, qu'ils soient étatiques, politiques ou économiques, mais aussi liés à la condition, à l'origine ou au genre, entremêlant domination sociale, discrimination raciste et oppression patriarcale.

Il ne s'agit pas, pour la gauche, de rejeter l'idée même de gouverner, rejet qui conduit bien souvent à l'impuissance. Il s'agit de refuser que ce soit au prix d'une rupture avec les luttes concrètes qui ont permis et légitimé cette accession au pouvoir. Et d'empêcher, à l'avenir, qu'un gouvernement de gauche se retourne une fois de plus contre celles et ceux qui mènent les combats pour la justice et pour l'égalité.

Un souvenir à l'instant du péril

En ce sens, *À gauche de l'impossible* est un plaidoyer contre les raccourcis partisans qui, faisant miroiter des succès électoraux immédiats, épousent la culture politique dominante, celle-là même qu'une gauche émancipatrice devrait mettre en cause : verticalité du pouvoir, césarisme présidentiel, intolérance au pluralisme, absence de culture démocratique, mépris des mobilisations populaires, rejet des causes communes intersectionnelles, incompréhension des nouvelles luttes écologistes, antiracistes et féministes.

C'est ce pari sur l'impossible qu'il nous faut d'urgence renouveler, non pas pour la gauche seule, mais pour l'humanité tout entière. Nous vivons en effet des temps de crise de civilisation où l'effondrement général menace, dans un mélange inextricable de destruction du vivant et de déshumanisation du monde, favorable à l'émergence de fuites en avant autoritaires et identitaires, préservant une minorité de prévaricateurs et de prédateurs qui profitent des injustices et vivent des inégalités.

Dans cette course de vitesse, les solutions émancipatrices, soucieuses de libertés individuelles et de solidarités collectives, ne tomberont jamais d'en haut, là où précisément règne ce qui nous ruine : l'aveuglement de la possession, du pouvoir et de l'avoir. Elles ne pourront venir que de l'expérience concrète de celles et ceux qui ne se résignent pas au pire, de leurs délibérations et de leurs inventions, de leurs résistances et de leurs partages, de leur chemin commun et de leurs empathies réciproques. De leurs inquiétudes, surtout. De leurs alarmes et de leurs colères.

Car ce qui redouble la catastrophe, c'est de croire que l'on peut y échapper. À l'inverse, ce qui permet de la combattre, c'est d'avoir pris la mesure de son ampleur. « C'est seulement par ceux qui sont sans espoir que l'espoir nous est donné » : critique prophétique de nos modernités industrielles et impériales, Herbert Marcuse terminait son essai *L'Homme unidimensionnel* par cette citation de Walter Benjamin[2]. Preuve, s'il en était besoin, que ces lucidités, loin d'être démobilisatrices, sont une invitation au sursaut, l'essai

---

2 Herbert Marcuse, *L'Homme unidimensionnel*, trad. Monique Wittig, Éditions de Minuit, coll. « Arguments », Paris, 1968.

de Marcuse fut traduit en France en 1968, dont les événements de Mai-Juin firent mentir l'ennui[3]. Ne pas se rassurer à bon compte, ce n'est pas prédire l'avenir mais, au contraire, l'ouvrir à l'inattendu et à l'imprévu. Ce n'est pas nous condamner au désespoir mais nous obliger à inventer l'espoir. Seule la conscience aiguë des périls entrouvre la porte étroite du salut.

« Il a son poste à gauche de l'impossible » : semblable à une lumière fragile et entêtée ayant résisté aux ombres menaçantes et récurrentes, c'est le souvenir de cette autre réflexion de Walter Benjamin qui s'est imposé quand j'ai cherché le titre de ce livre. Il fit cette remarque à propos de Kurt Tucholsky, sans doute le journaliste le plus lucide de la République de Weimar, dans l'Allemagne de l'entre-deux-guerres. Tucholsky se suicide en exil, le 21 décembre 1935, à Göteborg, en Suède. Moins de cinq ans plus tard, réfugié en France, Benjamin fait le même choix, le 26 septembre 1940, à Portbou, juste après avoir traversé la frontière franco-espagnole[4].

Terminant avec Kurt Tucholsky son hommage aux milliers d'intellectuels, d'artistes, d'écrivains, de militants et d'opposants qui durent quitter l'Allemagne à partir de 1933, après l'avènement au pouvoir d'Hitler, Jean-Michel Palmier rappelait combien la pertinence de ses alarmes lui valait des attaques incessantes, venues de partout. Les nazis voulaient le lyncher, la droite le vouait aux gémonies, les socialistes lui reprochaient de saper la République et les communistes de rester sans parti[5]. Cet homme libre ressemblait à « un petit Berlinois rondouillard [qui] voulait arrêter la catastrophe avec une machine à écrire », dit de lui l'un de ses contemporains tant, journaliste reconnu et écrivain à succès, Tucholsky n'en restait pas moins impuissant. « Le calvaire de cette génération, en tant qu'intellectuels, commente Palmier, c'est assurément d'avoir eu une claire vue de la rationalité ou de l'irrationalité historique, sans être le moins du monde capable d'agir sur elle. »

---

3 Pierre Viansson-Ponté, « Quand la France s'ennuie… », *Le Monde*, 15 mars 1968.

4 Cf. Lisa Filtko, *Le chemin Walter Benjamin*, Seuil, coll. « La librairie du XXIe siècle », Paris, 2020.

5 Jean-Michel Palmier, *Weimar en exil. Le destin de l'émigration intellectuelle antinazie en Europe et aux États-Unis*, Payot, Paris, 1988, 1990.

J'ai conçu ce livre pour exprimer et partager un désarroi semblable, et en même temps pour nous en libérer. Car, en tirant sa révérence, Kurt Tucholsky ne rendait pas les armes. « Il faut recommencer à zéro. Il faut tout reprendre à zéro », écrit-il, le 15 décembre 1935, dans l'une de ses dernières lettres, exprimant sa colère face à cette partie de l'émigration allemande qui se berçait encore d'illusions, pensant que « tout continue, comme si de rien n'était »[6]. « J'ai appris, répliquait-il, qu'il vaut mieux dire qu'il n'y a rien, plutôt que de se leurrer, soi et les autres. » Mais il ne se sentait plus la force de faire face, pariant plutôt sur le secours d'« une force juvénile », « d'autres, des nouveaux, qui viendront après nous ». Et leur léguant cette consigne : tout recommencer, tout reprendre, « à zéro, au tout début ».

De dix ans leur cadet, Günther Anders, qui fut aussi de ce Weimar en exil, survécut à Benjamin et Tucholsky. Antinazi de la première heure, il est aujourd'hui reconnu comme le précurseur de l'écologie politique, délivrant le souci du bien commun des logiques de domination et des impératifs de puissance et, surtout, ne dissociant pas l'homme de la nature[7]. Pourfendeur pionnier de la menace nucléaire et critique original de la marchandisation universelle, il accorda en 1977 un long entretien dont le titre allemand, « La destruction d'un avenir », fut remplacé, dans la version française, par cette interpellation ironique, devenue une sorte de principe de vie chez Anders : « Et si je suis désespéré, que voulez-vous que j'y fasse[8] ? »

Il la rappelle à la fin de l'entretien, quand son jeune intervieweur lui pose la question suivante, celle-là même qui, ici, nous préoccupe : « Vous avez un jour énoncé ce commandement : "Inquiète ton voisin comme toi-même !" Vous avez posé encore d'autres postulats. [...] Ce sont au fond des exigences qui, quelque peu transformées, ne serait-ce que dans la formula-

6 Kurt Tucholsky, *Bonsoir révolution allemande !*, trad. Alain Brossat, Klaus Schuffels, Claudie Weill, Dieter Welke, Presses universitaires de Grenoble, Grenoble, 1981.

7 Voir Günther Anders, *L'Obsolescence de l'homme*, 2 tomes : t. 1 *Sur l'âme à l'époque de la deuxième révolution industrielle* (trad. Christophe David, Ivrea et L'Encyclopédie des nuisances, Paris, 2001) et t. 2 *Sur la destruction de la vie à l'époque de la troisième révolution industrielle* (trad. Christophe David, Éditions Fario, Paris, 2011).

8 Günther Anders, *Et si je suis désespéré, que voulez-vous que j'y fasse ?*, trad. Christophe David, Allia, Paris, 2018.

tion, se rattachent à la tradition chrétienne, aux Lumières, mais aussi à l'ancienne devise du mouvement ouvrier : "Tu peux tout stopper si ton bras solide le veut." Voilà une revendication qui est plus vieille que vous et moi, et que des milliers de gens ont formulée au cours de ces cent, deux cents dernières années. Si, face à l'échec de ce cri, le désespoir nous saisit, de quoi se nourrit alors l'espoir, et où trouver la consolation et le courage pour continuer ? »

Voici la réponse d'Anders, plutôt laconique : « Le courage ? Je ne sais rien du courage. Il est à peine nécessaire à mon action. La consolation ? Je n'en ai pas encore eu besoin. L'espoir ? Je ne peux vous répondre qu'une chose : par principe, connais pas. Mon principe est : s'il existe la moindre chance, aussi infime soit-elle, de pouvoir contribuer à quelque chose en intervenant dans cette situation épouvantable, dans laquelle nous nous sommes mis, alors il faut le faire. Mes *Commandements du siècle de l'atome*, que vous venez d'évoquer, se terminent par le principe qui est le mien : et si je suis désespéré, que voulez-vous que j'y fasse ? »

À gauche de l'impossible participe de ce quelque chose qu'il faut faire, aussi infime soit sa chance de réussite. Ou, mieux encore, même s'il échoue. Rien ne sert de se lamenter ou de s'apitoyer, sinon à s'égarer plus encore, dans la quête de vaines assurances qui ne résisteront pas aux paniques morales de l'époque. Ces dernières années, nous les avons vus à l'œuvre, ô combien, ceux qui, prenant peur, s'inquiétant d'abord de leur propre sort et ne pensant qu'à leur survie, n'ont cessé de dévaler les escaliers du déshonneur, de se renier et se perdre, larguant les dernières amarres qui les reliaient encore à quelques principes et fidélités.

Le spectacle de cette désolation est en lui-même un repoussoir. Et une invitation à prendre de la hauteur. À se relever et s'élever, tous ensemble. Nous ne sommes ni les premiers ni les derniers à douter. Mais ce qui est certain, c'est qu'en ne cédant pas à cette angoisse, nous ne serons pas les premiers à renoncer ni les derniers à espérer. Et qu'ainsi nous échapperons à Méduse et à sa malédiction pour maintenir entrouverte la porte étroite de l'espérance.

Le journalisme face à l'effroi

Comme l'enseignement, le journalisme tient de la répétition. « Parler de liberté n'a de sens qu'à condition que ce soit la liberté de dire aux gens ce qu'ils n'ont pas envie d'entendre » : cette remarque de George Orwell, dans sa préface longtemps inédite à *La Ferme des animaux*, résumait ainsi l'inlassable combat du journalisme indépendant face à l'« esprit de gramophone » propre au journalisme de gouvernement, ventriloque des pouvoirs et de leur communication[9]. Lancées de 2012 à 2021, les alarmes qui scandent la seconde partie de ce livre égrènent ces vérités que ces pouvoirs auraient préféré ne pas entendre et qu'ils ont tenté d'étouffer.

Trois événements les jalonnent. Le journalisme est l'auteur du premier, le terrorisme l'acteur du deuxième, la politique la scène du troisième. L'affaire Cahuzac révélée par Mediapart en décembre 2012, les terrifiants attentats terroristes de janvier et décembre 2015, le tournant autoritaire et identitaire de la présidence Macron courant 2018 : le fil qui, ici, relie ces moments de nature et de portée différentes, est la responsabilité du journalisme face aux facilités de l'époque, à ses accommodements et à ses conformismes. Démasquer le mensonge qui protège la corruption, ne pas céder à la politique de la peur, prendre le parti de la société contre l'État : dans des contextes différents, l'attitude est la même, qui rejoint la recommandation d'Albert Camus de pratiquer un « journalisme critique[10] ».

Au risque de toujours déplaire, dans tous les camps, le journaliste qu'il fut constamment, d'*Alger républicain* à *L'Express* en passant par *Combat*, refusait en effet les demi-vérités consolantes qui n'entrevoient que ce qui convient aux préjugés dominants. De même que la fin ne saurait justifier les moyens, aucune juste cause ne saurait s'accommoder de l'injustice d'un mensonge, fût-ce par omission. S'agissant du devoir d'informer,

---

9 George Orwell, *La Ferme des animaux*, trad. Jean Queval, Champ Libre, Paris, 1981. La préface est restée inédite durant un demi-siècle et n'a été publiée qu'en 1995, cinquante ans après la première édition anglaise. Elle se trouve dans le troisième tome de ses *Œuvres* (*Essais, articles, lettres 1943-194,* Champ Libre, Paris, 1998).

10 *Camus à* Combat. *Éditoriaux et articles (1944-1947)*, Édition de Jacqueline Lévi-Valensi, Gallimard, coll. « Cahiers Albert Camus », Paris, 2002.

cette exigence exclut les facilités qui épousent nos fainéantises, les démagogies qui flattent nos bassesses tout comme les vindictes qui encouragent nos détestations.

Dans l'instant, cette attitude de raideur et de hauteur, où l'indépendance crée de la distance, isole ceux qui l'adoptent, suscite des malentendus ou des éloignements, provoque des ruptures et des détestations – la vie de Camus, libertaire inclassable, en témoigne surabondamment. Mais, sur la durée, elle sauve des vigilances sans âge dont sauront profiter les générations suivantes.

Camus était d'une génération brutalement déniaisée par les tragédies vécues – crimes, guerres, massacres, etc. Il n'a cessé de penser le présent en ayant en surplomb cette lucidité exprimée par David Rousset, de retour de l'univers concentrationnaire, en 1946 : « Les hommes normaux ne savent pas que tout est possible[11]. » Tout est possible, y compris le pire de l'homme, négation de sa propre humanité. Quand, avec les attentats de masse qui ont frappé la France en 2015, nous l'avons appris à notre tour, d'expérience concrète, douloureuse forcément, durable certainement, Mediapart a choisi d'entendre les avertissements de Camus[12].

Nécessaire, le pessimisme lucide sur les dangers qui nous menacent n'est jamais une excuse pour céder aux passions tristes des propagandes et des idéologies, de leurs aveuglements ou de leurs ignorances. Pour ceux qui font métier d'informer, revisiter à cet instant son appel de l'été 1944 dans *Combat* à « une profonde mise en question du journalisme par les journalistes eux-mêmes » revient à sauver un passé qui éclaire le présent au moment du péril. Entendons ce qu'il nous dit : à rebours des suivismes patriotiques ou des conformismes étatiques, nous devons, plus que jamais, chercher à comprendre, ce qui signifie interpeller, questionner, analyser, enquêter, discuter, mettre en doute et en perspective.

Par gros temps non seulement politique mais aussi médiatique, tant le métier de journaliste est malmené et la profession

11 David Rousset, *L'Univers concentrationnaire*, Éditions du Pavois, Paris, 1946.

12 J'ai repris, dans la dernière réédition de *Pour les musulmans* (La Découverte, Paris, 2021), tous les articles que j'ai écrits pour Mediapart sous le choc des attentats de 2015.

déstabilisée, c'est une invite à reprendre courage et retrouver dignité dans l'exigence du droit de savoir du public et dans le souci de notre responsabilité devant les citoyens. Nous ne saurons faire face collectivement au terrorisme qu'en assumant et en revendiquant notre liberté et les droits qui la constituent, dans le respect, l'écoute et le partage : droits de savoir, de discuter et de délibérer, de critiquer et d'inventer, de proposer et de protester, etc. Les crispations autoritaires et hautaines qui sont, hélas, devenues courantes chez ceux qui nous gouvernent, aujourd'hui comme hier, nous affaiblissent au lieu de nous protéger. Elles nous désarment par les divisions qu'elles créent quand il faudrait nous rassembler dans le souci de mieux comprendre pour bien agir. Loin de retarder cette victoire du terrorisme que serait notre déchirure collective par la haine de l'autre et le rejet du monde, ces fuites en avant sécuritaires la précipitent faute de hauteur et de vision.

Le 10 décembre 1957, à Stockholm, dans son discours de remerciement pour le prix Nobel de littérature, Albert Camus nous avait déjà mis en garde. « Chaque génération, sans doute, se croit vouée à refaire le monde, disait-il. La mienne sait pourtant qu'elle ne le refera pas. Mais sa tâche est peut-être plus grande. Elle consiste à empêcher que le monde se défasse. » Dans le contexte de l'époque, celui de la guerre froide, des luttes anticoloniales, des impérialismes et des indépendances, des dictatures jusqu'en Europe même, du communisme militant et des jeunesses révoltées, en somme des émancipations et des résistances, le propos a pu sembler frileux, comme en retrait ou en réserve. Pourtant, entendu aujourd'hui, il semble plus actuel que jamais. Et, loin de paraître une invitation à la prudence ou à l'indifférence, il sonne tel un appel à l'engagement.

Non pas l'engagement étroitement partisan de ceux qui voudraient plier le réel à leur dogme, cet engagement aveugle de ceux qui, parce qu'ils croient penser politiquement juste, se croient aussi certains de dire vrai. C'est à un engagement plus fondamental qu'invite Camus : un engagement existentiel, celui de notre condition d'hommes et de femmes libres. Notre liberté nous requiert, et exige notre responsabilité. Nous sommes comptables du monde, et d'abord de son sens. De sa compréhension, donc de sa cohésion. De sa raison, contre les déraisons qui le ruinent.

Être au rendez-vous de notre liberté, ce n'est pas ajouter au désordre du monde l'affolement des peurs et l'excitation des haines, ce voile d'opacité et d'ignorance qui accroît notre désarroi et accentue notre malheur. C'est, au contraire, chercher à comprendre, exiger de savoir, affronter la vérité, fût-elle douloureuse et dérangeante. Pour être vraiment libres dans nos choix et autonomes dans nos décisions, nous avons besoin d'y voir clair. Sinon, nous ne serons que les jouets de nos illusions, emportés par la catastrophe qu'elles accompagnent et précipitent.

Le tragique de la vérité

Cassandre et Sisyphe sont deux figures du journalisme par temps d'incertitudes et d'inquiétudes, si du moins il assume sa mission d'intérêt public. Ne pas dissimuler les mauvaises nouvelles, montrer ce que l'on voudrait cacher au public, établir ces vérités qui dérangent, et continuer à le faire inlassablement même quand l'attention retombe ou se dérobe. C'est forcément une expérience ingrate et douloureuse. « Vous savez ce qui est écrit dans l'Ecclésiaste ? Celui qui accroît son savoir accroît sa douleur » : c'est sa traductrice, Anna Rizzello, qui raconte cette confidence de Roberto Scarpinato, le célèbre procureur anti-mafia de Palerme, en ouverture d'un bref entretien[13]. Et d'ajouter : « Il sait, et cette connaissance a changé sa vie à jamais. La douleur de savoir est inscrite sur son visage et dans ses gestes. »

Intellectuel féru de culture classique, Scarpinato rappelle, en ouverture du *Retour du prince*, que les oracles de la Grèce antique étaient souvent aveugles, à l'instar du plus connu d'entre eux, Tirésias[14]. Cette cécité ne tenait pas du hasard, explique-t-il : « Pour accéder à l'essentiel, il est nécessaire de se rendre aveugle à l'inessentiel. » En somme, donner à voir afin de donner du sens,

13 Roberto Scarpinato, *Le Dernier des juges*, trad. Anna Rizzello, La Contre Allée, Lille, 2011.

14 Roberto Scarpinato, *Le Retour du prince*, trad. Anna Rizzello, La Contre Allée, Lille, 2012. J'ai préfacé sa réédition en 2015.

en débusquant l'information d'intérêt public, exige d'échapper à la diversion du divertissement, où les mensonges de la communication et les illusions des opinions dominent.

Tout est fait pour nous empêcher de bien voir, c'est-à-dire d'entrevoir l'essentiel. Loin d'être une nouveauté de nos sociétés d'immédiateté et de superficialité médiatiques, c'est l'antique ruse de toutes les dominations. Intellectuel de pouvoir, et donc au service du pouvoir, le cardinal Mazarin, ce jésuite d'origine italienne qui conseillait Louis XIV, rappelait que « le trône se conquiert par les épées et les canons, mais se conserve par les dogmes et les superstitions ». Partant de cette formule, Scarpinato en vient à ce qu'il considère comme la théorisation la plus explicite de cette domination par l'aveuglement des sujets, tandis que ceux qui sont au sommet se réservent une sorte d'« hyper-voyance ».

Elle a pour auteur Joseph de Maistre qui, par une mordante ironie, se trouve avoir pour descendant Patrice de Maistre, cette discrète figure de l'oligarchie française dévoilée par l'affaire Bettencourt. « Si la foule gouvernée peut se croire l'égale du petit nombre qui gouverne, il n'y a plus de gouvernement, écrivait ce penseur de la contre-révolution dans son *Étude sur la souveraineté*. Le pouvoir doit être hors de portée de la compréhension de la foule des gouvernés. L'autorité doit être constamment gardée au-dessus du jugement critique à travers les instruments psychologiques de la religion, du patriotisme, de la tradition et du préjugé[15]. »

Il nous revient de faire tomber cette mise en scène. De ruiner ses faux-semblants, dissiper ses mystères, démasquer ses impostures. La corruption des hommes et des idées est au ressort d'un système qui met à distance les gouvernants des gouvernés, tout comme les possédants des exploités. Bref qui isole, désarme et désoriente le peuple. Car cette distance repose sur l'incompréhension, la perte de sens, la confusion des repères, l'abaissement des idéaux. La catastrophe fait ainsi surgir au cœur des pouvoirs des cohortes de communicants sans foi ni loi, qui font profession des mensonges qu'ils répandent et des légendes qu'ils inventent.

---

15 Cité *in ibid.*

La présidence d'Emmanuel Macron est, de ce point de vue, un cas d'école avec un tandem à la manœuvre, l'une, Michèle Marchand, venue du demi-monde de la presse dite « people », l'autre, Bruno Roger-Petit, incarnation du journalisme mercenaire. Confirmation, par l'arrière-cour, que le nouveau monde promis n'est qu'un recyclage des débris de l'ancien : on retrouve la première dans les intrigues médiatiques pour blanchir Nicolas Sarkozy à propos du scandale libyen et le second fut le principal croisé de la campagne médiatique pour innocenter Jérôme Cahuzac[16]. Autrement dit, dans les deux cas, pour inventer ces « vérités alternatives » qui sont l'euphémisme des mensonges les plus grossiers.

Ce monde est notre adversaire, et nous le rend bien par ses calomnies et ses manipulations, avec le désir de nous exclure définitivement, de nous mettre à l'index ou de nous faire taire. Désir de moins en moins caché et retenu comme le prouve l'invention récente du « séparatisme », figure de l'anti-France englobant toutes les différences et dissidences qui refusent d'être uniformément alignées ou servilement soumises. « Tout itinéraire de libération, personnelle et collective, implique un processus de déstructuration des impostures culturelles qui imprègnent nos vies dès le plus jeune âge, confie Scarpinato à la fin du *Dernier des juges*. Voilà pourquoi le combat pour la construction d'un pouvoir au service des Hommes, et non sur les Hommes, passe forcément par le champ du savoir : tant qu'on ne se construit pas un savoir libéré des chaînes du pouvoir, celui-ci se perpétue, égal à lui-même, maintenant les individus dans cette illusion qu'ils se déterminent de manière autonome. »

Du journalisme à la justice, cette bataille du savoir contre sa confiscation par les tenants de l'avoir et du pouvoir, à l'abri de l'opacité et du mensonge, est décisive pour restaurer la politique comme bien commun et comme bien-vivre – au sens non pas de profit, de consommation et d'enrichissement mais du *buen vivir* réhabilité par les luttes populaires latino-américaines, c'est-à-dire d'entraide et de partage, de responsabilités partagées et de distri-

16 Voir Ellen Salvi, « Mimi Marchand, une femme au cœur du pouvoir », Mediapart, 19 juin 2021 ; Edwy Plenel, « Le fantôme de l'affaire Cahuzac habite l'Élysée », Mediapart, 2 septembre 2017.

bution collective, de relation harmonieuse avec la nature. Sans ce renouvellement du bas vers le haut, nous serons condamnés à vivre sous le règne d'une oligarchie déguisée en démocratie. Et ce sera de notre faute : par indifférence pour la corruption de ce monde, par tolérance de son amoralité, par silence devant ses dégâts – richesse volée, humanité dévoyée, principes bafoués, servitude acceptée, imposture tolérée, etc.

Pour mieux le faire comprendre, jusqu'à saisir ce qui s'y joue non seulement d'essentiel mais d'éternel, Scarpinato remonte le fil du temps et du sens. Dans cette exploration nourrie de son expérience de magistrat ayant dévoué sa vie au combat contre les mafias, il nous fait comprendre que, s'il y a entre elles, selon les périodes, des différences de degré dans la violence, il n'y a pas de différence de nature entre les ruses du pouvoir criminel et celles du pouvoir oligarchique.

Il commence par le mot « imposture » : de *imponere* en latin, soit imposer. Dans le langage ecclésiastique, rappelle-t-il, le verbe *imponere* désignait parfois le fait de « faire porter le poids d'une croyance par le biais d'une tromperie » : « L'histoire du pouvoir, y compris dans ses déclinaisons criminelles telles que la mafia, la corruption et le terrorisme, pourrait donc se réécrire comme un récit de voyage au royaume de l'imposture, lieu de construction et de perpétuation de fausses croyances utiles au maintien du pouvoir. »

Puis vient le mot « obscène » : de *ob scenum*, soit ce qui opère « hors scène ». Ce qui n'est pas sur scène et, donc, ne relève pas de la mise en scène. « Le véritable pouvoir est toujours obscène », affirme Scarpinato. D'où il découle que le dévoilement de cette obscénité est le moyen le plus efficace pour l'ébranler, dans une stratégie du faible au fort. Montrer l'obscénité qui surprend, révolte ou indigne, c'est-à-dire dévoiler le hors-scène afin de briser l'omerta qui permet au pouvoir d'échapper à la honte du dévoilement. La honte, soit en italien *vergogna*, du latin *vereor gogna*, autrement dit « je crains le pilori ».

« L'offense à la vérité est à l'origine de la catastrophe » : dans cette maïeutique démocratique, Roberto Scarpinato cite le devin Tirésias, clairvoyant bien qu'aveugle. Dans *Œdipe roi*, la tragédie de Sophocle, rappelle-t-il, c'est cet oracle qui lance au tyran de Thèbes, lequel l'interrogeait sur le mal mystérieux qui rongeait sa ville : « L'assassin que tu cherches, c'est toi. » Façon de dire que, face à la catastrophe, nous serons tous cet assassin si nous continuons à regarder l'inessentiel et à nous aveugler sur l'essentiel.

Qu'est-ce que la gauche ?

Revenir à l'essentiel, pour la gauche, signifie d'abord se mettre au clair sur ce qu'elle est. Les doutes qui l'assaillent sont accrus par la perte de ses repères et l'oubli de ses fondamentaux. Les transfuges qui s'en éloignent et dérivent vers la droite, jusqu'à en rejoindre les extrêmes avec l'irrépressible zèle des convertis, s'empressent d'accroître ce brouillage pour justifier leur perdition. L'idée de « gauches irréconciliables » qu'ils ont réussi à imposer dans le débat public est une machine de guerre contre la gauche tout entière. Non seulement parce qu'elle diffuse le poison d'une division fatale, mais surtout parce qu'elle promeut une définition de la gauche supposée responsable qui ne la distingue guère d'une droite garante de l'ordre établi.

Ce n'est pas nouveau. En 1955, *Les Temps Modernes,* la revue fondée et dirigée par Jean-Paul Sartre, publiait un numéro spécial ayant pour thème « la gauche »[17]. C'était juste après l'échec de l'éphémère gouvernement de Pierre Mendès France. L'ancienneté de la référence n'empêche pas sa résonance avec notre actualité. L'époque était de guerre froide à l'échelle du monde et de guerres d'indépendance contre l'Empire français, autrement dit d'anticommunisme forcené et de colonialisme entêté. Tandis que la majorité des dirigeants socialistes d'alors s'y égaraient, à tel point que la SFIO ne s'en relèvera pas, un mot faisait alors consensus, celui de « séparatisme », pour désigner aussi bien communistes qu'anticolonialistes comme des ennemis de la nation, bref des étrangers à la France. Le même mot que le pouvoir macronien, dont d'anciens notables socialistes furent les artisans, a récemment recyclé pour disqualifier toute pensée dissidente et toute protestation contestataire.

« Dans un pays où la "gauche", si elle était unie, serait plus forte que jamais, se succèdent les gouvernements les plus

17 « La gauche », numéro spécial, *Les Temps Modernes,* n°s 112-113, 10e année, 1955.

réactionnaires » : ce constat de l'introduction du numéro des *Temps Modernes* fait lui aussi écho à nos débats contemporains sur l'impuissance des partis de gauche, dans leur pluralité, à unir leurs forces. Avant d'évoquer son histoire puis ses tâches, son sommaire proposait d'interroger les définitions de la gauche. L'avant-propos introductif en donne cet avant-goût : « La gauche se définit essentiellement comme négativité : c'est la négation d'un certain régime social et des idées qui s'attachent à ce régime et tendent à le conserver. » Par contraste, le premier article, signé Simone de Beauvoir, définit la droite comme la peur du changement et du mouvement, l'obsession de l'établi et de l'existant. « Être à droite, résume-t-elle, c'est avoir peur pour ce qui existe. »

Cette intuition a depuis fait école, développée notamment par Emmanuel Terray pour qui « la pensée de droite est d'abord un réalisme[18] ». Mais son réel n'est pas la réalité, forcément évolutive et instable, vivante et mouvante ; c'est plutôt l'existant : la force des choses, le fait acquis, l'ordre établi, et par conséquent ses injustices, ses inégalités, ses désordres. Un réel qui s'impose comme une contrainte, qui barre la perspective, bouche les issues, assèche l'espoir. Un réel qui clôt le débat. Son imaginaire est un immobilisme, entre fatalité et résignation, quand celui de l'égalité est un mouvement : un possible qui met en branle, un horizon qu'on cherche à atteindre, la possibilité d'un déplacement et l'espoir d'un changement.

En ce sens, il est aussi des gauches proclamées qui, une fois au pouvoir, se révèlent de droite, l'exemple le plus accompli étant fourni par le Parti communiste chinois dont le règne impitoyable est dévolu à sa caste dirigeante et à ses privilèges héréditaires alors même que Karl Marx est convoqué en père tutélaire lors des cérémonies de son centième anniversaire, en 2021. Les divers avatars du mensonge communiste depuis le stalinisme soviétique tout comme les nombreuses variantes du reniement social-démocrate depuis l'Union sacrée de 1914 ont incarné ce réalisme de droite, qui n'est donc pas propre aux forces qui se réclament de celle-ci.

---

18 Emmanuel Terray, *Penser à droite*, Galilée, Paris, 2012. Dans le même esprit, Furio Jesi, *Culture de droite*, La Tempête, Bordeaux, 2021.

Inclinée « devant "la force des choses", la puissance du fait acquis », résume Terray, c'est en somme une « pensée du oui » qui « n'accepte le réel que sous condition de l'ordre ». À l'opposé, répondaient en 1955 *Les Temps Modernes*, ce qui définit la gauche est une pensée du non. Du refus de ce qui est, de ses injustices, de ses amoralismes, de ses inégalités, de ses impostures… C'est pourquoi ses aspirations ne rencontreront jamais de limite ni de fin, toujours inachevées, sans cesse renouvelées, ne serait-ce que par la sollicitation de la réalité, de notre condition humaine, du vivant qui la fonde et de la nature qui l'entoure, ce monde infini et ces êtres multiples qui bougent, changent, évoluent, mutent, se transforment et se métamorphosent. Sur ce chemin de remises en cause permanentes, la gauche devra toujours affronter les forces qui, voulant perpétuer les dominations et les oppressions dont elles bénéficient, proclament l'harmonie du monde tel qu'il est, nient les divisions qui le déchirent, indexent leurs privilèges sur sa stabilité.

« La gauche échappe à toute définition statique, écrit l'un des auteurs de ce numéro spécial, Claude Lanzmann, dont la contribution s'intitule "L'homme de gauche". Elle n'est pas une idée constituée dont on pourrait inventorier le contenu : elle se donne en creux, comme refus, et on ne la saisit qu'à travers le donné contre lequel elle s'insurge. » Mais l'article le plus définitif, qui n'a rien perdu de sa force ni de son éclat, est signé Dionys Mascolo, figure aujourd'hui oubliée de ces intellectuels inclassables qui, à l'époque, sauvèrent les idéaux éternels qui font la gauche de leur trahison gouvernementale ou de leur débâcle partisane[19]. Sa définition est sans appel : la gauche est d'abord le refus « de ce qui est ».

« On se plaint quelquefois que la gauche soit "déchirée", commence-t-il. Il est dans la nature de la gauche d'être déchirée. Cela n'est nullement vrai de la droite, malgré ce qu'une logique trop naïve donnerait à penser. C'est que la droite est faite d'acceptation, et que l'acceptation est toujours l'acceptation de ce qui est, l'état des choses, tandis que la gauche est faite de refus, et que tout refus, par définition, manque de cette

19 Son article de 1955 a été réédité en 2011 : Dionys Mascolo, *Sur le sens et l'usage du mot « gauche »*, Paris, Lignes, 2011.

assise irremplaçable et merveilleuse : l'évidence et la fermeté de ce qui est. »

Dès lors, poursuit Mascolo, « est de gauche tout refus, même partiel, de ce qui est. Tout jugement, tout acte qui peut être dit de gauche a ce sens : c'est refuser un certain aspect de ce qui est. Il est une contestation, timide ou radicale, fortuite ou systématique, de ce qui se présente comme établi. Il nie quelque chose de ce qui tente de s'imposer comme non dépassable, comme impossible, comme interdit. Tout acte de gauche a ce sens : il est le refus d'une limite établie. [...] Toute exigence de gauche est l'exigence, même insensée, de dépasser une limite reconnue comme limite. »

Les causes communes de l'égalité

Il n'est d'autre lieu pour la gauche que ce mouvement incessant de la société qui lutte et proteste contre les limites que veut lui imposer un ordre injuste. C'est ainsi, et ainsi seulement, qu'elle s'est toujours réinventée, renaissant de ses défaites et de ses égarements. Ce ne fut jamais d'en haut, par les appareils des partis ou par les officiels des gouvernements, que la gauche s'est renouvelée mais toujours par en bas, grâce à l'inventivité de celles et ceux qui lui proposaient de nouveaux horizons et lui inventaient de nouvelles exigences. Et, surtout, grâce à l'autonomie de leurs soulèvements, nés d'une auto-organisation qui bousculait l'agenda des corps institués de la gauche partisane.

Il en fut ainsi de la question sociale, avec le surgissement du mouvement ouvrier réclamant d'être représenté par les siens, et non plus par des avocats, médecins, journalistes, etc., parlant en son nom. Il en va toujours ainsi de la question féministe, ébranlant une domination masculine qui n'a pas de frontières idéologiques ou sociales par la création d'un mouvement des femmes autonome, où elles peuvent se parler, se comprendre, s'organiser, se défendre entre elles, et entre elles seules. Il en fut et il en va encore ainsi de la question coloniale, qu'il s'agisse hier des mouvements indépendantistes des colonies, larguant les amarres qui les reliaient à des partis français, ou aujourd'hui des combats contre les discriminations en France impulsés par les personnes racisées, revendiquant elles aussi leur organisation propre, sans soumission ou assimilation qui les priveraient de leur spécificité. Il en est et en sera longtemps ainsi des mouvements de la jeunesse face à l'urgence climatique dont les radicalités sont des lucidités tant elles bousculent l'attentisme et l'irresponsabilité de pouvoirs qui refusent les nécessaires remises en cause, notamment économiques.

Si la gauche est ce mouvement sans fin, c'est parce que son moteur est l'égalité. Elle est son point de départ, et par conséquent le point de bifurcation où s'affirme le camp adverse. Être de gauche, c'est vouloir donner corps et chair à la promesse fondatrice des droits humains et de leur universalité sans frontières, autrement dit sans nation ni culture ni civilisation propriétaires. Nous naissons libres et égaux en droits et en dignité sans distinction d'origine, de lieu, de milieu, de condition, d'apparence, de croyance, de sexe, de genre. Telle est la promesse radicale qui, toujours, affrontera privilèges, dominations, dépossessions, exploitations, oppressions. Une promesse infinie qui, aujourd'hui, se prolonge jusqu'à interpeller notre espèce et son rapport de domination à la nature, dans la compréhension tardive que notre propre survie dépend du respect des droits du vivant.

Le camp d'en face est celui de l'inégalité naturelle, et il ne disparaîtra pas de sitôt. Ce que nous appelons l'extrême droite est son laboratoire et son refuge. Laboratoire idéologique où, depuis l'Action française jusqu'aux divers fascismes européens, se sont forgées les théories qui justifient les supériorités de civilisation, de religion, de sexe, d'origine. Refuge historique où elles ont pu s'abriter quand, sous l'effet de la catastrophe mondiale dont elles avaient été la cause, elles durent refluer, se faire discrètes au lendemain de la Seconde Guerre mondiale. Elles étaient dans la situation d'une armée de réserve, prête à resservir quand l'ordre établi se sentirait de nouveau en péril.

C'est évidemment la nouveauté de notre époque où, depuis la fin des années 1970, l'ascension des idéologies identitaires accompagne l'évolution autoritaire des démocraties. Au cœur de cette redoutable machinerie, une politique de la peur s'empresse de désigner des boucs émissaires afin d'étouffer toute contestation rassembleuse au nom des causes communes de l'égalité. Dans *La Société du spectacle*, essai prémonitoire paru en 1967, un an avant les événements de mai 1968, Guy Debord démasquait les dispositifs de domination au service de l'absolu marchand, par lesquels la représentation politique n'est plus que le spectacle de notre défaite. Vingt ans plus tard, dans *Commentaires sur la société du spectacle*, il approfondissait l'analyse en décrivant, de façon également prémonitoire, une démocratie se croyant « si parfaite » que, s'appuyant sur « son inconcevable ennemi, le terrorisme », elle veut désormais « être jugée sur ses ennemis plutôt que sur ses résultats »[20]. « De tous les crimes sociaux, poursuivait-il, aucun ne devra être regardé comme pire que l'impertinente prétention de vouloir encore changer quelque chose dans cette société, qui pense qu'elle n'a été jusqu'ici que trop patiente et trop bonne ; mais qui ne veut plus être blâmée. »

Dès lors, faisant levier des peurs suscitées par le terrorisme, racisme, xénophobie, islamophobie, accompagnés d'une diabolisation, voire d'une criminalisation, des dissidences, sont ces armes de diversion qui, en montant une partie du peuple contre une autre, font oublier les urgences primordiales, sociales, démocratiques, écologiques. Si, depuis plusieurs décennies, une partie de la gauche s'est progressivement laissé prendre dans ce piège, c'est précisément parce qu'elle a tourné le dos à ce qui devrait être sa raison d'être : le mouvement de la société.

Rabattue sur le pouvoir, sa conquête électorale et son occupation gouvernementale, la gauche finit toujours par se ruiner elle-même. Elle y perd son imaginaire et, ne s'imaginant plus qu'en fondée de pouvoir de l'État et de la nation, rompt les liens avec celles et ceux qui, refusant ce qui est, indiquent les nouveaux chemins de l'espérance et de l'émancipation. Or celles et ceux qui, devenus ses élu·e·s, prétendent la représenter ne devraient jamais oublier qu'ils n'y sont arrivés que parce qu'ont existé ces mobilisations de la société. Au lieu de s'en prétendre les ayants droit, à la manière d'un héritage transformé en passé antiquaire, ils devraient toujours s'en faire les propagandistes, en comprenant qu'il n'est pas de meilleure assurance pour l'avenir.

Il n'est d'autre explication à l'effondrement sans combattre qu'a donné à voir la présidence de François Hollande que ce

20 Guy Debord, *Œuvres*, édition de Jean-Louis Rançon, préface de Vincent Kaufmann, avec la collaboration d'Alice Debord, Gallimard, coll. « Quarto », Paris, 2006.

renoncement essentiel. Une défiance de la société, une identification à l'État, une politique réduite à la représentation : ce furent ses trois constantes. Ce faisant, elle a démontré jusqu'à l'impensable qu'ainsi la gauche finit par s'effacer d'elle-même pour donner la main à son adversaire de toujours, le camp de l'inégalité. Son cheval de Troie est en effet la désignation de l'étranger comme cause de tous les maux, jusqu'à le traquer au sein même de la communauté nationale, parmi les juifs, les musulmans, les Noirs, les Arabes, les Roms et les migrants.

Si la possibilité, ouverte par François Hollande dans le sillage des attentats de novembre 2015, de déchoir des citoyens français de leur nationalité restera comme l'abandon ultime de tout repère et principe par un pouvoir issu de la gauche, c'est parce qu'il ouvrait en grand cette porte-là qu'avait déjà entrouverte la présidence Sarkozy avec le débat sur l'identité nationale et qui n'est toujours pas refermée sous la présidence Macron. Il faut y revenir et y insister, tant cette séquence désastreuse, loin d'être terminée, continue son travail de sape.

Faisant, dans ses *Origines du totalitarisme*[21], l'histoire de l'engrenage qui permit aux idéologies exterminatrices de s'imposer en Europe, Hannah Arendt montre que la brutalisation provoquée par la Grande Guerre de 1914-1918 a entraîné « un élément de désintégration tout à fait nouveau » au cœur des sociétés européennes : « La dénationalisation devint une arme puissante entre les mains de la politique totalitaire et l'incapacité constitutionnelle des États-nations européens à garantir des droits humains à ceux qui avaient perdu les droits garantis par leur nationalité permit aux gouvernements persécuteurs d'imposer leurs modèles de valeurs, même à leurs adversaires. »

Ces lignes ouvrent une démonstration où Hannah Arendt fait de la protection des minorités – le sort qui leur est fait – et de la situation des apatrides – le fait d'en produire – le ressort décisif, durant l'entre-deux-guerres, d'une destruction politique intérieure de l'Europe, aussi imparfaitement démocratique qu'elle fût alors. Avec toujours les mêmes arguments sécuritaires de protection nationale et d'identité blessée, se mit alors

21 Hannah Arendt, *Les Origines du totalitarisme*, Gallimard, coll. « Quarto », Paris, 2002.

en place l'accoutumance à ce qu'il y ait des sans-droits qui deviendront des personnes déplacées, des personnes dépourvues d'asile, des personnes privées de toute protection. Et, par conséquent, déshumanisées.

Voici ce que l'histoire tragique de l'Europe nous a appris, martèle Arendt : la privation de droit politique est le début de la perte d'humanité. « Ce qu'il faut bien savoir, c'est qu'une condition de complète privation de droits avait été créée bien avant que le droit de vivre ne soit contesté », écrit Arendt. « La perte de patrie et de statut politique », insiste-t-elle, revient « à être expulsé de l'humanité entière ». « L'homme peut perdre tous ses fameux Droits de l'homme sans abandonner pour autant sa qualité essentielle d'homme, sa dignité humaine, répète-t-elle. Seule la perte de toute structure politique l'exclut de l'humanité. »

On mesure à quel degré d'égarements en sont venus ces apprentis sorciers qui ont alors fait droit à ce qui est le noyau dur des idéologies anti-humanistes et antidémocratiques : cette idée qu'un prétexte sécuritaire autoriserait à déposséder des humains – en l'espèce les auteurs d'attentats et leurs complices – de toute patrie, de tout statut politique, de toute sécurité juridique. Ce fléau, disait encore Arendt, « porte les germes d'une maladie incurable. Car l'État-nation ne saurait exister une fois que son principe d'égalité devant la loi a cédé ». L'arbitraire règne en maître quand certains humains ne sont plus « des personnes légales ». Dès lors, conclut-elle, « il est difficile à ces États de résister à la tentation de priver tous les citoyens de statut juridique et à les gouverner au moyen d'une police omnipotente ».

« Le droit est ce qui est bon pour le peuple allemand » : Arendt rappelle enfin cette devise hitlérienne que, hélas, on entend désormais en version française, devenue une évidence sur certains plateaux télévisuels ou émissions radiophoniques. Proclamer les droits de l'homme, c'est évidemment affirmer l'inverse : que le droit est attaché à la dignité de la personne humaine, quelle qu'elle soit et d'où qu'elle vienne.

L'appel du monde

« Agis dans ton lieu, pense avec le monde ! », conseillait Édouard Glissant, poète et philosophe, dont la poétique était aussi une politique. Mettant en pratique cette recommandation, il avait été le premier à alerter, en 2007, au tout début du quinquennat de Nicolas Sarkozy, sur le retour français de ce poison politique : l'identité nationale, cette clôture sur nous-mêmes, cette fermeture aux autres, cet oubli de la relation avec le monde. Intitulé *Quand les murs tombent*[22], ce manifeste était aussi porté par Patrick Chamoiseau, auteur dix ans après du salutaire *Frères migrants*[23].

L'enchaînement est logique : la question des migrants n'est autre que la question de nous-mêmes. Se fermer aux uns, c'est se replier sur soi. Le rapport au lointain détermine notre vision du prochain. Du moins si l'on se réclame de l'émancipation, ce mouvement infini et toujours inachevé de libération des servitudes et des oppressions, ce que l'on nomme d'ordinaire la gauche, et dont Gilles Deleuze aimait dire qu'elle n'est pas affaire de gouvernement mais de perception. Quand les conservateurs pensent au plus près d'eux-mêmes, de leurs privilèges ou de leurs conforts, fussent-ils médiocres, voire infimes, être de gauche, c'est au contraire regarder au loin, vers l'horizon : penser avec le lointain pour agir au plus près.

Nul hasard si Édouard Glissant était un ami complice de ce philosophe hétérodoxe qui, dans son vivifiant *Abécédaire* filmé[24], affirmait que « ne pas être de gauche, c'est un peu comme une adresse postale » : « Partir de soi, la rue où on est, la ville, le pays, les autres pays, de plus en plus loin. On commence par soi et, dans la mesure où on est privilégié, où on est dans un pays riche, on se dit : eh bien, comment faire pour que la situation dure. On sent bien qu'il y a des dangers, que ça ne peut pas durer tout ça [ces injustices, ces inégalités, ces misères], que c'est trop dément. Bon, mais comment faire pour que ça dure ? » « Être de gauche, tranchait alors Deleuze, c'est l'inverse. »

« C'est, disait-il, percevoir d'abord le pourtour, le monde, le continent, la France, etc. C'est un phénomène de perception. On perçoit d'abord l'horizon, tu vois d'abord à l'horizon. » Ce

---

22 Édouard Glissant et Patrick Chamoiseau, *Quand les murs tombent*, Galaade, Paris, 2007. Repris dans *Manifestes*, La Découverte, Paris, 2021.

23 Patrick Chamoiseau, *Frères migrants*, Seuil, Paris, 2017.

24 *L'Abécédaire de Gilles Deleuze*, avec Claire Parnet, produit et réalisé par Pierre-André Boutang, coffret de 3 DVD, Éditions du Montparnasse, 2004.

qu'il résumait d'une formule définitive, en précisant que ce n'était pas « une question de belle âme » mais, tout au contraire, de réalisme et d'efficacité : « Être de gauche, c'est savoir que les problèmes du tiers monde sont plus proches de nous que les problèmes de notre quartier. » Que ce point de vue soit, sur le moment, minoritaire n'était pas pour l'effrayer puisque, pour Deleuze, la longue histoire de la gauche n'était tissée que de « devenirs minoritaires » qui, des ouvriers aux femmes en passant par les esclaves et les colonisés, n'ont cessé d'ébranler les certitudes majoritaires, arc-boutées sur leurs avantages acquis.

Comme la question coloniale hier, la question migratoire est devenue le moment de vérité des gauches, dans leur diversité. À l'époque de l'Empire français finissant, une gauche qui prétendait sauver des avantages sociaux ici (en métropole) en maintenant des injustices là-bas (dans les colonies) finit par y perdre son âme, ruinant les droits fondamentaux, généralisant la torture militaire et donnant la main à l'extrême droite. De même, en nos temps d'Union européenne affaiblie, toute gauche qui prétendra défendre et étendre nos conquêtes sociales par le rejet des populations migrantes fera la courte échelle à ses pires adversaires de toujours, ces ennemis de l'égalité des droits dont la ruse privilégiée est la préférence nationale qui leur permet de rendre naturelle l'inégalité, par le détour des hiérarchies d'origine, de culture, d'apparence et de croyance.

De fait, l'« America First » de Donald Trump, repris du mot d'ordre de l'extrême droite nord-américaine pronazie de l'entre-deux-guerres, n'a pas fini de se décliner en Europe. Transformer les migrants étrangers en menaces pour les travailleurs nationaux, ce n'est pas défendre les droits de ces derniers mais renoncer à l'égalité des droits pour tous, et par conséquent faire le jeu des intérêts qui exploitent les uns et les autres et les montent les uns contre les autres. Autrement dit, une gauche digne de ce nom – et, au-delà, toute politique se revendiquant de l'humanité et de ses droits naturels – ne peut que défendre l'accueil des migrants comme une politique juste et réaliste.

Ceux qui, se réclamant de la gauche, rejettent une telle politique en brandissant la formule de Karl Marx sur « l'armée de réserve industrielle » qu'utiliserait le patronat pour diviser les travailleurs, aiguiser entre eux la concurrence et abaisser leurs salaires, n'en sont que des lecteurs superficiels. De ce constat, l'auteur du *Capital* ne déduisait pas un repli sur des politiques nationalistes de rejet ; tout au contraire, il en tirait argument pour plaider en faveur d'une solidarité accrue aux côtés de travailleurs migrants. En l'espèce, il s'agissait des prolétaires irlandais, main-d'œuvre immigrée surexploitée avec le mépris surabondant du préjugé colonial. Or Marx n'a cessé de répéter que l'émancipation des Irlandais n'était pas, pour la classe ouvrière anglaise, « une question abstraite de justice et d'humanitarisme mais la première condition de sa propre émancipation sociale ». Dans une lettre d'avril 1870, il décrit cet engrenage où ceux qui prétendent défendre les exploités font le jeu des exploiteurs, avec des mots qui évoquent irrésistiblement la façon contemporaine dont, depuis des décennies, la question de l'immigration est instrumentalisée pour désarmer le mouvement social.

« L'ouvrier anglais moyen, expliquait Karl Marx, hait l'ouvrier irlandais comme un concurrent qui abaisse son niveau de vie. Par rapport au travailleur irlandais, il se sent membre de la nation dominante, et ainsi se constitue en un instrument des aristocrates et des capitalistes de son pays contre l'Irlande, renforçant ainsi leur domination sur lui-même. Il nourrit des préjugés religieux, sociaux et nationaux contre le travailleur irlandais. Son attitude envers lui est très semblable à celle des "pauvres blancs" envers les "nègres" des anciens États esclavagistes des USA. L'Irlandais lui rend d'ailleurs la pareille, et avec intérêts. Il voit dans l'ouvrier anglais à la fois le complice et l'instrument stupide de la domination anglaise en Irlande. Cet antagonisme est artificiellement maintenu et intensifié par la presse, les orateurs, les caricatures, bref, par tous les moyens dont disposent les classes dominantes. Cet antagonisme est le secret de l'impuissance de la classe ouvrière anglaise, en dépit de son organisation. C'est le secret grâce auquel la classe capitaliste maintient son pouvoir. Et cette classe en est parfaitement consciente[25]. »

De la même manière qu'hier, un peuple qui acceptait d'en opprimer un autre ne pouvait être libre, puisque faisant dès lors

25 Lettre de Karl Marx à Sigfrid Meyer et August Vogt, 9 avril 1870.

le jeu de ses maîtres, aujourd'hui un peuple qui acceptera de rejeter l'humanité qui frappe à sa porte ne saura plus défendre sa propre humanité, parce qu'il aura accepté la remise en cause de droits fondamentaux. Car c'est à l'occasion des obsessions sécuritaires portées par la question migratoire que nous nous habituons à l'existence en Europe de camps où l'on enferme des personnes n'ayant commis aucun délit mais simplement fait valoir un droit naturel, énoncé par la Déclaration universelle des droits de l'homme de 1948 : « Toute personne a le droit de quitter tout pays, y compris le sien, et de revenir dans son pays. » C'est ainsi que nous nous accoutumons à l'enfermement de mineurs au mépris des droits de l'enfance, aux entraves à la liberté d'aller et venir, aux régressions de la liberté d'expression et du droit de contestation, à la remise en cause du droit d'asile, aux discours et aux actes xénophobes, à la criminalisation de la solidarité, etc.

Dans sa leçon inaugurale au Collège de France, le démographe François Héran, dont les travaux scientifiques démontent les fantasmes des tenants de l'invasion migratoire et du « grand remplacement », cita cette mise en garde de Jean-Jacques Rousseau, le philosophe du droit naturel dont se revendiquent les tenants de l'égalité et de l'émancipation : « La domination même est servile quand elle tient à l'opinion ; car tu dépends des préjugés de ceux que tu gouvernes par les préjugés[26]. »

L'avertissement vaut autant pour les gouvernements qui, aujourd'hui, barricadent l'Europe que pour les oppositions de gauche qui les contestent : elles ne réussiront à changer le cours d'une histoire de plus en plus dramatique qu'en s'élevant contre ces préjugés qui font du migrant un danger et un ennemi, un rival ou un concurrent, une menace dans tous les cas. Ce n'est qu'en le défendant comme un frère ou une sœur en humanité que nous nous défendrons nous-mêmes.

---

26 Titulaire de la chaire « Migrations et sociétés », François Héran a donné cette leçon inaugurale le 5 avril 2018. Il a depuis publié une *Lettre ouverte aux professeurs sur la liberté d'expression*, La Découverte, Paris, 2021.

L'espoir, du lointain au prochain

Le chant auquel s'est longtemps identifiée la gauche, sur tous les continents et sous toutes les latitudes, était *L'Internationale,* dont l'origine est française. Dès qu'elle s'est affirmée, par la prise de conscience de la lutte entre classes opprimées et classes oppressives, la gauche s'est voulue sans frontières, comprenant instinctivement que les solidarités entre exploités devaient l'emporter sur les égoïsmes nationaux. Certes, les Internationales ne sont plus que lointains souvenirs, tant les gauches, pour la plupart, se sont laissé prendre dans les filets du national et du patriotique. Mais, au-delà des circonstances historiques, l'instinct originel qui les a poussées vers le monde rejoignait de très vieilles sagesses.

L'expérience du lointain est le chemin le plus court vers son prochain. Et j'en témoigne. Je suis d'ici mais mon imaginaire est d'ailleurs. Breton d'outre-mer, définitivement. Jusqu'à l'âge de dix-huit ans, mes pays d'enfance, puis de jeunesse furent au lointain, de l'autre côté de l'océan Atlantique d'abord, de l'autre côté de la mer Méditerranée ensuite. Au pays d'Aimé Césaire et d'Édouard Glissant, la Martinique. Au pays d'Albert Camus et de Kateb Yacine, l'Algérie.

Aux deux pays de Frantz Fanon, pays natal, pays causal ; Fanon, ce voyant des âmes – il était psychiatre –, ce devin des peuples – *Les Damnés de la terre* ont fait le tour du monde ; Fanon, soldat antillais de la France libre devenu combattant de l'Algérie indépendante et, au-delà, des émancipations africaines. Fanon qui, dans son premier livre, *Peau noire, masques blancs,* paru en 1952, l'année de ma naissance, avait eu cette fulgurance, ô combien brûlante dans notre siècle amer, d'indifférence de l'Europe aux migrants, exilés, réfugiés : « Il ne faut pas essayer de fixer l'homme, puisque son destin est d'être lâché. »

Édouard Glissant était son cadet et son frère d'armes. Chantre de la Relation, ce tremblement qui tisse le Tout-Monde et le Tout-Vivant, il n'a cessé de pourfendre l'illusion mortifère des identités à racine unique où s'assèche l'humanité et se nécrose la solidarité. « Je change, échangeant avec l'autre, sans me perdre pourtant ni me dénaturer », disait-il afin de rassurer celles et ceux qui prennent peur à la perspective du voyage vers l'autre. Ils craignent l'épreuve de cette rencontre où, le reconnaissant justement comme autre, résistant à la tentation de l'assimiler à soi-même, l'on découvre sa propre humanité, admettant enfin que ce sont le divers, le pluriel, le multiple qui nous font semblables, et non pas ce Grand Un du pouvoir et ce Grand Même de l'identité qui n'ont eu de cesse d'entraver l'élan de l'humanité, de l'abaisser et de l'appauvrir, de la blesser et de l'enlaidir.

Grandir au lointain, cette expérience fondatrice, m'est un passé plein d'à présent. Loin d'un souvenir exotique, c'est une leçon politique. Comme le soulignait Deleuze, la différence entre conservateurs et progressistes, entre tenants des immobilismes sociaux et partisans des inventions émancipatrices, est une question de perception de l'espace, d'adresse qui fixe à demeure ou de mouvement qui emporte au loin. Les premiers partiront toujours d'eux-mêmes, de leur lieu, de leur rue, de leur ville, de leur pays, quand les seconds partiront de l'horizon, du monde qui nous interpelle, du lointain qui nous appelle et nous requiert.

Cette expérience, c'est celle de l'égalité. De l'égalité naturelle. Évidente, flagrante, sans bavardage ni théorie. Oui, l'égalité naturelle miraculeusement sauvée à l'épreuve d'une si longue durée d'inégalité criminelle, officielle, juridique, étatique, violente, assassine, effrayante. Grâce aux peuples martiniquais et algérien, grâce à ce retour à l'envoyeur – le pays des droits de l'homme, du moins de sa déclaration – qu'ont supporté ces pays qui firent notre fortune, notre richesse, nos privilèges, dans l'asservissement esclavagiste, dans l'humiliation coloniale, j'ai tôt appris qui était l'adversaire humain de l'homme.

Cet adversaire, le nôtre, toujours en embuscade, souvent de retour, ce sont les tenants de l'inégalité naturelle. Ils ont eu hier leurs lettrés et leurs stylistes – Joseph de Maistre, Charles Maurras –, comme ils eurent avant-hier leurs juristes et leurs administrateurs – les rédacteurs du Code noir ou des statuts antisémites –, comme ils ont aujourd'hui leurs bateleurs dont les foires sont médiatiques et dont les haines, infinies, sont des poupées gigognes : sous le sexisme, l'homophobie ; sous la xénophobie, le racisme ; sous l'islamophobie, la négrophobie ; sous toutes ces haines, l'antisémitisme de retour... Et ainsi de suite jusqu'à la fin de l'humanité. Jusqu'à épuiser l'idée d'une humanité commune. Jusqu'à nier l'idée même du commun. Sexe, genre, civilisation, culture, nation, religion, etc., supérieurs à d'autres ! Leur credo n'est autre que la folie qui a déjà égaré les hommes ici même en Europe, jusqu'au crime, contre l'humanité précisément.

Ce détour par le lointain est une invite pressante à reprendre nos esprits. Au fondement de l'idéal démocratique, il y a l'égalité. On ne le répétera jamais assez : nous naissons libres et égaux en droits. En droits et en dignité, a ajouté la Déclaration universelle des droits de l'homme de 1948, élargissant la portée de la Déclaration française de 1789. Oui, égaux en droits dès la naissance. Sans distinction d'origine, de condition, d'apparence, de croyance, de sexe, de genre. Cet article premier des Déclarations des droits est le ressort indestructible d'émancipations sans cesse recommencées, inventées, complétées. Contre l'esclavage, contre la colonisation, contre l'exploitation économique, contre l'oppression sociale, contre la domination masculine, contre la persécution religieuse, contre les discriminations ordinaires, contre les dénis démocratiques, contre les dégâts écologiques... Bref, contre toutes ces hiérarchies si durablement installées, satisfaites d'elles-mêmes, aveugles au monde et aux autres, où s'éternise l'injustice.

L'émancipation est un déplacement, toujours renouvelé. L'humanité n'est pas assignée à résidence. Ni à un lieu, ni à un milieu, ni à une condition, ni à une soumission qu'elle n'aurait pas le droit de quitter ou de renverser. Être égaux en droits, c'est avoir le droit non seulement d'en jouir et de les défendre mais aussi d'en conquérir, d'en inventer de nouveaux. S'il est une poétique de la démocratie, c'est là qu'elle réside : dans cet horizon de l'égalité qui nous élève et nous relève, dans une quête infinie aux beaux jours, dans des révoltes salutaires aux heures sombres.

Arthur Rimbaud communard, René Char résistant, Aimé Césaire anticolonialiste, ces trois poètes ont illustré dans le passé cet imaginaire dont notre époque incertaine et confuse a aujourd'hui tant besoin. La politique nécessite certes des programmes, des partis, des mouvements, des institutions, des élus, mais son exigence démocratique réclame bien plus que cela, un préalable : une culture commune, un imaginaire partagé, une espérance vivante. « Soyons réalistes, demandons l'impossible », lisait-on sur les murs de nos révoltes logiques, il y a un demi-siècle. La part du rêve est le chemin du réel. Rêver, c'est aujourd'hui être responsable. En s'attaquant à la racine des maux qui rongent nos sociétés, nos radicalités sont plus réalistes que ces politiques qui ne prennent pas la mesure de la catastrophe qui menace. Et plus responsables que ces gouvernants qui la précipitent en assumant un cours autoritaire, inégalitaire et identitaire.

C'est en empruntant, du lointain au prochain, ce chemin de l'égalité, que nous réussirons à défier et à déjouer la catastrophe. À lui échapper avec cette vitalité joyeuse des sororités et des fraternités qui lui sont incompréhensibles et qui nous rendent invincibles. Oui, invincibles, comme le confirmait cette découverte d'Albert Camus, au soleil de Tipasa – Tipasa qui fut mon refuge adolescent en Algérie : « Au milieu de l'hiver, j'apprenais enfin qu'il y avait en moi un été invincible. »

II. Où va la France ?

La récidive d'une perdition

Disparu le 7 juin 2011, Jorge Semprun n'aura pu être témoin de la victoire, un an plus tard, de la gauche socialiste à l'élection présidentielle française et, encore moins, de sa débâcle une fois parvenue au pouvoir. Dans les dernières années de sa vie, ce grand d'Espagne (républicaine) qu'on peine à réduire à son statut d'écrivain tant sa vie de résistant, de militant, de scénariste, de romancier et de politique fut autrement riche, rêvait d'un livre qu'il n'eut pas le temps d'écrire. Il devait s'appeler *Où va la France ?*, en clin d'œil à un recueil d'articles ainsi intitulé de Léon Trotsky, le prophète désarmé et exilé de la révolution russe, paru en 1936 en plein Front populaire[1].

Lors de nos dernières rencontres, nous aimions décliner ensemble les nombreuses réponses possibles à cette interrogation en forme de maïeutique politique. Si Semprun voulait reprendre le titre de Trotsky, ce n'était pas seulement par vieille complicité littéraire avec cette figure des dissidences tragiques auquel il rendit hommage dans son troisième roman, paru en 1969[2]. Une complicité dont il assuma la dimension politique par l'un de ses derniers textes, daté du 16 février 2011, en préface à un recueil des œuvres du plus grand poète latino-américain du XXe siècle, le Péruvien César Vallejo, dans une superbe traduction de François Maspero[3]. Semprun : « Vallejo était un rouge espagnol, en chair

1 Léon Trotsky, *Où va la France ?*, Les Bons Caractères, Paris, 2007.

2 Jorge Semprun, *La Deuxième Mort de Ramon Mercader*, Gallimard, Paris, 1969.

3 César Vallejo, *Poèmes humains* et *Espagne, écarte de moi ce calice*, traduit, présenté et annoté par François Maspero, préface de Jorge Semprun, Seuil, coll. « La librairie du XXIe siècle », Paris, 2011.

et en os. Le grand poète a rencontré un éminent traducteur. Parole reconnaissante de rouge espagnol. » Façon de dire, définitivement, face à la postérité où il se situait et d'où il parlait.

Mais, surtout, cet *Où va la France ?* taraudait l'Européen convaincu qu'il était, comme tous ceux qui ont gardé la mémoire vécue des désastres nés de l'affrontement des nations du continent. Semprun ressentait vivement, dans notre époque de récurrentes crises économiques et de persistants doutes démocratiques, l'écho des alarmes et des inquiétudes qui habitaient la brochure de Trotsky au milieu des années 1930. Face au fascisme et au nazisme, avec la prescience de la catastrophe européenne à venir, le fondateur de l'Armée rouge devenu opposant solitaire au stalinisme y appelait sans relâche au « Front unique ouvrier », c'est-à-dire à l'union et à la solidarité entre socialistes et communistes, par-delà leurs différences et différends.

Aucune époque n'est semblable à une autre, mais le présent est toujours tissé de passé, entre histoire, mémoire et expérience. Et les mêmes interrogations nous habitent : et si le pire était à venir ? et s'il fallait tout changer, tout revoir ? et si un nouveau fascisme faisait retour ? Façon de lier conscience professionnelle et obligation citoyenne, j'ai coutume de dire que l'inquiétude est l'antichambre de l'espérance. Et c'est cette maxime que mettent en pratique les articles qui suivent. Autant d'alarmes, autant d'espoirs. Que les seconds soient déçus dans l'instant n'enlève rien à la portée des premières, à plus long terme.

Leur relecture à distance des circonstances de leur première publication dessine le paysage d'une perdition, ou plutôt de sa récidive, pour reprendre l'intuition de Michaël Fœssel[4] : « L'analogie entre 1938 et 2018, écrit-il, présente l'intérêt de mettre en garde contre des mesures prises pour défendre la démocratie et qui, dans les faits, risquent de la mettre à terre. [...] Quelles que soient les précautions que l'on peut avoir à l'égard des leçons de l'Histoire, il est utile de se souvenir que, parvenus au pouvoir, les adversaires acharnés de la République se sont appuyés sur l'héritage d'une République délestée de ses défenses démocratiques. »

En voici la démonstration.

---

4 Michaël Fœssel, *Récidive 1938*, Presses universitaires de France, Paris, 2019.

I.

L'effondrement socialiste

1
Alternance électorale ou alternative démocratique ?

D'ici deux mois, au soir du 6 mai 2012, nous saurons si c'en est bien fini de cette présidence de dégradation nationale. Mais il ne suffira pas de tourner la page Sarkozy pour se débarrasser de tout ce qu'il laissera en héritage : tout ce dont il est le produit et tout ce qu'il a détruit[1]. L'enjeu de cette élection présidentielle, et des législatives qui suivront, dépasse la seule sanction d'un homme au bilan désastreux : saurons-nous, tous ensemble, en ces temps de périls et d'incertitudes, relever la France du marécage où elle est embourbée ? Saurons-nous saisir cette occasion historique : transformer une alternance électorale en alternative démocratique ?

D'un côté, l'espérance ; de l'autre, l'inquiétude. L'aiguillon de la seconde obligeant la première à rester en éveil ; s'entretenant l'une et l'autre, à la manière de compagnes indissociables ; et toutes deux coutumières des infortunes, déceptions électorales et chagrins politiques. Cette espérance qui nous anime et cette inquiétude qui nous rattrape, dans une course relais qui, du scrutin présidentiel aux élections législatives, peut aussi bien déboucher sur une impasse annoncée, tissée de renoncements, d'impuissances ou de défaites, que sur une brèche inespérée, ouvrant enfin l'horizon des possibles dans le refus des immobilismes, des fatalités et des peurs…

Pour ceux qui, à l'instar de Mediapart, n'ont cessé de documenter les raisons d'une refondation républicaine dont

---

1 Sorti un an avant cet article, *Le Président de trop* (Don Quichotte, Paris, 2011) montrait ce tournant qu'avait représenté la présidence de Nicolas Sarkozy (2007-2012). Augmenté de *La question française*, essai qui en actualise le propos, il est reparu en 2021 à La Découverte en même temps qu'*À gauche de l'impossible*.

la défaite de Nicolas Sarkozy serait la première étape, cette campagne présidentielle n'est pas un moment politique ordinaire. Par-delà nos sensibilités diverses, nos inclinations partisanes, nos préoccupations catégorielles et nos soucis collectifs, son enjeu nous dépasse, tant il s'imbrique à la crise historique que traversent et vivent, en Europe, nos sociétés, nos cultures, nos peuples, elle-même indissociable d'une crise de civilisation mondiale, mêlant crise énergétique, crise écologique, crise démocratique, crise financière, crise sociale, crise morale, etc.

Nous savons, d'expérience, qu'une réélection de Nicolas Sarkozy ajouterait encore plus d'injustice et de violence aux désordres existants. Mais nous devinons aussi, d'instinct, qu'en faisant chuter durement de son piédestal cette ego-présidence, nous avons la possibilité rare, par la force non seulement de nos votes mais de la mobilisation qu'ils pourraient susciter, d'enrayer la machine infernale qui, jusqu'ici, réussit à soumettre nos peuples aux froids calculs égoïstes d'un monde dont l'argent est devenu la seule mesure, destructeur avide du travail des hommes comme des richesses de la nature. Dès lors, l'inquiétude est à la mesure de cette espérance, entre exigence et vigilance.

Tous les calculs de Nicolas Sarkozy portent sur le premier tour, dont les scores déterminent les résultats du second. Conscient que le niveau actuel dont le créditent les sondages lui interdit toute prétention de l'emporter, il entend jouer sur deux leviers, qu'il actionne avec sa brutalité coutumière : récupérer une partie des voix du Front national, démobiliser l'électorat qui ne lui est pas acquis. Se hisser plus haut avec le premier levier, faire baisser François Hollande grâce au second. On n'ose croire à un scénario qui priverait Marine Le Pen de ses cinq cents signatures d'élus locaux, son absence facilitant ce transfert d'une partie de ses électeurs vers le président sortant. Mais, pour Nicolas Sarkozy, il suffit déjà qu'en lui prenant ses thématiques, il la dépouille d'une partie de ses votes. De même qu'au vu de la forte mobilisation des meetings électoraux, notamment ceux de Jean-Luc Mélenchon, on ne se résout pas à cet insistant constat sondagier d'une campagne sans attrait annonçant une abstention forte. Mais, pour Nicolas Sarkozy, il suffit déjà qu'au premier tour l'abstention des classes populaires et des jeunes soit plus élevée qu'en 2007, privant la gauche d'une partie de ses votes.

L'inquiétude se fait sans doute inutilement peur. Mais, ce faisant, elle mobilise l'espérance, l'invitant à ne pas rester spectatrice d'une victoire annoncée et à se donner les moyens de peser sur elle, de lui donner force populaire et contenu démocratique, au-delà des seuls partis de gauche et de leurs candidats. Car il importe que la défaite du « candidat sortant » soit massive, cinglante et humiliante, dans la dynamique née du rassemblement des forces d'opposition à l'issue du premier tour. En politique comme en physique, il est des moments où la quantité se mue en qualité, précipitant l'imprévu et produisant une dynamique. C'est de ce sursaut que nous avons besoin, cette « heure du peuple » déjà évoquée sur Mediapart, dans l'espoir de ce que nous appelions, dès 2010, une « insurrection civique »[2].

Après dix-sept ans de présidences de droite à l'Élysée, dix ans sans discontinuité de pouvoir sans partage de la même famille politique, quatorze années où cette même droite aura gouverné pendant ces deux dernières décennies, notre République a besoin d'une immense respiration : de reprendre son souffle, de soulever ce qui l'oppresse, d'humer un air frais. Et de cette respiration retrouvée doit naître une conversation nouvelle où la France se réinvente, en renouant avec sa promesse républicaine. Car ce que nous avons appris de ce quinquennat, c'est que la République était désormais fragile, attaquée, blessée et menacée.

La présidence de Nicolas Sarkozy n'aura pas été une énième version des pouvoirs de droite, mais une bifurcation dans l'histoire de la droite républicaine telle qu'elle s'est affirmée au lendemain de la catastrophe européenne, en 1945. Si rupture il y eut, elle est là : au sein de sa propre famille politique. Deuxième mort du gaullisme, le sarkozysme marque l'émergence d'une droite extrême qui renoue avec les idéologies, valeurs et références des droites antirépublicaines du début du XXe siècle, celles-là mêmes qui ont accompagné l'effondrement national dans la collaboration avec le nazisme.

L'historien Zeev Sternhell, dans sa célèbre trilogie sur *La France, entre nationalisme et fascisme*[3], tout comme dans son plus

2 Voir Edwy Plenel, « L'heure du peuple », Mediapart, 20 octobre 2010.
3 Zeev Sternhell, *La France, entre nationalisme et fascisme*, 3 tomes, Fayard, Paris, 2000.

récent travail sur *Les Anti-Lumières*[4], a disséqué cette révolution conservatrice dont notre pays fut le laboratoire intellectuel, avec des figures talentueuses et complexes comme Maurice Barrès ou Charles Maurras. Face à l'esprit des Lumières, elle affirmait, résume-t-il, « une autre modernité, fondée sur le culte de tout ce qui distingue et sépare les hommes – l'histoire, la culture, la langue –, une culture qui refuse à la raison aussi bien la capacité que le droit de façonner la vie des hommes ».

La perdition de Vichy a entraîné, avec la défaite de son allié nazi, l'éclipse de ce courant idéologique alors que, loin d'être marginal et réservé aux factieux fascistes, il dominait jusqu'en 1940 les références d'une droite française qui, dans sa diversité, ne s'était toujours pas résignée à la République, cette « gueuse » indocile parce qu'ayant fait du peuple son souverain. La dissidence gaulliste, dont le pari réussi permit à la France de siéger à la table des vainqueurs plutôt que des vaincus, sauva la droite d'elle-même, malgré elle et contre elle. Ne restait dès lors que l'extrême droite, ses réseaux intellectuels et ses activistes minoritaires, pour entretenir ce sombre héritage jusqu'à ce qu'il puisse retrouver droit de cité.

Avec Nicolas Sarkozy, c'est fait. Il faut être bien aveugle pour ne voir, comme nombre de commentateurs, dans les foucades de la campagne sarkozyste qu'un « tournant droitier », simple tactique électorale vis-à-vis du Front national, quand cette présidence a, au contraire, prouvé depuis 2007 sa constance idéologique : du ministère associant identité nationale et immigration à la chasse aux Roms, en passant par la mise en cause des Français d'origine étrangère sans oublier l'éloge du curé que « ne pourra jamais remplacer » l'instituteur. Entouré de conseillers formés à cette école extrémiste et liés aux courants traditionalistes de l'Église catholique (Patrick Buisson, Guillaume Peltier, Maxime Tandonnet...), Nicolas Sarkozy a fait de cette idéologie historiquement antirépublicaine son socle idéologique, alors qu'elle était jusqu'ici tenue à distance ou à ses marges par la droite classique.

Son ressort intellectuel est le refus de la philosophie du droit naturel qui est au principe de la promesse républicaine, dans sa

4 Zeev Sternhell, *Les Anti-Lumières. Du XVIII*e *siècle à la guerre froide*, Fayard, Paris, 2006.

puissance originelle : cette égalité des droits et des humanités qui ouvre l'horizon des possibles. Quand, écrit Sternhell, « les Lumières voulaient libérer l'individu des contraintes de l'histoire, du joug des croyances traditionnelles et non vérifiées », ces droites nationalistes, conservatrices et contre-révolutionnaires partagent le refus entêté de cet ébranlement de l'ordre existant. Hiérarchie (des hommes, des religions, des civilisations), égoïsme (des classes, des nations, des peuples), force (de l'État, du Chef, des armées) sont leurs maîtres mots qui s'opposent, en bloc, à la trilogie « Liberté, Égalité, Fraternité ». Quand l'idéal républicain se propose de libérer l'homme des fatalités et des résignations, elles entendent le déterminer et l'immobiliser.

Ces idéologies conservatrices ne sont pas des vieilleries muséographiques, mais des forces actives, nées dans notre modernité en réaction à la radicalité des Lumières. Et leur éclipse, ou leur marginalisation durant un gros demi-siècle, ne suffit certes pas à nous en débarrasser définitivement, tant, pour l'histoire des idées, ce temps humain est bref à l'échelle de la longue durée historienne. Nos temps incertains, et les peurs identitaires qu'ils alimentent, sont le terreau de leur renaissance. Et celle-ci est d'autant plus vivace qu'elles excellent à entretenir des passions mobilisatrices qui sont d'exclusion, de différence et de repli.

Quand le bien commun peine à s'imposer, se fracture et s'étiole, les querelles particulières occupent la place, dans l'exacerbation des crispations plutôt que des relations. Le propre de la droite extrême est de les entretenir comme on répand de l'huile sur le feu et de les entraîner vers la désignation de boucs émissaires. Ainsi l'actuelle campagne du camp sarkozyste est-elle sciemment menée sur trois thématiques qui sont un copier-coller des refrains des droites xénophobes et antisémites de la fin du XIXe siècle et du début du XXe : « trop d'étrangers » (Nicolas Sarkozy à France 2, le 6 mars 2012), « civilisations inférieures » (Claude Guéant devant l'UNI, le 4 février 2012), islamophobie obsessionnelle (jusqu'à l'abattage rituel du bétail promu « premier sujet de préoccupation » des Français par Sarkozy lui-même, le 5 mars 2012 à Saint-Quentin) – nos compatriotes musulmans occupant, dans cette vindicte, la place qui fut celle des Juifs de France.

Or c'est exactement ce triptyque que l'on retrouve chez le nationaliste Maurice Barrès, ce chantre de la terre et des morts dont l'œuvre fascina jusqu'au socialiste Léon Blum. Ancien élu boulangiste (le culte du chef et du sauveur), Maurice Barrès fut candidat… à Neuilly en 1893 et publia à cette occasion une brochure sans équivoque : *Contre les étrangers, étude pour la protection des ouvriers français.* Convaincu de la supériorité de la civilisation dont il se réclamait, il insistait sur l'infériorité de « la race sémitique [qui] est à la famille indo-européenne ce que la grisaille est à la peinture, ce que le plain-chant est à la musique moderne ». Antidreyfusard farouche, il sera l'un des propagandistes de l'antisémitisme après la condamnation du capitaine en 1894, avec cette formule sans appel : « Que Dreyfus est capable de trahir, je le conclus de sa race. »

De nos jours, la renaissance de cette droite extrême accompagne l'inquiétude des oligarchies régnantes pour la stabilité de leur domination, dans les tempêtes traversées par le capitalisme. Quand, au lieu de se retrouver autour de ce qu'ils ont en commun (l'entreprise et l'habitat, les questions sociales, les conditions de vie), les dominés se font la guerre au nom de leurs identités, croyances et origines, les dominants ont la paix. Aussi la diversion identitaire est-elle le fonds de commerce de ces politiques conservatrices extrémisées par la peur des possédants : la stigmatisation de tout ce qui se rapporte aux Arabes, aux musulmans, à l'islam, libérant une virulence et une discrimination non plus envers des opposants ou des adversaires politiques, mais envers des hommes, des femmes et des enfants dont la seule faute est de partager, par leur naissance ou leur alliance, une histoire, une culture, une religion.

Tel est le pas, symboliquement immense, franchi par le sarkozysme, et dont on s'étonne encore qu'il ne suscite pas plus d'indignations, y compris parmi ce qui reste de gaullistes conscients de leur histoire. Un pas au-dessus d'un gouffre de haines ainsi attisées et excitées. La violence politique qu'il libère va de pair avec l'affirmation, sans honte aucune, d'un projet politique antidémocratique. Candidat d'un parti, l'UMP, qui n'est qu'un instrument césariste à la dévotion de son chef momentané, sans vote de la base ni pluralisme des courants, le président sortant n'a-t-il pas souhaité être libéré des « corps intermédiaires », de leurs nuisances et de leurs encombrements (c'était à Annecy, le 16 février 2012) ? Or quelle autre définition institutionnelle d'une démocratie sinon leur existence et leur vitalité, cet équilibre créatif de pouvoirs et de contre-pouvoirs, de conversations et de confrontations, d'intérêts différents et de projets concurrents ?

Cette installation à demeure d'une droite extrême est donc un défi lancé à tous les républicains, désormais sommés de convoquer un imaginaire concurrent ayant assez de force de conviction et de dynamique de rassemblement pour renvoyer ces démons idéologiques à l'enfer qu'ils n'auraient jamais dû quitter. Cet imaginaire relève d'un vieil héritage dont il nous faut retrouver la jeunesse, fort bien résumée par Zeev Sternhell à la fin de son livre sur les anti-Lumières : « Quelles que soient les différences entre les grands penseurs des Lumières, le dénominateur commun à leurs visions du monde respectives est le refus de ce qui est. La culture des Lumières est une culture critique, pour elle aucun ordre n'est légitime du seul fait qu'il existe. Aucun ordre établi n'est légitime s'il est injuste. [...] Pour éviter à l'homme du XXIe siècle de sombrer dans un nouvel âge glacé de la résignation, la vision prospective créée par les Lumières d'un individu acteur de son présent, voire de son avenir, reste irremplaçable[5]. »

S'indigner, c'est se mobiliser. Se convoquer soi-même aux urgences du présent. Il n'y a pas d'autre message au désormais célèbre manifeste de Stéphane Hessel, *Indignez-vous !* : nous sommes responsables de notre liberté et, par conséquent, comptables de l'usage que nous en faisons[6]. Devant le défi que nous lance cette droite extrême, nous ne pouvons faire comme si la réponse ne dépendait que des partis politiques, que de leurs dirigeants professionnels, que de leurs candidats présidentiels. Elle dépend d'abord de nous : de notre mobilisation massive, dans une fraternité de l'espoir qui n'exclut en rien la diversité des sensibilités et itinéraires, choix et votes.

Nous savons d'abord ce que nous ne voulons pas et plus : de cette présidence dangereuse et de la droite extrême qu'elle installe à demeure. De cette dégradation nationale qui se résume à un triple D, plus essentiel que le triple A des agences de

---

5 *Ibid.*

6 Stéphane Hessel, *Indignez-vous !*, Indigènes Éditions, Montpellier, 2010.

notation financière : division, destruction, dépression. Division de la France et des Français, de son histoire et de son peuple ; destruction du pacte républicain issu du programme du Conseil national de la Résistance de 1944 ; dépression d'un pays que ses actuelles élites dirigeantes privent d'un horizon d'espérance.

Cette seule exigence devrait nous inviter fermement à donner tort à Jean-Philippe Domecq, auteur en 1984 d'un superbe *Robespierre, derniers temps*[7]. Mais ce sont nos temps d'aujourd'hui, faussement apaisés et blasés, qui l'inquiètent désormais. Dans *Cette obscure envie de perdre à gauche*[8], il interroge, comme on exorciserait des tentations démobilisatrices et défaitistes, « cette évidence massive et savamment ignorée depuis deux siècles, que la gauche n'a guère voulu du pouvoir qu'elle a fondé ».

Or elle peut d'autant moins se dérober en 2012 qu'il y a une chance historique à saisir : pour la première fois dans l'histoire de la Ve République, mais bien au-delà tant le Sénat fut d'éternité le lieu des blocages conservateurs – ce qu'il n'est plus depuis l'automne 2011 –, la gauche peut espérer devenir majoritaire dans l'ensemble des leviers de pouvoir, de la présidence de la République à l'Assemblée nationale, du gouvernement au Sénat.

Il y a là une possibilité unique, sans précédent, d'agir rapidement et efficacement. De défaire vite et de construire solidement. Surtout dans ce qui, financièrement, coûte le moins mais, politiquement, rapporte le plus : la refondation démocratique. Car nous savons bien ce que nous espérons au-delà du refus du président sortant : s'attaquer aux causes profondes du sarkozysme et, donc, revisiter ce long enchaînement de renoncements qui lui a ouvert la voie. Cette exigence-là passe par le vote, mais ne s'y réduit pas. On ne change pas l'ordre existant, ses injustices et ses inégalités, par seule délégation de pouvoir. Tout dépendra, là encore, de nous, de notre force collective, de notre volonté rassemblée. Et, donc, de la dynamique interactive qui accompagnera les scrutins présidentiel et législatif.

« On ne construit pas des rapports de force seul devant son téléviseur le soir des élections, mais en affirmant qu'occuper le vote est déjà un bon prélude pour occuper le terrain » : nous

---

7 Jean-Philippe Domecq, *Robespierre, derniers temps*, Seuil, Paris, 1984.

8 Jean-Philippe Domecq, *Cette obscure envie de perdre à gauche*, Denoël, Paris, 2012.

pourrions aisément faire nôtres les réflexions du collectif de la revue *Vacarme*, résumées d'un fougueux « Occupons le vote ! » « Voter, y lit-on, c'est choisir, parmi les candidats, ceux sur qui la critique des manières de gouverner a le plus de chances de peser ; c'est opter pour ceux que les mouvements de gouvernés sauront le mieux embarrasser. Et c'est aussi, par voie de conséquence, désigner des gouvernants sous le régime desquels de tels mouvements ont le plus de chances et de raisons d'advenir[9]. »

Plutôt que de sacraliser le vote présidentiel, en concédant au présidentialisme sa personnalisation profondément dépolitisante, faisons-en un instrument collectif de politisation. Et imposons ainsi notre « nous » au « je » du candidat qui, à l'issue du premier tour, affrontera Nicolas Sarkozy. L'élection, son résultat comme ses lendemains, se joue dans cette mobilisation concrète, cette campagne réelle loin des artifices médiatiques. Les deux principales forces de gauche de cette campagne semblent l'avoir compris. Tandis que le Parti socialiste entend, samedi 17 mars, mobiliser les électeurs ayant participé à ses primaires, le Front de gauche n'hésite pas à imposer une manifestation de rue dans l'agenda des urnes, avec une signifiante (re)prise de la Bastille depuis la place de la Nation, dimanche 18 mars.

Sauf exception audacieuse, rare et souvent isolée, les dirigeants que l'on choisit ont le courage que nous leur donnons. Celui que leur insuffle le peuple et qui, parfois, les porte au-delà d'eux-mêmes. De ce point de vue, 2012 se présente comme une possible revanche sur les déceptions de 1981. Hier, ce qui devait être une alternance fondatrice, brisant le joug du présidentialisme français, s'est rapidement épuisé comme une vague qui meurt. Aujourd'hui, ce pourrait être, si chacun d'entre nous y contribue, une vague qui se lève, faisant émerger une alternative des flots de l'alternance.

9 mars 2012[10]

---

9 « Occupons le vote ! », *Vacarme*, n° 58, hiver 2012.

10 Toutes les dates indiquées en fin des chapitres de cette seconde partie sont celles de leur première publication sur Mediapart.

2
L'alarme, du 21 avril 2002 au 22 avril 2012

Après l'alerte du 21 avril 2002, voici donc l'alarme du 22 avril 2012. Loin de la réduire, l'indolence de Jacques Chirac puis la virulence de Nicolas Sarkozy ont alourdi l'hypothèque de l'extrême droite sur la vie publique française. Que la progression des idées et des voix du Front national soit à porter au débit des dix années de pouvoir sans partage de la droite à l'Élysée, au gouvernement et au Parlement, c'est l'évidence. Mais que la gauche ne saurait s'en satisfaire en est une autre. Car le défi qui l'attend est d'autant plus immense : relever la France d'une déchéance politique annoncée, en refondant une République authentiquement démocratique et sociale.

Tel est l'enjeu du second tour de cette élection présidentielle, de son résultat comme de l'exigence qu'il portera : ne plus seulement battre Nicolas Sarkozy par l'automatisme du rejet, mais l'emporter par une dynamique d'adhésion. Autrement dit lier indissolublement l'alternance nécessaire à l'exigence d'une alternative aux politiques qui, depuis trente ans, ont échoué à enrayer la dérive de la France vers l'aggravation des inégalités et des injustices, doublée des diversions réactionnaires que sont la politique de la peur (du monde et de l'étranger) et la chasse aux boucs émissaires (immigrés et musulmans).

L'espoir d'un échec du président sortant au soir du 6 mai par K.O. technique, fondé sur l'évaluation des reports de voix du premier tour, est assurément rationnel. Derrière la diversité des choix électoraux, les résultats du premier tour portent un référendum anti-Sarkozy dont témoignent aussi bien les motivations des électeurs frontistes que les calculs de l'état-major lepéniste qui rêve d'une implosion de l'UMP à son profit. Mais, politiquement, transformer cette probabilité en certitude relève de l'insouciance tant l'histoire à venir n'est jamais totalement écrite, entre aléas électoraux et volatilité des suffrages. Que n'a-t-on dit, ces dernières semaines, à propos de l'OPA de l'UMP sur les voix du FN ou de l'irrésistible percée du Front de gauche, qui fut démenti au soir du 22 avril ?

Surtout, aussi probable soit-elle, une victoire de François Hollande surviendra dans un paysage électoral dont les tendances lourdes ne sont pas favorables à la gauche, notamment socialiste, qui profite d'un rejet plutôt qu'elle ne bénéficie d'une adhésion. Jamais l'extrême droite n'a obtenu autant de voix à un scrutin national (près de 6,5 millions) et jamais elle n'a été aussi forte dans l'électorat ouvrier (autour de 30 % selon certaines enquêtes[1]). De plus, survenue alors que la droite s'est extrémisée, reprenant ses thématiques xénophobes et islamophobes, la progression de Marine Le Pen n'a pas empêché Nicolas Sarkozy de se maintenir à un score honorable de premier tour (27,18 %), à seulement 1,45 point d'écart, soit 500 000 voix, de son concurrent socialiste (28,63 %).

François Hollande est certes en tête du premier tour, ce qui est inédit pour l'adversaire d'un président sortant – qu'il soit de gauche (Mitterrand contre de Gaulle en 1965 et contre Giscard en 1981) ou de droite (Chirac contre Mitterrand en 1988) –, mais il ne profite pas d'une mobilisation supplémentaire des électeurs face à la mutation extrémiste de l'UMP durant la campagne. De surcroît, il ne réussit pas à mobiliser les gros bataillons des classes populaires en sa faveur. Quant au score de Jean-Luc Mélenchon, succès indéniablement prometteur pour le jeune Front de gauche, il reste cependant conforme au total des voix de la gauche peu ou prou radicale aux deux présidentielles précédentes (11,11 % contre 9 % en 2007 et 13,34 % en 2002) et échoue à s'imposer d'emblée en leader national du vote ouvrier.

Ces réalités sorties des urnes annoncent peut-être d'autres surprises électorales, lors des scrutins législatifs de juin prochain.

---

1 Françoise Fressoz, « Présidentielle : le message de la France des invisibles », *Le Monde*, 23 avril 2012.

Les projections prévoient la possibilité de 345 triangulaires imposées par le FN (dont 14 quadrangulaires possibles avec le Front de gauche). Que les premières aient été, dans le passé, tactiquement favorables à la gauche ne saurait faire oublier qu'elles accentueront le basculement, déjà largement engagé, du débat politique sur les thématiques de l'extrême droite. Quant aux secondes, leur possibilité souligne les divisions d'une gauche qui affiche sa diversité plutôt que son unité, voire ses divergences profondes plutôt que ses discussions fécondes. Pis, d'une gauche qui ne se parle ni ne se rencontre, le candidat socialiste accueillant les soutiens sans descendre de son Aventin présidentiel.

Ce premier tour de l'élection présidentielle résonne donc comme un avertissement pour François Hollande : une victoire à la Pyrrhus le guette s'il ne prend pas suffisamment la mesure du sursaut politique qu'appelle la crise française. La spécificité de celle-ci est sa dimension démocratique qui conditionne la crédibilité et l'efficacité des réponses à ses autres dimensions, financières, économiques et sociales. De scrutin en scrutin, un système politique épuisé ne cesse de mettre en scène le fossé qui se creuse entre le peuple et ses représentants professionnels, entre la masse des citoyens et les politiques de métier, entre le pays et ses élites. Et s'il n'est pas comblé d'urgence, la gauche le paiera au prix fort.

Car ce paysage est le décor favori des politiques réactionnaires qui détournent cette colère en adhésion à des aventures virulentes et autoritaires, fondées sur l'essentialisme d'une nation, de son peuple et de son chef. Or, pour s'installer à demeure, ces passions politiquement néfastes n'ont pas besoin, en France, de rupture violente avec le système institutionnel en place caractérisé par sa faible intensité démocratique. Exception française, le bonapartisme césariste qui inspire notre présidentialisme est d'une dangerosité foncière que la gauche oublie trop souvent à force de s'être résignée à le subir dans l'espoir d'en être parfois bénéficiaire.

« Dangereuses avant moi, elles le seront toujours après » : cette formule prêtée à François Mitterrand sur nos institutions est une mise en garde à l'adresse de ses successeurs de gauche, doublée d'un aveu d'échec ou d'impuissance. Dans le cadre constitutionnel actuel, d'une présidence qui peut s'imposer à tous les autres pouvoirs, qui les dévitalise, les décrédibilise et les démoralise, la gauche peut un temps gouverner, mais elle ne peut durablement réussir. Le présidentialisme l'éloigne de ses bases, l'entraîne sur le terrain de l'adversaire, l'érode et la corrompt. En témoigne de façon flagrante l'évolution ces trente dernières années de son personnel politique, à tous niveaux, bien éloigné dans sa composition sociale des classes populaires majoritaires.

L'alarme du 22 avril, dix ans après l'alerte du 21 avril, nous avertit qu'un accident électoral est toujours possible[2]. Qu'en sera-t-il en 2017, après cinq années de présidence socialiste, de l'état des crises européennes ou mondiales qui nous accablent, tandis que la perdition d'une droite extrémisée et « pétainisée » aura peut-être fait, jusqu'au dernier barreau, la courte échelle à Marine Le Pen ? Qu'en sera-t-il, alors que, depuis trente années, le débat politique français, non seulement dans son expression médiatique dominante mais aussi dans son animation intellectuelle et éditoriale, n'a cessé de basculer à droite, cédant le pas aux obsessions de toujours de l'extrême droite ?

Nous avons suffisamment de mémoire pour contredire ceux qui relativisent en mettant le poids du Front national sur le compte d'une tendance européenne momentanée, où l'expression de la crise, de ses souffrances et de ses colères passerait par un vote protestataire d'extrême droite. Ces raisonnements oublient l'antériorité française en la matière, cette persistance du Front national depuis son premier succès national aux élections européennes de 1984 où sa liste avait obtenu plus de 2 millions de voix (10,95 % des suffrages exprimés). À l'époque, déjà, alors que, depuis un an, des élections locales témoignaient de la renaissance de l'extrême droite française, la classe politique se rassurait à bon compte. C'était donc il y aura bientôt… trente ans.

La logique du bouc émissaire, qui a aujourd'hui droit de cité officiel sous un pouvoir de droite – « identité nationale », « civili-

2 Confirmation avec le chamboule-tout de la présidentielle de 2017 qui a permis à Emmanuel Macron de l'emporter alors qu'un an auparavant il n'était pas candidat et n'avait aucune force politique derrière lui.

sation supérieure », « musulman d'apparence », « étrangers trop nombreux », etc. –, prenait ses marques et, déjà, marquait des points. En septembre 1983, après une première percée municipale du Front national à Dreux, les commentaires dominants s'accordaient tous à mettre cet événement sur le compte d'une immigration « incontrôlée », « anarchique », « criminogène », « clandestine », « sauvage », « proliférante », au choix des expressions qui s'installaient alors dans le langage commun.

L'extrême droite ne serait qu'un effet dont les immigrés seraient la cause, répétaient-ils en boucle. Et bien peu nombreux étaient alors ceux qui s'inquiétaient de cette première victoire lepéniste – non pas provisoirement dans les urnes, mais durablement dans les têtes.

Si, depuis trente ans, les républicains n'ont pas su enrayer la progression de l'extrême droite, c'est parce qu'ils n'ont pas pris la juste mesure des réponses qu'elle appelait, des réponses radicalement démocratiques et sociales plutôt que des surenchères sécuritaires et xénophobes. En 1984, dans ce qui fut le premier livre consacré à ce que nous avions nommé *L'Effet Le Pen*[3], nous avions été deux journalistes du *Monde* de l'époque à tenter de bousculer, en vain hélas, les certitudes rassurantes d'un monde politique qui, à gauche tout autant qu'à droite, minimisait la signification de la renaissance d'un courant de pensée que la déchéance nationale de Vichy et la perdition coloniale d'Algérie auraient dû définitivement discréditer.

Voici ce que nous écrivions, sous le titre « Un certain état de la France », à propos de « toutes ces analyses (qui) s'empressaient de relativiser le phénomène » :

« Les moins nobles, en l'assimilant à une exaspération locale et circonscrite dont la "cause" aurait été la "surpopulation" immigrée de quelques villes. Les plus opportunistes, en le réduisant à un conjoncturel et classique mouvement de balancier, selon lequel la gauche héritait d'une extrême droite dynamique comme, hier, la droite d'une extrême gauche vivace. Les plus subtiles, enfin, en le renvoyant au passé, n'y voyant qu'une répétition du feu de paille poujadiste des années cinquante.

3 Edwy Plenel et Alain Rollat, *L'Effet Le Pen*, La Découverte-Le Monde, Paris, 1984.

Faisant insidieusement des boucs émissaires désignés par le Front national les fautifs mêmes de sa réussite, ou contemplant avec impuissance une fatalité politique, ou encore se persuadant que la vague s'épuiserait d'elle-même, ces explications étaient toutes trois une façon de se donner bonne conscience.

« Contribuant accessoirement à banaliser M. Le Pen, à le ramener à l'ordre des choses, aucune ne s'interrogeait sur sa modernité, son actualité et sa spécificité. Car si l'on s'accorde à juger dangereuse, pour une démocratie, l'ascension d'un mouvement xénophobe et autoritaire, la question pertinente est bien celle-là ; au-delà de son passé, de ses convictions et de ses projets, que révèle M. Le Pen de l'état de la France, de l'ampleur de sa crise, du délitement de son corps social ? Envisagé sous cet angle, le diagnostic est raisonnablement pessimiste : produit tout à la fois d'une réelle dynamique sociale, d'une mythologie politique et d'une tradition française, l'effet Le Pen a encore de l'avenir devant lui. »

Le citoyen concerné que reste l'observateur journaliste aurait grandement préféré se tromper de pronostic. La citation n'est donc pas là pour témoigner vainement de sa pertinence, mais pour inviter à revenir à l'essentiel, plutôt que de disserter sur la supposée modernité « mariniste » du Front national alors que, du père à sa fille, le sillon creusé est invariable comme l'a montré, après Anne Tristan et son exceptionnel *Au Front* paru en 1987[4], le courageux *Bienvenue au Front* de Claire Checcaglini, publié au début de cette année[5]. L'essentiel, c'est-à-dire le terreau sur lequel prospère l'idéologie diffusée par l'extrême droite, dont la peur et la haine sont les deux ingrédients de base.

Le rappel de cette longue durée de trente années suffit à démontrer que ce terreau n'est pas l'immigration et l'insécurité comme l'ont cru toutes les politiques qui, à droite et à gauche, ont épousé l'agenda imposé par l'extrême droite. Depuis un gros quart de siècle, et de façon systématique depuis dix ans, les politiques publiques ne sont-elles pas foncièrement sécuritaires et obstinément antimigratoires, de contrôle et de surveillance

4 Anne Tristan, *Au Front*, Gallimard, coll. « Au vif du sujet », Paris, 1987 ; « Folio », Paris, 1988.

5 Claire Checcaglini, *Bienvenue au Front*, Jacob Duvernet, Paris, 2012.

des populations et des territoires, des lieux et des flux ? Tant de lois, tant de moyens, tant de discours, et il faudrait, encore et toujours, remettre sur l'établi des politiques qui n'ont cessé d'échouer à panser les plaies sociales et à apaiser notre vie démocratique ?

La vérité, c'est que ce tonneau est percé : il alimente ce qu'il prétend combattre, exacerbe ce qu'il prétend soigner, excite ce qu'il prétend calmer. Dérèglement idéologique des nécessités objectives de souveraineté et de sûreté qui fondent une nation, les obsessions sécuritaires et migratoires alimentent ce qui divise le peuple, montent des populations les unes contre les autres, dressent les Français contre d'autres Français comme l'a amplement démontré la dérive du sarkozysme vers la stigmatisation de l'origine étrangère ou de la croyance musulmane des citoyens français eux-mêmes. Il est bien temps d'inverser les priorités, autrement dit de réconcilier la France avec son peuple et les Français avec eux-mêmes en plaçant tout en haut de l'agenda politique l'urgence démocratique et l'exigence sociale.

Relever cet immense défi démocratique et social incombe à la gauche, dans sa pluralité. Et, de fait, à elle seule. C'est sa responsabilité, son devoir, son obligation. On aurait pu espérer qu'elle soit rejointe par d'autres bonnes volontés républicaines, venues d'autres horizons, tant le sarkozysme fut l'acte de naissance, sous les décombres du gaullisme et de son avatar chiraquien, d'une droite extrême. Mais, à part quelques ralliements individuels sans portée politique, entre un Jean-Jacques Aillagon et une Brigitte Girardin, il faut bien constater que les prétendus gaullistes d'hier ont consenti au reniement de leurs valeurs fondatrices.

Quand les engagements du Conseil national de la Résistance sont piétinés et que la Constitution républicaine elle-même est bafouée, on aurait pu s'attendre à ce que quelques voix fortes s'élèvent dans cette droite dont le bonapartisme foncier a toujours flatté l'esprit grognard. Or, entre approbation soumise et silence embarrassé, rien, rien ou presque si l'on compte les réserves exprimées par la seule ex-ministre des Sports Chantal Jouanno. En liant son sort à celui d'un Nicolas Sarkozy barricadé derrière des frontières qu'il dresse comme autant de murs qui divisent, isolent et blessent, l'ancienne droite républicaine acquiesce à sa défaite idéologique par l'extrême droite.

Quant au centre qu'entend incarner à lui seul François Bayrou, il ne pourra pas indéfiniment faire comme s'il était toujours ailleurs et au-dessus. Placer, au lendemain du premier tour, à même distance le candidat de droite et celui de gauche, celui qui épouse l'agenda de l'extrême droite, voire surenchérit sur son contenu, et celui dont les forces politiques qui le soutiennent s'en démarquent toutes avec clarté, sinon fermeté, est mauvais signe. En prétendant attendre, pour se déterminer d'ici le second tour, les réponses de Nicolas Sarkozy et de François Hollande à ses interpellations, le chef du Modem est à mille lieues de la posture principielle qu'il avait affichée dans sa critique constante de la présidence sortante, et plus près du marchandage politicien.

Il reste à espérer, mais cet espoir s'amoindrit, que le leader centriste, tout comme d'autres personnalités issues de la droite et ayant gouverné aux noms de ses diverses variantes, gaullistes, démo-chrétiennes, libérales, etc., entendent l'adresse que vient de leur lancer notre confrère Jean-François Kahn qui fit campagne pour François Bayrou : « Pour la première fois depuis des lustres, on entend un discours ouvertement pétainiste sortir de la bouche d'un président de la République encore en place. Quoi qu'on pense de son challenger social-démocrate, l'hésitation n'est plus possible, plus tolérable : tous les républicains, tous les démocrates qui refusent, par patriotisme, le discours de guerre civile et de lacération de notre nation commune, qu'ils se réclament de Jaurès, de Clemenceau, de De Gaulle, de Mendès France ou de Robert Schuman, doivent voter de façon à barrer la route à l'apprenti sorcier et à permettre qu'on tourne cette page[6]. »

L'élection présidentielle est un moyen, et non pas une fin. Aucun chèque en blanc, aucun état de grâce n'attend François Hollande s'il l'emporte. Voter pour lui, utiliser massivement le bulletin de vote à son nom, est le moyen aujourd'hui à notre portée pour rendre possible l'avènement des fins démocratiques et sociales qu'exige la crise française. Et ces fins-là dépendront de nous autant que de lui : de nos exigences, de nos vigilances, de nos mobilisations.

---

6 Jean-François Kahn, « Il faut barrer la route à Sarkozy ! », *Marianne*, 24 avril 2012.

Après la présidentielle, l'enjeu des élections législatives sera la pluralité d'une majorité parlementaire qui n'aura plus aucune excuse à son impuissance ou à son immobilisme puisque, pour la première fois sous la Ve République, la gauche peut devenir majoritaire dans les deux assemblées, imposer ainsi des réformes décisives jusqu'à la Constitution elle-même, susciter des majorités d'idées en s'émancipant de la soumission à la seule volonté élyséenne.

Il s'agit, tout simplement, de remettre la politique au poste de commande. La politique comme invention permanente, volonté collective et bien commun. Car la politique ne se réduit pas à l'expertise ou à la compétence, comme l'ont trop longtemps imposé les vulgates économiques et financières afin de l'éloigner du contrôle populaire. Au croisement des expériences et des convictions, elle suppose une délibération publique autour d'enjeux partagés et compris, expliqués et validés. Ce n'est pas seulement une pédagogie, des élus au peuple, mais une conversation, entre le peuple et ses représentants. C'est cet imaginaire démocratique qu'il nous faut retrouver, le seul à même de restaurer la confiance, ce climat aussi précieux que mystérieux sans l'avènement duquel il n'y aura jamais de sortie de crise.

Cet imaginaire démocratique a un nom, et c'est l'égalité. L'égalité, ce mot qui est au centre et au nœud de la devise républicaine. Qui, tout à la fois, l'équilibre et la met en tension. Après tout, la liberté est aussi celle de s'enrichir, donc de créer des inégalités autour de soi. Et la fraternité peut recouvrir la tentation de choisir ses frères, au détriment d'autres hommes. L'égalité est donc au ressort de ce qui caractérise la promesse républicaine entendue comme celle d'une République indissociablement démocratique et sociale.

Cette République-là n'est évidemment pas celle qu'invoquent aujourd'hui conservateurs et réactionnaires après en avoir longtemps rejeté non seulement l'idée mais le mot. La droite maurrassienne, qui a retrouvé ses aises sous le sarkozysme et dont l'idéologue Patrick Buisson s'est fait le passeur, fut monarchiste de naissance, avant de devoir se convertir aux apparences républicaines, sous le poids monstrueux des crimes des droites extrêmes d'Europe. Mais sa foi profonde reste antirépublicaine par refus du principe d'égalité et par défense de l'impératif de réalité.

Comme le rappelle le philosophe Emmanuel Terray dans un récent essai, « la pensée de droite est d'abord un réalisme[7] ». Mais ce réel n'est pas la réalité, c'est l'existant. Son imaginaire est un immobilisme, quand celui de l'égalité est un mouvement. Ainsi entendue, l'égalité, ce n'est évidemment pas l'uniformisation ou le nivellement qui, pour le coup, serait une fixité aussi rétrograde que l'ordre conservateur – ce qu'ont démontré les désastres et les crimes des régimes autoritaires s'en réclamant. L'égalité est au principe d'une politique démocratique qui fait droit à l'exigence sociale, d'une politique qui fait confiance à la liberté pour résoudre les tensions inévitables d'une société d'individus, d'aspirations diverses et de conditions différentes.

Égalité des droits, égalité des possibles, égalité devant la loi, égalité devant la santé, égalité devant l'éducation, égalité dans le travail, égalité des territoires, égalité de l'accès aux services publics, égalité dans l'accès à la culture, égalité dans la représentation politique, égalité des origines, des races et des religions, égalité des cultures et des civilisations, égalité des hommes et des femmes, égalité des genres, égalité des sexes et des sexualités, etc. On n'en finirait pas d'énumérer les potentialités libératrices de l'exigence d'égalité pour rassembler et renforcer une société, la nôtre, dont l'expression politique a délaissé plusieurs parties de son peuple qui ne se sentent ni représentées ni écoutées.

C'est sur cet abandon que prolifèrent xénophobie, racisme et autoritarisme, diffusés comme un poison par les forces politiques du fait établi et de l'ordre existant afin de protéger les inégalités et les injustices dont les intérêts minoritaires qu'elles défendent font profit. Pédagogie toujours utile et nécessaire, contrairement à ce que ne cesse de répéter le candidat Nicolas Sarkozy qui les légitime et les cautionne, faire la morale républicaine à celles et ceux qui y succombent ne suffira pas à renverser la tendance, tant la République a pris du retard – malmenée, abîmée, discréditée, défigurée.

« On ne naît pas raciste, on le devient », rappelle Lilian Thuram dans son *Manifeste pour l'égalité*[8] qui est sans doute

7 Emmanuel Terray, *Penser à droite*, Galilée, Paris, 2012.

8 Lilian Thuram, *Manifeste pour l'égalité*, Autrement, Paris, 2012.

le meilleur texte politique paru à l'orée de cette campagne présidentielle, le plus riche et le plus fécond. Combattre droite extrême et extrême droite, les marginaliser et les réduire, suppose d'opposer à leurs passions destructrices, où l'on s'aime de détester ensemble, un imaginaire supérieur. Un imaginaire qui rassemble et rassure, renforce et conforte, ouvre l'horizon et mobilise le changement. Illustré par une vingtaine de contributions de toutes disciplines et porté par sa fondation Éducation contre le racisme, le *Manifeste* de Thuram indique ce chemin de hauteur où se gagne la justice en nous appelant, écrit-il, à « changer nos imaginaires ».

Le lisant, comme un réconfort après l'alarme du 22 avril, on s'est souvenu de l'idéal proclamé par Albert Camus, alors journaliste, dans *Combat* en 1944 : « Élever ce pays en élevant son langage. » L'exact opposé du « Casse-toi, pauv' con », cette insulte qui résume la présidence sortante, son style et son projet[9]. Et si la politique est un langage, conversation d'un peuple avec lui-même, alors c'est bien là ce qui incombe à la gauche tout entière de réussir : relever la France en refondant sa République.

24 avril 2012

9 Le 23 février 2008, au Salon de l'Agriculture de Paris, « Casse-toi, pauv' con » fut la réponse de Nicolas Sarkozy, alors président de la République, à une personne refusant de lui serrer la main et lui ayant déclaré : « Ah non, touche-moi pas ! Tu me salis ! »

3
Maintenant ou jamais, François Hollande

La France tourne la page Nicolas Sarkozy, et c'est heureux. Mais la victoire de François Hollande est fragile parce que courte, malgré une radicalisation xénophobe de la droite qui appelait un vaste sursaut républicain. Elle est surtout provisoire tant que la gauche, dans sa diversité partisane, ne sera pas assurée d'une majorité parlementaire. C'est pourquoi le temps est déjà compté : il faut agir, agir vite et nettement, afin de créer cette dynamique démocratique et sociale sans laquelle le changement ne peut susciter l'adhésion et la confiance. Invitation à l'action en forme d'adresse au nouveau président de la République.

« François Hollande a de bonnes chances de devenir président de la République... » J'ai énoncé cette prédiction à votre propos le 11 décembre 2004, dans les colonnes du *Monde*[1]. Pronostiqueur trop empressé, je me suis trompé de quelques années : je vous y voyais alors dès 2007, cinq ans à l'avance. Mais il est parfois des retards qui sont des ponctualités : vous voici élu président dans l'un de ces moments historiques où la gauche a rendez-vous avec son destin. Car il ne s'agit pas, cette fois, de gérer en s'adaptant aux circonstances, mais de refonder, de réparer et de réinventer. Refonder la République, réparer la France, réinventer l'Europe, oui, rien que cela, et tout cela à la fois.

Les raisons qui, il y a huit ans déjà, à rebours de l'opinion dominante, me faisaient croire à cette probabilité sont celles-là mêmes qui amenaient les commentateurs supposément autorisés

1 Edwy Plenel, « Vertu de François Hollande », *Le Monde*, 11 décembre 2004. Repris dans le recueil *Chroniques marranes*, Stock, Paris, 2006.

et avisés à vous moquer et à vous sous-estimer. Ayant fait du présidentialisme leur inconscient politique, réduisant l'affrontement des projets et des idées à celui des personnes et des caractères, ils refusaient le costume présidentiel à celui, vous en l'occurrence, qu'ils voyaient comme un homme de parti, avec ce que cela suppose de motions de synthèse et de compromis d'appareil. Or, paradoxalement, ce sont ces défauts supposés qui me semblaient des qualités potentielles. Celles du « nous » démocratique, par opposition au « je » bonapartiste.

C'est sur la perte de ce « nous » que prospèrent les idéologies du rejet et de la hiérarchie, de l'exclusion et de la séparation, de l'identité fermée et de la frontière close. Et la culture politique diffusée par le présidentialisme, qui réduit le choix de tous à la confiance en un seul, est le meilleur allié de cette régression démocratique tant elle rend les citoyens spectateurs de leur propre dépossession : une politique à distance, une politique professionnelle et lointaine, une politique entre experts et initiés, une politique de cour et de courtisans, voire de mercenaires et de corrompus.

Nul hasard, de ce point de vue, si l'hyperprésidence sarkozyste s'est conclue par une charge contre les corps intermédiaires : cette politique dévitalisée et discréditée est le marchepied des sauveurs et des bonimenteurs. Fable du pompier incendiaire, elle appelle un chef omnipotent en lieu et place du peuple souverain qu'elle s'est ingéniée à diviser, démoraliser et démobiliser.

À l'inverse, en prenant peut-être mes désirs pour des réalités – seule la suite le dira –, ce qui me semblait vous distinguer dans le personnel politique, à l'époque où vous dirigiez le Parti socialiste, c'était cette sensibilité démocratique, au-delà de vos orientations stratégiques et choix tactiques, évidemment sujets à débats ou à désaccords.

« La République est le gouvernement de tous par tous » : vous invitant en 2004 à persévérer dans cette voie, j'avais rappelé ce *Manuel républicain* rédigé en 1871 à la demande de Gambetta par Jules Barni, un philosophe qui est aussi l'auteur d'un essai toujours jeune, *La Morale dans la démocratie*[2]. Rappelant des

2 Jules Barni, *Manuel républicain*, Librairie Germer Baillière, Paris, 1872 ; Jules Barni, *La Morale dans la démocratie* (1868), préface de Pierre Macherey, Kimé, Paris, 1992.

évidences piétinées par le cynisme politicien, par exemple que « la vertu est le fondement du gouvernement républicain, comme la peur est celui du gouvernement despotique », ce *Manuel* souligne qu'une République sans vertu civique « cesse d'être la chose de tous pour devenir la proie des intrigants ou des ambitieux, exploitant au profit de leurs convoitises la portion de pouvoir qui leur est dévolue ».

Vous voici donc à pied d'œuvre. Vainqueur à la première personne du singulier et, en même temps, dépositaire de ce « nous » collectif. Interpellé par Mediapart[3] sur l'usage immodéré du « je » dans la déclinaison de votre programme présidentiel, vous aviez mis cette concession sur le compte d'une posture électorale, affirmation d'une autorité personnelle face à votre adversaire qui la mettait en doute, par contraste avec son hypertrophie égocentrique et égotiste. Mais sur le fond, nous aviez-vous répondu, vous ne retiriez rien de ce que vous m'aviez expliqué, en 2006, dans un livre de dialogue, intitulé à votre demande *Devoirs de vérité*[4].

« Ce avec quoi il faut en finir, ce n'est pas l'élection du président de la République au suffrage universel, c'est le narcissisme démocratique – cette identification du pouvoir à un seul d'entre nous », répondiez-vous alors à mes questions insistantes sur le rapport de la gauche au pouvoir, dans le jeu contraint des institutions de la Ve République. Loin de vous dérober, vous ne vous faisiez pas prier pour critiquer « cet usage répété du "je" plutôt que du "nous", la mise en scène de sa personne comme une offre politique à elle seule, ce narcissisme érigé en doctrine qui identifie le pouvoir à celui qui le désire le plus ».

Si je cite longuement ces propos d'il y a six ans, c'est parce qu'ils résonnent comme autant d'engagements ignorés par les médias dominants, tellement le présidentialisme, et sa servitude volontaire, leur est devenu une seconde nature, alors qu'il conviendrait, aujourd'hui plus que jamais, de vous les rappeler avec force. « Si on ne désacralise pas la fonction présidentielle, on ne rétablira pas la fonction démocratique », disiez-vous

3 Lors d'un entretien diffusé en direct sur le site du journal en ligne le 13 avril 2012.

4 François Hollande, *Devoirs de vérité*, Stock, Paris, 2006.

carrément dans ces *Devoirs de vérité*, après avoir confié : « Je ne partage pas la conception d'un président qui ne s'appartiendrait plus, d'un chef de l'État qui serait investi d'une mission qui le dépasserait à un tel point qu'il échapperait à sa condition humaine, devenant finalement intouchable, au nom même de la protection des intérêts de la France. »

« Le problème en France, insistiez-vous encore, c'est que l'on a sanctuarisé le pouvoir et celui qui l'exerce au sommet de l'État. [...] Nous faisons comme si la majesté du pouvoir était la majesté du peuple. Elle n'est hélas que le vestige d'un ordre ancien. » Et, pour finir, voici votre conclusion qui enfonçait le même clou : « Une authentique culture démocratique ne se réduit pas à la sélection d'un ou d'une candidate. C'est le projet, c'est le contrat, c'est la politique qui crée la dynamique. C'est le collectif qui porte l'individuel. [...] Une ambition qui ne se partage pas finit toujours par s'égarer dans l'aventure, l'échec ou l'impasse. Un pays ne se transforme pas par les intuitions d'un seul, fût-il investi par le suffrage universel. »

Tels sont les mots qu'il vous faut aujourd'hui transformer en actes. Non pas seulement en symboles éphémères, mais en déconstruction durable d'un présidentialisme hypertrophié, méprisant la séparation des pouvoirs et piétinant l'autonomie des contre-pouvoirs, afin de reconstruire une démocratie vivante qui redonne confiance et crédit à nos concitoyens dans leur avenir commun et dans la politique pluraliste qui en décide et en délibère. La normalité que, candidat, vous avez revendiquée recouvre cette exigence d'une présidence désacralisée et, de ce fait, exemplaire car rendue à la vertu publique : celle de l'égalité républicaine, de l'égalité des droits et des possibles, contre le règne de l'exception et du privilège.

Ne croyez pas que vous avez un quinquennat devant vous pour effectuer cette restauration républicaine et démocratique. Si vous ne le faites pas maintenant, vous ne le ferez jamais. Car, si vous n'y prenez garde, ce piège redoutable du présidentialisme se refermera très vite sur vos bonnes intentions. Ses conforts et ses raccourcis proposent des succès tentateurs et rapides, mais qui seront autant de perdition et d'éloignement pour la cause dont vous vous êtes réclamé. La sacralisation du chef, la politique à la verticale et l'éternité du pouvoir qui en sont les ressorts finiront par corrompre et égarer la gauche dont vous êtes issu, tant leur esprit autoritaire, hiérarchique et immobile est éloigné de ses valeurs fondatrices. Celles-là mêmes qui ont produit la devise républicaine de liberté, d'égalité et de fraternité.

Dans notre dialogue de 2006, vous rappeliez la formule terrible de François Mitterrand sur ces institutions dangereuses avant lui et qui le resteraient après lui. Et vous ajoutiez, en commentaire de cet aveu d'échec ou d'impuissance après quatorze années de présidence : « Aujourd'hui, rien ne nous assure que le pouvoir fera un bon usage du mandat qu'il a reçu. » Autrement dit, aucune garantie véritable ne nous est donnée par nos institutions sur le contrôle du pouvoir et de son exercice. Et il peut arriver, hier – nous en avons eu la preuve depuis 2007 – comme après-demain – qu'en sera-t-il de la droite extrême en 2017 ? –, qu'il tombe entre de mauvaises mains…

Soyez donc prévoyant : ne vous contentez pas d'utiliser à votre profit immédiat des institutions qui, en l'état, vous confèrent un pouvoir immense ; veillez plutôt à les réformer pour le profit durable d'un peuple qui, dans la diversité confuse de ses votes, aspire à partager le pouvoir. Loin d'être un luxe dans un contexte de crise économique et sociale, la question démocratique en détient en grande part la clé. Car elle libère l'énergie positive d'une république redevenue bien commun, dont tous les citoyens sont réintégrés dans la cité, égaux en droits et en devoirs, acteurs de leur destin, et non plus spectateurs passifs, tenus dans cet exil et cet écart dont le spectacle politique télévisuel, dégradé et désinformé, est devenu le symbole détestable.

Le présidentialisme n'est pas seulement ce poids des palais, des dorures, des cortèges, des protections, des cabinets, des collaborateurs, des solliciteurs, etc., qui pèse sur le président de la République, en même temps que ces contraintes et ces facilités l'isolent et le protègent. C'est aussi ce miroir que s'empresse de lui tendre un monde médiatique dominant qui en a épousé les travers et les corruptions : suiviste plutôt que distant, courtisan plutôt qu'impertinent, conformiste plutôt qu'audacieux. Vous verrez, vous voyez déjà autour de vous les mêmes empressements dont votre prédécesseur se fit une gloire, confondant sciemment fonction présidentielle et aventure personnelle.

Sous l'alibi d'une politique personnalisée, incarnée et humanisée, la confusion des vies publique et privée est ici le piège le plus redoutable. De la sollicitation télévisuelle de votre entourage filial, au soir de la victoire, à l'invention médiatique d'une première dame, fonction qui n'existe aucunement dans notre République, cet engrenage est déjà à l'œuvre. Loin d'être secondaire, cette diversion est essentielle, illustration de ce long processus, dont nous ne cessons de payer le prix civique, qui associe dépolitisation de la société et dévitalisation de la démocratie.

« Il faut se garder de comparer l'État à une famille », disait un autre de ces philosophes trop oubliés de l'idéal démocratique, Charles Renouvier, auteur lui aussi d'un *Manuel républicain*, de 1848 celui-là[5]. La distinction du privé et public est une pédagogie politique décisive, soulignait-il, car elle est aussi apprentissage de la distinction entre le particulier et le général, école d'élévation et distance, de hauteur et d'ouverture. À l'inverse, la personnalisation rabaisse la politique, l'anecdote privée l'emportant sur la réflexion publique, et transformant chaque citoyen en spectateur avide d'une saga dont, en même temps, il est exclu[6].

J'évoque volontairement dans cette adresse ce dont on ne vous parlera pas ou peu. La démocratie, la vertu, la justice, la morale, le droit, l'égalité… Tout ce que l'on vous invitera à remettre à plus tard, tant il y a d'autres urgences : des sommets internationaux, des négociations européennes, des déficits financiers, des nécessités économiques, etc. Je les connais, comme chacun d'entre nous, et elles sont en effet plus que jamais pressantes, et immenses : inventer une alternative à la crise, pénaliser la spéculation financière, enrayer la dérive de l'Europe, sortir du piège afghan, restaurer la justice sociale, rétablir des fraternités avec nos voisins méditerranéens, et la liste n'est évidemment pas exhaustive.

La vérité, c'est que tout est lié : questions internationales et contexte national, choix économiques et sociaux tout comme

5 Charles Renouvier, *Manuel républicain de l'homme et du citoyen* [1848], présenté par Maurice Agulhon, Garnier, coll. « Les classiques de la politique », Paris, 1981.

6 Cette mise en garde anticipait le vaudeville à venir autour des amours présidentielles, de la journaliste Valérie Trierweiler à l'actrice Julie Gayet. Voir mes articles : « Pour en finir avec la première dame », Mediapart, 14 juin 2012 ; « Mediapart, le président et sa vie privée », Mediapart, 15 janvier 2014.

options démocratiques et républicaines. Et le tout appelle quelques décisions rapides, à la fois fortes, simples, concrètes. Car, derrière cette imbrication de ce qui se mesure de façon comptable et de ce qui relève de l'éthique politique, se joue une donnée capitale pour sortir de l'ornière dans laquelle nous sommes embourbés : la confiance. Cette confiance qui n'est pas une réalité quantifiable ou modélisable, mais qui fait la décision d'une politique, de son efficacité et de sa réussite[7].

Votre victoire, le 6 mai 2012, fut surtout de rejet d'une présidence sortante qui humilia et brutalisa le pays. En même temps, au spectacle de l'immense vague de jeunesse qui ondulait place de la Bastille, vous avez pu voir combien elle a d'emblée suscité d'espoir enthousiaste, d'attente impatiente et d'exigence forte. Devant l'immensité de la tâche, vous ne réussirez qu'à condition de transformer cette espérance en adhésion, en dynamique et en mobilisation. Seul ce réveil populaire pourra entraîner cette partie de notre peuple aujourd'hui égarée par des prophètes de malheur sur la voie du ressentiment, encombrée de peurs et de boucs émissaires, et, si nous n'y prenons garde, de haines et de violences.

N'écoutez donc pas les conseils qui vous serineront qu'il faut laisser le temps au temps. C'est le refrain de ceux qui gouvernent par adaptations successives, c'est-à-dire par résignations cumulatives. Avec plus de 48 % des suffrages portés sur un candidat sortant dont la campagne fut explicitement nationaliste, démagogique et xénophobe, transformant le monde en ennemi, les chômeurs en assistés et les étrangers en envahisseurs, l'heure n'est pas aux tergiversations, demi-mesures opportunes et compromis illisibles. Le changement, c'est maintenant, avez-vous dit. Il ne suffit plus de l'avoir dit, il faut le faire vraiment et maintenant, vraiment maintenant.

« Cette nation a besoin d'action, d'action tout de suite », « il nous faut agir rapidement », « telles sont les lignes d'attaque » : j'ai retrouvé ce refrain d'urgence dans le célèbre discours

7 Cette question de l'éthique en politique fut confirmée, au-delà de l'imaginable, par l'affaire Cahuzac quelques mois plus tard, en décembre 2012 : un ministre du Budget dissimulant un compte non déclaré en Suisse et s'entêtant à mentir face aux révélations de Mediapart, mensonge qui fut soutenu par le pouvoir exécutif et le monde médiatique durant près de quatre mois.

d'investiture, celui du *New Deal* – la nouvelle donne –, prononcé le 4 mars 1933 par le démocrate américain Franklin Delano Roosevelt, élu président des États-Unis d'Amérique dans le contexte d'une crise mondiale aussi ample que l'actuelle et, l'histoire nous l'a hélas enseigné, lourde de tempêtes dévastatrices. Il y évoquait justement cette question de la confiance en la liant à des « changements éthiques », pédagogie politique d'une solidarité nationale à rebours de l'égoïsme marchand et du profit financier.

La nouvelle donne française suppose un peuple qui adhère, s'active et se mobilise. Au risque de vous bousculer, et c'est heureux. D'exiger, de revendiquer, d'inventer. Loin de craindre ce réveil, vous devez l'envisager comme votre meilleur allié si, en effet, vous voulez changer, et changer vraiment. Car la pire menace serait, à l'inverse, comme le rappelait un réformiste radical dont le parrainage vous va bien, Pierre Mendès France évidemment, « la négligence ou l'inertie des citoyens ». « Eux seuls, ajoutait-il dans *La République moderne*, peuvent faire vivre la démocratie, en la portant, jour après jour, dans une action incessante de solidarité[8]. »

9 mai 2012

8 Pierre Mendès France, *La République moderne*, Gallimard, Paris, 1962.

4
Où est passé le rêve ?

Lançant sa campagne présidentielle au Bourget, en Seine-Saint-Denis, le 22 janvier 2012, François Hollande promettait de commencer « par le rêve », condition pour que la gauche n'échoue pas, une fois encore, face à son adversaire de toujours, « le monde de la finance ». Deux mois après son installation à l'Élysée, le 15 mai, c'est l'évocation de ce « rêve français » qui semble tenir d'un éphémère rêve électoral. Au-delà d'un apaisement démocratique bienvenu après une décennie marquée par l'hystérie sarkozyste, aucun signal fort n'a été donné par le nouveau pouvoir socialiste, son président, son gouvernement et sa majorité, dans le sens d'une radicale refondation républicaine autour des idéaux de justice et d'égalité.

« Ils ont échoué parce qu'ils n'ont pas commencé par le rêve. » La drolatique, car erronée, attribution à Shakespeare de la citation qui résumait la tirade finale du discours du Bourget signifiait-elle un pur emprunt de circonstance, sans sincérité ni cohérence ? Pourtant celui qui n'était alors que le candidat des socialistes à la présidence de la République n'avait pas lésiné sur son commentaire au point de filer la métaphore du « rêve français » qui était déjà le titre et le thème de son livre paru à l'automne 2011[1], à la veille de la campagne des primaires où il avait affronté cinq autres prétendants (Martine Aubry, Jean-Michel Baylet, Arnaud Montebourg, Ségolène Royal, Manuel Valls).

« Eh bien, lançait le Hollande du Bourget, nous réussirons parce que nous commencerons par évoquer le rêve ! Le rêve

---

1 François Hollande, *Le Rêve français*, Privat, Toulouse, 2011.

français, c'est la confiance dans la démocratie, la démocratie qui sera plus forte que les marchés, plus forte que l'argent, plus forte que les croyances, plus forte que les religions ! » Ancrant ce rêve français qu'il souhaitait « ré-enchanter » dans la longue marche des idéaux républicains, de la Révolution française à Mai 68, en passant par la Libération et le Conseil national de la Résistance, François Hollande répondait par avance aux conservateurs moqueurs qui opposent le rêve à la réalité pour mieux renoncer à la transformer.

Non, ce n'est pas une « chimère » et ce n'est pas « mettre la tête dans les étoiles », insistait-il, que de « retrouver le récit républicain, celui qui nous a fait avancer pendant des décennies, le récit de la Révolution française, de ces hommes, de ces femmes aussi, qui ont voulu avancer dans une histoire inconnue qui s'ouvrait sous leurs yeux, qui était l'histoire de l'égalité humaine ». Le candidat socialiste appelait donc à une mobilisation des énergies, des enthousiasmes et des audaces face à un adversaire clairement désigné : « Il n'a pas de nom, pas de visage, pas de parti, il ne présentera jamais sa candidature, il ne sera donc pas élu, et pourtant il gouverne. Cet adversaire, c'est le monde de la finance. Sous nos yeux, en vingt ans, la finance a pris le contrôle de l'économie, de la société et même de nos vies. [...] Cette emprise est devenue un empire. »

Comme dans un symbole rétrospectif, ces fortes paroles furent prononcées en Seine-Saint-Denis, « ce département aux multiples couleurs, le plus jeune de France, qui accumule tant de difficultés, et qui en même temps recèle tant d'atouts », ainsi que le saluera dès ses premiers mots l'orateur. Or c'est ce même département qui, avec la fermeture annoncée de l'usine Peugeot d'Aulnay, est aujourd'hui le théâtre de l'offensive des marchés, de leurs exigences de profit financier et de leur indifférence à la richesse solidaire, avec la charge destructrice de PSA contre l'emploi et, plus largement, contre le travail, sa valeur et sa dignité. Hasard bavard qui souligne l'actualité d'un réformisme radical ou d'une radicalité pragmatique, dans tous les cas d'une ambition qui s'attaque aux racines de nos maux sociaux et démocratiques. Car l'irréalisme n'est pas du côté du rêve républicain, mais du côté d'une folie financière destructrice du travail des hommes et des richesses de la nature.

« Ce qui est en cause, c'est la souveraineté de la République face aux marchés », affirmait encore François Hollande, dans la foulée de son discours du Bourget en présentant les soixante engagements de sa présidence. « Un vrai changement », promettait-il face à une situation calamiteuse dont, une fois encore, le premier responsable désigné était « la finance ». Un changement que dessinaient alors les mots « justice », « égalité », « État impartial », « morale publique ». Un changement qui, surtout, se ferait avec l'aide de la société et de ses acteurs qui « doivent être mobilisés pour le bien public ». « Refuser cette fatigue sociale, cette fatalité économique, ce discrédit moral » : à cette ambition fixée par le Hollande du *Rêve français* en 2011, répondait cette promesse du même en 2012, en introduction de son programme : « Ce changement, je le construirai avec vous. »

Ce sont des mots d'hier à peine, et pourtant ils semblent déjà très loin. Si l'on s'impose tous ces rappels, c'est qu'une politique se juge à ses engagements. François Hollande n'avait certes pas promis la lune et était resté ferme sur un credo gestionnaire qui laissait entrevoir les mesures d'austérité récemment annoncées. Mais il n'aurait jamais remporté la présidentielle s'il n'avait pas associé cette rigueur à une espérance, se refusant, du moins en paroles, à opposer la contrainte budgétaire au changement démocratique et social. Deux mois ont passé depuis son installation à l'Élysée, et le décrochage de l'une et de l'autre semble inéluctable : la rigueur est d'actualité immédiate, tandis que l'espérance devient lointaine.

Ces dernières semaines, la rédaction de Mediapart en a tenu la chronique minutieuse, assumant sans états d'âme son rôle de vigie critique des pouvoirs, de leurs promesses et de leurs réalisations. Une séquence internationale, essentiellement européenne, marquée par l'habileté plutôt que la créativité : l'ajout d'un petit pacte de croissance ne suffira pas à enrayer l'engrenage de dépossession politique inscrit dans le pacte de stabilité budgétaire, tandis que ne s'avoue aucunement défaite l'idéologie libérale qui est au moteur de la crise. Une conférence sociale plombée par l'insistance présidentielle sur la compétitivité des entreprises, antienne patronale qui désigne le coût du travail comme le problème principal, ainsi que par l'évocation d'une hausse de la CSG, maladroite resucée de la TVA sociale sarkozyste, mais surtout immédiatement effacée par l'offensive brutale des milieux d'affaires dans le secteur de l'automobile.

Une session extraordinaire du Parlement à l'ordre du jour bien peu rempli, à tel point que les vacances des députés viennent d'être prolongées faute de textes prêts. Pourtant on aurait pu et dû s'attendre à la mise en œuvre rapide de réformes institutionnelles ou sociétales qui étaient au cœur des engagements de campagne. Des réformes dont la portée symbolique aurait manifesté la détermination du nouveau pouvoir à défaire le système, mélange de mauvaises habitudes, de renoncements anciens et de clientélismes routiniers, qui a produit l'excès sarkozyste. Qu'en est-il, par exemple, du statut du chef de l'État, de la rente offerte aux anciens présidents, de leur présence inamovible au Conseil constitutionnel ou de la Cour de justice spécialement réservée aux ministres dont la suppression était promise ? Ou, mieux encore, de la liberté de l'information dont l'urgente refondation d'ensemble – conflits d'intérêts, aides publiques, révolution numérique, etc. – est réduite à une promesse automnale de réforme des nominations dans l'audiovisuel public ou à la seule question de la protection du secret des sources ?

Non seulement l'ordre du jour de cette session estivale du Parlement n'offre pas la pédagogie dynamique d'un changement véritablement à l'œuvre, mais, de plus, son ordinaire s'accompagne de la persistance de comportements politiques que l'on aurait pu croire révolus. C'est ainsi que l'audition de Jean-Pierre Jouyet, à propos de sa contestable nomination par son ami François Hollande à la tête de la Caisse des dépôts et consignation, a parfaitement illustré ce tropisme présidentialiste qui incite à la soumission : aucune des questions politiquement sensibles, notamment sur sa participation au premier gouvernement de la présidence Sarkozy[2], n'a été posée par les députés de gauche, toutes sensibilités confondues. Alors même qu'il y avait là, pour les

2 Proche de François Hollande, Jean-Pierre Jouyet fut membre des cabinets de Jacques Delors à la Commission européenne, de 1991 à 1995, et de Lionel Jospin, Premier ministre, de 1997 à 2000. En 2007, il rejoignit Nicolas Sarkozy, devenant secrétaire d'État aux Affaires européennes, de 2007 à 2008. D'abord nommé directeur général de la Caisse des dépôts au début du quinquennat de François Hollande, poste qu'il occupa de 2012 à 2014, il le rejoignit à l'Élysée, devenant secrétaire général de la présidence de la République de 2014 à 2017.

parlementaires, une belle occasion – la première – de manifester leur indépendance d'esprit face au désir élyséen et de montrer ainsi que, désormais, le contrôle des nominations présidentielles ne serait plus une vague formalité, transformant les élus de la Nation en chambre d'enregistrement du fait du Prince.

Un Parlement ainsi soumis sera forcément un Parlement dépossédé, laissant le champ libre à ces missions et ces expertises confiées par l'exécutif à des personnalités qui lui sont totalement redevables, excroissance de la technostructure des cabinets qui, parfois, aimerait tant gouverner sans l'embarras de la délibération parlementaire. Y compris pour l'avenir de la loi Hadopi, confiée au missionné Pierre Lescure dans un flagrant conflit d'intérêts[3], ces délégations irresponsables et manipulables – dont les commissions Attali sur la croissance ou Balladur sur les institutions avaient été les exemples caricaturaux sous Sarkozy – semblent toujours d'actualité. La promesse était pourtant de rendre au Parlement ses pouvoirs d'initiative et de contrôle, bref d'en faire de nouveau le lieu premier d'élaboration des lois et normes communes.

Alors que, grâce à cette prime majoritaire indue qu'offre le présidentialisme au seul parti dont est issu le président élu, jamais le Parti socialiste n'a contrôlé autant de leviers de pouvoir, ses responsables semblent donc pressés de ralentir leur effort, plus soucieux de rassurer que de mobiliser. Il ne s'agit certes pas d'un reniement massif et brutal, mais d'une sorte d'engourdissement, entre lenteur et pesanteur, dont la laborieuse déclaration de politique générale du Premier ministre, Jean-Marc Ayrault, fut emblématique. À tel point que, plutôt que de s'adresser au pays et de rassembler ses citoyens, la direction socialiste paraît plus pressée de verrouiller par avance le prochain congrès de son parti, en empêchant toute dissonance, appliquant aux militants socialistes cet alignement sans débat sur la politique présidentielle exigé par le PS de ses alliés gouvernementaux.

Deux mois ne font certes pas un quinquennat. Que, jusqu'ici, le nouveau pouvoir se soit plutôt préoccupé de ses adversaires anonymes de la finance, afin d'éviter leur sanction,

3 Voir Laurent Mauduit, « La gauche, les médias et les conflits d'intérêts », Mediapart, 24 mai 2012.

que de ses partisans déclarés, dont il n'a pas recherché la mobilisation populaire, ne signifie pas que, sous l'épreuve d'événements ou le sursaut de mobilisations, il ne se rappelle pas l'origine de sa légitimité électorale. Toujours est-il que cette scène introductive le montre plutôt naviguant précautionneusement entre des écueils innombrables, avec comme premier souci d'affirmer son sérieux, sa responsabilité, sa cohérence et sa prudence. Ne pas brusquer, ne pas précipiter, ne pas provoquer. Et faire passer en priorité le message de la contrainte et de l'effort, plutôt que celui de l'invention et du rêve.

Chez François Hollande, cette attitude n'est pas de circonstance, et renvoie à une conviction ancienne sur la question du temps en politique. Son ambition, de longue date, est de faire mentir la fatalité, entretenue par la vulgate réactionnaire, selon laquelle la gauche n'accède au pouvoir que par effraction ou accident, et s'avère toujours impuissante à y rester durablement. « C'est toujours plus difficile pour la gauche, expliquait-il en 2006 dans *Devoirs de vérité*. La droite n'a pas nos pudeurs. Elle n'a même pas besoin de réussir pour être légitime. Elle a longtemps disposé d'une présomption de bonne gestion, avant de faire la démonstration de son impécuniosité. » Témoin des victoires électorales de 1981, 1988 et 1997, toujours suivies de défaites, souvent cuisantes, le défi qu'il revendique pour la gauche est celui de la durée.

« La gauche a exercé le pouvoir pendant plusieurs années, et c'est un fait considérable dans notre histoire, expliquait-il dans le même ouvrage où il se confiait avec la liberté de celui qui n'est pas en situation d'être candidat. Mais elle ne l'a pas exercé continûment. Ça change tout. Elle a installé l'idée de l'alternance, processus tout à fait nouveau dans l'histoire politique française, mais elle n'a pas été capable d'installer une logique de succès. La conséquence, c'est qu'elle a gardé la fatalité de l'échec. [...] Faire mentir cette malédiction est tout l'enjeu non de 2007, mais de l'exercice du pouvoir qui suivra, dans l'hypothèse d'une victoire. » Enjeu qui, évidemment, vaut d'autant plus en 2012 maintenant qu'il y tient le premier rôle. François Hollande et Jean-Marc Ayrault raisonnent donc avec cette vision d'un temps long que la gauche doit réussir à conquérir et à maîtriser.

Sans doute justifieraient-ils ainsi les précautions qui dominent leurs premiers actes : installer la perception d'une longue durée de l'action politique, à rebours de l'agitation présentiste de la présidence sarkozyste. Et sans doute ajouteraient-ils, de surcroît, que cette façon de faire rencontre les attentes d'un pays convalescent tant il est lassé d'avoir été brutalisé, bousculé et humilié par le pouvoir d'en haut. Mais, ce faisant, le nouveau président de la République et son Premier ministre raisonnent comme s'ils étaient seuls à fixer le temps, son calendrier et son agenda. Comme si leur futur se présentait comme une histoire linéaire, sans événements, accidents et imprévus. Et, surtout, comme s'ils pouvaient se passer d'un rapport de force à construire, avec la société, pour relever les immenses défis qui sont les nôtres et dont le règlement suppose d'affronter des intérêts solidement organisés et fortement déterminés.

En faisant le choix de ce temps long plutôt que de la mobilisation immédiate, que recommandait entre autres le collectif citoyen pluraliste Roosevelt 2012[4], François Hollande prend un triple risque. D'abord celui d'être démuni face à l'offensive des milieux patronaux, économiques et financiers, qui, comme toujours, chercheront à forcer leur avantage sous la gauche de gouvernement, en voulant l'obliger à devenir leur alliée face aux travailleurs, à leurs résistances et à leurs revendications. Ensuite d'être défait par un système institutionnel dont la présidence Mitterrand et le gouvernement Jospin ont montré qu'il était plus fort que la volonté de ses acteurs, les amenant à aggraver le présidentialisme qu'ils entendaient réformer ou combattre et, par conséquent, son désastre démocratique dont la persistance et le renforcement de l'extrême droite sont les résultantes.

Le troisième risque, enfin, est celui d'une démobilisation populaire, propice à toutes les régressions sociales et démocratiques, alors même qu'en 2006 François Hollande en faisait le danger principal pour une gauche au pouvoir. Soulignant

4 Le Collectif Roosevelt est un mouvement citoyen créé en 2012 avec pour parrains Stéphane Hessel et Edgar Morin, en référence au *New Deal* américain (soit la « nouvelle donne ») sous la présidence de Franklin Delano Roosevelt. Il se dissout en novembre 2018.

qu'elle se retrouverait « dans ce système, avec ses limites, ses faiblesses et ses pièges », il l'appelait à ne pas se reposer sur « la vertu du candidat élu » mais à construire « ailleurs » une majorité politique. Ailleurs, c'est-à-dire « dans le pays, ses profondeurs, ses mouvements, ses syndicats, ses associations. Revenue au pouvoir, la gauche ne devra pas se comporter comme si elle avait reçu un chèque en blanc pour cinq ans. Mieux vaut créditer le compte régulièrement plutôt que de constater, le moment venu, le défaut de provision ».

Faute d'avoir commencé par le rêve, son réalisme concret et son ambition pragmatique, le compte de cette présidence risque de se dégarnir bien vite. Et l'horizon, dans ce cas, après cette victoire fragile du 6 mai 2012 face au candidat d'une droite devenue extrême, risque de s'assombrir aussi rapidement. C'est pourquoi la gauche qui, aujourd'hui, gouverne ferait bien d'entendre toutes celles et ceux qui lui disent qu'il est temps d'en revenir à l'essentiel, qui n'est pas l'agenda comptable fixé par les marchés et leurs financiers.

« À force de reporter l'essentiel au nom de l'urgence, on finit par oublier l'urgence de l'essentiel », n'a cessé de lancer Edgar Morin à l'attention d'une gauche qui l'a trop souvent déçu. Autrement dit, la longue durée en politique dépend d'abord du bon choix des urgences. Et ceux qui ont échoué, soulignait le Hollande candidat, n'avaient pas commencé par le bon début, c'est-à-dire par le rêve.

13 juillet 2012

5
Le nécessaire débat européen

Le Conseil constitutionnel a décidé, jeudi 9 août 2012, que l'adoption par la France du Traité sur la stabilité, la coordination et la gouvernance de l'Union économique et monétaire (TSCG) ne nécessite pas de réforme de la Constitution, et donc de référendum[1]. Le simple rappel de l'intitulé de ce TSCG, traité élaboré de concert par Angela Merkel et Nicolas Sarkozy, montre l'enjeu historique de cette décision, plus politicienne que juridique. Face à la crise qui la mine, l'Europe nécessite un débat public. L'éviter, c'est lui rendre le pire service et, de ce déni de démocratie, l'idéal européen sera la première victime.

Curieuse façon, entre amnésie et aveuglement, de marquer le cinquième anniversaire de la crise financière qui, aujourd'hui encore, sape les fondations des économies européennes. C'est en effet le 9 août 2007 qu'a publiquement commencé, pour la France, la crise avec la décision de la banque BNP Paribas de suspendre la valorisation de trois de ses fonds spéculatifs adossés aux « subprimes » américains. Cinq ans après, le Conseil constitutionnel continue de raisonner hors de toute expérience vécue, comme si l'événement, son ampleur et sa durée, ses surprises

1 Ce traité, autrement appelé « Pacte budgétaire européen », avait été signé au nom de la France par Nicolas Sarkozy le 2 mars 2012. Durant sa campagne présidentielle, François Hollande s'était engagé à le « renégocier », ce qu'il ne fera pas. Il est entré en vigueur le 1er janvier 2013. Ce débat européen eut lieu en même temps que commençait la crise financière grecque à laquelle j'avais consacré un précédent article : « Nous sommes tous des Grecs », Mediapart, 23 mai 2012.

et ses révélations, n'avaient rien enseigné à ses membres sur les conséquences désastreuses d'une dépossession démocratique du débat économique.

Non seulement ils n'ont rien appris du présent, mais ils oublient le passé. Se souviennent-ils que la République française, dont ils devraient être les gardiens, est née d'une crise des finances publiques ? Et de la décision volontaire des représentants du tiers état d'imposer la politique, ses libres délibération et élaboration, en lieu et place d'une prétendue technique confiscatoire du bien commun, au profit d'un ordre injuste ? Rappelé aux affaires par Louis XVI en 1788, le financier Jacques Necker (1732-1804) est alors le représentant de cette lignée sans fin d'experts qui savent toujours mieux que le peuple ce qui est bon pour lui.

Necker est en somme le « Monsieur Tina » de l'époque (« There is no alternative », formule de la conservatrice Margaret Thatcher, alors Premier ministre britannique, qui lui vaudra le surnom de Mrs Tina). Aux États généraux exceptionnellement convoqués pour résoudre la crise financière d'un royaume surendetté – ils n'avaient plus été réunis depuis 1614 –, ce banquier et spéculateur professionnel se contente de dire : « Faites-moi confiance ! » « Lui seul, Necker, par quelques habiles combinaisons, suffirait à rétablir l'équilibre », résume Jean Jaurès dans son *Histoire socialiste de la Révolution française*, alors qu'il pouvait, souligne-t-il, « proclamer son impuissance à équilibrer le budget tant que le contrôle de la Nation elle-même ne réprimerait point les abus »[2].

C'est donc ce que fit à sa place le tiers état, ouvrant ainsi le premier acte de la pièce révolutionnaire qui conduisit à l'établissement en 1792 de la Ire République. Ce fut le 17 juin 1789, jour où les représentants du tiers état, rejoints par quelques curés, se proclamèrent « Assemblée nationale ». Mais ce qui est trop souvent passé sous silence, c'est le premier geste concret de cette assemblée autoproclamée : il concerne le budget de la Nation, ses recettes (les impôts) et ses déficits (la dette). À peine s'était-elle déclarée seule à même « d'interpréter et de

2 Jean Jaurès, *Histoire socialiste de la Révolution française*, 4 tomes, Éditions sociales, Paris, 2014-2015.

présenter la volonté générale de la nation » que l'Assemblée nationale adoptait un « Décret pour autoriser la perception des impôts et le paiement de la dette publique », dans lequel elle affirme sa totale souveraineté en cette matière.

Dès lors, comment accepter ce coup d'État à froid qui, sans débat national et sans vote populaire, propose d'introduire une prétendue « règle d'or » européenne qui, dorénavant, s'imposerait au Parlement français dans l'élaboration du budget annuel, le vote de la loi fiscale, la maîtrise des recettes et des dépenses, etc., en d'autres termes tous les leviers financiers des politiques publiques ? Car tel est bien l'enjeu de ce TSCG qui impose un déficit structurel ne dépassant pas 0,5 % du produit intérieur brut (PIB) et dont le Conseil constitutionnel recommande l'adoption par une simple loi organique, sans majorité qualifiée des deux tiers comme pour les révisions constitutionnelles.

Il s'agit donc d'inscrire l'acceptation sans discussion, dès le 1er janvier 2013, d'une contrainte extérieure automatique, sous peine de sanctions elles aussi quasi automatiques et pouvant atteindre un montant équivalent à 0,2 % du PIB. Même ceux qui, à gauche, sont prêts à accepter cette perte manifeste de souveraineté en pleine débâcle économique ne devraient pas admettre qu'elle soit imposée sans débat public et sans vote citoyen. Et ceci d'autant moins que, cette année même, lors de l'élection présidentielle, les Français ont fait le choix inverse, en élisant le candidat, François Hollande, qui s'engageait à « renégocier » le Traité européen accepté par son adversaire. Au hasard d'un dictionnaire, *Le Robert* par exemple : « Renégocier : négocier à nouveau (les termes d'un accord, d'un contrat) ». Or c'est ce même traité, intact à la virgule près, sans aucun terme modifié, qui nous est aujourd'hui présenté et qu'il faudrait accepter sans broncher, ni débattre, ni voter ?

Personne, dans la gauche socialiste (et écologiste) désormais au pouvoir, un pouvoir sans partage par l'effet d'aubaine du présidentialisme, ne devrait être surpris que cette question soit aujourd'hui posée, haut et fort. Car le piège de cette « règle d'or » lui est tendu depuis une bonne année, très précisément depuis la lettre adressée, le 26 juillet 2011, aux parlementaires par le président sortant, Nicolas Sarkozy. À l'époque, les constitutionnalistes consultés par Mediapart, aujourd'hui trop silencieux, s'accordaient sur l'obligation de modifier la Constitution si, d'aventure, ce bouleversement de la loi fondamentale était introduit[3].

« Le budget est une prérogative régalienne. C'est un des piliers de la souveraineté nationale », déclarait le constitutionnaliste Didier Maus. « La loi de finances est l'acte politique le plus important de l'année », renchérissait son collègue Jean Gicquel. Et de rappeler non seulement l'acte fondateur du 17 juin 1789 mais aussi le premier mot d'ordre des révolutionnaires américains face à la puissance britannique : « No taxation without representation » (pas d'impôt sans représentation). Le président de la République, le Premier ministre, le gouvernement et ses ministres savent pertinemment tout cela, d'autant plus que, de la primaire socialiste à l'élection présidentielle, cette question fut débattue largement, pour une conclusion inverse à celle qui est aujourd'hui proposée.

Profession de foi de François Hollande, au premier tour, le 22 avril 2012 : « Je réorienterai l'Europe : renégociation du traité d'austérité dans le sens de la croissance et de l'emploi. » Profession de foi du même, au second tour, du 6 mai 2012 : « Il faut changer de logique, et d'abord en Europe [...]. Fort de votre soutien, je renégocierai le traité européen pour engager des grands projets d'avenir et nous protéger de la concurrence déloyale dans la mondialisation. » Rallié à François Hollande après la primaire, aujourd'hui ministre du Redressement productif tandis que son directeur de campagne, Aquilino Morelle, est devenu conseiller politique du président de la République, le « démondialisateur » Arnaud Montebourg[4] ne cessait alors de critiquer « le mur de la dette et le piège comptable de la peur », machinerie idéologique destinée à mettre les États au banc des accusés plutôt que les marchés et les banques.

On le sait : le TSCG n'a pas été renégocié, la promesse de campagne s'étant immédiatement perdue dans les sables des compromis européens. Faute d'un rapport de force suffi-

3 Voir Martine Orange, « Euro : la Constitution se rappelle à Paris et Berlin », Mediapart, 29 novembre 2011.

4 Arnaud Montebourg, *Votez pour la démondialisation !*, préface d'Emmanuel Todd, Flammarion, Paris, 2011.

sant, François Hollande a seulement obtenu que ce traité dit budgétaire soit complété par un « pacte de croissance ». À peine était-il obtenu au forceps que chacun s'accordait à juger insuffisant ce petit effort de déblocage de 120 milliards d'euros, soit à peine 1 % du PIB de l'Union, pour relancer la croissance européenne, montant bien inférieur aux sommes faramineuses déversées depuis cinq ans sans contrepartie par la Banque centrale européenne dans les caisses d'un système bancaire privé en déroute.

L'Europe est une négociation permanente et toute négociation suppose des compromis. Mais, ici, qui ne voit que l'échange est totalement inégal ? D'un côté, un traité contraignant qui soumet des États souverains à une règle budgétaire arbitraire, sous peine de sanctions financières sans appel. De l'autre côté, c'est-à-dire celui des causes structurelles de la crise (financiarisation de l'économie, système bancaire dérégulé, évasion fiscale généralisée, paradis fiscaux, appropriation et détournement des richesses nationales, etc.), rien ou presque, en tout cas si peu. D'un côté, des exigences fermes et catégoriques. De l'autre, des espoirs vagues et incertains qui sont déjà largement dissipés par l'approfondissement de la crise durant cet été.

Sauf à être de totale mauvaise foi, le pouvoir actuel n'ignore rien de ce piège qui menace son crédit auprès des citoyens qui lui ont fait confiance. Marquant, par sa composition, la réconciliation des gauches socialistes du oui et du non au référendum européen de 2005, il sait fort bien qu'une nouvelle impasse européenne le renverrait à ses divisions passées et, surtout, aux déceptions populaires qui, chaque fois, ont accompagné une politique européenne trop peu débattue. Et, du coup, socialement désastreuse, tant elle paraît imposée par ceux d'en haut contre les engagements pris auprès de ceux d'en bas.

C'est ici que le Conseil constitutionnel vient à son secours, dans une manœuvre qui tient plus de l'habileté politicienne que du droit fondamental. Aussi contestable sur la forme que sur le fond.

Après que le premier article a énoncé explicitement la finalité de « discipline budgétaire » commune des États signataires, c'est l'article 3 du TSCG qui est au cœur de ce pacte. Il énonce, petit « a », que « la situation budgétaire des administrations publiques d'une partie contractante est en équilibre ou en excédent », et, petit « b », que « la règle énoncée au point a) est considérée comme respectée si le solde structurel annuel des administrations publiques correspond à l'objectif à moyen terme spécifique à chaque pays [...] avec une limite inférieure de déficit structurel de 0,5 % du PIB au prix du marché ».

L'enjeu politique décisif, autrement dit l'abandon de souveraineté, est ensuite précisé dans ce même article 3, alinéa 2, ainsi rédigé : « Les règles énoncées au paragraphe 1 prennent effet dans le droit national des parties contractantes au plus tard un an après l'entrée en vigueur du présent traité, au moyen de dispositions contraignantes et permanentes, de préférence constitutionnelles, ou dont le plein respect et la stricte observance tout au long des processus budgétaires nationaux sont garantis de quelque autre façon. »

Acceptant l'archaïque présence à vie des anciens présidents de la République (Valéry Giscard d'Estaing fut de la délibération du 9 août) et composé de neuf membres nommés par tiers par seulement trois élus (les présidents de la République, du Sénat, de l'Assemblée), le Conseil constitutionnel français fait autant de politique que de droit. Dans cette affaire, il vient de le montrer avec éclat. Pour éviter une réforme constitutionnelle, il s'est saisi d'un seul mot, une conjonction disjonctive : « ou ». Dans sa décision, il en déduit logiquement « une alternative » dont il définit ainsi les termes : entre soit des « dispositions contraignantes et permanentes, de préférence constitutionnelles », soit les autres dispositions évoquées dans le deuxième membre de la phrase.

S'empressant de choisir le second terme de l'alternative, au prétexte que les précédents traités européens ont déjà inscrit des exigences (3 % du PIB) sur les déficits des États, le Conseil a donc recommandé une loi organique qui suppose un simple vote majoritaire des assemblées. Et le tour est joué. Mais il y a un loup. Car le Conseil ne s'est pas trop préoccupé des virgules, diablotins sémantiques où se nichent les détails décisifs. Si celles-ci ont un sens, le groupe de mots « dispositions contraignantes et permanentes » s'applique aussi bien à la variante « de préférence constitutionnelles » qu'à celle « de quelque autre façon ». Or le Conseil fait comme s'il n'en était rien, au point même de dissocier l'exigence de contrainte de celle de permanence.

Car, loin d'exclure définitivement la solution d'une réforme constitutionnelle, et donc d'un référendum, le Conseil constitutionnel affirme clairement (point 21 de sa décision) que, « si la France fait le choix de faire prendre effet aux règles énoncées au paragraphe 1 de l'article 3 au moyen de dispositions contraignantes et permanentes, l'autorisation de ratifier le traité devra être précédée d'une révision de la Constitution ». Du coup, il en vient, dans le point 22 qui suit, à solliciter exagérément le texte du traité pour affirmer que, « dans la seconde branche de l'alternative », « le respect des règles n'est pas garanti par des dispositions "contraignantes" » et que, tout au plus, elles doivent « être de nature permanente » et « concerner l'ensemble des administrations publiques ».

S'il n'est pas déjà égaré dans ce dédale, le lecteur aura compris que ce jeu de bonneteau tente de relativiser la portée politique d'une adoption du traité. Autrement dit de ruser avec sa lettre – la contrainte économique supranationale – pour n'en retenir que l'esprit – la discipline budgétaire permanente. Mais aucune glose ou argutie ne réussira à modifier les conséquences concrètes d'un traité dont la mécanique est redoutable et dont les intentions sont clairement indiquées dès son préambule qui énonce « l'obligation des parties contractantes de transposer la "règle d'équilibre budgétaire" dans leurs systèmes juridiques nationaux au moyen de dispositions contraignantes, permanentes et de préférence constitutionnelles ».

« Contraignantes » fait donc bien partie du lot. Impératif dont le respect, selon le Conseil constitutionnel lui-même, exige une révision de la Constitution que ce même Conseil nous refuse. Comprenne qui pourra...

Au-delà de la confiscation démocratique qui l'inspire, aucune habileté ne réussira à cacher que ce traité budgétaire, comme le disait la gauche alors d'opposition lors de sa signature par Sarkozy et Merkel, est un mauvais service rendu à l'Europe. Il persiste sur le chemin qui éloigne l'Union de ses peuples et l'entraîne vers l'abîme. Il fait comme si l'expérience vécue de la crise n'avait pas fait bouger les lignes du débat européen, amenant certains des plus chauds partisans de l'Europe à s'interroger sur l'illogisme de sa construction et ses conséquences désastreuses.

Le pari d'une construction politique renforcée par le détour de l'unification monétaire a échoué. La réalité est inverse : fragile construction politique, incarnée par des personnages de plus en plus falots et transparents, l'Union européenne est à la merci d'une monnaie commune soumise à la volonté imprévisible et immaîtrisable des marchés. Autrement dit à la merci d'un choix idéologique, mélange de dogme et de croyance, qui est le vice originel : des États qui ne peuvent s'entraider, une Banque centrale européenne totalement hors contrôle, la priorité donnée aux banquiers et aux financiers, les convergences fiscales et sociales renvoyées aux calendes, des gouvernements nationaux démunis face aux marchés devenus les juges tout-puissants de leurs politiques, etc.

S'il en fallait une énième preuve, le TSCG la fournit par le peu de cas qu'il fait du Parlement européen à propos de la « gouvernance de la zone euro » : tout au plus son président peut-il « être invité à être entendu » (mais ce n'est pas une obligation) lors des sommets de la zone euro, tandis que ses députés seront seulement destinataires d'un rapport *a posteriori* sur des décisions prises sans prendre leur avis. Après tout, on aurait pu penser que la contrainte imposée aux Parlements nationaux serait compensée par une augmentation du pouvoir du Parlement européen sur l'orientation, les choix et les finalités des politiques budgétaires ainsi harmonisées et concertées.

Rien de tel, car l'objectif est, encore une fois, tout autre – et ceux qui, hier, par conviction européenne, ne l'avaient pas entrevu ne peuvent aujourd'hui l'ignorer après la démonstration assénée par la crise. Au nom de cet « ordolibéralisme », variante allemande des théories économiques néolibérales, qui régente désormais l'Europe, remplaçant le pluralisme de la démocratie par l'absolutisme des experts, il s'agit de radicaliser la logique qui, pourtant, a conduit à l'impasse actuelle. Laquelle logique tend à dé-démocratiser la politique économique, en la sortant du champ de la délibération. Symbole de cette expertise de quelques-uns qui tient la dragée haute à la politique de tous, Mario Monti n'a-t-il pas tout récemment regretté que les gouvernements puissent « se laisser brider par les décisions de leur Parlement » ? « Mieux vaut décevoir les marchés que la démocratie », a vertement répondu au président du Conseil italien… le président du Bundestag allemand.

Un traité inutile : c'est, en substance, ce que le Parlement européen disait du TSCG dans une résolution votée à une large majorité le 18 janvier 2012 où il exprimait ses « doutes quant à la nécessité d'un tel accord intergouvernemental ». Les incontournables « économistes atterrés » commencent par ce rappel leur très pédagogique ouvrage sur le pacte budgétaire, paru au seuil de l'été[5]. Après avoir relevé la cécité volontaire du traité sur les enseignements de la crise, ils en résument solennellement l'enjeu historique : « Nous souhaitons alerter les citoyens sur les dangers, immenses, auxquels l'adoption de ce Traité exposerait les peuples d'Europe s'il venait à être ratifié par les 25 pays dont les dirigeants l'ont signé le 2 mars 2012. Car c'est tout à la fois à une forme d'austérité perpétuelle et à un risque très accentué d'explosion de la zone euro que la mise en application du Traité conduirait. Mais aussi, et ce n'est pas moins grave, à un rétrécissement mortel de la démocratie en Europe. Au grand bénéfice des forces xénophobes et autoritaires dont on voit la puissance montante dans de nombreux pays, à commencer par la France. »

Mettant en garde contre la dislocation de la zone euro et, par conséquent, de la construction européenne, ces économistes de divers horizons, qui ne sont ni des fanatiques des déficits ni des adversaires de la coordination des politiques économiques en Europe, n'hésitent pas à convoquer le spectre des années 1930. Ce n'est pas un artifice rhétorique, précisent-ils, mais « une évidence pour les historiens comme pour les économistes que nous sommes ». Comparant les dogmes ordolibéraux qui gouvernent la zone euro au fétichisme de l'étalon-or d'alors, ils retrouvent les mêmes aveuglements, dont austérité et déflation sont les totems, dressant d'illusoires lignes Maginot face à la montée des périls. Et ils ne sont pas les seuls.

Car le débat européen, dont la casuistique du Conseil constitutionnel voudrait nous priver en France, fait rage partout

5 Les Économistes atterrés, *L'Europe mal-traitée. Refuser le Pacte budgétaire et ouvrir d'autres perspectives*, Les Liens qui libèrent, Paris, 2012.

ailleurs. Et d'abord en Allemagne dont la Cour constitutionnelle, qui rendra son avis en septembre, est saisie de six recours contre le pacte budgétaire, fondés sur l'atteinte portée aux prérogatives des Parlements par une Commission européenne qui aurait ainsi un droit de regard sur les budgets nationaux. Depuis l'automne 2011 et l'offensive lancée par le tandem Merkel-Sarkozy, le débat y est impulsé avec hauteur par le philosophe Jürgen Habermas dont les convictions européennes ne sont pas à démontrer. Voilà un penseur qui, loin d'être prisonnier de cet « esprit de gramophone » qui, selon George Orwell, réunit dans la même orthodoxie immobile idéologues et bureaucrates de tous régimes et obédiences, accepte la mise à l'épreuve de ses convictions par l'expérience du réel.

Ferme partisan du Traité constitutionnel européen (TCE) en 2005, Habermas s'est alarmé en octobre 2011 de l'avènement européen d'une « domination post-démocratique » dont le pacte budgétaire alors en cours d'élaboration serait l'instrument. « Un tel régime, expliquait-il, permettrait de transférer les impératifs des marchés aux budgets nationaux sans aucune légitimation démocratique propre. Les chefs de gouvernement transformeraient de la sorte le projet européen en son contraire : la première communauté supranationale démocratiquement légalisée deviendrait un arrangement effectif, parce que voilé, d'exercice d'une domination post-démocratique[6]. » « Le joli mot de "gouvernance" n'est qu'un euphémisme pour désigner une forme dure de domination politique », ajoutait-il dans un entretien postérieur[7].

Reprenant ses écrits provoqués depuis 2008 par la crise qu'il nomme « la banqueroute », son livre, paru ce printemps en France, est l'autre lecture indispensable pour le débat que nous appelons de nos vœux[8]. On y trouve notamment cette double recommandation que l'actuel pouvoir « normal[9] » ferait bien

6 Jürgen Habermas, « La démocratie est en jeu », *Le Monde*, 27 octobre 2011.

7 Jürgen Habermas, « Le joli mot de "gouvernance" n'est qu'un euphémisme pour désigner une forme dure de domination politique », *Le Monde*, 17 novembre 2011.

8 Jürgen Habermas, *La Constitution de l'Europe*, Gallimard, coll. « NRF Essais », Paris, 2012.

9 « La présidence normale » fut, en 2012, l'un des slogans de la campagne présidentielle de François Hollande.

de méditer : « En ces temps de crise, peut-être a-t-on besoin d'une perspective plus ambitieuse que ce que conseille la pensée *mainstream* ou que de se résoudre une fois de plus aux “petits arrangements” caractéristiques du système D politicien. [...] L'Europe ne revêtira aucun caractère démocratique tant que les partis politiques éviteront avec soin de mettre tout simplement en débat les solutions alternatives qui pourraient faire pièce aux décisions qui vont trop loin. »

L'autorité intellectuelle et morale de l'auteur de *L'Espace public*[10] fait qu'il ne prêche pas dans le désert. Les socialistes du SPD ne peuvent ignorer cette forte voix alors qu'ils se préparent aux élections de 2013 et qu'ils sont aiguillonnés par Die Linke, tout comme le PS français l'est par le Front de gauche. De fait, vingt-trois députés du SPD ont voté contre la ratification du traité, estimant que ce pacte budgétaire « est politiquement faux, économiquement aberrant et socialement injuste ». On les retrouve d'ailleurs en cosignataires de la contribution de la gauche du PS français en vue du congrès, laquelle aile gauche socialiste (et son ministre, Benoît Hamon) ne saurait, sauf à se renier, sacrifier ses convictions sur l'autel d'une solidarité gouvernementale transformée en obéissance muette.

Mais le débat européen fait aussi rage ailleurs, notamment en Amérique, du Nord comme du Sud, où les économistes s'alarment d'une catastrophe européenne dont l'imprévisible effet de souffle pourrait être dévastateur. Tel économiste brésilien, internationalement reconnu et profondément francophile, ministre des Finances de son pays en 1987, lorsque le Brésil restructura sa dette publique, se demande carrément s'il ne faut pas sortir de l'euro pour sauver l'Europe. Appelant depuis 2011 à « penser l'impensable » dans ses articles de *Folha de S. Paulo*, il plaide pour une Europe libérée d'une monnaie qui la ruine.

« La construction européenne est un très beau projet, a expliqué Luiz Carlos Bresser-Pereira dans un entretien récent au *Monde*[11]. Vous avez les systèmes politiques et sociaux les plus avancés du monde, mais l'euro était trop ambitieux. Une monnaie

10 Jürgen Habermas, *L'Espace public* [1962], traduction de Marc B. de Launay, Payot, Paris, 1988.

11 Luiz Carlos Bresser-Pereira, « La voie la plus sage est de mettre fin à l'euro de façon bien planifiée », *Le Monde*, 6 août 2012.

commune ne peut exister que dans un État fédéral où les États fédérés n'ont plus guère d'autonomie fiscale, où la dette est contrôlée par l'État fédéral. » Bref, la charrue précède les bœufs, et c'est pourquoi tout marche de travers. Il faudrait donc sortir de cet emballement et retrouver une patiente sagesse : « Une devise commune doit rester le but de la construction européenne une fois la fin de l'euro actée, mais seulement le but ultime. Et tant pis si cela prend dix ou vingt ans pour la recréer. »

D'autres, y compris parmi les « économistes atterrés », rétorqueront sans doute que c'est sous-estimer l'effet destructeur d'une fin de l'euro sur l'Union européenne elle-même, même si celle-ci fonctionna quelques décennies sans monnaie commune. Mais cet avis brésilien doit d'autant moins être balayé qu'il rejoint les analyses américaines des deux iconoclastes Prix Nobel d'économie que sont Joseph Stiglitz et Paul Krugman. L'un et l'autre sonnent le tocsin sur le cours européen actuel. « Les premiers qui quitteront l'euro s'en sortiront le mieux », lançait le premier en janvier 2012, au plus fort de la crise grecque, avant de juger « criminelle » la politique d'austérité imposée aux peuples du continent au nom du sauvetage de l'euro[12].

« C'est un pistolet à eau contre un rhinocéros qui charge. Ce sont des choses ridicules et insignifiantes », affirme de son côté un Krugman peu charitable pour le mini-pacte de croissance dont se glorifie François Hollande[13]. « Il est temps, insiste-t-il dans sa chronique du *New York Times,* de cesser de prêter attention à ces soi-disant hommes sages qui ont pris en otage notre débat politique et qui ont mis les déficits au centre des conversations. Ils se sont trompés sur toute la ligne – et ces jours-ci même les marchés financiers nous disent que l'on devrait se concentrer sur les emplois et la croissance. » À paraître en français début septembre, le nouveau livre de Krugman, qui appelle à en finir avec cette dépression « maintenant ! », nomme l'adversaire par un néologisme : « *the Austerians* » dans la version originale, autrement dit les « austériens », cette secte qui nous appelle au sacrifice collectif sur l'autel de l'austérité[14].

12 Le 30 janvier 2012, au Forum financier asiatique de Hong Kong.

13 Au *Spiegel,* le 23 mai 2012.

14 Paul Krugman, *Sortez-nous de cette crise… maintenant !,* traduction Anatole Muchnik, Flammarion, Paris, 2012.

Elle a évidemment partie liée avec « la finance », cet ennemi sans visage que, dans sa course à l'Élysée, l'homme du « changement, c'est maintenant » désignait à la vindicte du peuple français. Un François Hollande qui, à l'époque, c'était en février 2012, écrivait à propos de l'Europe et de l'euro : « Il n'y a pas d'entité économique, *a fortiori* monétaire, qui ne puisse durer sans la confiance, l'adhésion, le soutien des peuples. Les marchés s'en sont eux-mêmes fait la leçon. Ils n'auraient pu déstabiliser la zone euro à ce point, s'ils n'avaient eu conscience d'avoir en face d'eux une autorité dotée d'une légitimité forte, avec une solidarité continentale à toute épreuve. Ce qui a manqué ce sont des instruments efficaces, et surtout une démocratie vivante[15]. »

Le Traité sur la stabilité, la coordination et la gouvernance de l'Union économique et monétaire, la contrainte budgétaire permanente qu'il impose comme la procédure choisie pour le ratifier sont à l'opposé de cette démocratie vivante. C'est pourquoi il faut, en l'état, les refuser. Et espérer qu'un sursaut citoyen sauve cette démocratie de l'abandon où la laissent des politiques sans audace ni vision.

12 août 2012

15 François Hollande, *Changer de destin*, Robert Laffont, Paris, 2012.

6
Ce reniement dont Manuel Valls est le nom

Manuel Valls sait-il que la France a voté le 6 mai 2012 ? Et qu'elle a voté majoritairement pour que le changement, ce soit maintenant ? Notamment pour les moins considérés et les plus démunis : les jeunes qui ne seraient plus victimes de contrôles au faciès, les musulmans qui ne seraient plus assimilés au terrorisme, les Roms qui ne seraient plus stigmatisés, les immigrés dont le vote local serait reconnu. Piétinant allègrement ces promesses du candidat François Hollande sans être rappelé à l'ordre, le ministre de l'Intérieur frappe le nouveau pouvoir d'une marque indélébile : le reniement.

Durant sa campagne électorale, le candidat socialiste n'avait de cesse de répéter qu'il ne promettait que ce qu'il serait capable de tenir. Et que, par conséquent, ses promesses valaient ferme engagement : ce qu'il promettait, il le ferait. « Ce sont mes engagements. Je les tiendrai » : n'était-ce pas la phrase conclusive de l'introduction par François Hollande de ses « 60 engagements pour la France[1] » ? Sauf à être naïf ou aveuglé, on se doutait bien que, s'agissant des enjeux européens ou des questions économiques, la partie serait plus incertaine, tant les évolutions dépendraient de rapports de force face aux dynamiques adverses.

Mais il y avait le reste, tout le reste, qui ne demande pas d'argent mais du courage : l'imagination et la volonté d'une

1 Présenté le 26 janvier 2012, le projet présidentiel de François Hollande se déclinait en soixante engagements, sous le slogan « Le changement, c'est maintenant ».

politique nouvelle capable d'élever le pays au-dessus de lui-même, face aux défis qui l'assaillent. Certes la précipitation à passer, en une nuit, d'un traité européen à renégocier à un traité inchangé, qu'un addendum aurait seulement réorienté, tout comme le faible ordre du jour de la session parlementaire estivale, reportant à de lointaines échéances nombre de réformes promises, valaient déjà première alarme.

Le refus d'un vrai débat sur le nouveau traité européen et l'appel caporaliste à la discipline parlementaire valaient aussi première contradiction quand on se souvient de l'envolée d'un certain Jean-Marc Ayrault, orateur du PS à l'Assemblée nationale lors du débat sur le Traité européen dit « de Lisbonne ». C'était en janvier 2008, sous la présidence de Nicolas Sarkozy. L'actuel Premier ministre déposait au nom du groupe socialiste une « motion référendaire » que les tenants du « non » d'aujourd'hui ne manqueront pas de lui rappeler. Il faut « rendre la parole à notre peuple », plaidait-il, ajoutant : « C'est à force de dissimuler l'Europe, de la rendre incompréhensible qu'on a fini par en détourner notre peuple[2]. »

Mais on pouvait encore mettre sur le compte de rapports de force européens défavorables, que le terrain soit diplomatique ou financier, ce renoncement flagrant, et les arguments d'opportunité qui tentent de l'excuser ou de le justifier. Et l'on pouvait espérer que, le nouveau gouvernement ayant enfin pris ses marques, nombre de questions de société, porteuses de l'imaginaire qui anime une politique et de l'horizon qu'elle propose au peuple, ne seraient pas atteintes par ces reculs, tergiversations et pusillanimités.

Après tout, cette nouvelle majorité n'avait-elle pas cessé, pendant la campagne, de parler de notre jeunesse et d'arpenter nos usines ? De rencontrer cette France dynamique et travailleuse qui est façonnée par ses migrations, nées de sa longue conversation avec le monde, ses ailleurs et ses lointains ? De découvrir ces ouvriers qui en sont issus et qui font nos routes, construisent nos immeubles, fabriquent nos produits, créent la richesse de nos entreprises ? De croiser ces jeunes qui animent nos villes, rêvent de faire leur chemin, imaginent la France qu'ils aiment ?

---

2 Discours prononcé à l'Assemblée nationale le 6 février 2008.

Bref, nous les avions entendus pendant cette campagne, François Hollande et les siens, revendiquer la France telle qu'elle est et telle qu'elle vit. Et promettre qu'ils lui rendraient sa fierté et sa dignité après les avanies du sarkozysme, la xénophobie revendiquée, l'islamophobie libérée, l'humiliation généralisée. Il faut croire que nous nous trompions. Car c'était compter sans Manuel Valls, devenu aujourd'hui l'homme fort d'un pouvoir faible.

À l'évidence, Manuel Valls ne se sent aucunement tenu par les engagements sur lesquels a été élu le président de la République qui l'a fait ministre de l'Intérieur. Au mépris du vote des électeurs, et donc du mandat qu'il est supposé mettre en œuvre, ce « premier flic de France » revendiqué – comme si être policier n'était pas un métier, avec des compétences professionnelles, mais une posture, tissée de vulgate idéologique – impose son propre agenda. Bafouant avec allégresse l'autorité du Premier ministre, qu'il se verrait bien remplacer un jour prochain, il poursuit sa route sans jamais être rappelé à l'ordre par François Hollande, alors même qu'il marche à rebours non seulement des promesses de ce dernier, mais de tous les combats qui, depuis cinq ans, ont rassemblé la gauche face au pouvoir précédent.

Il y eut d'abord, cet été, les expulsions de Roms, ce feuilleton indigne parce que digne de Nicolas Sarkozy, où se distingua particulièrement la municipalité socialiste d'Évry, celle de Manuel Valls, dans un mépris affiché pour l'institution judiciaire et pour les associations humanitaires[3]. Le mépris des électeurs avait précédé. Car nous nous souvenons fort bien des réactions de Valls Manuel, à l'été 2010, quand Sarkozy Nicolas lui montrait l'exemple qu'il suit aujourd'hui : « Ça illustre ce qu'est aujourd'hui le sarkozysme. C'est d'abord du bougisme. On tire sur tout ce qui bouge, il n'y a pas de hiérarchie dans les priorités, il n'y a pas de cap… On désigne des populations à la vindicte, on crée une immense confusion, une nouvelle fois, le président de la République, son gouvernement et sa majorité jettent les Français les uns contre les autres, c'est insupportable.

3 Voir Carine Fouteau, « Évry : mise en scène oblige, l'expulsion des Roms a court-circuité la justice », Mediapart, 4 septembre 2012.

[…] Les gens du voyage travaillent pour la plupart et sont des compatriotes. On est en train, une nouvelle fois, de réveiller cette peur qui existe et qui est ancestrale à l'égard des gens du voyage, c'est tout à fait insupportable[4]. »

Le « bougisme » sarkozyen a de beaux jours devant lui, et Manuel Valls les lui offre à un rythme de plus en plus accéléré. Car il y a eu, depuis, l'exploitation politique de l'antiterrorisme à des fins idéologiques dont les musulmans de France sont les premières victimes. Quand, sans violence, quelques dizaines de manifestants se rassemblent à Paris, le week-end dernier, pour protester contre une vidéo américaine, aussi ridicule que lamentable, qui insulte leur religion, foi ou croyance, le ministre de l'Intérieur s'empresse de monter en épingle l'événement. Non content de faire interpeller la majorité des manifestants, en quelque sorte pour délit d'opinion, sa communication les transforme en illustration du danger « salafiste » qui menacerait la France afin de déboucher sur l'annonce d'une énième loi antiterroriste, surajoutée à l'arsenal existant déjà totalement hors du droit commun. De Sarkozy à Valls, la continuité est ici totale, sur le fond comme sur la forme[5].

Puis, tandis que soixante-quinze députés socialistes, de toutes sensibilités, défendaient avec hauteur face aux régressions xénophobes « une conception de la citoyenneté ouverte, sans qu'un lien entre citoyenneté et nationalité ne soit indispensable[6] », Manuel Valls affirmait bruyamment son désaccord. Le seul souci, c'est qu'il n'est ministre que par la volonté souveraine d'un peuple qui, majoritairement, a voté pour François Hollande et ses soixante engagements. Parmi lesquels le cinquantième, dénué d'ambiguïté : « J'accorderai le droit de vote aux élections locales aux étrangers résidant légalement en France depuis cinq ans. »

Un engagement que le ministre de l'Intérieur connaît d'ailleurs fort bien pour l'avoir revendiqué lui-même, haut

4 Manuel Valls sur RMC, le 29 juillet 2010.

5 Deux articles du *Monde* soulignèrent alors cette convergence entre Manuel Valls et Nicolas Sarkozy : « Consultation des sites terroristes : Manuel Valls s'inspire directement de Sarkozy » (18 septembre 2012) ; « Manuel Valls-Nicolas Sarkozy : des mots très choisis » (19 septembre 2012).

6 « Le droit de vote des étrangers aux élections, c'est maintenant », Le Club de Mediapart, 20 septembre 2012.

et fort : « Voilà un combat typiquement désespérant pour un militant de gauche. Cela fait des années que nous attendons que le droit de vote des étrangers aux élections locales soit reconnu. Tant que le Sénat ne donnera pas son accord, cette modification constitutionnelle ne sera pas possible. Je crois pourtant que notre société approche de la maturité nécessaire à l'avènement de ce droit. Une majorité se forme pour admettre que le droit de vote, au lieu de dévaloriser l'acte de naturalisation (l'argument traditionnel de la droite), est au contraire un sas vers l'intégration. Le 26 novembre 2002, j'ai déposé, avec Jean-Marc Ayrault et Bernard Roman, une proposition de loi constitutionnelle allant dans ce sens. » C'était le 31 mai 2007, au lendemain de l'élection de Nicolas Sarkozy… Autant dire il y a un siècle.

Enfin, ne s'arrêtant pas en si bon chemin dans sa révision des promesses électorales, le ministre de l'Intérieur a décidé de ne rien faire, ou presque, sur une question centrale pour la jeunesse : la pratique ordinaire des contrôles d'identité, témoignant des discriminations auxquelles se heurtent les jeunes des quartiers populaires ainsi que l'a démontré sans appel une enquête sociologique de terrain[7]. C'était le trentième engagement de François Hollande, sans doute plus vague dans sa formulation mais fort explicite sur la situation qu'il dénonçait : « Je lutterai contre le délit de faciès dans les contrôles d'identité par une procédure respectueuse des citoyens. » Passant outre aux recommandations du Premier ministre et aux attentes des militants socialistes, Manuel Valls a enterré toute réforme véritable de la procédure des contrôles d'identité, et, par conséquent, tout changement profond de cette culture policière aux conséquences parfois dramatiques, comme ce fut le cas à Clichy-sous-Bois en 2005[8].

M. Valls qui, au printemps 2011, confiait avoir eu « les larmes aux yeux » devant des images « d'une cruauté insoutenable », celles d'un Dominique Strauss-Kahn menotté par la police à New York, ne semble pas avoir les mêmes émotions pour la jeunesse de France qui, quotidiennement, vit ces situations humiliantes.

7 « Contrôles policiers au faciès : la preuve scientifique », Mediapart, 29 juin 2009.

8 Jean-Pierre Mignard, « Clichy-sous-Bois, Villiers-le-Bel, Tottenham : pour une déontologie policière », Le Club de Mediapart, 12 août 2011.

Ce n'est évidemment pas manque de sensibilité, mais expression d'un parti pris social, l'ex-candidat potentiel à la présidentielle qu'entendait soutenir Manuel Valls symbolisant la chute d'un puissant quand les jeunes des quartiers vivent l'ordinaire des opprimés. Faut-il en conclure qu'à l'égalité invoquée comme sésame par le candidat Hollande succède désormais l'indifférence aux inégalités ?

Quatre questions donc, et quatre reniements. Et pas des moindres. Car il ne s'agit pas là de débats techniques, mais d'enjeux symboliques où se dessine la frontière entre une politique de progrès et une politique de réaction, entre gauche véritable et droite foncière, entre chemin d'espérance et politique de la peur. Loin d'être anodins, ces renoncements épousent l'agenda des forces régressives, celles qui font de l'étranger une menace, de l'immigration un péril, de l'islam un danger, des jeunes de quartier une racaille. Ils ne disent pas, comme l'a laissé entendre François Hollande pour les questions sociales et économiques, que le changement, ce serait dans deux ans. Ils affirment, tout au contraire et sans vergogne aucune, que le changement, ce ne sera ni maintenant ni demain.

« La vérité d'une minorité intellectuelle et politique ne fera pas la politique de sécurité dans ce pays. Je ne laisserai pas faire ça », s'est contenté de lancer Manuel Valls à nos confrères de *Libération*[9] après que le quotidien eut souligné ces revirements. Faut-il rappeler au ministre de l'Intérieur qu'en 2011, lors du scrutin ouvert des primaires socialistes, il ne rassembla sur son nom et son programme que 5,63 % des suffrages exprimés, bon dernier des compétiteurs issus des rangs du PS ? Et qu'à l'inverse la courte majorité obtenue le 6 mai par François Hollande, sur son nom et son programme, le fut non seulement en raison du rejet de Nicolas Sarkozy, mais aussi grâce à la dynamique populaire suscitée par des engagements symboliques, sur l'Europe, sur la jeunesse, sur les étrangers, sur les discriminations, sur les inégalités, sur la finance ?

La France n'a pas voté pour Manuel Valls. Et, souhaitant sortir de l'aventure sarkozyste, elle n'a pas souhaité une réédition de cette marche consulaire, depuis la place Beauvau, vers

9 *Libération*, 20 septembre 2012.

le pouvoir suprême d'un ministre de l'Intérieur indifférent aux vertus démocratiques – celles des promesses tenues, celles des mandats respectés. Quant à ceux qui, depuis le sommet de l'État peut-être, parient sur une fructueuse division du travail, Manuels Valls occupant l'aile droite d'un pouvoir dont la garde des Sceaux Christiane Taubira serait l'aile gauche, ils s'illusionnent gravement. À l'exception notable de Pierre Joxe, ministre de l'Intérieur de 1984 à 1986, puis de 1988 à 1991, toute l'histoire des socialistes au pouvoir fut marquée, non sans désastres pendant la guerre d'Algérie, par ces ministres de l'Intérieur saisis du vertige de l'ordre au prix de l'injustice.

Tous, au bout du compte, n'auront fait que le lit de la droite et la ruine de la gauche. Car ce n'est pas à son camp que Manuel Valls donne des gages aujourd'hui, mais bien au camp adverse, comme l'ont d'ailleurs ressenti instinctivement Serge Dassault et Jean-François Copé[10]. De fait, il en épouse non seulement les refrains idéologiques, mais aussi les hiérarchies sociales et les pratiques culturelles ainsi que l'illustre son obsession de l'origine – « blackos » et « blancos » lui sont un langage courant[11] –, mettant à distance les nouvelles classes populaires à raison de leurs apparences, de leurs croyances et de leurs cultures. La suite dira où le conduira ce zèle qui, déjà, l'emporte, et jusqu'à quelle perdition politique.

Dans l'immédiat, il aura réussi à coller au nouveau pouvoir socialiste la malédiction qui, au-delà de ses outrances, fut fatale au quinquennat de Nicolas Sarkozy : cette évidence qu'à peine installé, il ne respectait pas les promesses sur lesquelles il avait été élu et qu'il faisait même l'exact contraire.

20 septembre 2012

10 Alors secrétaire général de l'UMP, devenue depuis Les Républicains, Jean-François Copé déclara à l'époque : « Valls a les mêmes idées que moi » (*Le Figaro*, 19 septembre 2012).

11 Dans un reportage sur un marché d'Évry, diffusé le 8 juin 2009 sur la chaîne Direct 8.

7
Un abîme est là, tout près de nous…

Un abîme est devant nous, où nous entraîne une politique sans hauteur qui, depuis mai 2012, n'a cessé de plier devant les obstacles – européens, financiers, institutionnels. Cet étrange renoncement ne sauvera rien, pas même la gauche au pouvoir dont l'impuissance face au désastre social de 2013 appellera une sanction électorale en 2014. Contre cette triste pédagogie de la fatalité et de la résignation, personne ne nous sauvera, sauf nous-mêmes : il nous revient à tous, entre audaces individuelles et défis collectifs, d'ouvrir l'avenir en inventant l'inconnu.

« Ils gouvernaient comme ils avaient vécu, par adaptations successives » : cette ancienne citation m'est revenue comme une évidence depuis que François Hollande est devenu président de la République et que se succèdent, sur les fronts essentiels, reculs et faiblesses, concessions et conformismes, présidentialisme continué, Europe inchangée et finance confortée, urgences prises pour l'essentiel tandis que l'urgence ne va pas à l'essentiel, et tout ce temps perdu qui ne se regagnera jamais…

Ma mémoire l'ayant quelque peu transformée, la voici, rendue à son exactitude : « Dans l'impossibilité d'asseoir leur autorité sur la force d'un symbole […], ils gouvernèrent comme ils avaient vécu, à coups d'imperceptibles adaptations. » C'est de François Mitterrand, aux premières pages du *Coup d'État permanent*[1], ce réquisitoire contre cette Ve République bonapartiste dont il sera le premier président socialiste, inaugurant une

1 François Mitterrand, *Le Coup d'État permanent*, Plon, Paris, 1964.

conversion institutionnelle fatale à l'altérité démocratique et sociale de la gauche française.

Mitterrand y décrit son propre monde, la classe politique dont il fut avec zèle et dont il s'efforce alors de réchapper, celle de l'après-guerre qui, échouant à sauver la République du désastre colonial, finira dans les bras d'un militaire sauveur, comme trop souvent en France depuis Napoléon. « Parvenus au premier rang, écrit-il d'une plume acérée, mais incapables de trouver en eux-mêmes la force de créer un ordre nouveau, tournés vers le passé, ses usages et ses rites, ils se dépêchèrent d'imiter l'ordre ancien... » Et de conclure que « ce n'est pas par excès de démocratie que la IVe République a dépéri mais par peur de la démocratie, par timidité à l'égard du peuple ».

Si je convoque cette référence, c'est pour tenter de cerner cette énigme : ce fait que la présidence Hollande a réussi, en une moitié d'année, cette prouesse de décevoir même ceux qui, avertis des limites du Parti socialiste, ne se faisaient aucune illusion. Mais qui pariaient, au moins, sur la dynamique d'un vote dont les exigences ne seraient pas aussitôt remisées ou dévaluées. Loin d'un chèque en blanc, se débarrasser du sarkozysme, de son hystérie politicienne et de sa droitisation extrême, c'était en effet, par la force du suffrage, mettre à l'ordre du jour tout ce que la présidence sortante avait incarné et qu'il fallait absolument défaire. Non pas le style, mais la ligne. Non pas l'apparence, mais la consistance.

Le candidat le savait pertinemment qui, une fois sorti vainqueur des primaires socialistes par habile prudence plutôt que par forte conviction, finit par accélérer sa campagne, la positionner et la construire sur les trois questions centrales de l'heure. Celles du bilan de Nicolas Sarkozy tout autant que celles de la crise de civilisation qui nous saisit : les questions de l'Europe, de la finance et de la démocratie. Car que promettait François Hollande ? De réorienter l'Europe, de combattre la finance, d'instaurer une présidence normale. Or que reste-t-il de ces trois engagements ? Presque rien ou l'exact contraire, dans tous les cas pas grand-chose.

Les derniers rendez-vous européens ont montré une France isolée face à un tandem germano-britannique donnant le *la* d'une Europe plus indifférente que jamais à ses peuples, utilisant la récession pour forcer l'austérité tandis que le pacte de croissance dont se targuait François Hollande est déjà oublié. L'avorton de réforme bancaire obtenu par les lobbys financiers marque le deuil de la grande mise en ordre promise afin d'enrayer les ravages de la spéculation, repartie de plus belle malgré sa responsabilité avérée dans la crise actuelle. Quant à la démocratisation de la vie publique dont le seul coût est de volonté politique, elle est en panne, la réforme constitutionnelle bel et bien encalminée, l'interdiction du cumul des mandats reportée aux calendes, la refondation de la liberté de l'information pas à l'ordre du jour.

Voici donc la gauche socialiste au pouvoir repartie pour cette dissociation des engagements électoraux et des choix gestionnaires qui, dans le passé, lui fut toujours fatale. Témoin ou acteur des sévères défaites législatives de 1986 et de 1993 ainsi que du stupéfiant échec présidentiel de 2002 et de l'inattendu « non » au référendum de 2005, la génération aujourd'hui au pouvoir sait pourtant d'expérience combien est douloureux, entre désolation et division, le prix à payer pour ces renoncements essentiels, sur les terrains européen, économique et démocratique. Sans parler de celles et ceux qui, parmi les actuels ministres, se sont affirmés et construits dans le bilan critique de ces échecs.

Tel fut le cas, par exemple, de Christiane Taubira, de Vincent Peillon et d'Arnaud Montebourg. Or les trois noms qui, spontanément, viennent à l'esprit pour incarner un rapport critique de la gauche à sa propre histoire sont aussi les trois ministres les plus remarquablement atypiques du gouvernement Ayrault – et qui, par leur bilan personnel, font déjà entendre une différence. Mais que pèsent, à la vérité, la hauteur poétique de la ministre de la Justice, le volontarisme social du ministre du Redressement productif et l'exigence intellectuelle du ministre de l'Éducation face à des choix économiques, sociaux, sécuritaires, voire internationaux, qui ne marquent pas de différence évidente avec une politique de droite modérée et, encore moins, avec celle qu'aurait incarnée Dominique Strauss-Kahn ?

Tandis que les écologistes sont devenus inaudibles, piégés par leur participation gouvernementale qui, en les neutralisant, confirme l'allergie foncière de la Ve République au pluralisme, et que le Front de gauche est, à l'inverse, légitimement conforté dans sa contestation radicale, il nous reste à comprendre la rapidité de ce retournement. Car ce triple renoncement, commencé dès l'été 2012, s'est produit sans événement extérieur, sans conjoncture nouvelle, sans contrainte imprévue. Sans combat ni débat, comme une sorte d'affaissement naturel. Comme si lassitude et fatigue avaient d'emblée saisi ce nouveau pouvoir devant l'ampleur des obstacles que ses promesses de changement avaient forcément placés devant sa route.

C'est ici que l'évocation par François Mitterrand de ces politiques qui glissent sans forcément l'avoir choisi ou voulu, par habitudes, conforts et pesanteurs, s'adaptant toujours sans jamais rompre, n'est pas inutile. Car, loin d'un déterminisme simpliste, cette image laisse place à l'autonomie des individus, selon qu'ils se conforment aux milieux et aux intérêts qui les entourent ou qu'ils savent s'en échapper, leur résister et les distancier. Point d'équilibre d'un pouvoir constitué à la façon d'une direction socialiste, dans une homogénéité de circonstance plutôt que de cohérence politique, le tandem Hollande-Ayrault a pris la première voie, autant par conformité à sa nature foncière que par conviction solide.

Sans doute se pensent-ils sincèrement raisonnables et responsables, équilibrés et attentifs, patients et précautionneux – et, de ce point de vue, on ne saurait regretter un heureux contraste avec la brutalité et la virulence sarkozystes. Mais, en persévérant ainsi dans leur être, par adaptations successives, ils ne se montrent guère à la hauteur de l'histoire qui les emporte et les bouscule. Conjugaison d'une révolution industrielle – la troisième de notre modernité, avec le numérique pour moteur, succédant à la machine à vapeur et à l'électricité des deux premières –, d'une durable crise du capitalisme – la troisième de cette ampleur après celles de 1857 et de 1929 –, et d'une fin de la domination de l'Europe sur le monde – clôturant le cycle ouvert, il y a plus de cinq siècles, par le « Nouveau Monde » de Christophe Colomb –, notre époque incertaine et obscure appelle des audaces, des inventions, des créations – et non plus seulement des prudences, des répétitions et des continuations.

Dans son désastre européen, enfantant guerres mondiales et guerres coloniales, le siècle passé nous a enseigné que l'histoire n'est jamais écrite – et qu'elle peut aussi bien tourner en catastrophe par la faute d'une humanité imprévoyante ou inconsciente, aveuglée ou dépossédée. L'avertissement vaut pour nos temps inquiets où l'incertitude nourrit la peur qui, elle-même, produit la haine. Aussi le triple renoncement socialiste fait-il irrésistiblement penser au constat désolé de l'historien – et futur résistant – Marc Bloch devant *L'Étrange Défaite* de 1940[2]. Celle-ci, comme souvent les désastres, n'est pas survenue à la façon d'une surprise inattendue, mais en résultant d'une addition de conformismes et de suivismes, de résignations et de soumissions.

« Cette faiblesse collective n'a peut-être été, souvent, que la somme de beaucoup de faiblesses individuelles », écrivait-il, visant ces « classes dirigeantes » à qui « quelque chose a manqué de l'implacable héroïsme de la patrie en danger ». Sans vision ni ambition, endormies par « toute une littérature du renoncement », ne pensant qu'au court terme et qu'à leur intérêt égoïste, elles étaient saisies d'un « funeste rétrécissement d'horizon », foncièrement incapables de « voir plus loin, plus haut et plus large ». Et Marc Bloch de recommander que le peuple « se remette à l'école de la vraie liberté d'esprit », résumée, selon lui, par « cette maxime de sagesse » : « Il est bon qu'il y ait des hérétiques. »

Aussi dissemblables soient-elles, de François Mitterrand à Marc Bloch, du coup d'État de 1958 à la capitulation de 1940, ces résonances dessinent une histoire toujours ouverte et parfois tragique, qui nous requiert et nous oblige, bref qui devrait nous élever alors même que nos actuels gouvernants privilégient une pédagogie de contrainte et de fatalité, où la comptabilité tient lieu de politique. Comme le furent leurs prédécesseurs de gauche, ils sont présomptueux, pensant dominer des usages et des rites, ceux de la Ve République, qui, en vérité, s'imposent à eux pour réduire ce qui leur restait d'altérité, les isoler de la société et les confondre avec l'État.

Or, loin d'être neutre, au-dessus des classes et des partis, cet État, en ses sommets, est plus que jamais sous la pression

2 Marc Bloch, *L'Étrange Défaite* [1940, publié en 1946], préface de Stanley Hoffmann, Gallimard, coll. « Folio Histoire », Paris, 1990.

ou sous la dépendance d'intérêts oligarchiques, au croisement de l'avoir et du pouvoir, de l'argent et de la politique, de la finance et de l'administration. Survivant aux alternances et s'accommodant d'allers et retours du public au privé, une élite gestionnaire impose ses vues hors de toute publicité et de tout contrôle, avec la conviction de savoir mieux que le peuple ce qui est bon pour lui. Spécificité française, le poids maintenu des cabinets ministériels et élyséen, dont la composition n'obéit qu'au bon vouloir des princes du moment, illustre cette secrète mainmise au détriment d'une responsabilisation transparente des administrations et de leurs directions.

Pensée pour affirmer la prééminence de l'État sur les coteries, la Ve République a réussi cette prouesse de transformer l'État en relais partisan ou complaisant, dans un entre-soi confortable où le renouvellement des cercles dirigeants ne laisse guère entrer la contradiction, la dissonance et la différence. À cette aune, la plupart des nominations faites par le nouveau pouvoir, notamment celles dévolues au large périmètre présidentiel, ont confirmé ces pesanteurs. Ainsi, plutôt que de précipiter une véritable refondation démocratique de l'audiovisuel public (et, au-delà, de la liberté de l'information), on se contentera de choisir – en vérité, d'imposer, selon des règles inchangées – à la tête de l'autorité qui le contrôle une figure déjà éprouvée des cabinets de la gauche gouvernante. Autrement dit, de faire confiance à la fidélité plutôt qu'à la réforme.

Et que dire, dans des domaines, ceux de la relation au monde et aux autres, à la diversité et aux ailleurs, où l'audace était à peu de prix, des choix faits pour l'Institut du monde arabe ou pour la Cité nationale de l'immigration, nomination d'un vieux cacique socialiste dans un cas, renouvellement d'un aussi vieux cacique chiraquien dans l'autre[3] ? Exemples sans doute secondaires au regard des choix, plus lourds de conséquences, faits dans le domaine économique, par exemple pour la Caisse des dépôts et la Banque publique d'investissement, confiées à un ancien haut fonctionnaire ami, hier compatible

3 Aujourd'hui, je nuancerais ces lignes, tant Jacques Toubon a honoré la fonction de Défenseur des droits qu'il a occupée de 2014 à 2020, alors que s'affirmait la dérive autoritaire française.

avec Nicolas Sarkozy et, donc, témoin d'une sorte d'interchangeabilité des politiques sous la droite et sous la gauche.

Mais, le diable se nichant toujours dans les détails, l'anecdotique dit souvent l'essentiel, tout comme les efforts pathétiques d'une journaliste pour jouer un rôle politique qui n'existe pas, celui d'une supposée « Première Dame », illustrent l'anormalité maintenue d'un présidentialisme délétère. Chronique à répétition de conflits d'intérêts manifestes, l'affaire soulevée par Mediapart à propos du ministre délégué au Budget, patron de l'administration fiscale tout en étant soupçonné de fraude fiscale, montre de même que les principes invoqués hier contre la droite peuvent être soudain mis en veilleuse, dans une sorte d'asthénie morale liée à l'exercice du pouvoir[4].

C'est la plus évidente surprise de ce début de présidence : sa tiédeur sur le terrain des réformes et des exigences démocratiques quand, dans le même temps, rigueur économique et austérité sociale sont imposées à grands pas. L'heureuse audace du mariage pour tous reste une exception solitaire, tandis qu'au quotidien, les classes populaires se sentent toujours dépossédées de toute emprise sur leur avenir, subissant les conséquences de décisions économiques et de choix financiers qui ne leur appartiennent pas. L'éventuelle bonne volonté des protagonistes, ministres et entourages, n'est pas en cause mais, plutôt, leur croyance qu'elle suffit alors même qu'il leur faudrait bousculer et mobiliser, susciter l'adhésion et entraîner la confiance.

Suffisante, sinon prétentieuse, cette croyance est insupportable pour tous ceux qui subissent les conséquences des renoncements qu'elle est supposée absoudre. Car une politique se juge toujours dans cette relation à la vérité que dessine l'écart entre ses paroles et ses actes. Un an après la visite symbolique, le 24 février 2012, du candidat Hollande aux ouvriers sidérurgistes d'Arcelor-Mittal à Florange, la contradiction est flagrante entre le volontarisme électoral et la passivité gouvernementale. Qu'il faille la crise du Mali, l'un des pays les plus pauvres du monde – 175e à l'indice du développement humain qui recense

4 Il s'agit de Jérôme Cahuzac. Quand parut cet article, l'affaire n'était pas encore dénouée, Mediapart se battant seul contre presque tous. Deux mois plus tard, le ministre du budget démissionnait et reconnaissait les faits.

177 nations –, et cette nouvelle guerre au terrorisme, aux accents trop facilement dominateurs, pour redonner un semblant d'ardeur politique au nouveau pouvoir ne fait que souligner ce décalage, et l'impuissance dont il témoigne.

Manquant de vision et d'audace, cette politique à pas et à temps comptés accompagne une générale perte de hauteur du débat public. Sans que l'on sache ce qu'annonce ce climat délétère, nous vivons un semblant de décadence typique d'un ancien régime épuisé. Tandis que l'édition marchande impose la confession intime et le voyeurisme salace, au détriment d'une littérature de la découverte et du dépassement, l'inépuisable feuilleton strauss-kahnien met en scène l'accouplement de la prédation sexuelle et de la domination sociale.

Tandis que l'ancienne droite républicaine se vautre dans le racisme antimusulman et dans l'essentialisme identitaire, le ministre de l'Intérieur en place désigne un ennemi intérieur qui accouple les mots fascisme et islam, tout en assimilant la colère ouvrière aux casseurs délinquants. Tandis qu'un affairiste notoire, repris de justice avéré, fait main basse sur des journaux avec la complicité des banques[5], l'information ne cesse d'être malmenée par le divertissement, le rire ayant détrôné la conscience et le doute désabusé tenant lieu de conviction enracinée.

Qui donc nous redonnera de l'air et de la hauteur ? Une envie d'horizon, d'ailleurs et de lendemains ? Un goût d'élévation qui ne soit pas de domination ? Un souci des autres et du monde où se réinvente un chemin d'espérance ? Qui d'autre sinon nous-mêmes ? Car, sauf à déchanter rapidement, il n'est pas, en cette matière par essence démocratique, de César, de tribun ou de sauveur suprême qui vaille, selon l'ancienne lucidité du premier chant international du monde ouvrier. Nous-mêmes, c'est-à-dire cette radicalité pragmatique, réaliste et concrète, qui s'invente au plus près des expériences et des résistances, des luttes et des refus.

Dans un livre trop peu commenté, paru une année avant qu'il ne devienne ministre du gouvernement Ayrault, Vincent Peillon défendait « le pouvoir des sans-pouvoirs[6] ». Philosophe de profes-

5 Il s'agit de Bernard Tapie, devenu propriétaire du quotidien marseillais *La Provence*.

6 Vincent Peillon, *Éloge du politique. Une introduction au XXIe siècle*, Seuil, coll. « La Librairie du XXIe siècle », Paris, 2011.

sion, il s'efforçait d'y renouer les liens du politique à l'action et à la vérité dans le moment même où ils semblent les plus distendus, voire, trop souvent, rompus. Imbriquant solidairement la démocratie politique à la démocratie économique et sociale, cet *Éloge du politique* peut être lu, aujourd'hui, comme le propos absent du nouveau pouvoir. Comme son silence en quelque sorte.

Mais un silence logique, à en croire le philosophe-ministre qui, congédiant soudain une classe épuisée de professionnels de la politique, nous renvoie à tous l'exigence d'audace et de vision et, par conséquent, d'engagement. « Dans les grandes mutations historiques et politiques, dans les grands bouleversements et les grandes tragédies, les politiques sont absents, ou faibles, écrit-il. D'autres hommes surgissent. Ce n'est pas un hasard, et ce n'est pas circonstanciel. Cela se reproduit toujours. L'idée d'une politique “antipolitique” signifie cela, que le politique n'est pas la politique, n'est pas la question du pouvoir mais celle de la vie dans la vérité. Un syndicaliste, un militaire, un homme de théâtre, un journaliste, un philosophe ébranlent alors le monde, beaucoup plus que ne le feront jamais les politiciens. »

Et de conclure par cette injonction : « Ne laissons pas les hommes du pouvoir, de l'argent et de la flatterie juger une seconde fois Socrate. Ne les laissons pas une seconde fois le condamner à mort. » Nous voici donc requis, sommés d'agir et de découvrir. De ne plus seulement commenter ou contempler, en spectateurs passifs, mais de chercher à tâtons, là où nous sommes, où nous vivons et travaillons, les lueurs qui perceront le brouillard où l'on nous égare. Peut-être alors croiserons-nous en chemin ces grands voyants que sont les poètes qui, à l'instar du Rimbaud communard et de tant d'autres, devinent l'inconnu où s'invente l'humanité.

Dans des notes posthumes, publiées en 1901 sous l'intitulé *Post-scriptum de ma vie*[7], on trouve cette fulgurance de Victor Hugo où s'exprime notre attente, et, peut-être, notre destin, entre risque et pari : « Un abîme est là tout près de nous. Nous poètes, nous rêvons au bord. Vous, hommes d'État, vous y dormez. »

25 février 2013

7 Victor Hugo, *Post-scriptum de ma vie* [1901], L'Herne, Paris, 2015.

8
L'effet de souffle de l'affaire Cahuzac

Sous l'effet de souffle de l'affaire Cahuzac, la Ve République vacille. Tandis que François Hollande s'enferme et s'isole dans un présidentialisme archaïque, toujours fatal à la gauche, la droite accentue sa dérive extrémiste, appelant à un « nouveau 1958 », autrement dit à un coup d'État. Au peuple d'avoir l'audace qui manque à ses gouvernants : imposer la nécessaire refondation démocratique de la République.

« La France a besoin d'un nouveau 1958 » : l'appel vient de Jean-François Copé, dans une tribune au *Figaro* du 4 mai 2013. Le dirigeant de l'UMP évoque cette année funeste où, à Alger, un soulèvement de militaires extrémistes mit fin à une République parlementaire, la IVe, qui s'était elle-même égarée et discréditée dans l'aveuglement colonial. Que le retour au pouvoir ainsi permis du général de Gaulle n'ait pas enfanté un régime dictatorial n'empêche pas la Ve République qui en est issue d'être un régime d'exception, marqué par cet acte de naissance antidémocratique.

Ce propos du leader en titre de la droite confirme le chemin de radicalisation qu'elle emprunte depuis que Nicolas Sarkozy et son clan s'en sont emparés, marginalisant la droite républicaine. Après avoir, au pouvoir, épousé les thématiques de l'extrême droite, en donnant droit de cité aux idéologies identitaires et inégalitaires, ils ont cautionné, revenus dans l'opposition, la violence de rue des franges les plus radicales de la droite, en marge des manifestations contre l'égalité étendue au mariage. Et maintenant donc l'appel, sans vergogne, à renverser le pouvoir en place.

S'il fallait, pour les républicains de tous bords, un signe que l'heure est décisive, le voici. Il est d'autant plus significatif qu'il vient de l'homme qu'en 2011 Mediapart a dévoilé barbotant dans la piscine de l'intermédiaire en ventes d'armes Ziad Takieddine ; de l'avocat d'affaires qui, jusqu'à il y a peu, ne voyait aucun conflit d'intérêts à cumuler ces activités lucratives avec celles de député de la nation ; de l'un des principaux défenseurs à droite, avec Éric Woerth, de Jérôme Cahuzac, le fraudeur et menteur que l'on sait, avant que la vérité ne triomphe ; bref d'un symbole vivant des arrangements et des aveuglements, entre intérêts et privilèges, d'un monde oligarchique aujourd'hui saisi de panique.

Car l'affaire Cahuzac ne fut pas la révélation du mensonge d'un homme, mais le dévoilement de l'imposture d'un système. Durant les près de quatre mois où l'on tenta d'étouffer la vérité mise au jour par Mediapart, c'est tout simplement la démocratie qui n'a pas fonctionné. Un pouvoir exécutif tétanisé, immobile ou complice ; un pouvoir parlementaire coalisé, sans confrontation ni opposition ; un pouvoir judiciaire attentiste, jusqu'à ce que nous l'interpellions publiquement ; un contre-pouvoir médiatique majoritairement aveugle, au point de relayer les manœuvres communicantes des ennemis de l'information.

Notre démocratie s'est enrayée. Fatiguée, épuisée, dévitalisée. Impuissante et inconsciente. Et c'est une faillite collective. Celle d'un système institutionnel qui, loin d'élever la République et de renforcer l'État comme il le prétendait à l'origine, a fini par abaisser la première et affaiblir le second. Plus que jamais, les intérêts privés ont pris leurs quartiers au sein des machineries politiques et étatiques, partisanes et ministérielles. Trop souvent, la politique est devenue professionnelle, constituée en caste au-dessus du peuple tandis que, dans son sillage, se construisent des carrières intéressées, du public au privé et aller-retour, où l'âpreté au gain a remplacé le goût du devoir.

Loin d'être des faits divers, les affaires sont des faits politiques. Ces scandales ne sont pas la chronique de fautes personnelles, mais d'une déchéance collective. Fil rouge de la plupart des révélations de Mediapart depuis sa création, sous la présidence de Nicolas Sarkozy comme sous celle de François Hollande, la question de la fraude fiscale et des paradis fiscaux qui l'abritent illustre ainsi la coupable tolérance de nos élites dirigeantes pour cette délinquance d'en haut où, dans l'alibi de la fortune, l'on viole la loi la plus commune.

Du compte suisse de Jérôme Cahuzac au train de vie de Claude Guéant[1], d'un ancien ministre du Budget PS à un ancien ministre de l'Intérieur UMP, on découvre des gouvernants qui ne se sentent pas tenus par les lois qu'ils ont votées et qu'ils sont chargés de faire appliquer. C'était leur secret partagé, un secret sans frontières partisanes tant, dans ce monde où l'intérêt privé a tué l'esprit public, les convictions ne sont qu'opportunités et occasions, moyens pour arriver à ses fins – le pouvoir et l'argent, indissolublement. S'ils s'affolent aujourd'hui, c'est qu'ils savent que le pire est peut-être à venir tant sont nombreux, désormais, les dossiers aux mains de juges et de policiers où gisent des vérités encore plus ravageuses et dévastatrices.

Ils aimeraient que l'on confonde l'effet et la cause, d'où les tirades de leurs publicistes habituels, journalistes de gouvernement et presses d'industrie, contre ce « populisme » où ils mêlent, indistinctement, serviettes et torchons, sursaut démocratique et repli identitaire. Mais c'est leur irresponsabilité civique qui fait le lit de la désaffection civique, et non pas, évidemment, les révélations des journalistes ou des magistrats. Et cette irresponsabilité n'est pas la somme de fautes individuelles, mais la résultante d'une dégradation plus générale et plus profonde où se sont installés tolérances à l'impensable, arrangements avec l'invraisemblable et compromissions avec la corruption.

De cette chronique récurrente depuis trente ans, sous le temps long de quatre présidences, deux de droite, deux de gauche, de François Mitterrand à François Hollande, en passant par Jacques Chirac et Nicolas Sarkozy, le moment est venu de tirer la leçon. Non plus quelques admonestations, ajustements et remontrances dont l'expérience montre qu'elles n'ont rien entravé, résolu ni empêché, comme les enquêtes de Mediapart en ont fait l'ample démonstration. Mais une leçon d'ensemble, générale et durable. Et cette leçon n'a pas d'autre morale que

---

1 Directeur de cabinet du ministre de l'Intérieur Nicolas Sarkozy entre 2002 et 2004, Claude Guéant a détourné à son profit des sommes en liquide destinées aux frais d'enquête des policiers. Il a été définitivement condamné en janvier 2019 pour ce détournement de fonds publics.

la nécessaire refondation démocratique d'une République qui, aujourd'hui, ne s'appartient plus.

Car l'irresponsabilité vient d'en haut, proliférant comme une mauvaise herbe et se diffusant comme un méchant poison. La Ve République est « anachronique, exotique et adémocratique », résume l'un des contributeurs de Mediapart, Paul Alliès, universitaire de métier, socialiste d'engagement et, surtout, président de la pionnière Convention pour la VIe République, fondée en 2001[2]. Sa démonstration est aussi implacable que limpide, dont voici la synthèse :

« Anachronique, elle l'est de par les conditions de sa naissance, quand la France était encore un empire colonial et méconnaissait la Communauté européenne. Elle a conservé la nécessité d'un homme fort à sa tête, reproduisant les traits du bonapartisme dans l'effondrement d'un régime d'assemblée. Et elle est aujourd'hui en complète rupture avec la société de la connaissance, de l'horizontalité des réseaux sociaux, de l'interactivité des groupes et des individus ; si bien que la figure du président devient improbable que ce soit dans son hystérisation ou sa banalisation. Exotique, elle l'est tout autant puisque la France est le seul régime en Europe et au-delà à pratiquer un tel présidentialisme où “l'absence de morale, le climat de complaisance ou de complicité, de résignation est au principe de ce régime où les institutions sont confisquées par un souverain unipersonnel et sa bureaucratie” (Pierre Mendès France, 1974). Adémocratique, elle le reste tellement elle repose sur l'irresponsabilité générale, politique et pénale d'un chef de l'État qui gouverne sans avoir à rendre des comptes et qui contamine ainsi tous les niveaux jusqu'à la périphérie, celle des exécutifs locaux. »

Sur ce diagnostic d'une décadence de la Ve République et de l'exigence d'une République nouvelle, une majorité d'idées existe qui ne demande qu'à être convoquée et rassemblée. Aucune force politique n'est seule propriétaire de cette espérance qui traverse toutes les sensibilités républicaines et inspire nombre de programmes politiques. Du centre droit à la

2 Paul Alliès, « Une Sixième République est possible et utile dès aujourd'hui », Le Club de Mediapart, 3 mai 2013.

gauche radicale, en passant par les socialistes et les écologistes, sans compter tout un peuple de citoyens sans affiliations particulières, l'attente est là, disponible et enthousiaste, au-delà des questions de numérotation ou de procédure. Pour conjurer la menace d'un nouveau 1958 et, surtout, relever notre pays, créer la confiance et dépasser ses divisions, le sortir de sa torpeur et de ses doutes, il n'y a qu'une seule voie, celle d'un sursaut démocratique, c'est-à-dire d'une réappropriation collective et égalitaire de notre destin commun, de son invention et de son enchantement.

L'autre chemin, celui du présidentialisme maintenu et prolongé, ne peut être que de perdition, où les idéaux seront égarés et les électeurs trompés tandis que le peuple sera toujours dépossédé. François Hollande, hélas, l'emprunte de plus en plus, imposant sa loi bonapartiste à sa majorité électorale et assumant une politique à la première personne du singulier. Ce faisant, tout comme François Mitterrand, oublieux de son *Coup d'État permanent* une fois installé à l'Élysée, il se contredit lui-même. Le 3 mars 2012, dans un discours prononcé à Dijon, le candidat socialiste qu'il était alors n'avait pas seulement évoqué une présidence normale, mais une « République nouvelle », mettant fin à « l'omniprésidence », ce « régime d'un seul qui prétend pouvoir décider de tout, sur tout, partout ».

« L'omnipotence conduit à l'impuissance », insistait-il, promettant que « de nouveaux droits seront reconnus au Parlement pour contrôler le gouvernement, enquêter sur les dysfonctionnements de l'administration, engager de grands débats ». Le programme était encore bien loin d'une véritable renaissance démocratique de la République mais, aussi minime soit-il, l'affaire Cahuzac, du mensonge à la vérité, nous a prouvé qu'il ne pouvait être tenu dans ce système-là, sous cette République présidentialiste. De bout en bout, le président de la République, et lui seul, en a détenu la clé : il a d'abord sauvé le ministre du Budget en lui maintenant sa confiance, malgré l'évidence des faits, avant de le contraindre à démissionner, sous la contrainte de l'événement ; puis il a lui-même, et lui seul, dans une mise en scène inhabituelle au sortir des Conseils des ministres, fixé l'ordre du jour d'une sortie de crise aux allures de calfeutrage et colmatage, plus pressé d'éteindre l'incendie que d'en comprendre l'origine.

Il y a cent dix ans, en juillet 1903, dans son fameux *Discours à la jeunesse* du lycée d'Albi[3], prononcé à même distance temporelle de la Révolution fondatrice que nous le sommes de ses paroles, Jean Jaurès définissait la République comme « un grand acte de confiance et un grand acte d'audace ». « L'invention, ajoutait-il, en était si audacieuse, si paradoxale, que même les hommes hardis qui, il y a cent dix ans, ont révolutionné le monde, en écartèrent d'abord l'idée. »

Nous voici au pied du même mur, sous l'effet de souffle de la vérité : inventer ou renoncer, oser ou trahir. Nous avons besoin d'une République nouvelle, et elle suppose cette alliance de la confiance et de l'audace. Si, en à peine un an, le nouveau pouvoir issu du légitime refus du sarkozysme est plongé en pleine défiance, c'est qu'en lieu et place de l'audace nécessaire nous n'avons connu que la prudence, que le calcul, que la précaution, que l'attentisme – ce que l'affaire Cahuzac a illustré jusqu'à la caricature.

Dans nos temps troublés et incertains, l'audace est au contraire gage de confiance quand la prudence sème le trouble. Dans le même discours, Jaurès, qui refusait ce faux courage de la violence exacerbée en quête de boucs émissaires, faisait l'éloge du vrai courage, celui de la ténacité et de la fidélité, du chemin que l'on trace tous ensemble, dans le souci du monde et des autres, dans la conformité des actes aux paroles, dans la recherche d'une élévation vers l'idéal plutôt que d'un arrangement avec l'habitude.

« Le courage, disait-il, c'est d'aller à l'idéal et de comprendre le réel ; c'est d'agir et de se donner aux grandes causes sans savoir quelles récompenses réserve à notre effort l'univers profond, ni s'il lui réserve une récompense. Le courage, c'est de chercher la vérité et de la dire ; c'est de ne pas subir la loi du mensonge triomphant qui passe, et de ne pas faire écho, de notre âme, de notre bouche et de nos mains, aux applaudissements imbéciles et aux huées fanatiques. »

---

3 Le « Discours à la jeunesse » a été prononcé par Jean Jaurès, député du Tarn et vice-président de la Chambre des députés, à la distribution des prix du lycée d'Albi, en juillet 1903.

Puissent tous nos concitoyens et ceux qui les représentent avoir aujourd'hui ce courage-là, et saisir l'occasion offerte par les révélations de Mediapart pour, enfin, refonder la République et la rendre à son seul souverain, le peuple.

4 mai 2013

9
La République du silence

Le refus de l'audition du Premier ministre Jean-Marc Ayrault par la commission d'enquête parlementaire sur l'affaire Cahuzac est un double mauvais coup. Porté à la vérité, car cette audition est nécessaire pour éclaircir les mystères de l'enquête administrative qui a failli innocenter l'ex-ministre du Budget. Et à la démocratie, car cette audition s'impose au nom du simple respect de la Constitution.

L'article 24 de la Constitution de la Ve République française en ouvre le titre IV, consacré au Parlement. Ses trois premières phrases définissent le rôle et le pouvoir de ce dernier : « Le Parlement vote la loi. Il contrôle l'action du Gouvernement. Il évalue les politiques publiques. » En rejetant, par dix voix contre huit, l'audition du Premier ministre, la majorité socialiste de l'Assemblée nationale a donc montré le peu de cas qu'elle fait d'un respect strict de la loi fondamentale, de sa lettre comme de son esprit, quand celui-ci risque de l'embarrasser. Car elle empêche ainsi la commission d'enquête présidée par le député centriste (UDI) Charles de Courson d'aller jusqu'au bout de sa mission constitutionnelle : contrôler l'action du gouvernement et évaluer les politiques publiques face à leurs « éventuels dysfonctionnements, entre le 4 décembre 2012 et le 2 avril 2013, dans la gestion d'une affaire qui a conduit à la démission d'un membre du Gouvernement », ainsi que le dit son intitulé.

Triste ironie de cette dérobade sous François Hollande, on doit cet énoncé sans ambiguïté du pouvoir des parlementaires, députés et sénateurs, à la présidence précédente, celle de Nicolas Sarkozy. C'est en effet la révision constitutionnelle du

23 juillet 2008 qui a reformulé l'article 24, jusqu'alors totalement muet sur les pouvoirs du législateur face au pouvoir exécutif. Cette révision, approuvée de justesse grâce au renfort d'une voix socialiste, celle du député Jack Lang, s'était heurtée à un « non de déception » des parlementaires socialistes qui jugeaient la réforme « frileuse et incomplète », insuffisante à instaurer « un pacte démocratique propre à rééquilibrer notre République ».

Ces mots étaient ceux du président du groupe socialiste à l'Assemblée nationale, Jean-Marc Ayrault, lors du débat en première lecture, le 3 juin 2008. Jugeant que « l'encadrement des pouvoirs présidentiels demeure purement virtuel », le futur Premier ministre affirmait que « ni la pratique ni le déséquilibre de nos institutions ne sortiront changés » avec cette révision, avant de dénoncer, pour finir, à l'adresse de la majorité UMP de l'époque, « le décalage persistant entre les bonnes intentions qui président à votre réforme et la réalité de vos actes ». Désormais, le compliment peut être aisément retourné à l'attention de la majorité PS qui lui a succédé.

Qui n'a pas renoncé aux idéaux d'une République citoyenne ne saurait s'habituer à ce reniement récurrent, une fois au pouvoir, des principes proclamés dans l'opposition. Pari de court terme, ces habiletés politiciennes sont, sur la durée, un désastre démocratique, discréditant l'idée même d'une politique vertueuse. Mais, d'ores et déjà, elles alimentent en l'espèce les soupçons au lieu de les dissiper. Si, dans l'affaire Cahuzac, tout fut transparent, sans manœuvres tordues ni secrets inavouables, comme l'ont affirmé sous serment ses ministres de la Justice, de l'Intérieur et de l'Économie, pourquoi le chef du gouvernement ne viendrait-il pas à son tour rendre compte et rendre des comptes devant la commission d'enquête ?

Pourquoi avoir pris ce risque politique qui, inévitablement, se paiera cher, et sans doute dès que les travaux de la commission d'enquête reprendront en septembre ? Pourquoi sinon parce que le pouvoir a quelque chose à cacher sous les incohérences de sa gestion de l'affaire Cahuzac ? La question est d'autant plus légitime que cette audition de Jean-Marc Ayrault était devenue un impératif logique face aux contradictions mises au jour par les travaux de la commission sur ce qui est devenu le nœud de son enquête : l'enquête administrative diligentée à la mi-janvier par Bercy qui permit de proclamer, début février, un blanchiment par la Suisse de Jérôme Cahuzac. Et ceci alors même qu'une enquête judiciaire était en cours depuis le 8 janvier qui allait prouver l'inverse, en confirmant la vérité des informations de Mediapart sur le compte suisse non déclaré du ministre du Budget.

Cet épisode est le dysfonctionnement principal dans l'action du gouvernement et des services de l'État face à la révélation que le ministre du Budget, patron de l'administration fiscale, était lui-même, et de longue date, un fraudeur. Si l'enquête préliminaire, diligentée par le parquet de Paris et provoquée par l'entêtement de Mediapart[1], n'avait pas persévéré, cette démarche de l'administration fiscale française dans le cadre d'un accord d'entraide franco-suisse aurait pu réussir à transformer le mensonge en vérité, comme ces alchimistes qui prétendaient changer le plomb en or. François Molins, le procureur de la République de Paris, n'a-t-il pas confié à la commission d'enquête avoir « eu quelques doutes » sur sa propre enquête préliminaire au vu du tohu-bohu médiatique provoqué par la mise en scène de la (fausse) réponse suisse à une (mauvaise) question du fisc français ?

Un rappel n'est pas inutile pour prendre la mesure de cette pression objective sur l'opinion, les médias et la justice qu'a constituée cette affirmation, depuis le ministère de l'Économie et des Finances, que les autorités helvétiques avaient officiellement blanchi Jérôme Cahuzac de tout soupçon de détention d'un compte non déclaré en Suisse.

Tout commence le mardi 5 février 2013 au soir par la mise en ligne, sur le site du *Nouvel Observateur*, d'un article (qui ne sera pas repris dans l'édition imprimée) révélant la démarche du fisc français. Son auteur résume d'un prudent « il semble que ce ne soit pas le cas » la réponse négative obtenue à propos de l'existence d'un compte à l'UBS de Jérôme Cahuzac entre 2006 et 2010, la période couverte par la demande.

---

1 Envoyée le 27 décembre 2012, cette « Lettre de Mediapart au procureur de la République de Paris » fut publiée, deux jours plus tard, sur mon blog dans le Club de Mediapart. Elle l'invitait, face au débat public ouvert par nos révélations, à ouvrir une enquête, ce qu'il fera.

Dès le lendemain, mercredi 6 février, c'est le toujours ministre délégué au Budget Jérôme Cahuzac qui, le premier, commente dans les médias cette démarche, en explique le mode d'emploi et en proclame la conclusion favorable : « Comme, moi, je connais la vérité, je n'ai aucun doute quant à la nature de la réponse qui a été apportée. » « Je ne me suis jamais senti coupable », insiste-t-il devant plusieurs médias réunis (AFP, *Le Monde*, France Info et LCP), s'offrant le luxe, grand seigneur, de créditer les journalistes de Mediapart « d'une forme de sincérité » : « C'est un problème entre eux et leur conscience maintenant qu'ils savent ou devinent la vérité. »

Le jeudi 7 février 2013, c'est au ministre de l'Économie et des Finances de monter à son tour au créneau pour enfoncer le clou. À la matinale de France Inter, Pierre Moscovici assume d'emblée la responsabilité de cette initiative (« J'ai demandé », insiste-t-il), puis, après s'être abrité derrière le secret fiscal pour ne pas dévoiler précisément la réponse suisse, lâche cette phrase qui, aujourd'hui, l'accable : « En lançant cette procédure, je n'avais pas de doute sur son résultat. » Questionné sur le conflit d'intérêts d'une enquête diligentée par l'administration dont M. Cahuzac est le ministre, alors même qu'il est concerné par une enquête de justice en cours, M. Moscovici affirme que son ministre délégué « n'est pas intervenu dans cette procédure » – autre déclaration rétrospectivement fort gênante. Puis, relancé sur sa conclusion apparemment positive pour Jérôme Cahuzac, il n'hésite pas à répéter sa conviction : « Je n'ai pas de doute sur le résultat que pouvait engendrer cette procédure. »

Ainsi conforté par son ministre de tutelle et gratifié d'une réponse administrative dont, sans qu'on puisse le vérifier puisqu'elle est couverte par le secret, le gouvernement affirme publiquement qu'elle lui est favorable, Jérôme Cahuzac repart à l'assaut médiatique dès le lendemain, vendredi 8 février. Sur les ondes matinales de RMC et les écrans de BFMTV, il vient triompher : « Depuis le début, c'est moi qui dis la vérité. » La réponse suisse « permettra d'en finir avec ces saletés », s'enflamme-t-il, après avoir souligné que « la justice la connaît », laissant ainsi entendre que l'enquête judiciaire devra forcément s'y plier tant les questions posées à la Suisse l'auraient été par « des professionnels très compétents ». Lesquels grands professionnels, on le sait depuis, n'en ont pas moins obtenu une contre-vérité en lieu et place de la vérité des faits…

Apothéose de cette contre-attaque dont Mediapart était supposé ne pas se relever, les samedi 9 et dimanche 10 février, sur le site du *Journal du dimanche*, puis sur son édition imprimée, on pouvait lire, annoncé en une, un long article titré : « Les Suisses blanchissent Cahuzac ». Affirmation directement sourcée de Bercy : « “Il n'y a aucune place au doute dans la réponse transmise par la Suisse”, certifie au *JDD* l'entourage du ministre de l'Économie », écrivait l'hebdomadaire.

Face à un tel tir groupé, Mediapart tint bon[2], mais c'est peu dire que notre parole fut dévalorisée. Le lundi 11 février 2013, à la matinale de Canal Plus, le président de l'Assemblée nationale, Claude Bartolone, nous sommait de ne plus « déstabiliser » Jérôme Cahuzac car « il n'y a rien à lui reprocher » : « Maintenant on a des preuves, la preuve que ce qu'a dit Cahuzac pendant toute la durée des accusations contre lui était vrai. Il n'a jamais eu de compte en Suisse. » Bref, fermez le ban, taisez-vous et circulez, il n'y a plus rien à voir !

Imaginons ce qu'il serait advenu de l'affaire Cahuzac si, en ce début février 2013, il n'y avait pas eu encore d'enquête préliminaire diligentée, confiée à des policiers spécialisés dans les affaires financières. Imaginons que, dans la solitude qui était alors la sienne, Mediapart n'ait pas eu l'audace d'interpeller le procureur de la République de Paris sur son inaction face aux faits révélés par un courriel du 27 décembre 2012. Bref, imaginons que la justice n'ait pas été saisie parce que nous n'aurions pas pris cette initiative tandis que le pouvoir s'abstenait scrupuleusement de le faire, au point de ne même pas signaler la démarche volontaire auprès de l'Élysée de Michel Gonelle, le détenteur de l'enregistrement fatal pour M. Cahuzac…

Car c'est bien notre lettre publique, et elle seule, qui a mis en mouvement la justice. Le procureur de Paris François Molins a confié à la commission d'enquête que notre courrier « a contribué à accélérer les choses : dès lors que j'étais destinataire d'une lettre, il fallait que je prenne position ». Son

2 Voir François Bonnet, « Cahuzac et le “JDD” : le vent et l'intox », Le Club de Mediapart, 10 février 2013.

supérieur hiérarchique, le procureur général François Falletti, est plus catégorique, qualifiant notre courrier de « signalement », d'« élément nouveau » et, même, de « dénonciation explicite » : Mediapart « écrit au procureur le 27 décembre. Si la décision d'ouvrir une enquête est prise le 4 janvier (elle sera connue le 8), c'est qu'il y a ce signalement explicite auprès du procureur de la République ». Et de préciser, comme un rappel du poids de la responsabilité qui a alors pesé sur notre journal : « Je note d'ailleurs que si cette dénonciation s'était révélée mensongère, elle serait tombée sous le coup de la loi. »

Ainsi donc le pouvoir s'abstient de saisir la justice – alors même que tous ses discours proclament à l'époque qu'il lui revient de faire toute la lumière – mais diligente une procédure fiscale qui, s'il n'y avait pas eu le contrepoids du parquet et le travail des policiers, aurait durablement conclu à l'innocence de Jérôme Cahuzac et à la faute de Mediapart !

On comprend donc que l'affaire de cette enquête administrative parallèle à l'enquête judiciaire soit au cœur des questions auxquelles doit répondre la commission parlementaire. En découle logiquement l'impératif d'en élucider les motivations et les mécanismes auprès de tous les protagonistes concernés et impliqués, parmi lesquels le Premier ministre.

Car, quelle qu'en soit l'explication, cette démarche fiscale fut, par le détour de sa médiatisation spectaculaire, une forme de pression sur la justice. Le fait que cette dernière ait par bonheur su y résister n'enlève rien au risque pris alors d'entraver la manifestation de la vérité. Les magistrats entendus par la commission parlementaire ne se sont pas privés de le dire. À la question de savoir s'il trouve normal que l'administration fiscale ait poursuivi ses investigations alors qu'une enquête préliminaire était ouverte, le procureur de Paris a sèchement répondu : « Clairement, non. »

Rappelant son étonnement d'avoir appris par des appels de journalistes l'existence de cette demande d'entraide à la Suisse, et donc de n'en avoir pas été préalablement informé, François Molins a ajouté : « Je n'ai pas d'exemple, dans le fonctionnement de la section économique et financière du parquet de Paris, d'enquête diligentée dans ces matières où, parallèlement à l'enquête judiciaire, Bercy ait effectué ce type de demande. Pour nous, c'est une première ! » Christiane Taubira, la garde des Sceaux, devra elle-même convenir, dans une lettre adressée le 18 juillet au président de la commission, de l'absence totale de précédent : « Après avoir consulté mes services, il n'a pas été trouvé trace de dossiers judiciaires signalés à la Chancellerie dans lesquels le Ministère public aurait été informé d'une demande de renseignements adressée à des administrations fiscales étrangères, plus particulièrement l'administration fiscale suisse. »

De plus, les travaux de la commission parlementaire ont mis en évidence qu'à cette étonnante exception s'ajoute le curieux amateurisme de la question posée à l'administration fiscale suisse. Faisant comme si l'établissement Reyl (devenu banque en 2010) et son relais parisien, Hervé Dreyfus, n'avaient pas été évoqués dès décembre 2012 par Mediapart (ainsi que par le quotidien suisse *Le Temps*) dans la gestion des avoirs suisses de Jérôme Cahuzac, le fisc français a pris grand soin de ne pas les mentionner dans sa démarche, se limitant à la seule banque UBS. « Il est possible d'ouvrir un compte avec un prête-nom, on peut avoir un compte sans détenir des avoirs... », a ainsi rappelé le procureur général Falletti, ajoutant : « Il faut que la demande soit suffisamment détaillée. Si l'on va "à la pêche" auprès des autorités helvétiques, on s'expose à un échec. »

Quant à son subordonné, le procureur de Paris François Molins, il ne s'est pas privé de souligner l'abîme de compétence qui séparait la démarche fiscale de sa demande d'entraide pénale adressée, sur la base des investigations policières provoquées par Mediapart, à la justice suisse le 12 mars : « Vous comprendrez qu'il n'y a guère de points communs entre une demande d'assistance qui tient sur une page et se résume à quelques questions (celle de Bercy), et une demande d'entraide pénale internationale qui fait une dizaine de pages, rappelle des faits, pose des questions nombreuses. Ce sont deux procédures difficilement comparables. » Même la directrice des affaires criminelles et des grâces au ministère de la Justice, Marie-Suzanne Le Quéau, a confié son étonnement multiple de n'avoir jamais été destinataire de la demande initiale de Bercy, du caractère « extrêmement succinct » de la réponse suisse et, surtout, du caractère « inédit » de cette procédure.

Une procédure dont même le directeur de cabinet de Pierre Moscovici, Rémy Rioux, a dû convenir, devant la commission, qu'elle avait bien peu de chances d'aboutir à la vérité vraie. Sur les 426 demandes adressées à la Suisse depuis l'entrée en vigueur de la nouvelle convention d'entraide fiscale de 2009, l'administration française n'a reçu, après un peu plus de deux ans de mise en œuvre, que vingt-neuf réponses dont seulement six étaient exploitables !

Dès lors, pourquoi avoir pris le risque d'une procédure à la fois inopérante, maladroite, mal conçue et mal venue ? La réponse se situe entre une incompétence de bonne foi (ses initiateurs croyaient sincèrement à l'innocence de Jérôme Cahuzac) et une manœuvre de mauvaise foi (ils voulaient à tout prix le sauver, même s'il mentait). Si la première hypothèse n'est pas glorieuse, la seconde est pitoyable. Hélas, en ayant empêché l'audition du Premier ministre, la majorité socialiste lui donne corps tant il serait aisé à Jean-Marc Ayrault, dans le scénario de bonne foi, de dissiper ombres et malentendus.

Pourquoi ce verrouillage, pourquoi ce silence ? Silence d'autant plus injustifié et verrouillage d'autant plus incompréhensible que c'est dans un esprit de transparence proclamé – montrer qu'il s'interrogeait, prouver qu'il agissait – que le président de la République a lui-même revendiqué l'initiative de cette enquête fiscale dont, jusqu'alors, Pierre Moscovici était seul à assumer la paternité. Le 21 mai 2013 – soit la veille du début des auditions de la commission d'enquête –, lors d'un entretien avec la journaliste du *Point* Charlotte Chaffanjon, François Hollande fait cette confidence qui ne sera connue qu'en juillet : c'est le mercredi 16 janvier 2013, en marge du Conseil des ministres, que fut décidée à l'Élysée même la démarche auprès des autorités suisses[3].

« François Hollande et Jean-Marc Ayrault convoquent Pierre Moscovici et Jérôme Cahuzac dans le bureau présidentiel, explique la journaliste. Les deux têtes de l'exécutif réclament au ministre de l'Économie et des Finances une demande d'entraide à la Suisse. "Ils ont un sentiment d'inquiétude", raconte un

3 « Cahuzac : l'Élysée revendique la paternité de l'enquête parallèle », Mediapart, 3 juillet 2013.

observateur très privilégié. “Ils en ont surtout marre de se faire balader”, résume un autre. “Puisque tu n'arrives pas à avoir une réponse par la voie personnelle, on va passer par la voie conventionnelle”, expliquent François Hollande et Jean-Marc Ayrault à Jérôme Cahuzac qui n'a d'autre choix que celui d'accepter. “Dans un premier temps, il avait été demandé à Jérôme Cahuzac de faire la démarche lui-même par ses avocats. Comme rien n'est venu de ce côté-là, il a été décidé d'engager la procédure prévue par la convention fiscale entre la France et la Suisse”, confirme François Hollande après coup. »

C'est sans doute une coïncidence, mais qui illustre la course de vitesse alors engagée entre vérité et mensonge : toujours est-il que cette réunion élyséenne s'est tenue le jour même où Michel Gonelle remettait à la police judiciaire la copie de l'enregistrement de la conversation de fin 2000 où Jérôme Cahuzac évoquait son compte suisse[4]. L'aveu tardif de son existence – Pierre Moscovici s'était bien gardé de l'évoquer dans l'entretien en forme de plaidoyer qu'il nous a accordé à la mi-avril pour justifier son action dans l'affaire Cahuzac[5] – légitime des investigations complémentaires de la commission d'enquête, ne serait-ce que pour vérifier les dires des protagonistes.

Affrontant non sans morgue la commission d'enquête parlementaire, le directeur général des Finances publiques, patron tout-puissant du fisc, avait revendiqué l'idée de la démarche suisse, présentée comme purement administrative, loin de tout calcul politique. « Le 14 janvier », soit deux jours avant la réunion élyséenne, a expliqué Bruno Bézard, « nous étions en train de préparer notre demande d'assistance administrative », dont il sera en effet le maître d'œuvre.

Or voici que l'on apprend que cette initiative est remontée jusqu'à l'Élysée, au point de recevoir un feu vert politique du président de la République qui, pourtant, n'a pas dans ses compétences constitutionnelles la direction de l'administration fiscale ! Pis, le principal intéressé, Jérôme Cahuzac, juge et partie en conflit d'intérêts flagrant, était présent à cette réunion et, donc,

---

4 Élu local de droite, l'avocat Michel Gonelle recueillit par accident la confidence téléphonique de Jérôme Cahuzac sur son compte suisse non déclaré. Il en remit l'enregistrement aux enquêteurs le 16 janvier 2013.

5 « Cahuzac, austérité : Pierre Moscovici s'explique », Mediapart, 14 avril 2013.

informé au préalable de la procédure au mépris de la supposée « muraille de Chine » construite à Bercy entre ses responsabilités ministérielles de ministre du Budget et la gestion particulièrement sensible de son propre dossier fiscal ! Pis encore, à en croire Pierre Moscovici en personne, Jérôme Cahuzac fut même consulté sur le contenu de la démarche administrative : selon le témoignage du ministre de l'Économie, qui a confirmé devant les parlementaires la réunion de l'Élysée tout en la situant dans un autre lieu – le salon attenant au Conseil des ministres, et non pas le bureau présidentiel –, le ministre du Budget « s'est montré serein et, dans l'hypothèse où la demande se produirait, il a demandé qu'elle couvre la période la plus large ; nous y avons veillé… ».

Du coup, l'hypermnésique Cahuzac que décrivaient les portraits avantageux d'avant sa chute est soudain devenu amnésique. Entendu une seconde fois par la commission d'enquête, l'ancien ministre ne se souvient plus de rien, et certainement pas de cette réunion. On le comprend : dire le contraire serait reconnaître qu'il a menti sous serment en affirmant, lors de sa première audition : « Pierre Moscovici ne m'a jamais informé de cette procédure. »

Le chef de l'État ne pouvant être entendu au nom de la séparation des pouvoirs, reste le quatrième protagoniste de cet impromptu élyséen : le Premier ministre. Craint-il, lui aussi, de devoir mentir faute de pouvoir dire toute la vérité ? Veut-il ménager ou protéger Cahuzac que son témoignage, en le contredisant, pourrait exposer à de lourdes poursuites pénales, prévues en cas de faux témoignage sous serment ? Redoute-t-il d'exposer plus encore le président de la République, désormais en première ligne depuis sa confidence sur la réunion du 16 janvier ? Craint-il un rebondissement inattendu de l'instruction judiciaire en cours sur les avoirs dissimulés à l'étranger par Jérôme Cahuzac, leur provenance comme leur destination ?

Quelle que soit la bonne réponse – et certaines peuvent se cumuler –, la dérobade de Jean-Marc Ayrault est une faute politique, doublée d'une insulte au Parlement. Mais ses premiers responsables sont les députés de la majorité socialiste qui n'ont pas su être au rendez-vous de leur mandat d'élus de la Nation, préférant la servitude volontaire envers le pouvoir exécutif à l'affirmation démocratique de leur pouvoir de contrôle. « Disons-le à nouveau : ce qui manque à l'Assemblée nationale, ce ne sont pas les pouvoirs, mais les députés pour les exercer » : la formule, cinglante, est du constitutionnaliste Guy Carcassonne, décédé il y a peu, lequel fut un ami très proche de Jérôme Cahuzac[6].

En recouvrant d'un voile de silence l'énigme politique de l'affaire Cahuzac – l'inconséquence et l'incohérence du pouvoir face à nos informations –, la dérobade finale imposée à la commission d'enquête aggrave la faute politique initiale. Celle de ne pas avoir tranché dans le vif dès décembre 2012, au vu de la consistance de nos révélations, comme le recommandait en 2006 un député socialiste, devenu depuis président de la République. « À l'origine de toute affaire, au-delà de son contenu même, il y a d'abord un mensonge, affirmait François Hollande dans *Devoirs de vérité*[7]. La vérité est toujours une économie de temps comme de moyens. La vérité est une méthode simple. Elle n'est pas une gêne, un frein, une contrainte : elle est précisément ce qui permet de sortir de la nasse. Même si, parfois, dans notre système médiatique, le vrai est invraisemblable. »

29 juillet 2013

---

6 Préface au livre de René Dosière, *L'Argent caché de l'Élysée*, Seuil, Paris, 2007.
7 François Hollande, *Devoirs de vérité*, Stock, Paris, 2006.

10
Rwanda, ce déshonneur

Le gouvernement français a annulé sa venue aux commémorations, lundi 7 avril 2014, du vingtième anniversaire du génocide des Tutsis. Cette brusque décision est motivée par les déclarations du président du Rwanda, Paul Kagame, sur « le rôle direct de la Belgique et de la France dans la préparation politique du génocide et la participation de cette dernière à son exécution même ». Satisfaisant l'injonction d'Alain Juppé de « défendre l'honneur de la France », ce choix marque plutôt son déshonneur.

Dimanche 6 avril 2014, le président du Parlement européen, Martin Schulz, et la ministre de la Culture, Aurélie Filippetti, tous deux socialistes, étaient côte à côte devant la Maison d'Izieu (Ain) où, il y a précisément soixante-dix ans, quarante-quatre enfants juifs et sept éducateurs qui y étaient réfugiés furent arrêtés par la Gestapo pour être déportés vers les camps de la mort.

Cette commémoration officielle, comme bien d'autres, rappelle à la France d'aujourd'hui et de demain que le génocide planifié par le nazisme, cette extermination d'une part de notre humanité parce qu'elle était née juive, fut aussi commis sur son territoire. Et qu'il le fut avec la complicité, aussi bien active que passive, des autorités de l'époque, cet État français que le suicide de la République à Vichy avait mis en place dès juillet 1940 dans la déchéance de la Collaboration.

Ces commémorations nous disent que la grandeur d'une nation se juge à sa capacité de reconnaître ses fautes et ses erreurs. À regarder en face la vérité d'une histoire douloureuse, de façon à en apaiser les mémoires blessées. À ne plus s'aveugler dans la démesure d'une infaillibilité, mais à admettre ses fragilités. Et à transformer ainsi un passé douloureux ou honteux en gage d'un avenir plus lucide, plus vigilant et plus précautionneux.

Mais, loin de s'imposer d'évidence, cette démarche consciente, d'élévation collective et de hauteur nationale, fut le fruit d'un combat politique. Après avoir dû batailler sans relâche contre un président de la République, François Mitterrand, dont cet aveu dérangeait aussi bien l'itinéraire biographique que l'intime conviction, il fallut attendre un discours de son successeur, Jacques Chirac, pour que la France officielle, enfin, regarde sans ciller cette part maudite de son histoire.

« Il est, dans la vie d'une nation, des moments qui blessent la mémoire, et l'idée que l'on se fait de son pays », déclara, au nom de la République, son président le 16 juillet 1995, lors de la commémoration de la rafle dite du Vél'd'Hiv' de milliers de juifs parisiens. « Ces heures noires souillent à jamais notre histoire, et sont une injure à notre passé et à nos traditions, ajoutait Jacques Chirac. Oui, la folie criminelle de l'occupant a été secondée par des Français, par l'État français. » Mots bienvenus mais prononcés si tardivement : cinquante ans après la fin de la Seconde Guerre mondiale.

Faudra-t-il donc attendre un demi-siècle pour que la République française prononce, par la voix de son plus haut représentant, les mots qu'elle doit au peuple rwandais ? Mots d'excuse, mots de pardon, mots de vérité. Dire, tout simplement, ce fait d'histoire : la France, c'est-à-dire sa présidence, son gouvernement, son État et son armée, fut complice du génocide au Rwanda. Parce qu'elle a longtemps soutenu et armé le pouvoir qui l'a planifié, parce qu'elle a formé les civils et les militaires qui l'ont exécuté, parce qu'elle a épousé l'idéologie raciste dite hamitique qui l'animait, parce qu'elle n'est pas intervenue pour l'empêcher, parce qu'elle a laissé sans défense des populations qui lui demandaient protection, parce qu'elle a même facilité la fuite des génocideurs vers le Congo voisin.

Parfois, les nations qui se savent petites, lucides parce que fragiles, en remontrent à celles qui se croient grandes, aveuglées par leur désir de puissance. Il en va ainsi de la Belgique, puissance coloniale au Rwanda après l'Allemagne, qui a demandé pardon aux Rwandais à deux reprises depuis le génocide de 1994, non seulement lors de son dixième anniversaire en 2004, mais dès 2000 par la voix de son Premier ministre d'alors, Guy Verhofstadt.

Six ans à peine après le génocide, un responsable politique européen n'hésitait pas à faire sobrement cet acte de contrition auquel la France se refuse toujours : « Un dramatique cortège de négligences, d'insouciances, d'incompétences, d'hésitations et d'erreurs a créé les conditions d'une tragédie sans nom. Et donc j'assume ici devant vous la responsabilité de mon pays, des autorités politiques et militaires belges, et au nom de mon pays, au nom de mon peuple, je vous demande pardon pour ça. »

Que l'ambassadeur de France à Kigali assiste néanmoins aux cérémonies du vingtième anniversaire (les autorités rwandaises l'en ont finalement empêché) ne change rien à l'affaire : gauche et droite réunies, la France officielle a décidé de ne pas honorer les victimes du génocide et, ce faisant, de déshonorer notre peuple. Pourtant visée elle aussi par les déclarations de Paul Kagame, la Belgique n'a rien changé à sa délégation, ce qui n'a pas empêché son ministre des Affaires étrangères, qui la conduit, de critiquer les propos du président rwandais. Mais il est vrai que l'on peut se parler d'autant plus franchement que l'on s'est reconnus et acceptés, dans un respect mutuel qui, en l'espèce, suppose d'avoir admis l'aveuglement qui a précédé le génocide et l'indifférence qui l'a ensuite redoublé.

Manifestement, la présidence de François Hollande n'était pas prête à faire ce pas qu'avait juste ébauché, en 2010, son prédécesseur Nicolas Sarkozy. Officiellement invité par son homologue rwandais, François Hollande pourtant peu avare de déplacements à l'étranger avait préféré déléguer sa garde des Sceaux, Christiane Taubira. Ce choix est en lui-même bavard quand la logique institutionnelle aurait dû privilégier, faute de président, le Premier ministre ou le ministre des Affaires étrangères quitte à ce que la ministre de la Justice les accompagne. Fallait-il comprendre que seule la haute figure noire du gouvernement était adéquate à cette commémoration, inconsciente façon de reléguer cet ultime génocide du XXe siècle à des ténèbres africaines ?

Il n'en est rien : loin des vulgates sur des « guerres interethniques » où bourreaux et victimes seraient échangeables et réductibles à une violence intrinsèquement africaine, le génocide rwandais parle autant sinon d'abord de nous, de la France et de l'Europe, de notre héritage colonial, de nos idéologies meurtrières, de nos humanités criminelles. Et nous ne pouvons pas prétendre l'ignorer, malgré cette insistance négationniste qui empuantit le débat français sur le Rwanda, et ce d'autant plus que notre classe politique la cautionne par ses rodomontades ou ses silences. Des historiens, aussi bien spécialistes des massacres de masse européens que de la région des Grands Lacs, s'entêtent à nous le rappeler, notamment les travaux menés ou impulsés par Jean-Pierre Chrétien, Stéphane Audoin-Rouzeau et Hélène Dumas[1].

Les deux derniers historiens, dans un exceptionnel numéro de la revue *Vingtième Siècle*[2], font la pédagogie de cet événement majeur « dont nos sociétés n'ont sans doute pas (pas encore ?) pris pleinement conscience », ce génocide des Tutsis rwandais qui, en l'espace de trois mois, s'achève sur un bilan de 800 000 à un million de tués, avec seulement 300 000 survivants. « Le génocide fut le produit du racisme, écrivent Audoin-Rouzeau et Dumas. Un racisme aux racines coloniales et missionnaires, issu d'une Europe obsédée de hiérarchie raciale. [...] Partout, jusqu'aux échelles les plus réduites, les Tutsis sont exterminés sous le regard passif de la communauté internationale qui, le 21 avril 1994, en plein massacre, retire la majorité des troupes des forces onusiennes alors sur place. [...] Le génocide a été planifié, préparé et exécuté par un État disposant de relais locaux de pouvoir au plan politique et administratif, et de moyens militaires et paramilitaires qui en furent les instruments. »

Or la France fut l'alliée indéfectible de cet État génocidaire. La France présidée par le socialiste François Mitterrand lequel, en 1994, cohabitait avec un gouvernement de droite, celui d'Édouard Balladur dont Alain Juppé était le ministre des Affaires étrangères. Dans le même numéro de *Vingtième Siècle*, Jean-Pierre Chrétien rappelle avec pudeur combien ses alarmes,

---

1 Joseph Confavreux, « Rwanda : l'histoire face aux mensonges de l'État français », Mediapart, 9 février 2014 ; du même, « Aux origines du génocide : l'idéologie hamitique », Mediapart, 17 février 2014.

2 « Dossier : Le génocide des Tutsi rwandais, vingt ans après », *Vingtième Siècle. Revue d'histoire*, vol. 2, n° 122, 2014.

dès 1993, sur le génocide à venir tout comme sa dénonciation, dès 1991, de l'anti-hamitisme, cette idéologie qui inspirait les tenants de l'ethno-nationalisme hutu, semblable à l'antisémitisme nazi, étaient inaudibles auprès d'un pouvoir exécutif français qui épousait les mêmes représentations ethniques au point d'entretenir des relations cordiales avec le plus extrémiste des partis rwandais, la CDR, au programme explicitement raciste. Alertes prophétiques dont témoigne un journal télévisé de janvier 1993 où intervient le président de Survie, de retour d'une mission au Rwanda[3].

Tel est le contexte dans lequel Paul Kagame, le président rwandais qui symbolise la victoire contre les génocideurs et incarne le réveil du Rwanda, a prononcé pour *Jeune Afrique*[4] ces mots qui ont fâché la France, d'Alain Juppé à Laurent Fabius. Certes, comme tout pouvoir personnel qui tient sa souveraineté d'une revanche sur les anciennes puissances coloniales ou néocoloniales, il exploite sans précaution diplomatique un filon inépuisable en politique intérieure afin de faire taire critiques et oppositions[5]. Mais, pour autant, dit-il faux, dans cet entretien réalisé le 27 mars ?

« Les puissances occidentales aimeraient que le Rwanda soit un pays ordinaire, comme si rien ne s'était passé, ce qui présenterait l'avantage de faire oublier leurs propres responsabilités, mais c'est impossible, explique Paul Kagame. Prenez le cas de la France. Vingt ans après, le seul reproche admissible à ses yeux est celui de ne pas en avoir fait assez pour sauver des vies pendant le génocide. C'est un fait, mais cela masque l'essentiel : le rôle direct de la Belgique et de la France dans la préparation politique du génocide et la participation de cette dernière à son exécution même. Interrogez les rescapés du massacre de Bisesero en juin 1994 et ils vous diront ce que les soldats français de l'opération Turquoise y ont fait. Complices certes, à Bisesero comme dans toute la zone dite "humanitaire sûre", mais aussi acteurs. »

---

3 Jean Carbonare, président de l'association Survie, était interviewé au journal télévisé de France 2, présenté par Bruno Masure, le 24 janvier 1993.

4 *Jeune Afrique*, numéro du 6 au 13 avril 2014.

5 Voir Thomas Cantaloube, « Paul Kagame, l'autocrate éclairé qui a remis le Rwanda sur pied », Mediapart, 2 avril 2014.

Dès la diffusion de cette déclaration, l'ancien ministre des Affaires étrangères de l'époque, Alain Juppé, a sur son blog appelé « le président de la République et le gouvernement français à défendre sans ambiguïté l'honneur de la France, l'honneur de son armée, l'honneur de ses diplomates ». Et d'ajouter que la réconciliation avec le Rwanda ne peut se faire « au prix de la falsification de l'histoire qui ne cesse de se propager à l'encontre de la France, de ses dirigeants politiques, de ses diplomates et de son armée ». C'est peu dire qu'il fut rapidement entendu puisque le porte-parole du Quai d'Orsay s'empressait d'annoncer que, « dans ces conditions », Christiane Taubira ne se rendrait pas à Kigali, ces conditions étant le fait que « la France est surprise par les récentes accusations portées à son encontre par le président du Rwanda ».

Or des deux accusations de Paul Kagame, celle d'un soutien politique au pouvoir génocidaire et celle d'une participation active au génocide, la première ne devrait pas faire discussion vingt ans après les faits. Largement documentée par les travaux, recherches et enquêtes menés depuis, elle était déjà énoncée en 1998 par le rapport de la mission parlementaire d'information sur le Rwanda dont le socialiste Paul Quilès était le président et l'actuel ministre de l'Intérieur Bernard Cazeneuve, l'un des deux rapporteurs[6]. Alors même que ce rapport est critiqué pour ses prudences, précautions et euphémismes, la France y est explicitement critiquée pour sa « sous-estimation du caractère autoritaire, ethnique et raciste du régime rwandais » et pour « une coopération militaire trop engagée ».

Quant à la participation active de militaires français, si aucun témoignage indépendant ne va dans ce sens, il n'en demeure pas moins que le cas de Bisesero est actuellement au centre d'une information judiciaire menée au pôle génocide du tribunal de Paris. Pour la bonne et simple raison que cet épisode fut le moment où des militaires et des journalistes, qui à ce titre furent l'honneur véritable de la France, prirent conscience des mensonges officiels et de l'inavouable qu'ils recouvraient. Deux hommes en témoignent,

---

6 Assemblée nationale, *Rapport de la mission d'information sur les opérations militaires menées par la France, d'autres pays et l'ONU au Rwanda entre 1990 et 1994*, 15 décembre 1998.

notre confrère Patrick de Saint-Exupéry alors au *Figaro*, et le sous-officier Thierry Prungnaud, du Commandement des opérations spéciales (COS). Ils furent tous deux témoins, et le second également acteur, du tournant en ce lieu de l'opération Turquoise lancée en juin 1994 par la France sous l'égide des Nations unies, alors même que le génocide est consommé.

Bisesero occupe moins d'une dizaine de lignes du rapport Quilès de 1998, mais leur brièveté témoigne déjà d'un embarras. Six ans plus tard, en 2004, dans un formidable livre en forme de cri d'une conscience révoltée, y compris, s'il le faut, contre les siens, Patrick de Saint-Exupéry raconte comment, à Bisesero, l'armée française a, sur ordre supérieur, abandonné à leur sort fatal, trois jours durant, les derniers Tutsis rescapés du génocide, après avoir pourtant compris, bien tardivement, que ceux qu'elle protégeait jusque-là étaient les auteurs du crime[7].

Huit ans plus tard, en 2012, avec l'aide de notre consœur de France Culture Laure de Vulpian, l'ancienne figure du GIGN Thierry Prungnaud confirmait ce récit journalistique par son témoignage militaire[8]. Et, de surcroît, démontait avec méticulosité la lettre de son supérieur, Marin Gillier, qui, dans le rapport Quilès, sert d'argument pour balayer sans plus de curiosité l'épisode Bisesero. Lequel supérieur est, depuis l'été 2013, directeur de la Coopération de sécurité et de défense au ministère des Affaires étrangères...

Ce militaire, ce journaliste sont l'honneur de la France quand la dérobade de ce vingtième anniversaire est son déshonneur. Nulle complaisance ici pour d'inutiles grands mots mais, plus essentiellement, une inquiétude envers ce pays, le nôtre, qui prétend faire la leçon au monde, sauver l'Afrique par les armes au Mali et en Centrafrique, imposer la supériorité de ses valeurs aux populations qui l'ont rejoint dans la fierté de leur diversité, et dont, cependant, les élites dirigeantes refusent avec entêtement de céder à la grandeur de l'humilité et de la fraternité.

---

7 Patrick de Saint-Exupéry, *L'Inavouable. La France au Rwanda*, Les Arènes, Paris, 2004.

8 Laure de Vulpian et Thierry Prungnaud, *Silence Turquoise. Rwanda 1992-1994. Responsabilités de l'État français dans le génocide des Tutsi*, Don Quichotte, Paris, 2012.

Auraient-elles oublié ce qui fit l'authentique grandeur de la France, malgré bien des bassesses et nombre de reniements ? Ce que fut son sursaut pour la justice, fût-ce au bénéfice d'un seul, réprouvé, exclu, discriminé, parce que victime de cette haine de l'autre qui est une haine de soi et la perdition de l'humanité ? Oui, son réveil, fût-ce contre une mauvaise part d'elle-même, cette servitude où la grandeur d'une nation s'égare dans l'obéissance au mensonge, à la forfaiture, voire au crime ?

Cette grandeur a un nom devenu universel, celui d'Alfred Dreyfus, cette affaire anticipatrice de la catastrophe européenne où la France républicaine finira par se dresser contre l'honneur dévoyé de sa politique et de son armée pour sauver l'honneur de son peuple. Un dreyfusard, qui n'hésitait pas à se placer du point de vue du « salut éternel de la France », eut alors les mots que la France aurait pu prononcer, en ce 7 avril 2014, à Kigali en demandant pardon aux victimes d'un génocide qu'elle a laissé venir et laissé faire. Il se nommait Charles Péguy, et il disait ceci :

« Une seule injustice, un seul crime, une seule illégalité, surtout si elle est officiellement enregistrée, confirmée, une seule injure à l'humanité, une seule injure à la justice, et au droit surtout si elle est universellement, légalement, nationalement, commodément acceptée, un seul crime rompt et suffit à rompre tout le pacte social, tout le contrat social, une seule forfaiture, un seul déshonneur suffit à perdre, d'honneur, à déshonorer tout un peuple[9]. »

7 avril 2014

---

9 Charles Péguy, *Notre jeunesse* [1910], préface de Jean Bastaire, Gallimard, coll. « Folio Essais », Paris, 1993.

11
La peur est notre ennemie

Vendredi, toute une société fut, à Paris et à Saint-Denis, la cible du terrorisme : notre société, notre France, faite de diversité et de pluralité, de rencontres et de mélanges[1]. C'est cette société ouverte que la terreur voudrait fermer ; la faire taire par la peur, la faire disparaître sous l'horreur. Et c'est elle qu'il nous faut défendre car elle est notre protection.

Un vendredi soir d'automne, sous un temps clément. Fin de semaine, temps de sortie, moment de détente. Joies des retrouvailles amicales, des concerts musicaux, des matchs sportifs. Sociabilités populaires et juvéniles. Hommes et femmes mêlés, jeunesses sans frontières, plaisirs variés où l'on peut, selon les goûts ou les envies, boire, fumer, danser, se côtoyer, se mélanger, se séduire, s'aimer, bref aller à la rencontre des uns et des autres.

Il suffit d'aligner ces mots simples, sans grandiloquence, pour partager ce que nous ressentons tous depuis hier : tout un chacun, nos enfants, nos parents, nos amis, nos voisins, nous-mêmes, étions dans le viseur des assassins.

Parce qu'ils ne visaient pas des lieux manifestement symboliques comme lors des attentats de janvier, exprimant leur haine de la liberté (*Charlie Hebdo*) ou leur haine des juifs (l'Hyper-Cacher), il s'est dit que les terroristes auteurs des carnages parisiens n'avaient pas de cible. C'est faux : armés par une idéologie totalitaire, dont le discours religieux sert d'argument

---

1 Cet article fut écrit au lendemain des attentats parisiens du 13 novembre 2015. Revendiqués par l'organisation terroriste État islamique, ils firent 130 morts et 354 blessés.

pour tuer toute pluralité, effacer toute diversité, nier toute individualité, ils avaient pour mission d'effrayer une société qui incarne la promesse inverse.

Au-delà de la France, de sa politique étrangère ou de ceux qui la gouvernent, leur cible était cet idéal démocratique d'une société de liberté, parce que de droit : droit d'avoir des droits ; égalité des droits, sans distinction d'origine, d'apparence, de croyance ; droit de faire son chemin dans la vie sans être assigné à sa naissance ou à son appartenance. Une société d'individus, dont le « nous » est tissé d'infinis « moi » en relation les uns avec les autres. Une société de libertés individuelles et de droits collectifs.

Prendre la juste mesure de ce que menace cette terreur sans précédent sur le territoire hexagonal – les attentats les plus meurtriers en Europe après ceux de Madrid en 2004 –, c'est évidemment mesurer aussi le défi que nous ont lancé les assassins et leurs commanditaires. C'est cette société ouverte que les terroristes veulent fermer. Leur but de guerre est qu'elle se ferme, se replie, se divise, se recroqueville, s'abaisse et s'égare, se perde en somme. C'est notre vivre ensemble qu'ils veulent transformer en guerre intestine, contre nous-mêmes.

Quels que soient les contextes, époques ou latitudes, le terrorisme parie toujours sur la peur. Non seulement la peur qu'il répand dans la société mais la politique de la peur qu'il suscite au sommet de l'État : une fuite en avant où la terreur totalitaire appelle l'exception démocratique, dans une guerre sans fin, sans fronts ni limites, sans autre objectif stratégique que sa perpétuation, attaques et ripostes se nourrissant les unes les autres, causes et effets s'entremêlant à l'infini sans que jamais n'émerge une issue pacifique.

Aussi douloureux qu'il soit, il nous faut faire l'effort de saisir la part de rationalité du terrorisme. Pour mieux le combattre, pour ne pas tomber dans son piège, pour ne jamais lui donner raison, par inconscience ou par aveuglement. Ce sont les prophéties autoréalisatrices qui sont au ressort de ses terrifiantes logiques meurtrières : provoquer par la terreur un chaos encore plus grand dont il espère, en retour, un gain supplémentaire de colère, de ressentiment, d'injustice... Nous le savons, d'expérience vécue, et récente, tant la fuite en avant nord-américaine après les attentats de 2001 est à l'origine du désastre irakien d'où a surgi l'organisation dite État islamique, née des décombres d'un État détruit et des déchirures d'une société violentée.

Saurons-nous apprendre de ces erreurs catastrophiques, ou bien allons-nous les répéter ? C'est peu dire qu'à cette aune, dans un contexte de crises déjà cumulatives – économique, sociale, écologique, européenne, etc. –, notre pays vit un moment historique où la démocratie redécouvre la tragédie. Où la fragilité de la première est au péril des passions de la seconde. Car l'enjeu immédiat n'est pas au lointain, mais ici même, en France. Nous savions, au lendemain des attentats de janvier, que la véritable épreuve était à venir. Cet automne, au moment de quitter ses fonctions, le juge antiterroriste Marc Trévidic nous l'avait rappelé dans une alarme qui ne ménageait pas nos dirigeants : « Les politiques prennent des postures martiales, mais ils n'ont pas de vision à long terme. [...] Je ne crois pas au bien-fondé de la stratégie française[2]. »

Car, devant ce péril qui nous concerne tous, nous ne pouvons délaisser notre avenir et notre sécurité à ceux qui nous gouvernent. S'il leur revient de nous protéger, nous ne devons pas accepter qu'ils le fassent contre nous, malgré nous, sans nous.

Il est toujours difficile, tant elles sont dans l'instant inaudibles, d'énoncer des questions qui fâchent au lendemain d'événements qui saisissent tout un peuple, le rassemblant dans la compassion et l'effroi. Mais, collectivement, nous ne saurons résister durablement à la terreur qui nous défie si nous ne sommes pas maîtres des réponses qui lui sont apportées. Si nous ne sommes pas informés, consultés, mobilisés. Si l'on nous dénie le droit d'interroger une politique étrangère d'alliance avec des régimes dictatoriaux ou obscurantistes (Égypte, Arabie saoudite), des aventures guerrières sans vision stratégique (notamment au Sahel), des lois sécuritaires dont l'accumulation se révèle inefficace (tandis qu'elles portent atteinte à nos libertés), des discours

2 Marc Trévidic à *Paris Match* le 30 septembre 2015. « Les jours les plus sombres sont devant nous », dit-il alors, affirmant que « la menace est à un niveau maximal, jamais atteint jusqu'alors ».

politiques de courte vue et de faible hauteur (sur l'islam notamment, avec ce refoulé colonial de l'« assimilation »), qui divisent plus qu'ils ne rassemblent, qui alimentent les haines plus qu'ils ne rassurent, qui expriment les peurs d'en haut plus qu'ils ne mobilisent le peuple d'en bas.

Faire face au terrorisme, c'est faire société, faire muraille de cela même qu'ils veulent abattre. Défendre notre France, notre France arc-en-ciel, forte de sa diversité et de sa pluralité, cette France capable de faire cause commune dans le refus des amalgames et des boucs émissaires. Cette France dont les héros, cette année 2015, étaient aussi musulmans, comme ils furent athées, chrétiens, juifs, francs-maçons, agnostiques, de toutes origines, cultures ou croyances.

La France d'Ahmed Merabet, d'origine algérienne, ce gardien de la paix qui a donné sa vie au pied de l'immeuble de *Charlie Hebdo*. La France de Lassana Bathily, d'origine malienne, cet ancien sans-papiers qui a sauvé nombre d'otages à l'Hyper-Cacher. Cette France qu'ont illustrée, dans cette longue nuit parisienne, tant de sauveteurs, de soignants, de médecins, de policiers, de militaires, de pompiers, de bonnes volontés, mille solidarités elles aussi issues de cette diversité – humaine, sociale, culturelle, confessionnelle, etc. – qui fait la richesse de la France. Et sa force.

En Grande-Bretagne, lors des attentats de 2005, la société s'était spontanément dressée autour du slogan inventé par un jeune internaute : « We're not afraid. » En Espagne, lors des attentats de 2004, la société s'était spontanément rassemblée autour de ce symbole : des mains levées, paumes ouvertes, tout à la fois désarmées et déterminées.

Non, nous n'avons pas peur. Sauf de nous-mêmes, si nous y cédions. Sauf de nos dirigeants s'ils nous égarent et nous ignorent. La société que les tueurs voudraient fermer, nous en défendons l'ouverture, plus que jamais. Et le symbole de ce refus, ce pourrait être deux mains qui se rencontrent, se serrent et se mêlent, se tendent l'une vers l'autre. Deux mains croisées, l'une dans l'autre.

Deux mains en relation.

14 novembre 2015

12
La démocratie n'est pas la guerre

Le débat sur l'état d'urgence est une question d'efficacité : quelle est la bonne riposte au défi totalitaire de l'État islamique ? La surenchère sécuritaire est une réponse de court terme, inspirée par l'immédiateté politicienne plutôt que par le souci de solutions durables. Concédant à l'adversaire une victoire symbolique, elle désarme notre société autant qu'elle la protège, mettant en péril nos libertés individuelles et nos droits collectifs.

Il n'y a pas, d'un côté, des gouvernants responsables et, de l'autre, des commentateurs irresponsables, des hommes d'État *versus* des enfants de chœur, des impliqués face à des indifférents. Les six députés – trois socialistes, trois écologistes – qui, jeudi 19 novembre 2015, ont voté contre la prolongation pour trois mois de l'état d'urgence, alors même que, légalement, il pouvait encore durer six jours, ne sont pas moins soucieux de leurs concitoyens et sensibles à leur sécurité que les promoteurs de cette fuite en avant vers l'état d'exception et, par conséquent, la mise en suspens de la démocratie.

Car la démocratie, ce n'est pas simplement le fait de voter, qui n'en est qu'un des instruments. C'est une culture concrète, une pratique vivante, un écosystème complexe qui suppose la participation des citoyens, l'équilibre de pouvoirs et de contre-pouvoirs, l'indépendance de la justice, des libertés d'expression et d'information, de réunion et de manifestation, une société mobilisée, un contrôle des gouvernants par les gouvernés... Sans compter le respect des opposants. Or c'est déjà la preuve d'une brutale régression démocratique, témoignant d'un état de panique plutôt que de sang-froid, qu'il soit presque devenu intolérable à certains qu'on puisse s'alarmer de cette brusque accélération sécuritaire, opérée sous le coup de l'émotion, pratiquement sans débats approfondis ni réflexion poussée.

Que ses partisans soient, sur le moment, largement majoritaires dans notre monde politique, voire dans l'opinion, ne vaut pas jugement définitif : l'Histoire ne manque pas d'exemples où des positions très minoritaires dans l'instant ont préservé l'avenir, ses possibles et ses lucidités. Il n'y eut ainsi qu'une voix, une seule, celle du sénateur démocrate Russ Feingold, pour voter contre le *Patriot Act*, un mois après les attentats du 11 septembre 2001. Mais, un an plus tard, en octobre 2002, à la Chambre des représentants, ils étaient 133 (contre une majorité de 296) à s'opposer au recours à la force contre l'Irak. À prendre date par leur refus d'une politique affolée par l'idéologie, aux conséquences plus durablement catastrophiques que l'attaque à laquelle elle prétendait répondre : l'invasion d'un pays souverain, l'Irak, hier allié et armé face à l'Iran, qui n'avait aucun lien, idéologique ou logistique, avec les terroristes d'Al-Qaïda et qui ne menaçait le monde en rien, ne détenant plus d'armes de destruction massive.

De cette législation d'exception et de l'aveuglement qui l'a accompagnée, entre délires étatiques et mensonges médiatiques, ennemi déshumanisé et guerre barbarisée, la démocratie américaine et le monde entier ont pu mesurer, depuis, l'immensité des dégâts, dont nous payons précisément le prix aujourd'hui, en France. Catastrophique, le bilan est sans appel : impuissance à juguler ce terrorisme totalitaire, qui n'a cessé d'étendre son champ d'action au point de revendiquer un territoire étatique aux moyens financiers considérables ; incapacité à faire reculer l'idéologie qui le cimente, cet islam sectaire wahhabite dont le premier foyer est l'Arabie saoudite, monarchie obscurantiste pourtant ménagée et toujours soutenue ; en revanche, large capacité à produire et aggraver les désordres dont Daech s'est nourri, par la destruction totale de l'État irakien, la brutalisation inimaginable de sa société, le demi-million de morts, au bas mot, des huit années d'occupation américaine (2003-2011), la plongée du pays dans une guerre de religions au sein même de l'islam, entre sunnites et chiites.

Ne pas apprendre de l'Histoire, c'est fragiliser l'avenir. Des ripostes qui, par agendas idéologiques ou tactiques, profitent des peurs pour des visées de politique intérieure, de popularité immédiate ou d'habileté politicienne, peuvent être lourdes de désastres à terme. Violenter la démocratie que l'on prétend défendre contre des adversaires qui la haïssent ; parler le même langage d'anéantissement, d'éradication et de destruction que ces derniers ; habituer notre propre société à baisser la garde sur les libertés fondamentales : non, ce n'est pas montrer notre force, mais prouver notre faiblesse. C'est se laisser prendre au piège des terroristes, tels des lapins aveuglés par des phares : épouser leur temporalité qui est celle d'un présent monstre, sidérant et paralysant, un présent sans passé ni futur. Un présent mort, inerte, sans espoir ni promesse.

En assénant d'emblée, tel un axiome qui n'appellerait aucune démonstration raisonnée et informée, que « la France est en guerre », François Hollande a fait précisément ce choix, le 16 novembre, devant les parlementaires réunis en congrès à Versailles. Uniquement dévolu aux enjeux sécuritaires, son discours était doublement aveugle : aux causes, donc au passé ; aux solutions, donc au futur. Le seul horizon qu'il propose est l'immédiat de la guerre, non seulement au lointain mais au plus proche, ici même. C'est une perspective sans issue parce que sans mémoire. Indifférente aux contextes, généalogies et héritages qui ont façonné la menace, cette réponse présidentielle est de courte vue et de souffle court. Sous l'apparence de sa détermination, elle est comme hors sol : à la fois déconnectée des origines internationales du drame et, ce qui est plus grave, inconsciente des conséquences nationales de son entêtement.

Aussi risque-t-elle fort de n'avoir d'autre avenir que la perpétuation, sinon l'extension, de la catastrophe comme l'annoncent déjà tous les spécialistes, chercheurs ou diplomates, connaisseurs de la région ou vétérans du renseignement, dont le constat est unanime : c'est un retour de boomerang qui, aujourd'hui, meurtrit la France. L'inédit qui nous saisit tous d'effroi, cette violence déchaînée contre une société ouverte et diverse, est porté par des décennies d'erreurs stratégiques, de l'Afghanistan à l'Irak. Elles sont nées d'anciennes logiques de puissance qui refusent de se mettre en cause en prenant en compte les nouvelles donnes d'un monde devenu multipolaire. Un monde plus imprévisible et plus insaisissable, issu des progressives émancipations des tutelles coloniales ou impériales, avec leurs zones d'influence ou leurs blocs d'appartenance.

Fédérant une gauche conservatrice qui, si elle avait été au pouvoir, aurait sans doute suivi l'aventure américaine que refusa, en 2003, la droite chiraquienne, François Hollande persiste dans ce contresens tragique. Mais, ce faisant, il expose dangereusement une démocratie française déjà bien fragile tant elle est de basse intensité, mal armée pour résister aux tentations autoritaires, et, surtout, gangrenée depuis trente ans par la diffusion d'un imaginaire antirépublicain où l'identité supplante l'égalité, où la sécurité s'impose à la liberté, où la peur des autres détruit la fraternité des hommes. Quand l'erreur américaine a surtout malmené le monde, à raison de la puissance des États-Unis, la faute française risque surtout d'abîmer notre pays, de malmener sa démocratie, voire de donner la main à ses fossoyeurs.

Pour dévaler un escalier, il n'y a que le premier pas qui coûte. La prolongation de l'état d'urgence, indissociable dans l'esprit de l'exécutif de sa perpétuation par son inscription dans la Constitution, est ce premier mouvement d'un désastre démocratique, non pas annoncé mais déjà en cours. Le spectacle du Premier ministre enjoignant les députés, supposés faire la loi, de ne pas céder au « juridisme[1] » ou demandant à leurs collègues sénateurs de ne pas prendre le « risque » de saisir le Conseil constitutionnel, pourtant garant du respect de nos droits fondamentaux, est comme l'instantané de cette brutale régression. Dans l'esprit de nos gouvernants, l'état d'urgence signifie bien le congédiement de l'État de droit, illustré par le silence abyssal, sinon l'éclipse totale, de la ministre supposée garder les libertés, la garde des Sceaux, ministre de la Justice.

Plutôt qu'un raccourci momentané, permettant de faire face à des impératifs sécuritaires, c'est un court-circuit durable, accompagnant un recul des principes, réflexes et repères

1 « Pas de juridisme, avançons ! », lance alors Manuel Valls aux députés. Voir Mathieu Magnaudeix, « État d'urgence : à l'Assemblée, le temps des faucons », Mediapart, 19 novembre 2015.

démocratiques[2]. L'argumentaire qui justifie son imposition repose sur un mensonge factuel, doublé d'une irresponsabilité politique. La contrevérité, c'est l'affirmation que les forces de sécurité n'auraient pas, sans son adoption, les moyens de traquer les terroristes, avec toutes les possibilités légales de surveillance, de perquisition, d'arrestation exorbitantes du droit commun que réclame une situation d'urgence.

Comme si la France ne disposait pas d'une législation antiterroriste spécifique, cadre répressif dense et sévère, révisé plus d'une dizaine de fois en dix ans, complété par une nouvelle loi il y a un an à peine et par la loi dite « renseignement » il y a moins de six mois. Comme si l'arsenal juridique n'avait pas cessé d'être renforcé, endurci, aggravé depuis les années 1980, et la première vague d'attentats de 1982, suivie de celle de 1986, puis par celle de 1995[3]. Comme si la question pertinente était l'adéquation de la loi en vigueur et non pas l'efficacité des services de renseignement. Comme s'il suffisait de changer la règle pour s'exonérer de tout examen critique.

À cette désinformation, faite pour habituer le pays au recul des libertés, le pouvoir ajoute la proposition sidérante, alors même qu'il sera en vigueur et pèsera de tout son poids sur la vie publique, de faire entrer l'état d'urgence dans la Constitution, aux côtés des pouvoirs exceptionnels déjà accordés par l'article 16 au seul chef de l'État et de l'état de siège prévu par l'article 36 pour les temps de guerre. Face à une question d'ordre public, fût-elle dramatique, aucune démocratie sûre d'elle-même, de sa stabilité institutionnelle et de sa solidité constitutionnelle, n'oserait une telle embardée : modifier, par opportunité, la loi fondamentale. Est-il besoin de rappeler que, aussi liberticide soit-il, le *Patriot Act* américain est une loi provisoire, révisable et prolongeable à intervalles réguliers, soumise à évaluations et contrôles, enquêtes bipartisanes sur ses dommages collatéraux, etc. ?

Mais le pire, c'est que ce coup de force se double d'une profonde irresponsabilité : le satisfecit donné par une majorité

2 Voir Lénaïg Bredoux, « Le président place la France en état d'urgence permanent », Mediapart, 16 novembre 2015.

3 « Trente-cinq ans de législation antiterroriste », *Vie Publique* (en ligne, dernière modification : 28 avril 2021).

de gauche à l'agenda idéologique de la droite autoritaire, sinon de l'extrême droite. Extension de la déchéance nationale aux binationaux nés Français, même s'ils n'ont d'autre pays d'appartenance que le nôtre ; autorisation donnée aux policiers de porter leurs armes hors du temps de service, et par conséquent d'en faire usage quand ils sont des citoyens ordinaires ; inclusion du « comportement », et non plus seulement des activités, pour autoriser des mesures privatives de liberté par simple suspicion ; généralisation des intrusions, surveillances, assignations à résidence, etc., hors de tout cadre judiciaire, par simple décision de police administrative ; pouvoirs exceptionnels donnés aux préfets et à leurs services dans l'application de dispositions dont l'équilibre ou la pertinence reposera sur leur seul discernement tant le simple soupçon, qui n'exclut pas le préjugé, y aura sa part ; aggravation du contrôle étatique, et donc de la censure d'Internet, tandis que la tentation d'un contrôle direct des médias eux-mêmes, et donc une régression de leur pluralisme, resurgit *via* un amendement parlementaire… socialiste[4].

Tandis que l'État se libère ainsi du droit, préférant l'exception à la règle, la société est mise en congé, ou plutôt en quarantaine. Comment sérieusement imaginer que l'on puisse convier les électeurs aux urnes régionales alors même que l'on invite la démocratie à faire silence, à ne pas se rassembler, à ne plus tenir meeting, à ne pas défiler et manifester ? L'argument sécuritaire est utilisé pour fermer la société sur elle-même et vider l'espace public de sa substance. Alors que le défi climatique est un enjeu de civilisation, les autorités arguent des attentats pour fermer les frontières aux citoyens du monde qui se mobilisent pour cette cause universelle. Et les marches internationales de la COP21 sont d'ores et déjà interdites comme le sera, très probablement, toute manifestation de rue exprimant dissonances et dissidences.

---

4 Voir Mathieu Magnaudeix, « Les censeurs », Le Club de Mediapart, 20 novembre 2015. Déposé à l'initiative de Sandrine Mazetier (alors vice-présidente de l'Assemblée nationale) avec le soutien d'une dizaine de députés socialistes, cet amendement proposait d'inscrire cette disposition dans la loi prolongeant l'état d'urgence : « Le décret déclarant ou la loi prorogeant l'état d'urgence peut, par une disposition expresse, habiliter les autorités administratives visées à l'article 8 à prendre toutes mesures pour assurer le contrôle de la presse et des publications de toute nature ainsi que celui des émissions radiophoniques, des projections cinématographiques et des représentations théâtrales. »

Ayez peur, et je m'occupe du reste, nous dit désormais le pouvoir, érigeant la défiance envers une société pluraliste, vigilante et mobilisée en principe de survie et de durée. Les terroristes ne pouvaient rêver victoire plus symbolique : l'invite à déserter la démocratie et à déléguer aveuglément notre pouvoir pour mieux le perdre durablement. C'est cet engrenage que nous refusons car, plutôt que de nous protéger, il nous fragilise et nous expose. Loin d'être irresponsable, cette position de principe préserve l'avenir, en refusant que se perpétuent « les noces sanglantes de la répression et du terrorisme ».

Cette injonction fut celle de l'écrivain et journaliste Albert Camus, en 1955, l'année même où fut inventé, par une loi du 3 avril, cet état d'urgence aujourd'hui imposé pour une durée de trois mois, ce qui ne s'était jamais produit depuis la guerre d'Algérie (1954-1962). Et peut-être pérennisé, demain, dans notre Constitution. Des *Justes*, pièce de 1949, à *L'Homme révolté*, essai de 1951, Albert Camus n'a jamais eu de complaisance pour le terrorisme. Quelle que soit l'accumulation de misères, de désespoirs et d'humiliations qui peut en être l'origine, il ne lui trouvait aucune excuse, condamnant un moyen d'action qui, invariablement « cesse d'être l'instrument contrôlé d'une politique pour devenir l'arme folle d'une haine élémentaire ». Son alarme de principe n'en a que plus de portée, d'autant qu'elle fut lancée sur la scène inaugurale du débat qui nous occupe aujourd'hui, dans un climat d'urgence dramatique.

Camus, comme tous les démocrates sincères, c'est-à-dire tous les républicains véritables, s'alarmait d'une course à l'abîme où « chacun s'autorise du crime de l'autre pour aller plus avant ». Dans un contexte franco-algérien de guerre civile et de crise morale, dont les enjeux mémoriels ne sont pas sans lien avec nos défis présents, il pressentait combien l'aveuglement immédiat aux causes et aux solutions allait durablement faire le jeu du pire et des pires, dans les deux camps. De la chute d'une République (française) sous les coups de boutoir des ultras de la colonisation à la déchirure d'une Nation (algérienne) par la militarisation du mouvement indépendantiste, sans compter la banalisation contagieuse de la torture, la suite allait hélas lui donner raison.

Mais, en 1955, il pense qu'il est encore possible d'enrayer la machine infernale, et c'est pourquoi il redevient un temps journaliste à *L'Express*, avant de retourner au silence, dans l'incompréhension de ses propres amis, après l'échec de son appel à la « trêve civile », à Alger, en janvier 1956. *L'Express* était aussi la tribune de l'homme politique sans doute alors le plus lucide, Pierre Mendès France. Le 14 mai 1955, il y signait un appel à ne pas laisser la politique à ses professionnels. En ces temps aussi troublés que les nôtres, il appelait à une « mobilisation de la volonté populaire » face au risque de confiscation d'une « politique réservée aux initiés, chasse gardée des techniciens ».

« La politique appartient au citoyen, si le citoyen veut la prendre », concluait Mendès France. C'est ce que nous faisons en refusant un état d'urgence dont l'idéologie guerrière nous dépossède de notre exigence commune : la démocratie.

20 novembre 2015

13
Le vrai barrage à l'extrême droite

Depuis trente ans, la menace de l'extrême droite pèse en France. Depuis trente ans, nos votes ne suffisent pas à enrayer son ascension. Car ils sont suivis de politiques qui lui font la courte échelle, épousant ses thématiques. À droite comme à gauche. Faire barrage, ce n'est donc pas seulement voter, mais changer de politique.

Qu'est-ce que l'extrême droite, sous toutes latitudes, dans toute culture et à toute époque ? Une force politique dont le credo tient en trois mots : inégalité, identité, autorité.

L'inégalité est au cœur de son idéologie antidémocratique, dont le discours identitaire sera le cheval de Troie, par la désignation de boucs émissaires, leur stigmatisation ou leur exclusion, tandis que l'autoritarisme en sera l'instrument pratique, par la régression des libertés individuelles et collectives. En ce sens, depuis son émergence moderne en France à la fin du XIXe siècle, cette famille intellectuelle et politique est l'adversaire historique des idéaux portés par la Ire République française, issue de la Déclaration de 1789.

Quand les droits de l'homme professent que nous naissons libres et égaux en droits, sans distinction d'origine, de sexe, de croyance ou d'apparence, ayant toutes et tous le droit d'avoir des droits, d'en revendiquer, d'en conquérir et d'en inventer, l'extrême droite s'arc-boute sur l'inégalité naturelle. Hiérarchie des sexes, des conditions, des cultures, des nations, des religions, des civilisations, des couleurs de peau : sa pédagogie est de domination, d'oppression et d'exclusion d'humanités stigmatisées, essentialisées et déniées, par d'autres humanités privilégiées, promues et protégées.

C'est pourquoi son avènement au pouvoir finit toujours par une brutalisation générale de la société qui s'est laissé prendre à ses illusoires promesses de sécurité. Reposant sur la peur et la violence, la surveillance et la méfiance, son ordre est factice. À l'opposé d'une culture démocratique de délibération et d'invention tissée de pluralisme et de diversité, de tolérance et de reconnaissance, c'est un appel au conformisme et à l'unanimisme, à la servitude en somme.

À rentrer dans le rang, à suivre la file, à se taire et obéir, à être indifférent et silencieux. Et la fonction du bouc émissaire principal – juif et métèque hier, musulman et immigré aujourd'hui – est d'habituer le peuple à ce renoncement en se retournant contre une part de lui-même, par l'exclusion, la stigmatisation, la détestation. Une fois installée à demeure, c'est une machine infernale qui ne peut que produire du rejet en cascade, contre toutes les minorités, toutes les différences, toutes les dissidences.

Il suffit de ce rappel, que n'a cessé de documenter le travail d'information de Mediapart sur le Front national, son idéologie comme sa pratique, pour prendre la mesure de l'enjeu politique des élections régionales[1]. Aucun républicain véritable, c'est-à-dire soucieux de vitalité démocratique et d'exigence sociale, ne peut rester indifférent à la possibilité que l'extrême droite conquière le pouvoir d'administrer des régions françaises, avec leurs compétences étendues dont l'impact sur nos vies quotidiennes n'est aucunement négligeable.

Est-il besoin de souligner que celles-ci incluent la gestion des lycées, des transports, de la formation professionnelle, du patrimoine culturel, de l'aménagement du territoire, du développement durable, des aides aux entreprises, bref d'une grande part des infrastructures qui font le tissu aussi bien éducatif, social, économique, culturel d'une région. Par conséquent, aucun démocrate sincère ne saurait se résoudre à jouer avec le feu, dans l'espoir incertain que l'expérience gestionnaire suffira à discréditer une force politique qui a pour cible la devise républicaine elle-même, en son ressort essentiel, l'égalité.

Qu'il faille y faire barrage est donc une évidence. Et que le bulletin de vote en soit un des moyens en est une autre. Mais ce

1 Il s'agit des élections régionales qui se sont tenues les 6 et 13 décembre 2015.

ne peut être qu'une réponse momentanée et, surtout, fragile. Elle ne sera durable qu'à la condition d'appeler une politique qui ne fasse plus le jeu de l'extrême droite, de son agenda idéologique et de sa politique concrète. Et c'est alors que tout se complique et se brouille tant, depuis trente ans, l'ascension du Front national a été favorisée, sinon produite, par les renoncements ou les compromissions d'une droite qui s'extrémise et d'une gauche qui se droitise, délaissant toutes deux cette altérité véritable qu'aurait été l'actualisation dynamique de la promesse républicaine.

Nicolas Sarkozy à droite, Manuel Valls à gauche sont les symboles de cette dérive qui, loin d'avoir fait barrage à la menace, lui a donné droit de cité, épousant ses obsessions, validant ses thématiques. Dans les deux cas, Mediapart a tôt sonné l'alarme, que ce soit sous la présidence du premier après notre création en 2008 ou quand le second s'est retrouvé ministre de l'Intérieur, puis Premier ministre depuis 2012. Sonneurs de tocsin, nous alertions sur l'effet désastreux de politiques qui, se plaçant sur le terrain de l'adversaire prétendu, n'ont cessé de le légitimer, partageant jusqu'à ses obsessions stigmatisantes vis-à-vis de ceux de nos compatriotes qui, par leur croyance, leur culture ou leur origine, ont en commun ce mot diabolisé : l'islam.

« Un basculement historique », écrivions-nous collectivement, il y a précisément un an, dans *Qu'ont-ils fait de nos espoirs ?* dont voici les toutes premières lignes : « La France est à la merci d'un accident historique : l'élection à la présidence de la République, en 2017, de la dirigeante d'extrême droite Marine Le Pen. Il ne s'agit là ni de pronostic, ni de prévision, encore moins de pari. Simplement d'une analyse froide de l'ampleur sans précédent de la crise de représentation politique, de la dévitalisation de notre démocratie, de l'épuisement des projets tant au sein de la droite républicaine que des gauches de gouvernement ou radicale. Oui, ce dérèglement politique majeur rend possible l'accident électoral[2]. »

Et nous étions encore loin du compte au vu du bilan de cette année 2015, marquée par les noces tragiques d'un terrorisme

2 La rédaction de Mediapart, *Qu'ont-ils fait de nos espoirs ? Faits et gestes de la présidence Hollande. Décryptage au jour le jour d'un stupéfiant reniement*, Don Quichotte, Paris, 2015 ; réédité en « Points », Seuil, Paris, 2016.

totalitaire et de la politique de la peur qu'il appelle et provoque, guerre du dehors au dedans, cette fuite en avant où le pouvoir exécutif prend le pas sur la société, la congédie et la muselle. Voici qu'elle se termine sur un recul général des libertés fondamentales avec un état d'urgence sans fin dont les cibles sont indistinctes. S'y ajoute une croissance accrue du chômage, de la précarité et de la pauvreté dans l'indifférence gouvernementale, comme si l'aubaine terroriste permettait d'éclipser l'urgence sociale, engagement central du président élu conditionnant, selon ses propres dires, une éventuelle nouvelle candidature. Sans oublier, ultime offrande à l'extrême droite, la promotion à gauche, sous Hollande, du même poison identitaire qu'avait brandi la droite sous Sarkozy : la déchéance de nationalité comme arme de purification nationale.

En l'état actuel de la formation Les Républicains et du Parti socialiste, les deux principales forces politiques qui nous appellent à venir les secourir dans les urnes sont donc des pompiers incendiaires. S'agissant du sarkozysme, ce fut flagrant dès le premier jour, en 2007, avec ce ministère-mur, dit de l'Identité nationale et de l'Immigration – et mieux vaut tard que jamais si, aujourd'hui, ce qui reste de droite républicaine, non extrémisée ni hystérisée, prend enfin conscience du désastre. Mais la démonstration pourrait se prolonger indéfiniment, du spectacle oligarchique indécent à l'aventure guerrière libyenne, avec l'avidité comme fil conducteur.

Quant à nos actuels gouvernants socialistes, après avoir assumé le reniement de nombre de leurs engagements électoraux, puis tourné le dos sans états d'âme à ceux qui les avaient élus et, enfin, s'être séparés de tous leurs partenaires à gauche, les voici qui, soudain, se souviennent qu'ils ont besoin d'électeurs et d'alliés. En somme, de notre soutien pour, dès le lendemain, agir comme s'il valait chèque en blanc, comme s'ils n'avaient aucun compte à rendre, comme s'ils étaient propriétaires des votes dont ils bénéficient. Et poursuivre ainsi leurs ambitions personnelles à l'abri d'un présidentialisme antidémocratique qui ruine la République de tous au profit de l'aventure de quelques-uns.

Aussi, tout en refusant de jouer la politique du pire, nous refusons-nous à ce que nos voix soient prises en otage de leurs manœuvres cyniques qui, en exploitant tactiquement la menace d'extrême droite, continuent d'en faire le jeu et le lit. Faire barrage durablement à l'extrême droite suppose une autre politique qui, au lieu de surenchérir sur les thématiques inégalitaires, identitaires et autoritaires du Front national, lui oppose l'imaginaire conquérant, actif et concret d'une République fidèle à sa promesse de liberté, à son exigence d'égalité et à son souci de fraternité.

Nous sommes aujourd'hui loin du compte, et ce n'est pas avec ceux qui nous ont conduits dans cette impasse que nous tracerons ce chemin du sursaut. C'est pourquoi il nous revient à toutes et tous, dans notre quotidien, là où nous vivons, travaillons, habitons, au plus près du réel, de ses urgences sociales et de ses nécessités démocratiques, d'inventer cette République des causes communes, portée par une France arc-en-ciel, faisant droit à toutes les conditions, origines, cultures, croyances et apparences. Une République qui en disant « non » à l'extrême droite construise le « nous » de l'égalité.

12 décembre 2015

14
Déchéance de nationalité, l'ultime rupture

L'introduction dans notre Constitution de la déchéance de nationalité pour les binationaux nés Français serait un attentat contre la République, ruinant son principe d'égalité de tous les citoyens sans distinction d'origine. En portant ce projet, la présidence Hollande et le gouvernement Valls actent leur propre déchéance politique en signifiant leur ultime rupture avec le peuple de gauche.

L'histoire de la gauche est pavée de moments où l'essentiel est soudain en jeu parce qu'il a été trahi par ceux qui s'en réclamaient. De moments où il ne s'agit plus de savoir si l'on est d'accord ou non sur les politiques économique, sociale ou européenne suivies, mais où il est question de ce qui fonde durablement une identité politique, au-delà de ses aléas momentanés. Or, même si elle n'est en rien propriétaire de la morale ou du bien, la gauche, dans notre histoire républicaine, s'est affirmée en brandissant l'exigence démocratique fondamentale issue de la philosophie du droit naturel et de sa première traduction politique, la Déclaration des droits de l'homme de 1789. Ce fut toujours son étendard, son cri de ralliement, son dernier refuge.

Nous naissons libres et égaux en droits. Nous avons le droit d'avoir toutes et tous les mêmes droits, sans distinction d'origine, de sexe, de croyance, d'apparence. Et ces droits sont inaliénables et sacrés. C'est ainsi que nous sommes égaux devant la justice, répondant de nos actes selon les mêmes lois, sans différence de traitement et, notamment, de peines, sans discrimination liée à nos spécificités, par exemple le fait d'avoir hérité d'une double nationalité. Bref, il n'y a pas deux catégories de Français, dont l'une aurait une nationalité conditionnelle parce qu'elle aurait cette particularité d'avoir une autre nationalité. Non, il n'y a pas des Français plus que d'autres qui n'auraient qu'à répondre de leurs crimes éventuels et d'autres qui, commettant les mêmes crimes, devraient être exclus de la nation alors même qu'ils sont nés Français, ont grandi en France, ne connaissent que la France.

Idéal souvent malmené dans la réalité mais néanmoins fondateur du pacte républicain, ce qui vient d'être rappelé n'est autre que ce qu'énonce notre loi fondamentale, la Constitution de la République française. Et c'est cette loi fondamentale que la présidence Hollande et le gouvernement Valls entendent violenter avec le projet de loi constitutionnelle dit « de protection de la Nation » présenté au Conseil des ministres du 23 décembre. Loin de protéger la Nation, ce texte entend la diviser, portant le ferment du démembrement d'une République indivisible pour tous ses citoyens en République divisée entre Français à raison de leur origine, ceux dont la double nationalité atteste d'un lien familial avec l'étranger, l'ailleurs et le monde, étant désignés comme Français sous réserve, Français d'occasion, Français en sursis. Comme l'a affirmé le Défenseur des droits, Jacques Toubon, dans un communiqué solennel, « la citoyenneté est aussi indivisible que la République ».

Pour dévaler un escalier, il n'y a que le premier pas qui coûte, écrivions-nous après le vote de la loi sur l'état d'urgence. Et quand les amarres sont rompues, les dérives peuvent être infiniment rapides. Nous y sommes, donc : la supposée habileté politicienne du discours de François Hollande devant le Congrès, le 16 novembre, enfante, un mois plus tard, d'une monstruosité politique que, sans doute, aucun électeur du second président socialiste de la Ve République n'aurait imaginée. Le chemin de perdition emprunté avec ce projet de loi cumule l'infamie, l'imposture et l'irresponsabilité. L'infamie, c'est de suivre l'extrême droite. L'imposture, c'est de surenchérir sur Nicolas Sarkozy. L'irresponsabilité, c'est de nous exposer encore un peu plus, de nous fragiliser et de nous diviser, face au terrorisme.

Il est en effet infâme, c'est-à-dire vil, bas, indigne, qu'un pouvoir qui se prétend l'adversaire du Front national, épouse, à la lettre, l'idéologie de l'extrême droite, celle selon laquelle nos maux, quels qu'ils soient, nous viennent de l'étranger, ont pour cause les étrangers et supposent de chasser l'étranger qui est en nous. En brandissant dans l'urgence comme une mesure de protection, face à des attentats proférés pour la plupart par des Français, enfants égarés de notre nation, la déchéance de nationalité pour ceux d'entre eux qui sont binationaux parce que de parents étrangers, le pouvoir sème le poison de la purification nationale.

Il accrédite le préjugé xénophobe selon lequel nos malheurs viendraient de la part étrangère de notre peuple. Il sème l'illusion identitaire d'une nation qui se renforcerait et se protégerait en excluant l'allogène. Il diffuse l'aveuglement nationaliste d'un pays refusant de s'interroger sur lui-même, sa politique sociale ou sa politique étrangère, en affirmant à la face du monde qu'il ne saurait y avoir de terroristes autochtones et que d'autres nations, celles qui pourraient les accueillir alors même qu'ils n'y ont jamais vécu, en produisent, par héritage barbare, par identité culturelle, par religion dominante.

Faire de la déchéance nationale l'urgence politique, c'est convoquer un imaginaire d'exclusion, de tri et de sélection, où xénophobie et racisme s'entretiennent et s'épanouissent autour du bouc émissaire principal de notre époque, le musulman, de croyance, de culture ou d'origine. Car, chacun le devine, les nations qui, dans l'esprit de nos gouvernants, sont destinées à accueillir ces déchus de la nationalité sont celles-là mêmes d'où viennent les bataillons d'immigrés qui, depuis plus d'un demi-siècle, ont régénéré nos classes populaires. Sans souci vivant du passé, sans mémoire vigilante ni fidélité historique, les apprentis sorciers qui, au palais de l'Élysée comme à l'hôtel Matignon, légitiment aujourd'hui ces amalgames où s'enracine la discrimination, semblent avoir oublié combien la déchéance de nationalité est l'arme idéologique de l'extrême droite. Non pas un dispositif technique, tant elle n'a aucune efficacité préventive, mais un levier propagandiste qui donne crédit à son idéologie inégalitaire, de hiérarchie et d'exclusion.

À peine renversée la République et instauré l'État français, les 10 et 11 juillet 1940, le premier geste du régime de Vichy ne fut-il pas de promulguer, le 16 juillet, une loi « relative à la procédure de déchéance de la qualité de Français » ? Dans la foulée, le 17 juillet, les naturalisés furent exclus de toute la fonction publique, puis, successivement, dès l'année 1940, des professions suivantes : médecins, dentistes, pharmaciens, avocats, vétérinaires, architectes. Le 22 juillet, une nouvelle « loi » – en fait, l'acte autoritaire d'un pouvoir dictatorial, le maréchal Pétain exerçant seul le pouvoir législatif – instaura une procédure expéditive de révision des naturalisations. Enfin, le 23 juillet 1940, était promulguée la « loi relative à la déchéance de la nationalité à l'égard des Français qui ont quitté la France », dont furent notamment victimes Charles de Gaulle et Pierre Mendès France.

Quand elle est ainsi élargie et renforcée, la déchéance nationale devient une pathologie du droit de la nationalité : elle ouvre une brèche dans laquelle peuvent s'engouffrer les fantasmes de communauté nationale épurée, avec des hiérarchies de loyauté. En visant explicitement des citoyens nés Français, et non pas des personnes nées étrangères ayant ensuite acquis la nationalité française, qui plus est des Français n'ayant aucun lien de citoyenneté avec le pays dont ils ont l'autre nationalité par héritage familial, le projet de loi constitutionnelle ouvre grand la porte aux pires arrière-pensées : sous la binationalité, c'est l'origine qui est disqualifiée, qu'elle soit culturelle, ethnique ou religieuse. De fait, tous nos compatriotes issus de la communauté juive d'Algérie se souviennent de l'abrogation par Vichy, dès octobre 1940, du décret Crémieux qui faisait d'eux des citoyens français à part entière. Soudain, tous, sans distinction, furent déchus de leur nationalité, à raison de leur origine.

L'engrenage est terrible, et l'on comprend que le Front national, c'est-à-dire la formation politique héritière idéologique de Vichy, se félicite de cette bataille gagnée sans avoir à combattre, par simple désertion de leur camp des irresponsables qui nous gouvernent. C'est bien pourquoi nos récentes Républiques, que l'on se gardera pourtant d'idéaliser sur ce terrain de la nationalité, n'en ont pas moins tenu à distance la déchéance nationale, exclusion exceptionnelle, voire rarissime.

Quand, entre 1940 et 1944, sous Vichy, il y eut 15 154 dénaturalisations dont une majorité de Français juifs, pour un peu moins de 2 000 naturalisations d'adultes, la IIIe République n'appliqua que 16 déchéances entre 1927 et 1940 pour 261 000 naturalisations d'adultes. Rappelant dans *Qu'est-ce qu'un Français ?* que, depuis la fin des années 1950, la déchéance pour déloyauté, dont est passible tout Français qui possède une nationalité étrangère, était « tombée en désuétude », l'historien Patrick Weil soulignait qu'elle « représente une sorte d'arme de dissuasion, un article 16 de notre droit de la nationalité »[1].

Ces comparaisons sont instructives : tout comme la bombe atomique, arme de destruction massive, ou les pleins pouvoirs, symbole d'un État d'exception, donc de non-droit, la déchéance nationale est faite pour ne pas servir. Elle est en quelque sorte l'impensé violent et autoritaire de notre droit de la nationalité. Un reliquat du passé, notamment de la guerre froide. De fait, la plupart des vieilles démocraties ne l'ont gardée en réserve que pour des situations extrêmement rares et sortant de l'ordinaire, touchant à l'espionnage entre nations. Vouloir l'actualiser et l'étendre, jusqu'à viser les comportements criminels de certains Français, c'est donc ressusciter une idéologie de l'exclusion et de la purification, celle-là même contre laquelle se sont reconstruites nos démocraties européennes depuis 1945.

Quelles que soient ses suites concrètes, cette transgression politique libère une violence qui n'est pas seulement symbolique. Le pacte social qui soude une nation autour d'un peuple souverain, communauté d'hommes libres assemblés librement, est rompu depuis le sommet de l'État. Un discours de guerre civile, agressant une partie de la population, toujours la même, celle qui est venue d'Afrique ou du Maghreb et où la binationalité est fréquente, tient lieu non seulement de parole officielle, mais désormais de projet constitutionnel. On aurait tort de se rassurer en pensant qu'il ne s'agit là que de gesticulations démagogiques : ces mots produisent forcément des actes, tant cette virulence politique est un appel à la violence. En ce sens, le crime contre la République se double d'une provocation contre la Nation, son unité et sa concorde.

Les principes ne se bradent pas au prétexte de la peur. Sauf à égarer la République elle-même, en concédant à ses ennemis, adversaires de sa liberté, ennemis de son égalité, négateurs de sa

1 Patrick Weil, *Qu'est-ce qu'un Français ?*, Gallimard, coll. « Folio », Paris, 2004.

fraternité, ce qu'ils souhaitent précisément : sa perdition. Nous redisons donc aujourd'hui, avec les mêmes mots, les mêmes rappels, ce que nous disions haut et fort, en 2010, quand Nicolas Sarkozy rompit le premier le pacte de concorde républicaine en affirmant, à Grenoble, que « la nationalité française doit pouvoir être retirée à toute personne d'origine étrangère qui aurait volontairement porté atteinte à la vie d'un fonctionnaire de police, d'un militaire de la gendarmerie ou de toute autre personne dépositaire de l'autorité publique[2] ».

Nous n'étions pas seuls. « La Nation, c'est un traitement digne et égal pour tous » : François Hollande a alors signé cet appel de septembre 2010[3] où l'on lisait ceci : « Sous le faux prétexte d'assurer la sécurité des Français, le pouvoir tend en fait à imposer une idée aussi simple que malhonnête : les problèmes de notre société seraient le fait des étrangers et des Français d'origine étrangère. » « Non à l'extension des possibilités de déchéance de nationalité ! » clamait cet appel qui dénonçait, dans la politique de Nicolas Sarkozy, « une atteinte intolérable aux principes constitutifs de la Nation ». Aux côtés de l'actuel président de la République, on trouvait parmi les signataires : Martine Aubry, alors première secrétaire du PS ; Claude Bartolone, aujourd'hui président de l'Assemblée nationale ; Bertrand Delanoë, alors maire de Paris ; Myriam El Khomry, aujourd'hui ministre du Travail ; Laurent Fabius, actuel ministre des Affaires étrangères ; Lionel Jospin, devenu membre du Conseil constitutionnel ; Najat Vallaud-Belkacem, adjointe au maire de Lyon, désormais ministre de l'Éducation nationale ; et, bien sûr, Christiane Taubira, la garde des Sceaux qui, maintenant, se prépare à défendre l'inverse, c'est-à-dire ce déshonneur. Sans oublier Manuel Valls, l'actuel Premier ministre alors simple député socialiste.

Interrogé à l'époque par Mediapart[4], Pierre Rosanvallon, professeur au Collège de France mais aussi témoin et acteur

---

2 Voir « Sarkozy contre la République : un président hors la loi », Mediapart, 11 août 2010.

3 « La Nation, c'est un traitement digne et égal pour tous » : lancé par *Libération*, SOS Racisme et *La Règle du jeu*, cet appel du 13 septembre 2010 fut notamment signé par François Hollande et Manuel Valls.

4 « Pierre Rosanvallon : "L'échec du sarkozysme, la panne de la gauche" », Mediapart, 17 septembre 2010.

de la gauche réformiste française, nous expliquait que le sarkozysme « n'est plus une politique : il est une tentative permanente d'adaptation opportuniste aux réalités ». Dans sa désastreuse manœuvre tactique où il espère cannibaliser la droite face au Front national, le hollandisme se révèle donc une dérisoire prolongation du sarkozysme. Avec prescience, Pierre Rosanvallon estimait alors que « la forme la plus caricaturale et révoltante de ce sarkozysme, c'est l'union nationale négative. C'est la tentative de construire du consensus par les formulations les plus archaïques de la xénophobie ». Hélas – oui, hélas, car nous avons appelé de nos vœux cette alternance après l'hystérie de l'hyperprésidence de Nicolas Sarkozy –, sous son apparence plus cauteleuse et plus ronde, le hollandisme ouvre la voie aux mêmes passions tristes et dévastatrices, nées des noces de la peur et de la haine.

Enfin, à l'infamie de créditer l'extrême droite et à l'imposture de surenchérir sur Sarkozy, s'ajoute l'irresponsabilité de mesures qui, loin d'une quelconque efficacité, ne font que mettre la France sous tension, qu'aviver ses plaies, qu'accroître ses divisions. La déchéance de nationalité n'a aucune portée pratique vis-à-vis de jeunes ayant épousé une idéologie totalitaire qui fait du sacrifice de sa propre vie une arme de guerre. Elle ne répond à aucune des questions légitimes que posent les échecs sécuritaires d'un pouvoir n'ayant pas réussi à nous protéger des attentats de janvier et des massacres de novembre, mais ayant, de plus, choisi de nous exposer en se lançant dans des aventures guerrières – au Mali, en Irak, en Syrie, voire en Libye, hier sous Sarkozy mais sans doute demain sous Hollande – sur lesquelles nous n'avons aucun droit de regard et dont les cibles sont des pays dont les peuples ne nous ont jamais déclaré la guerre.

Les suites de l'état d'urgence l'ont amplement montré : la lutte antiterroriste n'est qu'un prétexte tacticien pour survivre au pouvoir, se faire réélire, affaiblir le camp adverse. Nous sommes bien loin des grands mots et des phrases ronflantes. L'intérêt politicien prend le pas sur l'intérêt général. De fait, le projet de loi constitutionnelle dit « de protection de la Nation » envisage aussi de constitutionnaliser l'état d'urgence, c'est-à-dire de banaliser un État de police et de bureau (préfectoral) qui impose sa loi à l'État de droit.

Les mesures prévues, dit le communiqué officiel du Conseil des ministres, « seront placées sous le plein contrôle du juge administratif ». Bel aveu ! Ce juge-là est celui de l'État, au sein de l'État, par l'État lui-même. La justice congédiée, ses magistrats du parquet comme ses juges du siège, le seul contrôle, jusqu'au Conseil d'État, c'est celui que l'État concède à l'État, dans l'entre-soi administratif. Plus d'équilibre des pouvoirs, plus de pouvoir judiciaire, un tant soit peu indépendant, pour arrêter le pouvoir exécutif. Les figures intellectuelles du droit, à gauche, Mireille Delmas-Marty et Christine Lazerges notamment, viennent de l'affirmer dans un appel, disant « Non à l'état d'urgence permanent » où elles dénoncent le projet sur la déchéance nationale comme un moyen de « contourner les fondements républicains du droit de la nationalité »[5].

Avec le gouvernement Valls, la prophétie orwellienne est au pouvoir. La guerre, c'est la paix. L'État, c'est le droit. L'indignité, c'est l'honneur. En politique, les ruptures morales sont autrement définitives que les divergences partisanes, de programme ou d'alliance. Elles brisent ce qui faisait du commun et du lien : une appartenance, une histoire, une complicité. Le communisme français tout comme son partenaire socialiste ont connu de tels moments, qu'il s'agisse des crimes staliniens, des dérives molletistes ou de l'affairisme mitterrandien. Ce sont des moments tragiques, tant ils déchirent des fidélités, mais aussi fondateurs, tant ils obligent à tracer une autre route.

23 décembre 2015

---

5 « Non à l'état d'urgence permanent », *Le Monde,* 17 décembre 2015. Cette tribune était signée par onze juristes : Véronique Champeil-Desplats, Jacques Chevallier, Mireille Delmas-Marty, Jean-Pierre Dubois, Stéphanie Hennette-Vauchez, Geneviève Koubi, Christine Lazerges, Danièle Lochak, Yves Mény, Serge Slama, Catherine Teitgen-Colly.

15
Le grand deuil du mitterrandisme

Le 8 janvier 1996 décédait à Paris François Mitterrand, qui fut le premier président de la Ve République élu à gauche, sous la bannière du Parti socialiste[1]. Revisiter cette époque, d'où sont issus ceux qui sont aujourd'hui au pouvoir, c'est prendre la mesure de l'égarement d'une gauche de gouvernement, devenue droite de remplacement.

« Ce sera comme un grand deuil. » Le 24 mars 1993, après des élections législatives catastrophiques pour la gauche, François Mitterrand tient à l'Élysée son dernier Conseil des ministres avec ceux de son camp avant de devoir cohabiter avec la droite, pour les deux ans de présidence qui lui restent. Durant vingt minutes, sans notes, il va s'adresser aux quarante et un ministres et secrétaires d'État, en présence du Premier ministre, Pierre Bérégovoy, dont le suicide, le 1er mai suivant à Nevers, résonnera comme l'écho funèbre de cette déclaration crépusculaire.

« On ne parviendra pas à me faire entrer dans la "ratière"... » Alors qu'il est défait, que sa politique a conduit sa famille politique à la déroute, François Mitterrand s'exprime comme un chef de guerre, non sans panache. Il a fait le choix de rester au pouvoir, de cohabiter de nouveau avec la droite, comme de 1986 à 1988. En d'autres termes de survivre, seul, dans la débâcle collective, à l'abri des institutions présidentielles. S'efforçant de désarmer la critique, il se présente avec habileté comme

1 Cet article fut mis en ligne à l'occasion du vingtième anniversaire du décès de François Mitterrand, le 8 janvier 1996. Il fut président de la République du 21 mai 1981 au 17 mai 1995, soit treize ans, onze mois et vingt-six jours.

une sorte de résistant qui, en tenant la place, éviterait le pire. Et préserverait à lui seul l'avenir alors que son règne, le plus long de notre histoire républicaine (1981-1995), en est à sa douzième année.

« J'ai un devoir à accomplir, explique-t-il. Devoir d'État, bien sûr, mais aussi celui de signifier que les forces rassemblées au cours de ces douze dernières années ne sont pas anéanties et qu'elles auront encore, dans l'avenir, un rôle à jouer. Je dois incarner ce combat, et je le ferai. » C'est ainsi qu'il en vient à surenchérir politiquement, tenant un discours radical après avoir commencé par constater que « des millions de citoyens se sont sentis abandonnés [...] car nous n'avons pas su conserver, ou retrouver, une doctrine assez ferme ».

« N'oubliez pas que pour imposer des lois simplement équitables, il faut souvent des révolutions », lance-t-il alors même que sa présidence a fini par accompagner la conversion de la gauche non pas au réel mais à l'état de fait et à l'ordre des choses, ses injustices et ses conservatismes. S'en prenant aux « puissances d'argent » et évoquant « la défense des acquis sociaux », il souligne que « ceux qui possèdent veulent toujours posséder plus » devant un gouvernement qui, pourtant, compte Bernard Tapie comme ministre de la Ville et dont le Premier ministre a été atteint, *via* son entourage quand il était ministre des Finances, par le premier scandale de délit d'initiés, l'affaire Pechiney.

« Il faudra vous battre », ne cesse-t-il de répéter, comme un refrain testamentaire, avant d'évoquer la mort – « Dites-vous que, quelle que soit la situation, on n'est jamais vraiment seul. Jamais, sauf devant la mort. Oui, devant la mort on est seul. » C'est alors que survient un silence, spontané ou calculé, peu importe, tous les participants sachant que Mitterrand se bat, depuis longtemps, avec son cancer, détecté fin 1981 mais caché, tel un secret d'État, jusqu'en septembre 1992. Un silence que trouble seulement la pendule posée face au président de la République, qui sonne les douze coups de midi.

Puis François Mitterrand reprend, et c'est alors qu'il en vient à parler du « grand deuil » au terme d'une envolée où il évoque les banlieues et les jeunes : « Tout plutôt que l'étranglement dans le silence de l'ombre. Et soyez sûrs que, sur un certain nombre de points, je ne transigerai jamais. Et, s'il le faut, je demanderai aux Français de trancher. Je vous souhaite bonne chance à tous. À nous tous. J'espère que nous ne verrons pas flamber les banlieues. Que nous ne verrons jamais les CRS tirer sur les jeunes des cités en révolte. J'espère que non… Lundi un poids énorme tombera sur vos épaules. Ce sera comme un grand deuil. »

Grand deuil, expression d'un temps ancien quand, rappelle le dictionnaire *Littré*, on portait « le costume de deuil dans toute sa rigueur ». Convoquer ce spectre mitterrandien, c'est souligner ce qui, s'agissant de sa postérité socialiste, est définitivement perdu : cette capacité à faire surgir un au-delà de la politique politicienne, un horizon idéologique ou stratégique qui fasse contrepoint aux arrangements, compromissions et capitulations. Qui sauve une espérance, fût-elle à reconstruire contre une part de son héritage.

Aventurier de la politique, capable du meilleur dans l'opposition comme du pire au pouvoir, Mitterrand mêlait les registres tout comme il variait les entourages. Sa temporalité était multiple, jouant sur plusieurs tableaux, prenant garde à ménager en paroles le peuple de gauche alors même que sa politique concrète pouvait le déserter. Dans une sorte de dédoublement permanent, il ne cessait de parler aux siens pour ne pas les égarer en route, même s'il prenait un chemin solitaire à l'abri de secrets parfois inavouables. Non sans culot, sinon cynisme, comme l'illustre, dans cette même déclaration de 1993, cette remontrance collective d'un homme qui ne rendait compte à personne de sa liberté : « Les socialistes doivent cesser de croire qu'un succès personnel est plus important qu'une défaite de leur parti. »

Documentant, dans les colonnes du *Monde*, les scandales qui ont marqué son double septennat et dont l'amoralisme l'accable au premier chef[2], j'en avais résumé le sens par une formule, en titre d'un essai paru en 1992 : *La Part d'ombre*[3]. La part

---

2 Voir « L'amoralisme des affaires », *Le Monde*, 11 mai 1995. J'ai repris cet article sur mon blog dans le Club de Mediapart : « François Mitterrand et l'amoralisme du pouvoir », 9 janvier 2016.

3 Edwy Plenel, *La Part d'ombre*, Stock, Paris, 1992. Repris dans *Le Journaliste et le Président*, Stock, Paris, 2006.

d'ombre, par opposition à sa part de vérité qu'il avait revendiquée en 1969 dans un livre d'entretiens avec Alain Duhamel[4]. Mais mon réquisitoire n'était pas univoque, soulignant d'emblée qu'entre ombre et lumière, l'une supposant l'autre, ces deux parts se complétaient, indissociables pour saisir la complexité d'un aventurier du pouvoir.

Reste que cet aventurier fut présomptueux, pris au piège des institutions qu'il prétendait dominer : procureur de la Ve République sous la droite, notamment gaulliste, Mitterrand en devint le défenseur zélé, au point d'augmenter comme jamais le champ du pouvoir présidentiel, son irresponsabilité et son clientélisme. Or ce choix-là fut sans retour, comme un point de gangrène qui finit par gagner tout le corps. C'est sans doute pourquoi, vingt ans après, parmi ceux qui, au pouvoir, se réclament de son héritage, il ne reste plus rien des artifices mitterrandiens. Plus rien de cette habileté à sauver un horizon d'espoir face à la débâcle.

En comparaison, ses successeurs, tels que les résume François Hollande, ne sauvent rien et saccagent tout. Comme si la nécrose était achevée, les dépouillant de toute épaisseur intellectuelle et de toute profondeur historique. Et ne laissant apparaître que la sécheresse du pouvoir dans sa nudité répressive et autoritaire : un pouvoir réduit à la police et à l'armée, à l'ordre et à la sécurité. Un pouvoir qui plus est factice car ne tenant qu'à l'illusion de solidité et de stabilité d'institutions faites pour protéger la présidence du peuple, mettre celui qui l'occupe, et ceux qui le servent, à distance de ses impatiences et à l'abri de ses colères.

Tandis que son parti n'a cessé de reculer aux élections municipales, européennes, départementales et régionales, le second président de la Ve élu sous l'étiquette socialiste essaye donc de survivre en jouant avec la droite et l'extrême droite, leurs surenchères identitaires et sécuritaires. N'hésitant pas à diviser les Français au lieu de les protéger du terrorisme, confortant ainsi les haines et les peurs qui désignent des boucs émissaires, il « triangule » dans l'espoir de se succéder à lui-même. Calculs misérables puisqu'ils mettent l'essentiel en péril – des principes,

---

4 François Mitterrand, *Ma part de vérité*, Fayard, Paris, 1969.

des valeurs, des luttes, bref une histoire, la longue durée d'une mémoire de résistance à l'ordre établi.

Bradant l'héritage par égoïsme, ce président en devient forcément muet sous le bavardage de ses nombreux discours, écrits et réécrits. Il ne sait plus s'adresser aux siens, ne se souvient plus de leur langue, de leurs mots, de leurs symboles, ne serait-ce que pour sauver les apparences. C'est comme si les héritiers socialistes de l'aventure mitterrandienne n'en avaient gardé que la part la plus médiocre, de calcul et de tactique. Comme si ne restaient que les pauvres habiletés et plus aucune hauteur. Comme si, en somme, le présidentialisme césariste et bonapartiste avait achevé son œuvre, réduisant la marche de l'État au seul « je » d'un pouvoir solitaire dans l'indifférence totale au « nous » qui en fut le marchepied.

François Hollande, tout comme Manuel Valls ou Jean-Christophe Cambadélis[5] ne doivent d'exister en politique qu'au succès initial de l'aventure mitterrandienne, portée par les souffles contestataires des années 1960 et 1970 – contre le pouvoir personnel, l'injustice économique et le conservatisme social. Vingt ans après qu'elle s'est achevée avec la mort de son héros, ils portent, par l'impasse médiocre où ils ont conduit la gauche socialiste, le remords de l'occasion manquée de l'après-1981, quand la jeunesse avait encore droit à l'espoir. Ils sont l'aveu vivant de l'échec de leur génération – qui est aussi la mienne, bien que je ne goûte pas les solidarités d'âge, factices et trompeuses.

Cette génération, en politique, n'aura appris et gardé du mitterrandisme que la part d'ombre, ses manœuvres et ses combines. Ce jour anniversaire, au spectacle de l'égarement de l'actuelle présidence, qui nous met en état d'urgence permanent et en situation de déchéance nationale, je me suis souvenu de ce que j'avais écrit, il y a plus de deux décennies, en 1992, pour secouer la génération de François Hollande et consorts. Sans m'extraire alors de cette adresse, destinée à tous ceux qui, aujourd'hui, sont responsables et comptables d'un présent incertain et d'un futur obscurci.

---

5 Quand paraît cet article, en janvier 2016, François Hollande est président de la République, Manuel Valls Premier ministre et Jean-Christophe Cambadélis premier secrétaire du Parti socialiste.

« Penser où ça fait mal, avais-je écrit en conclusion de *La Part d'ombre*, ce pourrait être nous regarder en face et contempler notre défaite, nous voir tels que nos enfants nous verront demain quand ils nous demanderont des comptes. Nous, cette génération confuse qui crut s'offrir un monde autour de Mai 68 et dut, en vieillissant, se contenter de provinces et de fiefs, de places et de situations, d'envies et d'ambitions. Nous, qui serons tenus pour responsables de notre impuissance à conjurer les périls.

« Responsables d'avoir laissé faire, laissé venir à nous la guerre et grandir la haine, laissé prospérer l'injustice et proliférer la complaisance. Responsables de s'être laissé prendre au piège de cette décennie d'aveugle amnésie où nous nous proclamions férocement modernes, fascinés par les jeux d'argent et de pouvoir, oublieux de nos indignations juvéniles, courtisans empressés pour les moins scrupuleux, avides de reconnaissance pour les plus habiles, tandis que, dans l'ordinaire réalité que nous délaissions, l'immigré prenait peur et Vichy savourait sa revanche, le chômeur se recroquevillait sur sa détresse solitaire et la France sur son illusoire grandeur. Nous fûmes oublieux, et en ce sens irresponsables : à l'incertitude du siècle qui s'annonce, nous avons ajouté l'obscurcissement de ce qui fut, hier et naguère.

« Porter la plume dans la plaie, c'est cela aussi : inscrire l'exigence du passé dans l'inquiétude du présent. »

J'aurais, bien sûr, préféré avoir eu tort, tant ces lignes de 1992 furent écrites, déjà, dans l'espoir d'un sursaut. Tout comme je préférerais ne pas avoir à relire, plus de trente ans après, ces pages de *L'Effet Le Pen* où, en 1984, je prévoyais la durée et le renforcement de l'hypothèque d'extrême droite sur la vie publique française faute d'une alternative radicalement démocratique[6]. Toujours est-il que, d'une alarme l'autre, le programme n'a pas changé.

Le grand deuil du mitterrandisme, c'est celui de la politique comme aventure d'un seul, gangrenée par la survie au jour le jour d'un pouvoir personnel, délié de sa dette envers ceux

6 Edwy Plenel et Alain Rollat, *L'Effet Le Pen*, La Découverte-Le Monde, Paris, 1984.

qui l'ont conduit au sommet de l'État. Retrouver l'exigence du passé, c'est inscrire, de nouveau, dans notre présent la promesse initiale sans laquelle ces monarques éphémères n'auraient jamais pu régner. Se remettre en marche vers l'horizon des causes communes, cet imaginaire où la politique retrouve un idéal vécu de liberté, d'égalité et de fraternité.

8 janvier 2016

II.

La souffrance démocratique

1
Non à la soumission du Parlement

S'il faut une énième preuve des déséquilibres démocratiques du présidentialisme français et des renoncements auxquels ils nous ont habitués, l'actuelle campagne électorale législative nous la fournit. L'enjeu des scrutins des 10 et 17 juin 2012 est réduit à la confirmation parlementaire de la victoire du président élu, François Hollande. Or, plutôt qu'une majorité présidentielle dominée par le PS, c'est une majorité du changement, pluraliste et diverse, des écologistes au Front de gauche, qui garantira son approfondissement par le rééquilibrage du pouvoir.

À suivre, notamment dans les grands médias audiovisuels, ces élections législatives qui détermineront l'Assemblée nationale pour les cinq ans à venir, on a peine à croire que les députés sont les premiers élus de la nation, chargés de faire la loi et de contrôler son exécution, d'élaborer et de voter les règles et objectifs que le pays se fixe tout en surveillant leur mise en œuvre par le gouvernement. À part l'excessive focalisation médiatique sur le faux duel Mélenchon-Le Pen[1], dans une circonscription acquise à la gauche avant que le leader du Front de gauche ne s'y porte candidat, l'atonie et le localisme l'emportent, dans une indifférence entretenue qui fera des abstentionnistes les véritables arbitres des scrutins.

La faute nous incombe à tous. Depuis bientôt un demi-siècle – très précisément, le référendum du 28 octobre 1962 instaurant

---

1 Aux législatives de 2012, Jean-Luc Mélenchon fut en vain candidat du Front de gauche face à Marine Le Pen dans la 11e circonscription du Pas-de-Calais. Voir Marine Turchi, « À Hénin-Beaumont, le “cirque” médiatico-politique ne fait plus rire », Mediapart, 5 juin 2012.

l'élection du président de la République au suffrage universel direct –, nous n'avons cessé de nous habituer à une anormalité croissante : la prépondérance de l'institution présidentielle sur l'institution parlementaire. Pourtant, l'enjeu du changement démocratique qu'a appelé de ses vœux une majorité de Français le 6 mai, en mettant fin à l'hyperprésidence sarkozyste pour lui préférer les engagements d'un président « normal », c'est d'inverser ce cours, en rééquilibrant notre démocratie au profit des propositions et des délibérations des assemblées élues, et au détriment de cette dérive qui n'a cessé d'aligner leurs majorités sur la volonté d'un seul, le locataire provisoire de l'Élysée.

Il suffit de se reporter aux *Mémoires* du général de Gaulle pour découvrir le ver autoritaire glissé dans le fruit démocratique par le référendum de 1962, ce coup d'État légal produit de la crise algérienne, cette longue guerre civile française. « Certes, écrit le premier président de la Ve République, il y a un Parlement, dont l'une des deux Chambres a la faculté de censurer les ministres. Mais la masse nationale et moi-même ne voyons rien là qui limite ma responsabilité, d'autant mieux que je suis juridiquement en mesure de dissoudre, le cas échéant, l'assemblée opposante, d'en appeler au pays au-dessus du Parlement par la voie du référendum et, en cas de péril public, de prendre toutes les mesures qui me paraîtraient nécessaires. » Si les mots ont un sens, il s'agit bien dans l'esprit du fondateur du régime de subordonner les Assemblées au chef de l'État, et par conséquent le pouvoir législatif au pouvoir exécutif.

On aurait pu penser que le temps éroderait en profondeur cette omnipuissance présidentielle, d'autant plus que tel était le désir profond du pays lors de la première alternance de 1981, après vingt-trois ans de pouvoir sans partage de la droite. Mais, derrière l'apparence des discours et des réformes, la pratique présidentialiste du pouvoir n'a cessé de s'imposer, de rentrer dans les usages et de devenir une habitude. Conforté par l'inversion des calendriers électoraux, plaçant en 2002 les législatives après la présidentielle, le passage au quinquennat a potentiellement affermi cette évolution, conjurant les tentations de cohabitation qui, à trois reprises (1986-1988, 1993-1995, 1997-2002), avaient contrarié la domination présidentielle et, par conséquent, accentuant l'identification des majorités parlementaires à une majorité présidentielle compacte et obéissante.

En ce sens, le sarkozysme, sa démesure et sa virulence ne tombent pas du ciel, et il ne suffit pas d'avoir congédié son personnage principal pour en conjurer durablement les périls. S'ils sont aussi ceux d'un homme excessif, exprimant la dérive idéologique de la droite républicaine vers la droite extrême, les excès de la présidence Sarkozy (2007-2012) sont le produit des dérives anciennes, ces mauvaises habitudes et ces déséquilibres accentués sous Mitterrand (1981-1995) comme sous Chirac (1995-2007). De fait, ces cinq dernières années, aucune digue solide n'a empêché l'abus de pouvoir élyséen, qu'il s'agisse de son interventionnisme gouvernemental généralisé (le Premier ministre devenu collaborateur, symbole d'un mépris pour la fonction publique), ou de son droit de nomination étendu (dont l'audiovisuel public reste le symbole, avec des conséquences non négligeables sur la qualité du débat et de l'éducation politiques).

C'est donc une démocratie de basse intensité que celle qui dépend des seules limites que se fixent les hommes, au lieu de s'en remettre à des pouvoirs institués qui arrêtent le pouvoir, l'équilibrent ou le contrôlent. Telle est la fragilité foncière du défi politique que s'est lancé le pays en élisant un président qui revendique sa normalité comme ligne de conduite, promesse d'un retour sur la terre ferme d'une démocratie rendue à tout un peuple après l'hystérie de sa confiscation au profit d'un seul et du clan oligarchique dont il défendait les intérêts. Si les premiers pas du nouveau pouvoir attestent plutôt de la sincérité de cet engagement, nous ne saurions, collectivement, nous satisfaire de ces signaux de bon augure. Le changement ne se réduit pas à une délégation de pouvoir à d'autres, mais suppose, pour réussir, une volonté partagée, par tous.

Le garantir et l'approfondir passe par l'élection à l'Assemblée nationale d'une majorité du changement, pluraliste et diverse, plutôt que d'une majorité présidentielle dominée par le seul Parti socialiste. Le paradoxe n'est qu'apparent, mais c'est, sans doute, le meilleur service à rendre à François Hollande pour qu'il soit au rendez-vous non seulement de ses propres engagements de campagne mais des défis immenses qui l'attendent. Une majorité absolue du PS, c'est le risque de ces majorités automatiques, sans délibération véritable ni invention originale, qui n'obligent plus le pouvoir à convaincre, à rassembler, à mobiliser. Des députés qui se contenteraient de mettre en musique les choix présidentiels, dans la seule discipline partisane, ne seraient pas au rendez-vous de leur fonction le jour où les premières difficultés obligeront à innover, dans la libre discussion entre parlementaires d'horizons divers.

Alors que, pour la première fois dans l'histoire de la Ve République, le Sénat offre depuis 2011 une courte majorité à la gauche, l'élection d'une nouvelle Assemblée nationale donne une chance historique d'ouvrir la voie du changement comme cela ne fut jamais possible dans le passé. Quelles que soient les promesses, une majorité absolue du PS ne déplacera pas la centralité du pouvoir présidentiel ou, du moins, n'en offre aucunement la garantie. Elle laisserait la porte ouverte aux habitudes anciennes, devenues des réflexes culturels tellement notre pratique politique les a banalisées : servitude volontaire habillée de cohérence politique, isolement du pouvoir autour d'une seule famille partisane, tentation dominatrice du parti dont l'un des siens est au sommet du pouvoir exécutif, certitudes gestionnaires indifférentes aux contestations de la société, etc.

Conforter le changement, c'est vouloir l'approfondir par la dynamique parlementaire, ses initiatives et ses créativités, ses audaces et ses pluralités. Les défis nationaux et internationaux, économiques et démocratiques, sociaux et écologiques, etc. qui sont devant nous appellent des majorités d'idées, issues de l'échange démocratique, de ses logiques de conviction et de ses occasions de compromis. L'ensemble des forces politiques qui, peu ou prou, ont apporté leur contribution à la victoire de François Hollande doivent pouvoir peser sur le changement, y apporter leurs contributions, leurs nuances ou leurs exigences.

Aux députés socialistes, inévitablement les plus nombreux à gauche, il nous faut ajouter des députés écologistes d'EELV, mais sans pour autant laisser le PS dans cette union solitaire. Il nous faut donc aussi des députés du Front de gauche, dans la diversité de ses composantes, du PCF au Parti de gauche. Tout comme nous devons espérer une diversité des députés socialistes eux-mêmes, de leurs sensibilités et de leurs priorités, à l'image d'un gouvernement qui, par la promotion de nombreux ministres qui étaient favorables au « non » lors du référendum de 2005 sur le Traité constitutionnel, a manifesté l'acceptation du pluralisme socialiste sur les questions européennes, avec tous les enjeux économiques et financiers qui s'y rattachent.

Des majorités d'idées sont des majorités qui ne sont pas données d'avance et qui, par conséquent, sont plus fortes une fois constituées. Produit de la discussion et de la négociation, elles emportent et convainquent parce qu'elles ont été patiemment construites et consolidées. Qui ne voit que, sur certaines questions démocratiques décisives, celles-ci mêmes peuvent aller parfois au-delà du seul bloc des parlementaires de gauche ? Sur la morale publique, la démocratisation des institutions, la libération des médias, le contrôle des gouvernants, etc., le Modem peut rejoindre ces majorités-là, tout comme, malgré leurs divergences en d'autres domaines, Europe Écologie et le Front de gauche se retrouvent dans le souhait radical d'une VIe République.

Si l'on veut bien admettre, comme le défend Mediapart depuis sa création, qu'une démocratie étendue et approfondie, rendue au peuple souverain, est la meilleure garantie de réponses sociales, justes et équitables, à la crise, alors c'est cette majorité parlementaire qu'il nous faut, assemblage des fidélités socialistes, des audaces écologiques, des radicalités sociales et des exigences démocratiques. À l'inverse, une majorité absolue du seul PS ne met pas à l'abri le nouveau pouvoir, et nous avec lui, d'une sourde défaite face aux héritages présidentialistes et à leur imbrication aux intérêts oligarchiques. Président normal, François Hollande n'en est pas moins au centre d'un jeu depuis longtemps anormal tant il met le pouvoir à distance de l'intérêt général et au plus près des intérêts particuliers.

Au-delà des annonces publiques, pour l'essentiel conformes aux engagements pris et espoir d'une République redevenue irréprochable, la séquence gouvernementale qui s'achèvera au soir des élections législatives aura été consacrée, plus discrètement, à la constitution des cabinets ministériels. Or l'un des effets du présidentialisme, depuis longtemps, est l'extension de leur poids et de leur nombre. Travaillant à l'abri du regard public et entretenus dans une culture de l'impunité, puisque leurs fautes éventuelles sont assumées par leurs ministres, ils sont caractérisés par un poids des élites administratives façonnées par l'énarchie, alors même que la composition du nouveau gouvernement marque un heureux recul des anciens élèves de l'ENA.

Qu'il faille d'authentiques, et qu'il y en ait heureusement, serviteurs désintéressés de l'État est une évidence : des techniciens de la machinerie administrative, des compétents et des experts. Mais si, comme ce fut le cas ces dernières décennies, leur puissance de feu l'emporte sur celle des élus de la nation, le risque de confiscation démocratique est grand. La France est la seule démocratie apparente où le nombre total des membres de cabinets ministériels a fini par dépasser celui des députés. En 2010, sans compter le cabinet élyséen et sans intégrer les collaborateurs cachés, ils étaient officiellement 616, chiffre à mettre en comparaison d'une Assemblée nationale qui, au soir du 17 juin 2012, comptera 577 députés.

De plus, cette petite armée de collaborateurs au service du pouvoir politique et, parfois, au-dessus des hiérarchies administratives s'est trop souvent éloignée, depuis trente ans, des rigueurs anciennes du service de l'État. L'État fort instauré par le gaullisme est devenu, malgré les apparences, un État affaibli depuis qu'il n'a plus mis à distance les intérêts privés, leurs tentations et clientèles, émoluments et profits. Les passages au secteur privé, les va-et-vient entre public et privé, les relations et fréquentations au risque permanent des conflits d'intérêts n'ont cessé de croître et, par conséquent, de se retrouver au cœur de ce pouvoir caché derrière le pouvoir public des ministres.

Or c'est ainsi qu'insensiblement un nouveau pouvoir peut être défait sur son propre terrain : sa volonté politique. En la laissant échapper à d'autres qui œuvrent en secret, loin du débat public, sans sanction électorale, bref ni responsables ni comptables. C'est une raison supplémentaire pour souhaiter que le Parlement avec ses deux chambres, l'Assemblée et le Sénat, retrouve pleinement sa force d'initiative, de proposition et de délibération. Et que, ainsi, soit enfin refondée une République authentiquement démocratique et sociale.

8 juin 2012

2
Le poison du pouvoir personnel

La rupture la plus décisive du président Hollande avec le candidat Hollande n'est pas celle que l'on croit. Qu'il ait en grande part renoncé aux promesses de ses discours électoraux sur les questions sociales, c'est une évidence qui reste cohérente avec ses convictions économiques, plus libérales que socialistes. En revanche, sa présidence fait le choix du pouvoir personnel, à rebours d'une nécessaire refondation démocratique.

Tous ceux qui ont en mémoire la lente reconstruction de la gauche, discréditée et divisée, aux débuts de la Ve République se souviennent encore de la ligne de partage tracée par celui qui finira par l'incarner, François Mitterrand : « Entre de Gaulle et les républicains, il y a d'abord, il y aura toujours le coup d'État. » Faudra-t-il ajouter, cinquante ans précisément après cette mise en garde du *Coup d'État permanent*[1], ce post-scriptum : « Entre Hollande et les démocrates, il y a désormais le pouvoir personnel » ?

Tout comme la présence, aussi visible que subliminale, d'une tapisserie évoquant les amours du roi de Perse et de sa nouvelle favorite, image qui annonçait la répudiation prochaine de l'ancienne[2], c'est sans doute l'événement le moins discuté et pourtant le plus manifeste de la dernière conférence de presse

1 François Mitterrand, *Le Coup d'État permanent*, Plon, Paris, 1964.

2 Tapisserie du XVIIIe siècle, due à Jean-François de Troy, le *Repas d'Esther et d'Assuérus* évoque le coup de foudre entre le roi de Perse et sa nouvelle favorite. Le 10 janvier 2014, soit quatre jours avant la conférence de presse de François Hollande, le magazine *Closer* avait dévoilé sa relation avec l'actrice Julie Gayet, ce qui entraînera sa séparation de la journaliste Valérie Trierweiler.

présidentielle : l'affirmation définitive du pouvoir sans partage d'un homme seul qui décide et tranche, fixe les priorités et impose les choix, efface le gouvernement et ignore le Parlement. Une accentuation présidentialiste qu'annonçaient déjà les vœux élyséens du 31 décembre 2013, où légiférer n'était plus qu'une formalité – « Une loi sera votée » – tandis que les ordonnances détrônaient la délibération parlementaire. Les différences de personnalités n'empêchent pas la similitude essentielle : à l'instar de la présidence sarkozyste, la présidence hollandaise se décline à la première personne du singulier.

Aux jours du deuxième anniversaire du discours du Bourget prononcé le 22 janvier 2012, tournant d'une campagne électorale soudain soucieuse des travailleurs et lucide sur leur adversaire anonyme – « la finance » –, il est logique de souligner combien la politique économique imposée à son gouvernement par François Hollande est à l'opposé de ses refrains électoraux. Tandis qu'elle est applaudie par le Medef, qui n'en espérait pas tant d'un pouvoir supposé de gauche, des économistes dont la lucidité n'exclut pas le pragmatisme, à l'instar de l'Américain Paul Krugman[3], avouent leur sidération devant cette volte-face dont Christian Salmon a magnifiquement montré ce qu'elle avait de désastreux et de désespérant[4].

Mais ce constat, et la légitime critique qui en découle ne sauraient exclure une part de sincérité et de conviction chez le second président socialiste de la Ve République. Son apparent tournant n'a rien à voir avec celui de la rigueur auquel s'était rangé son prédécesseur, François Mitterrand, en 1983, après un débat intense et, surtout, une orientation contraire. Dès le début de son quinquennat, sans aucune pression des événements – ce qui justifie le reproche d'une « étrange capitulation » énoncé par Laurent Mauduit[5] –, François Hollande a choisi ce chemin d'une politique de l'offre qui se traduit par des cadeaux copieux aux entreprises plutôt que par une relance du pouvoir d'achat des salariés.

---

3 Paul Krugman, « Scandal in France », 16 janvier 2014, sur son blog du *New York Times*.

4 Christian Salmon, « Deux ans après le discours du Bourget : le vide du pouvoir », Mediapart, 22 janvier 2014.

5 Laurent Mauduit, *L'Étrange Capitulation*, Éditions Gawsewitch, Paris, 2013.

En confirmant et en accentuant ce choix, sans ambages ni précautions, il affirme sa cohérence personnelle, quelque peu occultée pendant sa décennie de premier secrétaire du PS et durant une campagne électorale gauchie par nécessité. Celle d'un libéral en économie qui croit aux vertus du marché, de sa main invisible et de ses ajustements spontanés, bien plus qu'aux exigences régulatrices de la puissance publique. D'un libéral rationnellement convaincu que cette politique, aussi douloureuse soit-elle pour ceux qui la subissent, est la seule à pouvoir conduire au retour de l'emploi et de la croissance. Et, du coup, persuadé qu'en maintenant ce cap, il en récoltera les fruits pour être réélu en 2017.

Qu'il s'agisse d'une illusion, comme l'argumentent aussi bien des modérés (à Roosevelt 2012 et chez Nouvelle Donne) que des radicaux (les Économistes atterrés ou le Front de gauche), ne signifie pas pour autant qu'elle relève d'une trahison intime. Stéphane Alliès, en exhumant *La Troisième Alliance*, livre signé Max Gallo mais largement écrit par François Hollande[6], et les Pinçon-Charlot (Michel et Monique), en feuilletant *La gauche bouge*, manifeste épuisé des « trans-courants », pour leur dernier livre, *La Violence des riches*[7], ont montré que la véritable constance de François Hollande se situait dans ce credo plus social-libéral que social-démocrate.

En revanche, sur le terrain démocratique, celui de la pratique du pouvoir, des institutions et de leur évolution, du présidentialisme et de ses contraintes, nous assistons à un véritable tête-à-queue. Libéral en économie, François Hollande ne l'est pas politiquement. Et l'on sent bien que c'est là que gît la sourde tension qui traverse l'actuel pouvoir et sa majorité parlementaire. Quand Jean-Marc Ayrault lâche au *Monde* que, « dans nos institutions, c'est le président qui fixe les orientations[8] », ou quand Christian Eckert, rapporteur (PS) du budget à

---

6 Stéphane Alliès, « Hollande renoue avec la "Troisième alliance" », Mediapart, 29 mars 2013. Ce livre (*La Troisième Alliance. Pour un nouvel individualisme*, Fayard, Paris, 1984) fut signé par Max Gallo, porte-parole du gouvernement en 1983-1984 avec le rang de secrétaire d'État, dont François Hollande dirigeait le cabinet.

7 Michel Pinçon et Monique Pinçon-Charlot, *La Violence des riches*, La Découverte-Poche, Paris, 2014.

8 « Ayrault : "L'objectif n'est pas le grand soir fiscal" », *Le Monde*, 24 janvier 2014.

l'Assemblée nationale, lance à Mediapart que « le chef de l'État n'est pas le seul maître à bord[9] », le premier fait le constat de ce qui l'entrave et le second proteste contre ce qui le jugule.

S'exprimant depuis deux pouvoirs, l'exécutif et le législatif, qui devraient s'équilibrer et s'enrichir mutuellement au lieu d'être soumis à la volonté d'un seul homme qui se les arroge tous, ces socialistes, Ayrault et Eckert, tous deux de culture foncièrement parlementaire, tentent d'amoindrir le choc de la dérive essentielle dont ils sont les témoins et, sauf à rompre, les acteurs : le président décide et, quand il a décidé, fût-ce à rebours des promesses, engagements et programmes, tout son camp est sommé de suivre. Porté par une génération, la sienne, qui avait été le témoin blessé des dérives présidentialistes du mitterrandisme et qui s'est ensuite affirmée dans la dénonciation des dérives hyperprésidentialistes du sarkozysme, François Hollande en vient à incarner à l'Élysée l'ultime renoncement socialiste : sur le terrain des institutions, du pouvoir et de son exercice, de la démocratie et de sa vitalité.

Les institutions sont plus fortes que les hommes, surtout ces institutions-là, celles d'un présidentialisme déséquilibré, aux contre-pouvoirs faibles dans un environnement démocratique lui-même fragile, et dès lors si confortables dans leur illusion de puissance et de superbe pour celui qui est à leur tête. Si, par intérêt ou par paresse, les hommes ne sont pas déterminés à leur résister en suscitant la dynamique qui permettra de les changer, elles les dévorent tout cru, quoi qu'ils en aient et quoi qu'ils en disent. Oublieux de leurs critiques dans l'opposition, quand ils s'inquiétaient de ses dégâts illustrés par l'omnipotence sarkozyste, les socialistes semblent avoir été avalés par la machine infernale qu'ils avaient contribué à mettre en place sous Jacques Chirac, Lionel Jospin étant Premier ministre : le quinquennat suivi, funeste inversion du calendrier oblige, d'élections législatives transformant la majorité parlementaire en légion présidentielle.

C'est pourquoi, malgré l'évidente différence des personnages, aussi bien de caractère que d'itinéraire, les formes

9 « Christian Eckert : "Le chef de l'État n'est pas le seul maître à bord" », Mediapart, 24 janvier 2014.

politiques, us et coutumes, de ce quinquennat ressemblent à celles du précédent, jusqu'à l'irruption du privé dans le public. Seul maître à bord, le président semble en campagne électorale permanente, obligé de sortir de nouvelles annonces comme autant de lapins d'un chapeau sans fond, forcé de donner le *la* d'un orchestre médiatique suspendu à l'agenda présidentiel plutôt que curieux des actions gouvernementales, effaçant sans cesse ses traces par un mouvement incessant où la politique s'épuise et s'égare, se vidant de son sens et perdant de sa force. Les efforts des communicants pour redresser les courbes de popularité ne changeront rien au désastre essentiel : le renoncement d'un pouvoir élu à gauche sur le terrain démocratique dont l'exigence a toujours été le point de rassemblement des gauches, dans leur diversité, sous la Ve République.

On s'en voudrait presque, tant cette énumération est navrante, de rappeler les engagements de François Hollande en la matière, aujourd'hui contredits par son exercice élyséen. Voici, par exemple, ce qu'il affirmait en 2006, alors qu'il rodait son ambition présidentielle, dans *Devoirs de vérité*[10] : « Le véritable changement doit être de l'ordre de la pratique du pouvoir, des modes de décision, des formes de l'action publique – et le renouvellement doit aller jusqu'au bout. [...] Aussi s'agit-il aujourd'hui non seulement de changer de pouvoir mais de changer le pouvoir. Son exercice, ses rythmes, son usage. » Faisant alors de la démocratie la quatrième priorité (après l'éducation, l'emploi et l'environnement) d'une présidence socialiste, il se proposait de « désacraliser la fonction présidentielle » afin de « rétablir la fonction démocratique » : « Notre objectif, c'est de changer le rapport du pouvoir aux citoyens. »

En 2012, dans son livre de campagne, *Changer de destin*[11], il s'engageait à faire vivre la lettre de la Constitution au respect de laquelle doit veiller le Président (article 5) tandis que « le Gouvernement détermine et conduit la politique de la nation » (article 20) et que le Parlement « vote la loi » et « contrôle l'action » du précédent (article 24). « Je rétablirai dans toute sa dimension la fonction de Premier ministre, écrivait-il il y

10 François Hollande, *Devoirs de vérité*, Stock, Paris, 2006.
11 François Hollande, *Changer de destin*, Robert Laffont, Paris, 2012.

a seulement deux ans. Celui-ci dirige l'action quotidienne et en rend compte devant le Parlement, où il s'appuie sur une majorité issue des élections générales. Je ne me substituerai pas aux ministres, qui exerceront toutes leurs compétences. Il leur reviendra d'annoncer et d'expliquer les décisions de leur département. Le président préside, le gouvernement gouverne, l'administration administre. À quoi bon être un omniprésident si l'on n'est responsable de rien. »

Quant au fameux discours du Bourget, bien avant que le candidat en vienne à désigner la finance comme son adversaire, il commençait par cet enjeu premier : la question démocratique. « Présider la République, c'est refuser que tout procède d'un seul homme, d'un seul raisonnement, d'un seul parti, qui risque d'ailleurs de devenir un clan. Présider la République, c'est élargir les droits du Parlement. » « Présider la République, c'est démocratiser les institutions », insistait-il après s'être engagé à « faire participer les citoyens aux grands débats qui les concernent ». Nous voici bien loin du portrait informé (notamment auprès du principal intéressé) que la journaliste Cécile Amar a récemment tracé d'un Hollande président dont « le pouvoir a exacerbé le narcissisme, son extrême confiance en lui, sa certitude qu'il est le meilleur, qu'il sait ce qu'il faut faire, tout le temps » et qui, pour finir, « n'a confiance en personne »[12].

Sauf à participer du discrédit général en fermant la porte à tout espoir de changement, le journalisme est en devoir de souligner ce décalage entre les paroles et les actes où s'épanouit la dépression démocratique française dont profitent les droites extrêmes, autoritaires et identitaires. Un devoir d'alerte avant qu'il ne soit trop tard. Car le cynisme politique et le suivisme médiatique qui accompagnent et cautionnent ce présidentialisme accentué, à rebours des anciens engagements, diffusent le poison du renoncement, sinon du reniement. C'est ainsi qu'on a pu récemment entendre, dans l'espace public, une gauche égarée (et masculine) rêver à voix haute d'un président autoritaire, qui affiche fièrement sa glorieuse solitude, voire d'un président viril, dans une vision machiste de la politique

12 Cécile Amar, *Jusqu'ici tout va mal*, Grasset, Paris, 2014.

dont le pauvre cliché dit l'absence d'imagination[13]. Ou, plus essentiellement, la conversion à l'ordre éternel du pouvoir, de son conservatisme et de son immobilisme.

Dans cette décadence où la politique n'est plus que survie et habileté, François Hollande, comme François Mitterrand ou Jacques Chirac avant lui, se sauvera peut-être, tant ces institutions sont construites autour du salut d'un seul, fût-ce au détriment des siens. Mais, à coup sûr, la gauche s'y perdra. La gauche, son histoire et sa mémoire, ses héritages et ses repères. La gauche comme mouvement du bas vers le haut, comme déplacement et invention, à l'envers des verticalités réactionnaires et des hiérarchies conservatrices. La gauche, du moins, comme expression des impatiences et des vitalités de la société, dans le souci du plus grand nombre, et non pas comme conversion aux vulgates qui légitiment le règne des possédants, avec son lot d'injustices criantes et d'inégalités augmentées.

Du bonapartisme au présidentialisme, le césarisme français est une affaire de droite, taillé sur mesure pour son personnel politique ou, sinon, accélérant la conversion droitière de la gauche. C'est en ce sens que la question démocratique est essentielle, détenant la clé des exigences sociales et des solutions économiques. Car la gauche, son peuple, ses électeurs, la gauche entendue comme la défense des intérêts de ceux qui produisent les richesses mais n'en sont pas les principaux bénéficiaires, de ceux aussi qui sont les moins protégés et les plus fragiles, n'a que cette arme, la démocratie, son extension, son approfondissement, dans sa lutte inégale contre les intérêts en place, cet adversaire sans visage, disait au Bourget le Hollande candidat, qui « sous nos yeux, en vingt ans, a pris le contrôle de l'économie, de la société et même de nos vies ».

« Cette emprise – celle de la finance –, insistait-il, est devenue un empire. » Et, dès lors, pour le renverser, dans une stratégie du faible au fort, pas d'autre voie qu'une large dynamique démocratique ouvrant les possibles, mobilisant les énergies, inventant les solutions : « Il n'y a jamais, je dis bien : jamais, une seule solution possible, quelle que soit la gravité de la situation. L'Histoire n'est pas l'addition de fatalités successives, elle nous enseigne qu'il y a

13 Martine Storti, « Niveau Closer », Le Club de Mediapart, 20 janvier 2014.

toujours plusieurs chemins. La voie que je vous propose, c'est le redressement dans la justice, c'est l'espérance dans la promesse républicaine. » C'est ce que proclamait François Hollande, deux ans avant de prétendre l'inverse en décidant seul, sans débat avec sa majorité, d'une orientation politique qu'elle est sommée d'avaliser sans broncher lors d'un vote engageant la responsabilité du gouvernement. Un gouvernement dont la plupart des membres ont découvert en même temps que n'importe quel citoyen leur nouvelle feuille de route, conforme jusqu'au zèle à la seule politique économique mise en œuvre depuis trente ans et dont nous ne cessons de payer le prix.

Pierre Mendès France dont le relatif libéralisme économique s'accompagnait d'un fort libéralisme politique, refusant toute réduction de la volonté populaire au pouvoir d'un seul, s'inquiétait de l'avènement durable de cette « tyrannie douce » qu'évoquait avec prescience Tocqueville, celle où « les citoyens sortent un moment de la dépendance pour indiquer leur maître, et y rentrent ». Pour la gauche dont se réclame le Parti socialiste – même si certains lui dénient désormais cette appartenance –, s'engager plus avant sur cette voie du bon plaisir d'un seul, continuer à démobiliser collectivement les siens, persister à désespérer ceux qui ont cru au changement, c'est la voie assurée de la débâcle. La politique ayant horreur du vide, ce renoncement démocratique laisse aux droites extrêmes de la démagogie, du mensonge et de l'imposture, bien plutôt qu'à la gauche radicale, le terrain de l'agitation et de la colère au nom des libertés et des injustices alors même qu'elles ne sont en rien les héritières des audaces et des inventions républicaines qu'au contraire elles ont toujours combattues.

« La crise consiste justement dans le fait que l'ancien meurt et que le nouveau ne peut pas naître » : cet ancien constat d'Antonio Gramsci est devenu une citation banale. Mais on oublie trop souvent la phrase qui suit, dans les *Cahiers de prison* que tenait ce communiste italien enfermé jusqu'à sa mort sous le fascisme : « Pendant cet interrègne, on observe les phénomènes morbides les plus variés. » Nous y sommes, et nous les regardons proliférer, ces monstruosités, entre sidération et impuissance.

Pas plus que la crise économique, la confusion, la bassesse et la torpeur qui caractérisent aujourd'hui notre vie publique ne sont une fatalité. Elles sont le fruit d'un pouvoir qui, décidément, accompagne la mort de l'ancien plutôt qu'il n'aide le neuf à naître. Parce qu'en s'épuisant et en se nécrosant dans le pouvoir d'un seul, il renonce au seul levier à sa disposition : la libération des énergies démocratiques.

26 janvier 2014

3
Un attentat aux libertés

Un attentat à nos libertés fondamentales est en cours. Ses auteurs sont ceux qui nous gouvernent, tous embarqués aux côtés de l'auteur principal, le Premier ministre, jusqu'à celle qui devrait protéger nos droits et nos libertés, la garde des Sceaux, dont le profond silence vaut approbation. Leurs complices sont ceux qui nous représentent, droite et gauche confondues, empressés, à quelques rares et courageuses exceptions, d'approuver ce crime officiel, au point de l'aggraver par leur zèle législatif.

Des amendements cosmétiques n'y changeront rien : cette loi instaure une société de surveillance généralisée[1]. Profitant des potentialités techniques de la révolution numérique et des opportunités politiques de l'émotion sécuritaire, elle autorise l'État profond, cette part d'ombre du pouvoir exécutif qui, à l'abri du secret-défense, n'a pas de visage et ne rend jamais de compte, à espionner tout un chacun, n'importe qui, n'importe quand, n'importe où.

L'avènement de cette loi signifiera qu'en France, désormais, de façon légale, l'État de police l'emportera sur l'État de droit. Que le pouvoir en place pourra faire surveiller des citoyens et leurs entourages sans restrictions solides, sans contrôles indépendants, sans autorisations judiciaires. Que le soupçon remplacera la preuve. Que des opinions deviendront des délits. Que des fréquentations s'avéreront coupables. Que des curiosités se

1 Il s'agit de la loi relative au renseignement, suscitée par les attentats de janvier 2015 et promulguée le 24 juillet 2015.

révéleront dangereuses. Que des différences ou des dissidences à l'égard des pensées dominantes ou des politiques officielles seront potentiellement criminelles.

Il suffit de lire l'avis circonstancié que vient de rendre à l'unanimité la Commission nationale consultative des droits de l'homme (CNCDH) pour en être convaincu[2]. De ne pas se laisser rebuter par sa longueur ni par son juridisme pour entendre l'alarme inquiète qui l'habite derrière son langage précautionneux. Ce texte fait litière radicale de la vulgate gouvernementale selon laquelle ce projet de loi, d'une part, donnerait enfin un cadre légal respectable aux activités occultes des services de renseignement et, d'autre part, instaurerait un contrôle efficace de ces mêmes activités.

D'emblée, la CNCDH souligne au contraire que la façon dont ce projet de loi a surgi en dément totalement les intentions vertueuses proclamées. Elle souligne que ce texte est passé en Conseil des ministres « à peine deux mois » après les crimes terroristes de janvier et « quelques jours seulement avant la tenue d'élections cantonales dont la campagne a été marquée par une forte présence du populisme et de l'extrémisme ». Qu'il a, de plus, été élaboré quelques mois après l'entrée en vigueur d'une énième loi antiterroriste, « consécutive à l'affaire Nemmouche », elle-même faisant suite à deux autres lois antiterroristes récentes, « consécutives, elles, à l'affaire Merah »[3].

Tandis que chômage, précarité, insécurités sociales et injustices économiques, mal-vivre et mal-être sont relégués en fond de décor de notre vie publique, sans urgences ni priorités de nos gouvernants, plus de vingt-cinq lois relatives à la sécurité intérieure ont été adoptées ces quinze dernières années, entre 1999 et 2014. Déplorant « cette prolifération de textes législatifs relevant davantage de l'opportunité politique que du travail législatif réfléchi », la CNCDH « rappelle l'importance d'une politique pénale et de sécurité pensée, cohérente, stable et lisible, dont la qualité ne se mesure pas

---

2 « Loi renseignement : la CNCDH s'alarme d'une surveillance de masse », Le Club de Mediapart, 17 avril 2015.

3 Mehdi Nemmouche est l'auteur de l'attentat du Musée juif de Belgique, le 24 mai 2014 ; Mohammed Merah est celui des tueries de mars 2012 à Toulouse et Montauban.

à son degré de réactivité aux faits divers et aux circonstances du moment ».

Traduite par la procédure accélérée imposée par le gouvernement, « la plus grande précipitation » a été voulue pour ce projet de loi, selon les mots de la CNCDH qui rappelle sa « ferme opposition » à cette procédure. Aucune urgence effective ne la justifie. C'est en fait une arme de pouvoir, un moyen de faire taire les oppositions, de prendre de court les protestations, d'entraver le fonctionnement normal du Parlement, de restreindre « considérablement le temps de réflexion et de maturation nécessaire au débat démocratique ».

Cette procédure arbitraire dévoile l'intention de ses promoteurs : jouer sur l'émotion pour imposer la régression. Le pouvoir exécutif réclame un chèque en blanc pour l'État profond, de surveillance et de police, sans expertise ni bilan, sans critique ni autocritique. Aucun débat préalable, aucune enquête parlementaire, aucune audition contradictoire pour évaluer les récents fiascos sécuritaires des services chargés de la lutte antiterroriste, alors même que les itinéraires de Merah, de Coulibaly et des frères Kouachi le justifieraient amplement, révélant des failles de surveillance et des manques de vigilance[4].

Pis, la CNCDH relève « la pauvreté » de l'étude d'impact qui accompagne le projet de loi, son caractère succinct, ses formulations vagues, sa façon de procéder « par simple affirmation en s'exonérant de toute référence documentaire ». Car cette loi n'est pas seulement un mauvais coup, elle est aussi de mauvaise qualité, mal rédigée, imprécise ou incomplète. Voulu, ce flou cache évidemment mille loups : c'est un moyen d'échapper à l'exigence d'extrême précision pour toute disposition permettant de porter atteinte au droit au secret privé et familial, une ruse pour ne pas se plier à l'encadrement rigoureux d'un pouvoir de surveillance qui, toujours, s'accompagne du risque de l'arbitraire.

Appelant en conclusion à des « amendements du Gouvernement et du Parlement [qui] permettent de renforcer

---

4 Chérif et Saïd Kouachi sont les auteurs de l'attentat contre *Charlie Hebdo* le 7 janvier 2015 ; Amedy Coulibaly est l'auteur de la prise d'otages de l'Hyper-Cacher, le 9 janvier 2015.

la garantie des libertés publiques et des droits fondamentaux », la CNCDH ne va pas jusqu'au terme logique de son réquisitoire : le retrait ou la suspension de cette loi attentatoire à nos droits fondamentaux, au respect de nos vies privées et familiales, à nos libertés d'opinion, d'expression et d'information, à notre droit de savoir et de communiquer.

Car c'est bien « une surveillance de masse », écrit-elle, qu'autorise ce projet, par la collecte généralisée et la conservation durable de données collectées sur nos ordinateurs, nos téléphones, nos tablettes, tous les instruments électroniques qui, désormais, sont le quotidien de nos vies. À plusieurs reprises, son avis affirme que le dispositif de la loi contient « une violation flagrante de l'article 8 » de la Convention européenne des droits de l'homme énonçant le « droit au respect de la vie privée et familiale ».

« Le risque d'un "État panoptique" est à prendre au sérieux », ajoute-t-elle, autrement dit d'un État ayant à sa libre disposition des instruments technologiques qui lui donnent accès à une transparence totalitaire sur la vie privée des individus, leurs pensées secrètes, leurs personnalités intimes. Pis, en étendant le recours aux techniques de renseignement jusqu'aux intérêts de la politique étrangère comme aux intérêts économiques et industriels, sans compter la surveillance préventive des violences collectives, le projet de loi offre un champ « potentiellement illimité » aux curiosités intrusives des services de renseignement.

Quant à la « Commission nationale de contrôle des techniques de renseignement » que la loi entend instaurer, son indépendance, son impartialité, sa technicité et sa compétence sont radicalement mises en doute par la CNCDH pour qui elles « ne sont pas garanties ». Son contrôle, conclut-elle, « risque fortement de ne pas être effectif ». Ultime reproche, et non des moindres, de cette commission qui réunit l'ensemble des acteurs français de la promotion et de la défense des droits humains : en faisant basculer dans le champ de la police administrative des mesures répressives qui devraient bénéficier de garanties judiciaires, ce projet de loi « porte atteinte au principe de la séparation des pouvoirs ».

Autrement dit, ce projet de loi est anticonstitutionnel, violant notre loi fondamentale, celle dont le président de la

République est normalement le gardien. « Toute Société dans laquelle la garantie des droits n'est pas assurée, ni la séparation des pouvoirs déterminée, n'a point de Constitution », énonce l'article 16 de la Déclaration des droits de l'homme et du citoyen. Comment François Hollande ou Christiane Taubira, qui ni l'un ni l'autre ne sont juristes, peuvent-ils rester inertes face à ce réquisitoire aussi rigoureux qu'implacable de la CNCDH, commission éminemment représentative de la société dans sa diversité dont l'efficace présidente, Christine Lazerges, est de ces professeurs de droit qui se font fort de « raisonner la raison d'État » ?

Si, d'une manière ou d'une autre, ils ne se mettent pas en travers de ce coup d'État à froid contre nos droits fondamentaux, leurs noms resteront définitivement associés à la pire régression de nos libertés individuelles et collectives depuis l'état d'exception de l'aveuglement colonial, ces pouvoirs spéciaux imposés à leur majorité par, déjà, des gouvernants de gauche. L'auraient-ils oublié ? Une République en est morte, gangrenée par des factieux et des tortionnaires, des hommes qui se voulaient gardiens sans contrôle d'une sécurité devenue un absolu au mépris de la liberté, promue fin en soi quels qu'en soient les moyens.

Voulu par le Premier ministre Manuel Valls, qui s'en est fait symboliquement le rapporteur devant l'Assemblée, porté par le député socialiste Jean-Jacques Urvoas, qui se comporte en représentant des services bien plus qu'en élu de la Nation, ce projet de loi est bien un *Patriot Act* français tant ses intentions et la méthode pour les imposer sont similaires à celles des néoconservateurs américains en 2001, après le 11 Septembre. Il s'agit bien d'autoriser une surveillance étatique de la société sans limites sérieuses ou solides en jouant sur l'affolement provoqué par les attaques terroristes.

Avec ses mots feutrés, la CNCDH souligne ce chantage dont la représentation nationale et l'opinion publique sont actuellement l'objet : « Tout se passe comme si la simple invocation d'une plus grande efficacité pouvait justifier l'adoption, sans aucune discussion, des mesures les plus attentatoires aux libertés. » C'est pourquoi elle prend la peine de « réaffirmer avec force que les États ne sauraient prendre, au nom d'intérêts considérés à juste titre comme primordiaux, n'importe quelle mesure ». « La plus grande victoire des ennemis des droits de l'homme (terroristes ou autres), ajoute-t-elle, serait de mettre en péril l'État de droit par l'émergence et la consolidation d'un État prétendu de sécurité qui se légitimerait par l'adoption de mesures de plus en plus sévères et de plus en plus attentatoires aux droits et libertés fondamentaux. »

Nous y sommes, et c'est pourquoi, d'ici le 5 mai 2015, toutes les bonnes volontés doivent converger pour faire échouer ce projet de loi. Et, s'il est néanmoins adopté, continuer sans relâche à se mobiliser pour qu'il échoue sur d'autres obstacles, le Conseil constitutionnel, la Cour européenne des droits de l'homme ou, tout simplement, la société elle-même, soulevée par ce « droit de résistance à l'oppression » que lui reconnaît, depuis 1789, l'article 2 de la Déclaration des droits de l'homme.

Car, outre l'abandon par la gauche de gouvernement du terrain des libertés, de leur élargissement et de leur conquête, le plus stupéfiant dans cette régression démocratique est le spectacle d'un pouvoir qui prétend défendre la société contre elle-même. Il n'y a en effet aucune voix discordante parmi tous les acteurs sociaux : des avocats aux magistrats, des journalistes aux blogueurs, des Autorités administratives indépendantes au Défenseur des droits, des associations de défense des droits de l'homme aux organisations syndicales, des acteurs du numérique aux réseaux sociaux, etc., tous ont fait part unanimement de leur refus d'une loi liberticide[5].

Mais, pour les sachants qui prétendent nous gouverner, leurs cabinets et leurs communicants, cette expertise citoyenne ne compte pas, y compris quand elle s'exprime jusqu'à l'Assemblée nationale, au sein d'une commission sur le droit et les libertés à l'âge du numérique composée de parlementaires et de représentants de la société civile[6]. Pour eux, la société qui proteste a

---

5 « La loi renseignement mobilise plus ses opposants que les députés », Mediapart, 14 avril 2015.

6 « La loi antiterroriste ne doit pas compromettre les libertés fondamentales », Le Club de Mediapart, 16 octobre 2014. Il s'agit d'une recommandation exprimée unanimement par la Commission de réflexion et de propositions sur le droit et les libertés à l'âge numérique, créée à l'Assemblée nationale sur l'initiative du député socialiste Christian Paul et composée de treize députés et de treize personnalités qualifiées.

forcément tort. Elle est mal informée, mal éduquée, malintentionnée. Il y a là une pédagogie antidémocratique au possible, où les représentants ignorent superbement ceux qu'ils sont supposés représenter, où le pouvoir exécutif s'affirme comme le tuteur autoritaire d'une société ignorante ou menaçante, dans tous les cas mise à distance et sous contrôle.

« La France a connu à plusieurs reprises, au cours de ce siècle, ces paniques provoquées par certains attentats, savamment exploitées par la réaction et qui ont toujours fait payer à la liberté les frais d'une sécurité menteuse. » Ainsi commence, en 1899, l'article du fondateur de la Ligue des droits de l'homme, Francis de Pressensé, contre les lois d'exception votées en 1893 et 1894 sous le choc des attentats anarchistes qui ensanglantaient alors la IIIe République[7].

Il s'intitulait « Notre loi des suspects », et s'en prenait à ceux qui, en l'ayant adoptée, abaissaient la République, son idéal et ses principes : « Un Président-parvenu qui joue au souverain, un Premier ministre sournoisement brutal qui essaye d'adapter à sa lourde main la poignée du glaive de la raison d'État, un Parlement où tout est représenté, sauf la conscience et l'âme de la France. » Forgés par la haute bataille du dreyfusisme qui les occupait alors, Francis de Pressensé et ses pareils, dont Jean Jaurès, en concluaient qu'il revenait à la société, aux citoyens qui la composent, bref au peuple souverain, de relever cette conscience et cette âme, abandonnées et meurtries par la politique professionnelle.

Nous avons tous rendez-vous aujourd'hui avec la même exigence : le devoir de nous dresser contre ce crime légal, officiel, gouvernemental et, peut-être, parlementaire, puis présidentiel si la loi est adoptée puis promulguée. Un devoir qu'au temps des combats fondateurs de la République, à la fin du XIXe siècle, avait rejoint un jeune conseiller d'État qui, à la suite de Francis de Pressensé, dressait un réquisitoire contre les lois de 1893-1894 aussi informé que celui de la CNCDH contre le projet de loi qui nous occupe. Par obligation de réserve, il signait

---

7 Voir Francis de Pressensé, un juriste [Léon Blum] et Émile Pouget, *Les Lois scélérates de 1893-1894*, Éditions de la Revue Blanche, Paris, 1899. Lire aussi le livre de l'avocat Raphaël Kempf, *Ennemis d'État. Les lois scélérates, des anarchistes aux terroristes*, La Fabrique, Paris, 2019.

anonymement « Un juriste ». Mais on sait, depuis, qu'il s'agissait de Léon Blum, le futur leader du socialisme français, l'homme du Front populaire, dont c'était le premier acte politique.

« Telle est l'histoire des lois scélérates, concluait-il avec des mots que nous n'hésitons pas à reprendre aujourd'hui : il faut bien leur donner ce nom, c'est celui qu'elles garderont dans l'histoire. Elles sont vraiment les lois scélérates de la République. J'ai voulu montrer non seulement qu'elles étaient atroces, ce que tout le monde sait, mais ce que l'on sait moins, avec quelle précipitation inouïe, ou quelle incohérence absurde, ou quelle passivité honteuse elles avaient été votées. »

Mesdames et Messieurs les députés, d'ici le 5 mai, vous avez le choix entre la honte ou l'honneur. La honte d'être complices d'un attentat aux libertés. L'honneur d'être fidèles à la République véritable.

18 avril 2015

4
Janvier 2015 transformé en Septembre 2001

À l'absence d'avancées nouvelles sur le terrain des libertés s'ajoute désormais l'extension des pouvoirs dévolus au pouvoir exécutif, à sa part d'ombre policière et militaire, sans qu'elle soit contrebalancée par l'instauration de contre-pouvoirs forts.

La démocratie n'est qu'un mot creux si elle se réduit au choix, tous les cinq ans, de représentants. Et d'autant plus, en France, où ces derniers sont abaissés par un système présidentiel qui les soumet au bon vouloir d'un seul, aux majorités automatiques, aux obéissances contraintes. Pour affronter la complexité du monde et ses défis, une démocratie vivante suppose une délibération permanente favorisant des majorités d'idées, exige des contre-pouvoirs forts et respectés, appelle une relation avec la société qui ne se réduise pas aux propagandes communicantes et, au contraire, permette de donner droit aux expertises citoyennes, ces connaissances et doléances nées de l'expérience vécue.

S'il est un sillon qu'a toujours prétendu creuser la gauche, dans sa pluralité, depuis qu'en 1981 elle a découvert l'exercice durable du pouvoir, c'est bien celui-là. Elle pouvait être décevante sur les terrains social, économique, écologique, européen, etc., du moins prétendait-elle étendre le champ des libertés individuelles et collectives. Loin de l'en faire dévier, les abus de pouvoir présidentiels sous François Mitterrand – des écoutes de l'Élysée à l'affaire Greenpeace – avaient même renforcé cette exigence dans sa famille politique. Avec l'actuel pouvoir socialiste, incarné par François Hollande et Manuel Valls, c'en est fini de cette ambition. Quatre mois à peine après un sursaut citoyen autour de la liberté de dire, d'agir et de penser, ils font chantage aux attentats, donc à la peur, pour restreindre cette liberté, la mettre sous surveillance généralisée et, ainsi, contraindre la société à rentrer dans le rang, à se soumettre et à obéir.

Au pas de charge, Janvier 2015 s'est transformé en Septembre 2001 : l'occasion terroriste qui fait le larron sécuritaire. Le projet de loi relatif au renseignement marque une rupture sans précédent non seulement dans l'histoire politique de la gauche du demi-siècle écoulé mais aussi pour l'avenir de notre démocratie, quels qu'en soient les gouvernants demain : sans consulter ni écouter la société, sans l'entendre alors que la protestation de ses acteurs citoyens est générale, une loi bâclée et précipitée, votée dans l'urgence, risque d'offrir au pouvoir exécutif, *via* les services secrets et les techniques numériques, un champ d'arbitraire infini dans le contrôle des individus, de leurs communications, de leurs fréquentations, de leurs convictions, de leurs engagements, de leurs curiosités.

L'indifférence voire le mépris du pouvoir face aux protestations – par exemple, celles, collectives, de la Commission nationale consultative des droits de l'homme ou de l'Observatoire des libertés et du numérique – témoignent bien plus que d'un entêtement aveugle et sourd. Ils confirment un profond recul de la conviction démocratique de nos gouvernants socialistes, leur crainte du pluralisme, leur goût du secret, leur inclination autoritaire, leur peur du débat. La loi sur le renseignement consacre une régression que laissaient déjà entrevoir des atteintes inédites aux libertés d'opinion (avec la loi antiterroriste votée fin 2014 et celle annoncée sur le racisme[1]), mais aussi de manifestation et de réunion (avec la banalisation depuis 2014 des interdictions préalables[2]).

Mais cette éclipse de l'idéal démocratique se retrouve aussi bien dans l'avènement d'un parlementarisme de caserne, avec le recours au 49.3 ou à la procédure accélérée pour faire taire les oppositions. Elle se prolonge dans la gestion interne du

---

1 Voir Carine Fouteau, « Valls touche à la liberté d'expression pour lutter contre le racisme et l'antisémitisme », Mediapart, 17 avril 2015.

2 Voir Edwy Plenel, « Contre Dieudonné, mais sans Valls », Mediapart, 7 janvier 2014.

parti au pouvoir, le PS, dont le premier secrétaire, toujours non élu par les adhérents, refuse le débat avec les courants critiques pour le congrès de juin et appelle de ses vœux un fait majoritaire qui mette fin à toute dissidence, imposant un esprit de parti caporaliste. Elle se traduit également par cette accoutumance au secret sur les enjeux d'intérêt – et d'argent – public comme en témoigne l'opacité de la procédure d'élection des présidences de l'audiovisuel public par le CSA – dont le président est lui-même nommé par le seul chef de l'État.

En contrepoids, on serait bien en peine de trouver, à l'heure des potentialités participatives, documentaires et informatives de la révolution numérique, une quelconque avancée sur le terrain du droit de savoir depuis que François Hollande a été élu président de la République. Tandis que la France ne dispose toujours pas d'une loi fondamentale sur le droit d'accès des citoyens à toute information d'intérêt public, à l'instar des *Freedom of Information Act* (FOIA) américain ou britannique, la diabolisation d'Internet, de son agora sans frontières, de ses réseaux sociaux et des citoyens qui s'y expriment, est devenue l'obsession de gouvernants qui se comportent en propriétaires de l'esprit public, redoutant ce « n'importe qui » de l'idéal démocratique qui, aujourd'hui, fait enfin valoir ses droits – sans privilège de condition, de fortune, de naissance, d'origine, de diplôme…

Pis, alors même qu'il entend mettre à la merci d'un État de surveillance nos secrets privés et intimes, l'actuel gouvernement n'a cessé de vouloir renforcer le secret qui protège l'ordre établi, aussi bien politique qu'économique, contre les curiosités légitimes des citoyens. C'est ainsi que l'extension du domaine du secret-défense sous le pouvoir précédent à des lieux industriels et au renseignement intérieur n'a pas été remise en cause. Tout comme la promesse d'une loi protégeant vraiment le secret des sources des journalistes, à l'inverse de celle actuellement en vigueur, a été sans cesse repoussée dans l'agenda parlementaire, sur pression du gouvernement.

Sans compter l'empressement de ce dernier à imposer à la hussarde une sacralisation du secret des affaires qui, si elle advenait, empêcherait toute enquête audacieuse sur les dégâts du capitalisme et les abus de ses oligarques. Nul hasard évidemment si cette priorité figurait dans le dernier rapport de la Délégation parlementaire au… renseignement, animée par le député socialiste Jean-Jacques Urvoas, promoteur de l'actuelle loi liberticide[3]. Lequel rapport, où Edward Snowden est décrit – ou plutôt calomnié – comme « un idiot utile au service des groupes terroristes », s'ouvre sur une citation du très peu démocrate Napoléon, faisant l'éloge des espions. Napoléon, cet ennemi farouche de la liberté de la presse qui rêvait d'une France où il n'y ait plus « qu'un seul parti » et qui ne souffrait pas « que les journaux disent ni fassent rien contre nos intérêts ». Napoléon, symbole de ce césarisme dictatorial contre l'héritage duquel la gauche des libertés, des droits démocratiques et sociaux n'a cessé de se dresser. Napoléon donc, devenu la référence des zélotes du pouvoir en place.

Le bonapartisme autoritaire n'aurait pas renié cette récente saillie du président du groupe socialiste au Sénat, un fidèle de François Hollande, s'en prenant à ceux qui « chipotent » sur les libertés face au terrorisme[4]. Le plus grave, c'est que le propos n'ait pas soulevé plus d'indignation. Car, quand le souci démocratique devient à ce point secondaire pour les élus de la nation, c'est une pédagogie de l'exception qui s'installe, celle des états de siège et d'urgence, des pouvoirs spéciaux en somme. Celle qui, dans l'aveuglement, la résignation ou l'indifférence, peut conduire aux pires abus des démocraties devenues de très basse intensité – les États-Unis l'ont vécu après 2001, la France le sait depuis la guerre d'Algérie.

Tout comme la SFIO des années 1950, égarée au point d'en perdre l'honneur, c'est à la démocratie comme idéal sans cesse inachevé et comme exigence sans cesse renouvelée que ce pouvoir tourne le dos. On n'en finirait pas de convoquer tous les penseurs de la démocratie, y compris les plus modérés, qui illustrent l'héritage intellectuel ainsi bradé. C'est Alexis de Tocqueville redoutant le « despotisme doux » d'une démocratie où « les citoyens sortent un moment de la dépen-

---

3 Jean-Jacques Urvoas, *Rapport relatif à l'activité de la délégation parlementaire au renseignement pour l'année 2014*, Assemblée nationale, 18 décembre 2014.

4 Il s'agit de Didier Guillaume devenu, par la suite, ministre de l'Agriculture du gouvernement d'Édouard Philippe, de 2018 à 2020, sous la présidence d'Emmanuel Macron.

dance pour indiquer leur maître, et y rentrent » alors que « s'élève un pouvoir immense et tutélaire, qui se charge seul d'assurer leur jouissance et de veiller sur leur sort »[5]. C'est Henri Bergson rappelant que la démocratie « s'est introduite comme protestation dans le monde » tandis que « la formule d'une société non démocratique serait "Autorité, hiérarchie, fixité" »[6].

C'est Pierre Mendès France évoquant « cette "tyrannie douce" dont parlait Tocqueville » à laquelle « conduisent insensiblement une information biaisée, une répression d'abord modérée, des tribunaux d'exception ou, en tout cas, rendus dociles, une législation ambiguë qui sera progressivement interprétée et déviée, des machinations et des provocations policières, des atteintes insidieuses aux libertés »[7]. Pour Mendès France, cette tentation est indissociable, en France, de la « personnalisation du pouvoir » qui, en encourageant « la Nation à croire que tout sera résolu par un homme, sans qu'elle intervienne elle-même, choisisse et décide », livre la démocratie « à une couche de la population, à une élite, à une avant-garde ».

C'est, plus près de nous, le philosophe Claude Lefort pensant la démocratie comme lieu du conflit, de la contradiction et de la pluralité – et non pas du conformisme, de l'obéissance et de l'homogénéité[8]. C'est le sociologue Edgar Morin renchérissant par un appel à une « démocratie participative » face à un système représentatif « en voie de dévitalisation », marqué de plus par un sévère « aplatissement de la pensée politique »[9]. C'est l'historien Pierre Rosanvallon souhaitant l'avènement d'une « souveraineté complexe », aux instances pluralistes et diversifiées afin de permettre « l'accroissement de l'influence de la société dans le processus politique » tandis que, de fait, la seule élection de représentants, qui plus est

---

5 Alexis de Tocqueville, *De la démocratie en Amérique* [1840]. Ce passage se trouve dans le volume II, partie IV, chapitre VI.

6 Henri Bergson, *Les Deux Sources de la morale et de la religion* [1932], Presses universitaires de France, coll. « Quadrige », Paris, 1992.

7 Pierre Mendès France, *La vérité guidait leurs pas*, Gallimard, coll. « Témoins », Paris, 1976.

8 Claude Lefort, *L'Invention démocratique. Les limites de la domination totalitaire*, Fayard, Paris, 1981.

9 Edgar Morin, *La Voie : pour l'avenir de l'humanité*, Fayard, Paris, 2011.

soumis au pouvoir sans partage du premier d'entre eux, la marginalise et la dépossède[10].

C'est enfin, tout récemment, le constitutionnaliste Dominique Rousseau appelant à une « démocratie continue » face à un système institutionnel, celui de la Ve République, devenu « dangereux » en ce qu'il installe les gouvernants dans une « situation d'autisme politique » où pouvoir de décision et responsabilité politique sont déconnectés[11]. En somme, une « démocratie sans le peuple » où les changements de cap d'un président s'émancipant du mandat qui lui a été confié, au point de ne plus mener la politique de sa majorité électorale, ne sont soumis à aucune validation dans les urnes.

Tous ces maux ne datent pas d'aujourd'hui. Mais, allant à rebours de l'espérance des électeurs de 2012 face à l'hystérisation de la présidence Sarkozy, la présidence Hollande sous le gouvernement Valls, loin d'y remédier, les accentue, les systématise et les radicalise. Confrontée à ses échecs et à son impopularité, elle a choisi de faire fi des alarmes et litière des espoirs en optant pour la solution de facilité : la politique de la peur, celle qui se sert des menaces terroristes pour instaurer un état d'exception. Le mot n'est pas trop fort pour décrire un État où le pouvoir exécutif étend de façon démesurée ses prérogatives secrètes en se mettant à l'abri des procédures de la justice et des enquêtes de la presse.

Avec le même aveuglement idéologique que les néoconservateurs américains, ce pouvoir transforme la lutte antiterroriste en guerre sans fin, la traque policière en défi militaire, la répression ciblée en mobilisation générale. Renonçant à une appréhension complexe du monde, il opte pour ce simplisme guerrier qui ne distingue plus que des amis et des ennemis. Ce faisant, il se place lui-même en opposition conflictuelle avec sa propre société, sa diversité ethnique et sa pluralité culturelle, regardant ses classes populaires comme des classes dangereuses et sa jeunesse indocile comme un désordre menaçant.

À rebours de tous les combats de la gauche contre les idéologies réactionnaires qui sacrifient les idéaux de liberté à

10 Pierre Rosanvallon, *Le Bon Gouvernement*, Seuil, Paris, 2015.

11 Dominique Rousseau, *Radicaliser la démocratie. Propositions pour une refondation*, Seuil, Paris, 2015.

une illusion de sécurité, le projet de loi relatif au renseignement entend officialiser la « société punitive » qu'entrevoyait Michel Foucault dans son cours au Collège de France de 1972-1973[12]. C'est une société, expliquait le philosophe, où « le système de contrôle permanent des individus » est « une épreuve permanente, sans point final », « une enquête, mais avant tout délit, en dehors de tout crime ». « C'est une enquête de suspicion générale et *a priori* de l'individu, insistait-il, qui permet un contrôle et une pression de tous les instants, de suivre l'individu dans chacune de ses démarches, de voir s'il est régulier ou irrégulier, rangé ou dissipé, normal ou anormal. »

Cette surveillance généralisée est une arme de coercition éthique et politique. En privant l'individu de sa part secrète d'autonomie, elle l'invite à se conformer aux normes dominantes, à ne jamais se rebeller, à rester dans le rang, à se soumettre et à obéir. « Privé, c'est libre en secret », énonçait Thomas Hobbes dans son *Léviathan* (1651), définition dont la portée politique dépasse la seule dimension intime de la vie privée. Préserver notre for intérieur du pouvoir d'État est la condition première des émancipations futures. Si nous voulons non seulement rester libres mais surtout inventer les libertés nouvelles, il nous faut impérativement préserver de toute inquisition étatique cet espace où nous pouvons penser à part et à l'écart, contre et ailleurs, en dehors et en retrait.

Les documents de la NSA américaine révélés par Edward Snowden montrent que tel est bien l'enjeu démocratique de la surveillance de masse, et non pas l'efficacité antiterroriste qui lui sert de prétexte. Loin d'être ciblée, elle vise tous azimuts, jusqu'aux gouvernants alliés, aux entreprises étrangères, aux concurrents économiques, aux journalistes indociles, aux citoyens protestataires, aux idées dissidentes, etc. La menace devient indistincte et, par conséquent, la suspicion générale. Au lieu de mettre au service de la société les potentialités démocratiques de la révolution numérique, il s'agit de les confisquer au service du pouvoir exécutif, avec la complicité des grands opérateurs économiques. Désormais, qui tiendra le pouvoir disposera

12 Michel Foucault, *La Société punitive. Cours au Collège de France 1972-1973*, Gallimard/Seuil-EHESS, coll. « Hautes Études », Paris, 2013.

du savoir, s'appropriant cette connaissance panoptique tandis que le droit de savoir des citoyens sera entravé, ne cessant de se heurter à des secrets barricadés, de défense ou des affaires.

Tous ceux qui douteraient encore de la dangerosité de cet engrenage pour la société et ses libertés politiques doivent lire le témoignage de Glenn Greenwald sur l'affaire Snowden, *Nulle part où se cacher*[13]. S'appuyant sur les archives de la NSA, il répond de façon pédagogique à la question : « En quoi un État de surveillance est-il nocif ? » « Tout ici, explique-t-il, tend à mettre en lumière le marché implicite qui est offert aux citoyens : ne remettez rien en question et vous n'aurez rien à craindre. Occupez-vous de vos affaires, et soutenez, ou du moins tolérez ce que nous faisons, et tout ira bien. En d'autres termes, si vous souhaitez rester vierge de toute accusation, vous devez éviter de provoquer les autorités qui manient ces pouvoirs de surveillance. C'est un marché qui invite à la passivité, à l'obéissance et à la conformité. L'option la plus sûre, le moyen d'avoir la garantie qu'on vous "laisse tranquille", c'est de garder le silence, de ne pas se montrer menaçant et de rester docile. »

S'agissant de la presse, dont la liberté est au service du droit de savoir des citoyens, le projet de loi sur le renseignement est une menace directe. Prises en tenaille entre la propagande des communicants et l'espionnage des services, les vérités qui « portent la plume dans la plaie », selon la célèbre formule d'Albert Londres, auront encore plus de mal à s'imposer dans l'espace public, voire à simplement émerger. Le champ de la surveillance, tel qu'il est défini par l'article premier du projet de loi, recouvre toutes les enquêtes sensibles menées par Mediapart, sans exception, qu'elles concernent la diplomatie étrangère, la vie économique ou la politique intérieure. Karachi, Kadhafi, Dassault, Tarnac, Sivens, Bettencourt, Cahuzac, ventes d'armes, industrie pharmaceutique, établissements bancaires, etc. : toutes les révélations qui font notre réputation pourraient être entravées par cette surveillance généralisée, sans compter qu'en France les pistes qu'elles ouvrent n'épargnent pas le cœur du pouvoir d'État, la présidence de la République.

13 Glenn Greenwald, *Nulle part où se cacher*, JC Lattès, Paris, 2014.

On nous opposera que les journalistes, tout comme les magistrats, avocats et parlementaires, sont explicitement exclus du champ de la surveillance. C'est faux, puisque le texte donne au Premier ministre (nommé par le président) le droit d'autoriser toutes « les techniques de recueil du renseignement » envers un journaliste selon une appréciation dont il sera le seul juge, l'avis de la commission de contrôle n'étant que consultatif. Pour avoir été témoin (et victime) de l'affaire des écoutes téléphoniques de l'Élysée sous la présidence Mitterrand[14], je sais d'expérience combien les contrôles sont fragiles, sinon vains, quand le pouvoir exécutif fait lui-même les questions et les réponses. On maquille les demandes de surveillance, on invente des prétextes pour les documenter, on se barricade derrière le secret-défense, on enfume les instances de contrôle, insuffisantes ou complaisantes, et si, d'aventure, le complot est éventé, on s'empresse d'inventer une légende calomniatrice pour justifier l'injustifiable.

L'histoire de France nous a habitués à ce que des pouvoirs de droite, conservateurs par réflexe, autoritaires par habitude, s'en prennent aux libertés. Mais ce n'était pas une fatalité sans retour puisque l'opposition de gauche devenait l'alternative en disant non à ce « coup d'État permanent ». Aussi, quand c'est au tour d'une majorité élue par la gauche d'y céder avec le zèle des convertis et le soutien de la droite, le désastre est bien plus grand. Combattre la loi sur le renseignement, ce n'est pas seulement refuser la surveillance généralisée. C'est aussi sauver la République comme espérance et exigence démocratiques.

29 avril 2015

14 Edwy Plenel, *Les Mots volés*, Stock, Paris, 1997 ; Gallimard, « Folio Actuel », 1999.

5
Nous président·e·s, agir au-delà du vote

La bonne nouvelle de cette élection est qu'elle accentue la crise du présidentialisme français. La mauvaise nouvelle est qu'elle se joue à la roulette russe. Le choix est d'autant plus aléatoire qu'il se fait sous la pression des événements, à l'instar de l'attentat commis à Paris. C'est pourquoi, au-delà du vote, il nous faut d'abord parier sur la société et ses mobilisations[1].

Comment ne pas savourer cette campagne où, jusqu'au bout, rien ne se passe comme prévu par et pour le vieux monde politique et médiatique, lequel ne sait plus à quel sondeur se vouer, effrayé par la percée des insoumis de Jean-Luc Mélenchon après avoir été surpris par l'émergence des marcheurs d'Emmanuel Macron ? Mais comment ne pas voir ce paradoxe que ce qui se défait sous nos yeux est l'objet même du scrutin présidentiel : la réduction de la volonté de tous au pouvoir d'un seul.

Ô combien pourrions-nous nous réjouir si nous étions une République parlementaire, comme le sont tous nos voisins à l'entour. Des dynamiques rassembleuses seraient à l'œuvre, des ententes fructueuses seraient nouées, des majorités plurielles seraient ébauchées. Majoritaires, les espoirs convergents – en termes de refondation démocratique, de renouvellement politique, d'exigence vertueuse, de pratiques solidaires, de souci écologique, de respect et de dignité – des électorats de la plupart des candidats, à l'exception de ceux de droite et d'extrême droite dont l'attitude

1 Cet article est paru à l'avant-veille du premier tour de l'élection présidentielle de 2017. L'attentat évoqué est l'attaque terroriste du 20 avril 2017 sur les Champs-Élysées à Paris, qui tua un policier et en blessa deux autres.

et le programme en sont le démenti, trouveraient naturellement leur traduction politique dans une assemblée délibérative.

Rien de tel avec ce système, démocratiquement délétère et politiquement archaïque, du présidentialisme français, institutionnellement monarchique, qui contraint aux cavalcades personnelles et incite aux aventures individuelles. À la veille de son premier tour, le scrutin qui en découle semble un guichet ubuesque d'où peut tout aussi bien sortir le pire que le meilleur, par le hasard de la participation et de la dispersion. La profonde aspiration démocratique et sociale qui sourd de cette campagne, au point d'avoir réussi à reléguer au second plan les haines et les peurs qui furent les refrains empoisonnés des précédentes, va se jouer finalement sur un coup de dés – le choix des deux finalistes, peut-être à quelques dixièmes de pourcentage, entre quatre candidats sur les onze en lice.

Admettons que tout soit possible, l'heureuse surprise comme la catastrophe redoutée. La première serait un duel Macron-Mélenchon qui, sanctionnant le cynisme néoconservateur de François Fillon et la violence post-fasciste de Marine Le Pen, offrirait un vrai débat et un choix loyal entre les deux orientations qui traversent la vie publique depuis le référendum européen de 2005 – où la victoire du « non » fut ignorée par les tenants du « oui ». La seconde serait évidemment un tandem Fillon-Le Pen qui ouvrirait grand la porte des régressions réactionnaires, après avoir fait éclater la bulle des spéculations sondagières et des emballements militants.

Reste que, dans l'incertitude finale, on ne peut s'empêcher de rêver à l'élimination, au soir du premier tour, des deux candidats qui ont symbolisé, dans cette campagne, ce qui déshonore la France. L'une, Le Pen, incarne la chasse au bouc émissaire et la haine de l'autre, de toutes les minorités, différences et dissidences, jusqu'aux protestants dans la dernière ligne droite[2], sans compter le refus de l'État de droit et des convocations de la justice ni,

2 Le 18 avril 2017, Marine Le Pen, sur TF1, fit du cardinal Richelieu son modèle en politique, « promoteur d'un État moderne qui a refusé justement, peut-être, qu'une religion prenne le pas sur la France ». Relancée sur le fait que le cardinal ne fut pas « très amical avec les protestants », elle répondit : « C'est peut-être les protestants qui avaient des exigences à l'époque qui allaient à l'encontre de la nation ».

surtout, une culture politique violente qui ne s'est jamais défaite de son héritage totalitaire. L'autre, Fillon, représente le mépris de toute éthique républicaine, à rebours de ses propres engagements et de sa filiation gaullienne revendiquée, au point de s'être entêté à faire campagne tout en étant mis en examen pour détournement de fonds publics, sur la base de faits établissant une longue habitude de népotisme et de clientélisme familial[3].

Quant au premier scénario, il ferait enfin droit aux alternatives radicales, nées des résistances citoyennes, aussi bien sociales que démocratiques et écologiques, indéniablement captées par La France insoumise de Jean-Luc Mélenchon, en les confrontant à la tentative de renouveau du traditionnel « cercle de la raison » européen, économique et institutionnel, que porte le mouvement En Marche ! d'Emmanuel Macron. À des pôles opposés, ces deux dynamiques inédites sont logiquement au cœur de l'incertitude du vote : l'un comme l'autre – Jean-Luc Mélenchon avec plus d'antériorité – ont compris qu'un ancien monde était en train de sombrer, dans les ruines pavées d'impuissance et d'inexistence de la présidence Hollande.

Alors qu'ils sont eux-mêmes issus de ce vieux monde – Mélenchon est élu depuis 1985, soit trente-deux ans, menant jusqu'à sa sortie en 2008 du PS une carrière politique aussi classique que professionnelle ; Macron, de vingt-quatre ans plus jeune, est emblématique des élites énarchiques, passant du service de l'État à celui de la finance, tout en conseillant le Prince du moment avant d'imaginer le devenir à son tour –, ils ont anticipé que son rejet serait au ressort du scrutin. D'où leur choix, similaire, de mouvements hors partis, s'émancipant *ex nihilo* des structures existantes, de leurs procédures et de leurs héritages, pour mettre en scène la relation directe d'un mouvement de masse avec le leader qui le porte et l'incarne, ouvrant, tel Moïse la mer Rouge, la voie du renouvellement politique, notamment générationnel.

Il va sans dire que ce neuf proclamé recycle aussi du vieux – notamment quand la nouveauté revendiquée par Emmanuel

---

3 Depuis, François Fillon a été condamné, le 29 juin 2020, à cinq ans de prison, dont deux fermes, et dix ans d'inéligibilité, notamment pour détournement de fonds publics. Il a fait appel.

Macron se voit annexée par les pires vieilleries du quinquennat Hollande, puisque rejoint par Manuel Valls, symbole du désastre dont le candidat prétend s'émanciper. Il est aussi manifeste, et ironique, que ces deux campagnes aux effets imprévus et aux idéologies contraires creusent le même traditionnel sillon bonapartiste français, ce recours à un homme providentiel pour dénouer la crise de l'ancien monde. De ce point de vue, on ne saurait trop se souvenir que l'existence détermine la conscience, en d'autres termes, que les institutions présidentielles sont habituées à vaincre les hommes qui les occupent au sommet, passant rapidement leurs promesses démocratiques à la moulinette du pouvoir personnel.

Reste que cette double émancipation des structures partisanes classiques s'est refermée comme un piège sur Benoît Hamon, prenant en tenaille le candidat issu de la primaire socialiste, alors même que sa victoire était la première bonne nouvelle de cette élection. Une majorité d'électeurs de gauche mobilisés et impliqués avait alors récompensé, à travers le candidat des frondeurs, ceux qui n'avaient pas démérité du vote de 2012, respectueux du contrat passé avec les électeurs et résistant aux renoncements, voire aux reniements – la déchéance de nationalité –, du tandem Hollande-Valls. Pour transformer l'essai, il aurait fallu que Benoît Hamon puisse s'émanciper de la famille partisane qu'il incarne, ce Parti socialiste dont l'appareil le soutient comme une corde soutient un pendu et dont l'actuel premier secrétaire, deux fois condamné pour emploi fictif, symbolise cette politique professionnelle, hors sol et hors contrôle, qui n'est plus tolérable.

Trop tard à l'évidence ou, peut-être, trop tôt si, du résultat électoral, naît une recomposition partisane à l'instar de l'émergence du Parti socialiste autonome, puis du Parti socialiste unifié sur les décombres de la SFIO molletiste dont l'égarement, dans les années 1950, évoque irrésistiblement l'impasse dans laquelle Hollande et Valls ont entraîné leur propre camp. Ce fut l'espoir porté par Pouria Amirshahi, l'un des rares députés socialistes à avoir poussé jusqu'à son terme logique la rupture avec ce quinquennat, en quittant le PS et en ébauchant un Mouvement commun[4]. À moins qu'à l'inverse – et ce pressentiment handicape

4 Lancé en novembre 2015, le Mouvement commun fut éphémère. Alors député, Pouria Amirshahi quitta le Parti socialiste en mars 2016.

sans doute la candidature Hamon – tout cela ne finisse dans un prochain congrès socialiste, entre théâtre d'ombres et clarification inespérée…

Face à un scrutin présidentiel, un anti-présidentialiste de longue date est naturellement désemparé, tant il ne réussit pas à être dupe des effets de campagne, trop averti des lendemains qui déchantent faute de mobilisation de la société au-delà des urnes. Il l'est d'autant plus si, à cette méfiance instinctive, s'ajoute une prudence professionnelle, celle du journaliste qui sait combien l'histoire n'est jamais écrite par avance et combien, surtout, il ne doit pas se risquer à la prédire, au risque de se rendre aveugle à l'inédit et à l'imprévu, voire à l'improbable.

De ce point de vue, rester lucide suppose de résister à la pression prédictive des sondages, cette prétention à écrire par avance l'histoire à la place des électeurs. De fait, il y a loin des mobilisations partisanes aux urnes présidentielles, simplificatrices et réductrices, par conséquent piégeuses et dangereuses pour le camp de l'émancipation.

Faute d'un système politique favorisant le pluralisme, puisque la Ve République assèche la diversité intrinsèque des votes de second tour en les transformant en majorité présidentielle, confiscatoire et disciplinaire, l'éclatement de l'offre électorale qui fait le sel de cette cuvée 2017 ne se traduira pas forcément en une mobilisation accrue des électeurs. On ne peut exclure que l'ultime #RienNeSePasseraCommePrévu soit le niveau d'abstention et, plus largement, en incluant les non-inscrits, de non-participation au vote. C'est évidemment ce trou noir électoral que ne mesurent aucunement les sondages dont nous savons, par ailleurs, ainsi que le souligne le politiste Jean-Yves Dormagen[5], combien ils peuvent se tromper tant la qualité et la représentativité de leurs échantillons sont biaisées, sous-représentant les plus de 65 ans, surreprésentant les catégories supérieures, valorisant des électeurs plus diplômés, plus politisés, plus informés que la moyenne des citoyens.

L'épuisement démocratique de la Ve République se traduit par une montée constante de l'abstention dont la participation,

5 Jean-Yves Dormagen, « Sondages : "Des biais affectent la qualité et la représentativité des échantillons" », *Le Monde*, 18 avril 2017.

plus massive (8 citoyens inscrits sur 10), aux scrutins présidentiels est le cache-misère. Cependant, y compris pour l'élection présidentielle, deux exceptions doivent faire réfléchir qui, toutes deux, sortirent la gauche du jeu dès le premier tour : en 2002 évidemment, avec une abstention de 28 %, et en 1969 où elle atteint 30 %. Or, ces dernières années, cette abstention n'a cessé d'augmenter dans tous les autres scrutins nationaux : elle a doublé en vingt ans aux législatives, ce qui fait qu'en ajoutant les non-inscrits, moins d'un citoyen sur deux choisit un député. Ce taux de participation tombe à moins d'un citoyen sur trois pour les européennes, les régionales et les départementales.

Travaillant de longue date avec Cécile Braconnier sur cette question, trop ignorée et délaissée par les professionnels de la politique et de son commentaire, Jean-Yves Dormagen n'exclut donc pas de nouvelles « surprises électorales ». Alors que cette campagne suscite une curiosité manifeste par ses rebondissements imprévus, les seules données fiables sur l'implication citoyenne nourrissent, paradoxalement, l'hypothèse d'un scrutin peu mobilisateur, à rebours de ce dont avaient témoigné les primaires de droite et de gauche, impliquant les électeurs bien au-delà de la surface des partis – LR et PS – qui les organisaient. Récemment rendus publics par l'Insee, les chiffres d'inscription volontaire sur les listes électorales sont en recul par rapport aux deux scrutins précédents : en 2017, le taux de sortie de la non-inscription n'est que de 12,4 % contre 15,6 % en 2012 et 18,7 % en 2007.

Ce « hors-jeu » électoral recouvre une double dimension sociale et générationnelle : les plus fragiles, les plus isolés, les plus jeunes, etc. À cet indicateur des non-inscrits, il faut de plus ajouter celui des mal-inscrits. « Non seulement, constatent Braconnier et Dormagen[6], la proportion de non-inscrits est plus élevée pour cette présidentielle que lors des scrutins précédents, mais le taux de réinscription après déménagement ayant lui aussi diminué, la proportion des mal-inscrits risque également d'être encore plus importante. Aux 6 millions de non-inscrits qui ne seront pas cette année en mesure d'exercer leur citoyen-

6 « La présidentielle 2017 face à la nébuleuse des abstentionnistes », *The Conversation*, 18 avril 2017.

neté électorale, il faut sans doute ajouter environ 7 millions de personnes inscrites dans une autre commune que celle où elles résident. Or on a établi récemment qu'elles s'abstiennent trois fois plus que celles inscrites à côté de chez elles. »

À l'incertitude du scrutin lui-même s'ajoute donc celle de la participation, la diversification de l'offre électorale pouvant aussi bien accroître le désarroi, entre sentiment de confusion et désir de sanction. Plus fiable que les sondages (un panel de 11 601 personnes inscrites sur les listes électorales), la dernière étude du Cevipof, le centre de recherches politiques de Science Po, réalisée à la mi-avril, souligne que seuls 72 % des électeurs se déclarent certains d'aller voter au premier tour. Si cette tendance se confirmait le jour du vote, on retrouverait le taux d'abstention record de 28 % en 2002. Quant à la proportion de ceux qui sont incertains de leur choix, hésitant jusqu'à la dernière minute, elle est aussi de 28 %, plus d'un quart des électeurs restant dans l'indétermination.

Bref, l'artifice sondagier et sa chronique médiatique, qui ne s'en tiennent qu'à la course des candidats, masquent une réalité plus profonde : l'essoufflement démocratique du système présidentialiste. Résumé par l'« effet Poutou » du seul débat entre les onze candidats – ce surgissement, avec le candidat du NPA, d'un citoyen comme le plus grand nombre, ouvrier de son état, sans mise en scène ou langue de bois –, l'un des enseignements de cette campagne est le rejet croissant de la politique professionnelle. De la politique comme métier déconnecté de la société. De la politique comme carrière interminable et bulle irresponsable. De la politique comme propriété de ceux qui pensent savoir mieux que le peuple et à sa place ce qui est bon pour lui, se sentant au-dessus de lui et vivant en dehors de lui. D'une politique saisie par l'État, son pouvoir vertical et ses impératifs autoritaires.

C'est une vieille exigence qui, aujourd'hui, retrouve une jeunesse. Aux origines du mouvement ouvrier et social, on retrouve cette défiance, bien malmenée à gauche par la suite, vis-à-vis de la politique entendue comme carrière. « Portez vos préférences sur ceux qui ne brigueront pas vos suffrages : le véritable mérite est modeste, et c'est aux électeurs de choisir leurs hommes, et non à ceux-ci de se présenter » : en mars 1871, la Commune de Paris osait énoncer cette utopie après avoir recommandé aux électeurs de se défier « autant des ambitieux que des parvenus : les uns comme les autres ne considèrent que leur propre intérêt et finissent toujours par se considérer comme indispensables ».

Ce désir-là ne saurait s'accomplir dans l'urne présidentielle. Il est à l'ordre du jour des lendemains du scrutin, durant la campagne législative, par la multiplicité de candidatures rassembleuses faisant de cette exigence radicalement démocratique leur principale priorité. Mais il se joue, surtout, par la mobilisation de la société elle-même, laquelle n'a cessé de se faire entendre. À l'écart de la compétition électorale, dans une trop grande indifférence, cette campagne se différencie des précédentes par l'exceptionnelle multiplication d'initiatives citoyennes qui font leur chemin en toute autonomie, en dehors des appels partisans à voter pour tel ou tel candidat.

Qu'il s'agisse des solidarités, de la précarité et de la pauvreté, de l'aide au développement, des défis écologiques, de la lutte contre la corruption, de la liberté d'informer, du refus des discriminations, des zones à défendre, de la crise de civilisation, etc., tous ces regroupements citoyens tracent le chemin d'espérance qu'il nous faudra emprunter, demain, quel que soit le résultat de l'élection présidentielle. Celui des causes communes de l'égalité portées par la convergence des volontés citoyennes, et non pas déléguées à des représentants élus, aussi dignes de confiance soient-ils.

Car la démocratie ne se réduit pas à l'élection. Aucun élu, aucune institution, aucun gouvernant n'en sera le seul garant sans une société agissante et un peuple impliqué. Une démocratie vivante suppose un écosystème, fait de culture partagée et de contre-pouvoirs respectés. De ce point de vue, le sort fait au droit à l'information durant cette campagne est un symptôme inquiétant. Du refus par certains candidats des questions qui fâchent, libérant une violence qui ne fut pas seulement verbale, aux intolérances de leurs supporteurs qui n'imaginent de presse que soumise ou partisane, cette haine du journalisme et, surtout, de son indépendance est une alarme sérieuse.

En 1973, soit durant ces années de bouillonnement nées du formidable ébranlement de mai-juin 1968, plusieurs figures intellectuelles de la gauche, qui n'ont jamais démérité de ses combats les plus essentiels, prirent leur plume pour nous mettre en garde. Signé notamment par Jean-Jacques de Félice, Marc Ferro, Edgar Morin, Maxime Rodinson, Laurent Schwartz, Jean-Pierre Vernant et Pierre Vidal-Naquet, cet appel se terminait par ces mots qui, pour nous, à Mediapart, vaudront ligne de conduite au lendemain de cette élection présidentielle, quel qu'en soit le vainqueur :

« Il n'y a pas de César individuel ou collectif qui mérite l'adhésion de tous. L'idéal d'une société juste n'est pas celui d'une société sans conflit – il n'y a pas de fin de l'histoire – mais d'une société où ceux qui contestent peuvent, à leur tour, quand ils viennent au pouvoir, être contestés ; d'une société où la critique soit libre et souveraine, et l'apologétique inutile[7]. »

21 avril 2017

7 Cet appel est paru dans *Le Monde* le 4 juillet 1973. Sur le site du journal, il est ainsi titré : « "Il n'y a pas de problème de la fin et des moyens" – "Il n'existe pas d'apocalypse révolutionnaire" – "Il n'y a pas de libertés 'formelles' qu'on puisse supprimer" ».

6
Pour un vrai pouvoir législatif

Par son charivari de la vieille politique, la présidentielle de 2017 a dit la soif de renouveau démocratique. Mais si les législatives donnaient une majorité absolue au pouvoir, ce serait un retour en arrière, aux pratiques hégémoniques et au parlementarisme asservi. C'est pourquoi il faut une Assemblée plurielle, ouverte à la diversité d'une opposition démocratique, sociale et écologique.

Emmanuel Macron est un président de la République minoritaire, ayant bénéficié pour l'emporter au second tour d'un vote de raison ou de principe face à l'extrême droite. Par l'effet de levier d'un mode de scrutin législatif injuste et archaïque, qui amplifie la confiscation du pluralisme politique par le pouvoir présidentiel, il entend devenir non seulement majoritaire, mais hégémonique, à l'issue des élections législatives des 11 et 18 juin prochains. S'il atteignait son but, pour lequel fait campagne active son Premier ministre venu de la droite juppéiste, ce serait une mauvaise nouvelle pour la démocratie française et tous les citoyen·ne·s qui espèrent sa revitalisation, y compris pour celles et ceux d'entre eux qui veulent donner sa chance au nouveau pouvoir.

Le pluralisme est au ressort d'une démocratie vivante, délibérative et participative. Il permet des majorités d'idées, issues de la discussion, de l'échange rationnel et de l'écoute attentive. Il donne droit à des oppositions stimulantes parce que constructives et intelligentes, porteuses d'intérêts mésestimés et de causes méconnues. Il oblige une majorité fragile à sans cesse composer avec des minorités actives, reconnues et respectées. Bref, c'est l'envers de ces majorités automatiques, obtenues par discipline de parti et autoritarisme de l'exécutif, qui n'ont cessé de blesser l'aspiration profonde du pays à une démocratie renouvelée, à l'écoute de ses espérances, à portée de sa confiance.

Limiter l'expression de ce pluralisme aux dosages gouvernementaux, mélange de débauchages partisans, de carriérismes politiciens et de compétences professionnelles – ce qui n'exclut pas la sincérité, l'envie d'agir et de servir –, c'est accentuer la domination présidentielle sur notre vie publique. Un homme seul, parce que devenu président de la République, deviendrait ainsi l'unique artisan et garant de la diversité politique, sociale, culturelle, idéologique, etc. d'une nation profondément divisée tant les occasions manquées de ces quinze dernières années n'ont cessé d'en déchirer le tissu commun. Mais qui ne voit, justement, que cette quête obsessionnelle d'une « majorité présidentielle » en fut la cause, donnant tous les pouvoirs à un seul au lieu de redonner vie à la pluralité de tous ? Qu'ont fait de leurs majorités absolues Jacques Chirac (2002), Nicolas Sarkozy (2007), François Hollande (2012), sinon accentuer la dépossession démocratique au point de diviser, de briser et de ruiner leurs propres familles politiques ?

L'hypothèque de l'extrême droite sur notre vie politique est, depuis une trentaine d'années, le produit de cet entêtement et de cet aveuglement à faire perdurer une vision institutionnelle archaïque. Son apparente efficacité bonapartiste – l'immense pouvoir dévolu au chef de l'État, sacré maître des horloges de la vie publique – n'est que de court terme, ne construisant que sur du sable, obligeant son bénéficiaire à toujours rejouer la donne, tel Sisyphe remontant en vain son rocher. Le bilan est sous nos yeux et si le nouveau président élu, grisé par sa victoire inattendue, l'oubliait, nul doute que la facture lui serait retournée de nouveau. Au second tour de l'élection présidentielle de 2002, face à Jacques Chirac, Jean-Marie Le Pen avait recueilli 5,5 millions de voix. Quinze ans plus tard, au second tour de celle de 2017, ce chiffre a presque doublé, témoignant du bilan désastreux des présidences Sarkozy et Hollande : malgré un débat d'entre deux tours ayant mis à nu la violence politique propre au Front national, Marine Le Pen a rassemblé 10,6 millions d'électeurs le 7 mai 2017.

Bénéficiaire de ce désastre, Emmanuel Macron ne saurait prétendre être devenu propriétaire des voix qui, pour le conjurer, se sont portées sur son nom sans renoncer à leurs convictions propres, dans leur diversité intrinsèque. Avec seulement 18,19 % des inscrits au premier tour (24,01 % des exprimés), son programme initial n'est évidemment pas majoritaire. Son score du second tour n'est que de 43,61 % des inscrits, donc en dessous de la moitié du corps électoral, plus de 16 millions des électeurs ayant choisi de s'abstenir, de voter blanc ou nul, soit un gros tiers des inscrits, lesquels ne dépassent pas 90 % des citoyens en âge de voter. Refuser de donner les pleins pouvoirs parlementaires à cette nouvelle présidence, par la domination d'une majorité soumise à l'Assemblée nationale, c'est être en cohérence avec notre ferme position d'entre les deux tours, ce refus de confondre l'avènement d'une présidence autoritaire et la prolongation d'une démocratie inachevée[1].

Approfondir la démocratie, après avoir évité le pire, c'est désormais résister au fait accompli présidentialiste que donne à voir la campagne législative des soutiens d'Emmanuel Macron, à l'enseigne de « La République en marche ». Leur désir d'hégémonie relève précisément de cette « vieille politique » avec laquelle ils prétendent rompre. Nul hasard si ses principaux artisans sont issus des deux partis qui l'ont longtemps pratiquée, PS notamment à gauche mais aussi UMP puis LR à droite, étouffant sans pitié la diversité politique de la nation. Sous la nouveauté autoproclamée par Emmanuel Macron survit un vieux monde qui entend ainsi se sauver et que révèle cette campagne législative. Aux arrangements divers avec la moralisation promise, dont l'affaire Richard Ferrand (ex-PS) est éthiquement symptomatique même s'il n'est pas établi qu'elle soit pénalement répréhensible[2], s'ajoute ce choix de ménager, en ne leur opposant pas de candidature, les pires symboles de

---

1 Edwy Plenel, « Dire non au désastre », Mediapart, 1er mai 2017.

2 En septembre 2019, Richard Ferrand, après avoir bénéficié d'un classement sans suite par le parquet de Brest, a finalement été mis en examen pour « prise illégale d'intérêts » à Lille. L'affaire dite des Mutuelles de Bretagne n'a pas encore été jugée et il est présumé innocent.

la présidence sortante, de Manuel Valls à Myriam El Khomri, aux noms devenus synonymes d'humiliation et de brutalisation.

La démocratie ne se réduit pas aux institutions qui s'en réclament. Elle suppose une culture commune, c'est-à-dire une pratique concrète. En janvier dernier, dans la perspective de la présidentielle, un témoin averti de la nécrose française, cette perte de confiance dans un idéal qui s'étiole et s'épuise, plaidait pour une « loyauté dans la représentation » parlementaire. Insistant sur le rôle du Parlement comme « contrôle de l'exécutif pour éviter les excès, les manquements et les abus de pouvoir », il en concluait l'exigence « que les courants principaux qui forment l'opinion démocratique soient représentés en son sein, pour que nul ne puisse confisquer et empêcher le débat et que nul n'annihile le contrôle ».

Pas d'unité sans pluralisme, insistait cet auteur, sans reconnaissance et respect de la contradiction : « Le pluralisme ne pacifie pas seulement : il libère aussi… À la place de la politique qui vise à écraser les autres, je plaide pour la politique qui écoute, qui accepte le pluralisme des opinions, qui l'accepte et même qui le recherche. » L'auteur de ces lignes, tirées de *Résolution française*[3], n'est autre que François Bayrou, aujourd'hui ministre d'État et garde des Sceaux dans le premier gouvernement de la présidence Macron[4].

L'hégémonie d'une « majorité présidentielle » sûre d'elle-même et dominatrice en serait le démenti radical. D'autant plus que sa composition renouvelée ne porte en elle-même aucune garantie de plus-value démocratique, tant la culture institutionnelle de la Ve République invite aux majorités moutonnières, obéissantes et suivistes. Pis, ce zèle des convertis propre aux nouveaux venus en politique peut aussi bien renforcer son incapacité à se dresser face au pouvoir exécutif.

Mais, de même qu'il nous oblige à refuser le chèque en blanc d'une majorité absolue, cet impératif démocratique nous

3 François Bayrou, *Résolution française*, Éditions de l'Observatoire, Paris, 2017.

4 François Bayrou ne resta à ce poste que durant un mois et quatre jours, du 17 mai au 21 juin 2017. Il ne fut pas reconduit en raison de l'affaire des assistants parlementaires du Modem au Parlement européen, dans laquelle il sera mis en examen le 6 décembre 2019 pour « complicité de détournement de fonds publics ». Cette affaite n'est pas encore jugée et il est présumé innocent.

invite aussi à rejeter le sectarisme d'une opposition unique. Comme en miroir de la volonté hégémonique de La République en marche, portée par le fait présidentiel, la gauche, dans sa diversité, est aujourd'hui confrontée au désir hégémonique de La France insoumise, portée par le score de Jean-Luc Mélenchon au premier tour.

Alors même que, pour la première fois, les thématiques démocratiques (la VIe République), sociales (le refus de la loi sur le travail), écologiques (la transition environnementale), européennes (la démocratisation de l'UE) unissent toutes les gauches, partisanes ou sociétales, qui se sont opposées ou ont rompu avec le quinquennat Hollande incarné par Valls, jamais la division et la dispersion n'ont dominé à ce point. Maître du jeu au soir du premier tour, Jean-Luc Mélenchon, à l'inverse de son modèle François Mitterrand dans les années 1970, alors champion de l'union pour reconstruire la gauche, s'est refusé à tout dialogue, à toute convergence, à tout rassemblement.

L'engagement de refondation démocratique ne saurait se limiter à la proclamation virtuelle d'une nouvelle République pour les calendes grecques. Il se vérifie d'abord par la pratique démocratique elle-même, ici et maintenant, qui suppose respect des partenaires, écoute des différences, souci des convergences, refus des insultes et des diabolisations, des exclusions et des exclusives. Comment comprendre que des candidatures de La France insoumise soient systématiquement opposées à des candidats de rassemblement et d'union qui ont incarné la résistance aux renoncements du quinquennat Hollande ? C'est, par exemple, le cas à Paris de Caroline de Haas, militante associative qui fut à la pointe du combat contre la loi sur le travail et d'autres initiatives citoyennes ; à Besançon de Barbara Romagnan, frondeuse socialiste entêtée, restée fidèle aux engagements pris en 2012 devant les électeurs ; à Grenoble des candidats soutenus par le maire écologiste, Éric Piolle, dont la majorité inclut le Parti de gauche, alors même qu'il avait appelé à voter Mélenchon au premier tour.

Allié objectif du césarisme présidentiel, ce sectarisme populiste risque fort d'amplifier la défaite de la gauche après qu'elle a été éjectée du second tour de la présidentielle. Car jamais la gauche, dans sa pluralité, n'a été aussi minoritaire et aussi fragile, situation que le plaisir morbide des différences et des divisions ne peut qu'accroître. En 2002, malgré son élimination au premier tour, la gauche totalisait avec ses cinq candidats 32,45 % des suffrages exprimés, total qui montait jusqu'à 42,89 % avec les trois candidats d'extrême gauche. En 2017, les scores additionnés de toutes les gauches ne dépassent pas 27,67 % des exprimés, un des étiages historiquement les plus bas.

Croire, dans un contexte si défavorable, qu'une seule force pourrait solitairement relever le défi de l'opposition, ce n'est pas seulement s'illusionner, c'est aggraver les blessures portées à la gauche par le quinquennat Hollande, notamment sous le gouvernement Valls. Toute l'histoire de la gauche est tissée de diversité, forte de courants pluralistes, riche de tendances multiples. Et chaque fois qu'une force politique a prétendu en faire table rase à son profit, se proclamant seule propriétaire de l'orthodoxie programmatique, l'échec et la désillusion ont été au rendez-vous final.

En France, sous ses divers atours selon les circonstances historiques, des Napoléon Ier et III à Charles de Gaulle, le bonapartisme a toujours été la ruse politique des classes dominantes pour préserver l'essentiel, leurs intérêts, quitte à les obliger à faire taire leurs querelles. Son habileté, d'autant plus grande que son maître d'œuvre est averti ou expérimenté, a toujours été de parier sur la division des forces se réclamant de l'émancipation. C'est bien pourquoi il nous faut espérer que ces élections législatives donnent la main aux représentant·e·s les plus divers d'une opposition intelligente, rassemblée sur l'essentiel, sans sectarisme aucun, engagée au plus près des réalités quotidiennes et des espérances concrètes, ne se payant pas de mots et ne se grisant pas de colères.

« On ne peut ni ne doit tout attendre d'un homme » et l'élection présidentielle « n'apportera pas plus qu'auparavant le démiurge »... Refonder l'action politique, sa légitimité et son efficacité, suppose donc de la penser au-delà du « spasme présidentiel », « loin du pouvoir charismatique et de la crispation césariste de la rencontre entre un homme et son peuple ». Autrement dit, d'échapper à ce temps court de l'élection, où « la vie politique s'écrase » sous le poids du « présidentialisme », pour mieux retrouver le temps long de la « délibération permanente », cette « double vertu du parlementarisme et de la démocratie sociale que notre République a encore trop souvent tendance à négliger ».

L'auteur de ces lignes, parues en 2011 dans la revue *Esprit*[5], n'est autre qu'Emmanuel Macron, désormais bénéficiaire de ce présidentialisme qu'il critiquait hier. Par-delà son propre revirement, elles expriment parfaitement l'enjeu de ces élections législatives : imposer la vitalité d'un Parlement pluraliste au rêve hégémonique du pouvoir présidentiel.

29 mai 2017

5 Emmanuel Macron, « Les labyrinthes du politique », *Esprit*, mars-avril 2011.

7
Le besoin d'une gauche pluraliste

Ils ne savent pas combien leur inconscience se paiera au prix fort demain. Il en va ainsi de l'écrasante majorité, absolue et dominatrice, annoncée, à l'issue des législatives des 11 et 18 juin 2017, en faveur des candidats du mouvement En Marche ! créé par Emmanuel Macron. Si elle advient, ce ne sera pas une bonne nouvelle, ni pour la vitalité démocratique du pays, ni pour le quinquennat qui commence.

Une majorité en quelque sorte « bleu horizon », soumise et suiviste, zélée et conformiste, ne fera qu'accompagner une nouvelle accentuation du désenchantement démocratique français, ouvrant de nouveau la voie aux tentations autoritaires et identitaires, celles qui, faisant commerce des haines et des peurs, imposent depuis trente ans leur hégémonie à notre vie politique. La cohérence démocratique est à ce prix : tout comme nous assumons d'avoir appelé à faire barrage au Front national, sans pour autant adhérer au programme du candidat qui était opposé à Marine Le Pen, nous estimons qu'offrir une majorité sans partage, et surtout sans opposition de gauche consistante, à la nouvelle présidence ne ferait qu'aggraver les maux qui sont au ressort de l'ascension de l'extrême droite.

Il n'aura pas fallu un mois de présidence Macron pour que le présidentialisme – cette facilité césariste, ce confort bonapartiste, bref ce déni de démocratie – impose sa loi, à rebours des promesses de renouveau démocratique du candidat élu le 7 mai 2017. Deux jours plus tôt, le 5 mai au soir, confronté aux interpellations sans concession de Mediapart, Emmanuel Macron s'engageait à « inventer les formes démocratiques qui vont permettre au pluralisme et à la vitalité démocratique qui a émergé durant cette campagne de s'exprimer », défendait « un vrai contrôle parlementaire » et plaidait pour « un Parlement rénové », ajoutait que « si l'on veut redonner à la vie politique son sens, sa force, le Parlement doit être l'artisan de cette mise en responsabilité politique de l'exécutif ».

Durant la campagne législative, ces mots ont disparu de la campagne macroniste, remplacés par la seule exigence d'un tribut qu'il faudrait accorder automatiquement au vainqueur, sous peine d'être mauvais perdant alors qu'il ne s'agit que de défendre la séparation des pouvoirs, et par conséquent l'autonomie du pouvoir législatif. Car rien du renouveau démocratique durable et profond dont Emmanuel Macron, au jour de son intronisation, se disait l'obligé, n'arrivera avec une majorité de députés qui ne devra d'exister qu'au seul miracle présidentiel. De fait, il est impossible de connaître le programme législatif sur lequel s'engagent les candidats estampillés « majorité présidentielle » : ils ne se proposent que de soutenir ce que décidera le nouveau président de la République dont le portrait, le plus souvent, prend autant de place que le leur sur les affiches électorales.

À ce chèque en blanc qu'ils incarnent, à l'opposé de tout mandat clair et transparent auprès des électeurs, s'ajoute la nature ô combien décevante du renouvellement promis. La « société civile » qu'entendait promouvoir En Marche ! se révèle socialement fort éloignée du plus grand nombre, très proche du recyclage en politique de milieux favorisés, de clientèles économiques ou de politiciens professionnels, enfin souvent bien peu conforme aux engagements de moralisation et aux exigences éthiques.

Lors de son ultime entretien avec Mediapart, le futur président de la République avait balayé, sans y répondre sur le fond, notre question sur le « pouvoir personnel », ces « institutions de la Ve République plus fortes que les hommes », comme l'ont illustré à foison les conversions répétées de leurs plus zélés critiques à l'abus de pouvoir permanent qu'elles accordent au chef de l'État. Là encore, il n'a pas fallu un mois pour que cette nouvelle présidence y cède, tournant le dos à la société, entendue comme toutes celles et tous ceux qui y font vivre, au jour le jour, les exigences de solidarité et de fraternité, d'égalité et de liberté.

C'est le cas, malgré les proclamations d'écoute et de patience, pour les entretiens sur la loi sur le travail, jeu de dupes où les principales cartes ne sont pas sur la table, où le pouvoir ne « dit rien » de l'essentiel, comme l'a confié le président lui-même tandis que, sans la presse, on ne saurait rien de ses véritables intentions, de son calendrier et de ses objectifs, déjà fixés. C'est le cas encore de la politique envers les migrants dont le ministre de l'Intérieur revendique un durcissement, loin de toute exigence humanitaire et à l'opposé de l'attitude allemande qu'avait saluée dans le passé Emmanuel Macron, au point de laisser les forces de police faire, à Calais, la chasse aux bénévoles qui les nourrissent. C'est le cas enfin des libertés fondamentales, avec cette proposition sidérante de faire entrer dans le droit commun les principales mesures d'exception de l'état d'urgence, en somme d'installer à demeure un État policier hors de tout contrôle du pouvoir judiciaire, au grand dam de l'ensemble des défenseurs des droits humains.

Par-delà quelques effets de communication, essentiellement sur la scène internationale, le macronisme se révèle ainsi d'emblée conservatisme, le libéralisme économique dont il se réclame, au service des intérêts sociaux dominants, n'étant pas accompagné d'une renaissance de ce libéralisme politique qui fait tant défaut à la culture politique française. Si la suite n'est évidemment pas écrite, le bonapartisme ayant toujours des capacités de rebond, de droite à gauche, et inversement, au service de sa permanence – les règnes de Napoléon Ier, de Napoléon III et de Charles de Gaulle en furent emblématiques –, il est assuré qu'elle marchera à rebours des exigences démocratiques, sociales et écologiques si le pouvoir présidentiel est livré à lui-même, avec pour seule opposition parlementaire conséquente ce qui restera de la droite réactionnaire dont Nicolas Sarkozy et François Fillon furent les porte-drapeaux.

C'est pourquoi nous avons besoin d'une gauche. D'une opposition de gauche. Démocratique, sociale, écologique, solidaire. D'une opposition ayant l'intelligence des radicalités pragmatiques, celles qui ne se payent pas de mots mais affrontent les problèmes à leur racine, au plus près du réel et de ses expériences. D'une opposition soucieuse de ce qui la rassemble sur l'essentiel, plutôt que rongée par ses différences. D'une gauche ayant assez de lucidité sur ses échecs pour rester humble face au long chemin de reconstruction qui s'impose désormais à toutes ses composantes. D'une gauche qui se sente redevable à sa longue durée, celle des combats toujours inachevés de l'émancipation au nom de l'égalité des droits, plutôt que de se laisser happer par des succès illusoires et des hégémonies fragiles.

Cette gauche a divers visages, et ce devrait être sa force de savoir les conjuguer et les rapprocher. Ce sont ceux de toutes les bonnes volontés qui, face aux renoncements, voire aux reniements du quinquennat Hollande-Valls – le choix de Manuel Valls comme Premier ministre ayant signifié la perdition de cette présidence élue en 2012 à gauche –, ont su, un jour ou l'autre, dire non. Tous sont bienvenus, pas seulement les opposants de toujours ou de la première heure, revendiqués par la France insoumise malgré son jeune âge – le mouvement a été créé en 2016. Car, qu'ils aient été socialistes, communistes, écologistes, militants associatifs ou syndicaux, etc., ils ont su affronter ce choix le plus difficile : penser contre soi-même et contre les siens, affirmer son indépendance contre les disciplines majoritaires, assumer sa liberté en rompant avec les contraintes partisanes. En ce sens, ils n'ont pas démérité de nos espoirs.

Nous savons bien que le lendemain de ces élections législatives risque d'être l'an zéro de la gauche française. Mais nous refusons de céder à cet air du temps présidentialiste qui voudrait en faire table rase, dans un « dégagisme » destructeur d'une histoire collective dont le passé est toujours plein d'à présent. Car nous serions, par exemple, britanniques, voire nord-américains, nous ne serions pas spectateurs d'un tel désastre. Tout simplement parce que le parlementarisme vivant de Grande-Bretagne ou la culture démocratique des États-Unis nous en préserverait – ce que le résultat des élections anglaises ou les rebondissements du feuilleton Trump démontrent amplement. Alors qu'en France l'omniprésence du pouvoir d'un seul corrompt tout le champ politique, jusqu'à ses oppositions, contaminées par la quête d'un homme providentiel plutôt qu'occupées à créer des dynamiques collectives exemplaires.

« Les dieux aveuglent ceux qu'ils veulent perdre » : en 1894, Séverine (1855-1929), formidable journaliste, formée à l'école du communard Jules Vallès, citait cette sentence latine pour évoquer « les faiseurs de Césars ». C'était à propos d'un épisode avorté de notre mal bonapartiste, le boulangisme – du nom du général Boulanger, dont le mouvement faillit s'emparer de la IIIe République –, où elle s'en prenait à ceux qui l'avaient enfanté, avec des mots qui pourraient s'adresser aujourd'hui à ceux qui, durant le quinquennat écoulé, lui ont de nouveau fait la courte échelle en nous léguant Emmanuel Macron. Séverine donc : « Comment ne se rendent-ils pas compte, ces gouvernants, que ce sont leurs propres erreurs, leurs fautes, leur égoïsme, leur j'menfichisme, leur gloutonnerie, et leur mépris des misérables, qui ont fait, bien autrement que les chromos d'Épinal ou les refrains des beuglants, le général Boulanger ! »

Comme une résonance ironique avec notre actualité, ces lignes sont tirées d'un recueil d'articles intitulé *Notes d'une frondeuse*[1], qui sera rapidement suivi d'un autre, titré... *En marche*[2]. Mais la marche de Séverine ne la menait aucunement vers le pouvoir personnel, fidèle qu'elle fut jusqu'à son dernier souffle à l'espérance démocratique et sociale, cet appel de l'égalité sans frontières puisque sa dernière apparition publique fut lors d'un meeting de solidarité avec les anarchistes Sacco et Vanzetti, peu avant leur exécution aux États-Unis. Ce détour est une façon de dire que nous ne sommes pas aveugles sur les responsables ni dupes des responsabilités qui ont mené la gauche dans l'impasse qui semble aujourd'hui la sienne. Mais que, tout autant, nous nous refusons à jeter le bébé avec l'eau du bain, à sacrifier durablement des décennies d'histoire commune des gauches parce qu'elles ont été momentanément saccagées par et sous la présidence de François Hollande.

Dans la diversité des « ismes » qui en furent ou en sont l'expression, la longue histoire de la gauche est tout simplement celle de la question sociale, indissociable de la question de la justice et de l'égalité, et désormais imbriquée aux enjeux de

1 Séverine, *Notes d'une frondeuse. De la Boulange au Panama,* H. Simonis Empis Éditeur, Paris, 1894.
2 Séverine, *En marche...*, H. Simonis Empis Éditeur, Paris, 1896.

crise de civilisation et de survie de l'humanité portés par l'écologie politique. Or ces questions-là, quels que soient les époques ou les contextes, ne se dissoudront jamais dans un « peuple » ou une « société civile » indistincts, qu'une politique d'en haut rendrait artificiellement homogènes. Elles sont tissées, tout au contraire, de la grande pluralité qui les traverse, d'intérêts, de classes, de minorités, de luttes, de revendications, etc., et c'est à cette richesse qu'une démocratie sociale véritable devrait donner droit de cité, de parole et d'action. Or le propre de l'histoire de la gauche, du mouvement ouvrier au mouvement social, par-delà toutes ses déconvenues, tristesses et chagrins, c'est d'avoir porté toutes ces causes, de leur avoir donné corps et sens au service d'exigences communes.

Peut-être nous reviendra-t-il de sauver la gauche d'elle-même, c'est-à-dire de faire valoir nos droits de citoyens et d'électeurs face aux professionnels qui s'en sont cru propriétaires, au point de la déchirer ou de la diviser. Mais, dans l'immédiat, il nous revient par nos votes d'éviter ce rebond de la catastrophe, conjurée le 7 mai 2017 face à l'extrême droite, que serait l'avènement d'un pouvoir sans opposition de gauche. Ne serait-ce qu'au nom de la cohorte d'obscurs et de sans-grade qui, depuis deux siècles, ont donné vie à ces mots de syndicalisme, socialisme, communisme, anarchisme, trotskysme et il y en a bien d'autres, où s'est approfondie, depuis 1789, l'espérance d'une société plus juste et plus solidaire, plus humaine en somme. Ce passé ne sera jamais mort, et le sauver, c'est sauver notre présent.

9 juin 2017

8
Quand la liberté s'éteint en silence

L'Assemblée nationale a adopté, mardi 3 octobre 2017, le projet de loi renforçant la sécurité intérieure et la lutte contre le terrorisme. En faisant entrer dans le droit commun l'état d'urgence, une majorité de députés, socialistes compris, a ainsi choisi de sortir la France de l'État de droit.

Un État de droit est celui dont le droit protège n'importe lequel de ses résidents de l'arbitraire de l'État. C'est un État mis à l'abri de l'absolutisme administratif ou policier. C'est un État où l'État est subordonné à des règles de droit qui lui sont supérieures et qui s'imposent à son action. C'est un État dont les citoyens sont en sûreté parce qu'ils sont assurés de ne pas être livrés aux abus de pouvoir étatiques. C'est en somme un État où l'État ne fait pas la loi.

À cette aune, la France, depuis ce 3 octobre 2017, n'est plus un État de droit. Avec l'entrée dans le droit commun des principales dispositions dérogatoires aux droits fondamentaux et aux libertés essentielles qui caractérisaient l'état d'urgence, l'exception y est devenue la règle. Désormais, l'État, autrement dit ses préfets, son administration, sa police, pourra n'importe quand, n'importe où et contre n'importe qui, en prétextant du terrorisme, mettre en cause notre liberté de circulation, notre liberté de culte, notre droit à l'inviolabilité du domicile, notre droit à l'égalité devant la loi. Et le faire sans avoir à s'en justifier ou à en répondre devant un juge indépendant, dont la décision pourrait l'entraver ou le sanctionner.

Avec ce vote écrasant, à l'Assemblée nationale, d'une majorité de la peur (415 voix contre 127), il y a désormais une loi des suspects en France. Sur de simples soupçons policiers qui, dans un véritable État de droit, seraient totalement insuffisants pour qu'ils se le permettent, l'administration étatique et son bras armé policier pourront dorénavant s'en prendre à un individu, l'immobiliser, l'entraver, le cibler, l'isoler, le mettre à part et à l'écart, bref le persécuter. Seuls juges du prétexte, le terrorisme, ils pourront, demain, après-demain, en étendre la notion, sans entrave aucune, au gré des émotions populaires et des idéologies dominantes.

La loi votée autorise en effet l'État, son administration, sa police, en dehors de tout contrôle judiciaire, à obliger un individu à « résider dans un périmètre déterminé », c'est-à-dire à ne plus pouvoir en bouger, à le frapper d'une « interdiction de paraître » dans un lieu précis, à soumettre son intimité domestique et familiale à des « visites domiciliaires », soit des perquisitions permettant des saisies, à étendre contrôles d'identité, fouilles de bagages et de véhicules à de vastes « périmètres de protection », à fermer un lieu de culte au seul motif des « idées et théories » qui y seraient diffusées, etc. Et ce n'est là qu'un résumé succinct d'une loi qui pousse jusqu'à son terme la corruption du droit par la police et de la preuve par le soupçon.

Aussi inconscients qu'égoïstes, aveugles aux autres et ignorants du passé, les apprentis sorciers qui ont ouvert cette boîte de Pandore liberticide se rassurent en se disant non concernés. Après tout, ne s'agit-il pas de combattre le terrorisme, ses crimes et ses réseaux ? C'est l'argument de l'urgence qui, prise pour l'essentiel, en vient toujours à perdre de vue l'urgence de l'essentiel – autrement dit des principes. C'est surtout l'argument aussi éculé que lâche de la fin qui justifie les moyens, au nom duquel, sous toute latitude, tout régime et toute époque, les libertés ont toujours été passées par pertes et profits.

« Je considère que je n'ai pas à avoir peur des moyens de lutte contre le terrorisme parce que je ne me sens pas terroriste », a tôt déclaré le porte-parole du gouvernement, l'ex-socialiste Christophe Castaner, dont l'ancien parti (à cinq prudentes abstentions près) a soutenu sans réserve cette perdition qu'il avait lui-même initiée sous la présidence de François Hollande. Phrase terrible, qui résume ce sacrifice de l'idéal démocratique sur l'autel du terrorisme. Phrase aveugle, de gouvernants prêts à piétiner les libertés des autres pour tenter de justifier leur pouvoir.

« Nous cajolons la bête immonde », avertissait l'avocat François Sureau, défenseur intransigeant des libertés fondamentales, dans un entretien récent à Mediapart[1]. Sous l'état d'urgence prolongé mis en place par le gouvernement de Manuel Valls depuis la fin 2015, rappelait-il, « il y a eu 6 000 perquisitions administratives pour 41 mises en examen. Et sur les 41 mises en examen, 20 sont des mises en examen pour apologie du terrorisme, c'est-à-dire des crimes d'ordre intellectuel. Au cours de ces 6 000 perquisitions, vous avez parfois bousillé la vie des gens, vous êtes intervenu dans leurs libertés individuelles de manière brutale pour un résultat extrême faible ».

Et qui ne se souvient de l'utilisation de l'état d'urgence en 2015 et 2016 contre la société tout entière, d'abord les activistes écologiques lors de la COP21, puis les manifestants contre la loi El Khomri ? Qui oserait garantir que, sous ce pouvoir ou, après lui, sous un autre, ajoutant à l'obsession sécuritaire des obsessions idéologiques, autoritaires, identitaires, xénophobes, discriminatoires, etc., ce ne seront pas les militants de toutes les causes minoritaires, dissidentes et nouvelles, celles où s'inventent et se revendiquent des droits nouveaux, qui seront les victimes indistinctes de cet état d'urgence devenu permanent ? Qui pourrait jurer que, demain, ce ne seront pas eux les nouveaux « ennemis de la nation », terroristes en puissance ou terroristes en théorie, selon l'infernale logique des forces conservatrices et rétrogrades, décidées à faire la guerre à la société, à sa richesse et à sa diversité, à son autonomie et à ses luttes ?

Nous connaissons évidemment la réponse, tant les gouvernants et les élus qui, aujourd'hui, sacrifient nos libertés ne sont que de passage. Irresponsables, ils sacrifient la longue durée d'une démocratie vivante, par conséquent exigeante avec elle-même, au court terme de leur survie. Présidente de la Commission nationale consultative des droits de l'homme

---

1 « François Sureau et la loi antiterroriste : "Nous cajolons la bête immonde" », Mediapart, 16 septembre 2017. Voir aussi François Sureau, *Pour la liberté. Répondre au terrorisme sans perdre raison*, Tallandier, Paris, 2017. Et, plus récent : François Sureau, *Sans la liberté*, Gallimard, coll. « Tracts », Paris, 2019.

(CNCDH), Christine Lazerges avait pris date, dès juillet dernier, dans un entretien à Mediapart : « Si ce projet de loi est adopté et que l'extrême droite arrive un jour au pouvoir, la France sera dans une situation extrêmement difficile en matière de libertés. Un tel pouvoir n'aurait absolument rien à ajouter à ce texte[2]. »

L'Histoire nous l'a appris, et notamment celle des circonstances – la guerre d'Algérie, guerre coloniale et guerre civile – où est né, en 1955, cet état d'urgence aujourd'hui définitivement légalisé et banalisé : l'introduction de dispositions liberticides est une gangrène qui finit par contaminer tout le corps légal, institutions, administrations, gouvernements. Nous venons de le vivre, en à peine deux ans : tout comme hier l'état d'urgence de 1955 avait débouché sur les pouvoirs spéciaux de 1956, où se déshonora une République tortionnaire, aujourd'hui l'état d'urgence prolongé de 2015 accouche sous nos yeux sidérés d'une remise en cause sans précédent de l'État de droit.

Dans son plaidoyer contre l'état d'urgence[3], le juriste Paul Cassia rappelait cette mise en garde lucide d'un membre du Conseil d'État, Roger Errera : « Dès qu'une atteinte aux libertés apparaît, elle fait tache d'huile, elle est progressivement appliquée au-delà des limites fixées au début, quelles que soient les promesses, les barrières et les hésitations, et à d'autres que ceux qui étaient initialement visés. Il arrive même qu'elle s'institutionnalise et que, fruit de l'urgence, elle devienne permanente. » C'était en 1975, il y a plus de quarante ans, et nous y sommes, hélas !

Qui plus est avec un État qui ne peut même plus compter sur la génération de ces hauts fonctionnaires à principes qui, ayant souvenir de Vichy ou de l'Algérie, savaient que la banalisation de l'état d'urgence était la brèche par laquelle le totalitarisme ou, du moins, ses pratiques niant les droits humains avaient fait leur chemin, sous couvert d'une administration ou d'un régime républicain. Dans son entretien à Mediapart, François Sureau soulignait ce terrible renoncement qui, depuis trois décennies, a progressivement gagné presque tout le spectre politique : « Les

2 « Christine Lazerges : le projet de loi antiterroriste est "une grave régression de l'État de droit" », Mediapart, 5 juillet 2017.

3 Paul Cassia, *Contre l'état d'urgence*, Dalloz, Paris, 2016.

grandes voix du passé portaient un projet collectif de liberté, et pas seulement un projet individuel. »

Car comment ne pas interroger le silence pesant, abyssal, qui accompagne ce saut dans l'inconnu ? « Pire que le bruit des bottes, le silence des pantoufles » : attribué à l'écrivain suisse Max Frisch, ce constat n'a jamais été aussi pertinent. L'ensemble des défenseurs des droits humains, rassemblés dans ses locaux par la CNCDH, tout comme les experts qui en ont officiellement la charge aux Nations unies se sont solennellement dressés contre cette dérive. Ces experts des droits de l'homme mandatés par l'ONU n'y ont pas été de main morte, estimant que « plusieurs dispositions du projet de loi menacent l'exercice des droits à la liberté et à la sécurité personnelle, le droit d'accès à la justice, et les libertés de circulation, d'assemblée pacifique et d'association, ainsi que d'expression, de religion ou de conviction ».

En vain, rien n'y a fait. Pas un écho, pas un regret, pas une nuance, pas une réserve, pas un recul. Pis, à l'Assemblée nationale, la majorité dévotement dévouée au président qui l'a fait élire s'est empressée de durcir les dispositions les plus controversées que le Sénat, dans sa vieille sagesse, avait tenté d'amoindrir. Cette prétendue société civile qui, surgie de nulle part, affirmait vouloir renouveler la politique, *via* la dynamique du mouvement En Marche ! et de son dégagisme parlementaire revendiqué, se révèle sourde et aveugle à la société. Seule la gauche de la gauche – les députés communistes et insoumis reprenant le flambeau des socialistes frondeurs (Pouria Amirshahi, Barbara Romagnan, Gérard Sebaoun) et écologistes isolés (Isabelle Attard, Sergio Coronado, Noël Mamère) qui, hier, avaient dit non à l'état d'urgence – aura sauvé l'honneur mais sans, pour autant, réussir à mobiliser la société.

Aussi ne pouvons-nous nous contenter d'accabler ceux qui ont commis cet attentat aux libertés. Nous devons aussi interpeller l'indifférence, cette passivité massive, qui l'a permis. N'est-elle pas du même ordre que celle qui s'accommode de la détresse des migrants, réfugiés et autres exilés[4] ? Cette indif-

4 Voir Edwy Plenel, « Le devoir d'hospitalité », Mediapart, 15 août 2017. Cet article, dans une version augmentée, est devenu un livre, sous le même titre, aux éditions Bayard (2017).

férence, plus essentielle, à l'autre, au différent, au suspect, au musulman, bref au lointain, tandis que nous nous replions sur nous-mêmes ? Comme si nous n'étions pas concernés, sinon par le souci de nous protéger, coûte que coûte.

C'est ainsi que pas grand monde n'a sursauté en découvrant que cette loi dite antiterroriste entend faciliter, étendre, généraliser, bref banaliser encore plus les contrôles au faciès, cette discrimination quotidienne qui frappe la diversité de notre peuple, et notamment sa jeunesse. Même l'historien Patrick Weil, homme modéré par conviction autant que par métier, n'a pu réveiller l'opinion et les parlementaires en leur démontrant que « le projet de loi antiterroriste rappelait le code de l'indigénat » car, de fait, il destine son dispositif policier à la surveillance d'une population particulière, les Noirs et les Maghrébins, aggravant le champ des discriminations qui blessent l'égalité[5].

De grandes sagesses philosophiques nous ont pourtant enseigné, notamment après les catastrophes européennes du siècle passé, que le meilleur chemin vers le prochain, c'est le souci du lointain. Que le souci de l'autre mène à soi-même. Si je ne suis pas au rendez-vous des libertés des autres, je ne serai pas au rendez-vous des miennes. Si je laisse mettre en cause des droits fondamentaux, au prétexte de prévenir une menace qui me serait étrangère, je découvrirai, un jour ou l'autre, que j'ai ainsi renoncé à mes propres droits.

3 octobre 2017

---

5 « Patrick Weil : "Le projet de loi antiterroriste rappelle le code de l'indigénat" », *Le Monde*, 27 septembre 2017.

9
La part d'ombre d'Emmanuel Macron

Voici donc deux collaborateurs de la présidence de la République, Alexandre Benalla et son acolyte Vincent Crase, surpris dans leurs méfaits : faux policiers mais vrais cogneurs de manifestants[1]. Il n'est pas exclu que ces irréguliers abrités par l'Élysée soient plus nombreux, comme le suggère l'énigme d'un troisième homme, Philippe Mizerski, également présent le 1er mai. Il n'est pas exclu non plus que leurs méfaits soient eux aussi plus nombreux, comme le montrent leur aisance à s'imposer aux forces de police sur le terrain, leur capacité de faire interpeller les manifestants victimes de leurs coups et leurs relais au sein de la préfecture de police pour obtenir des informations.

La présidence Macron aura donc aussi privatisé le maintien de l'ordre. Premier défilé syndical de la Fête des travailleurs à avoir été démembré et empêché, au prétexte des casseurs près du pont d'Austerlitz, ce 1er mai aura aussi connu cette innovation : des personnels de l'Élysée, infiltrés sur ordre au cœur du dispositif policier, qui n'ont pas hésité à jouer les agents provocateurs. Et qui, malgré la connaissance presque immédiate de

1 Le 18 juillet 2018, *Le Monde* révélait qu'Alexandre Benalla, alors chargé de mission à la présidence de la République, s'était fait passer pour un policier ainsi que son ami Vincent Crase lors des manifestations du 1er mai précédent, et que tous deux avaient commis des violences contre des manifestants. Cette première information fut suivie par la révélation, sur Mediapart le 20 juillet 2018, d'une deuxième vidéo témoignant d'autres violences commises par les deux protagonistes contre d'autres manifestants. Ce fut le début de l'affaire Benalla qui, depuis, a connu bien d'autres rebondissements, nourris par les enquêtes de Mediapart.

leur comportement en haut lieu, étaient protégés depuis plus de deux mois et demi par tout l'appareil d'État, depuis son sommet, la présidence, jusqu'à ses ministères, celui de l'Intérieur, et ses administrations, la préfecture de police. Difficile de trouver un précédent, sinon le climat barbouzard de l'après-68, quand l'État lui-même organisait parfois la violence qu'il prétendait combattre.

Les images filmées le 1er mai place de la Contrescarpe, dans le Ve arrondissement de Paris, montrent en action des nervis et non pas des serviteurs de la République. Un nervi, du pluriel de l'italien *nervo*, qui signifie « vigueur », c'est un homme de main. De ceux qui font facilement le coup de poing et qui sont utiles aux coups de force politiques. Fascinés par la sécurité, ces amateurs sortis du rang singent les professionnels, sans en accepter les contraintes. Pour eux, l'ordre se passe aisément de la loi et le désordre leur sert souvent de marchepied. Fiers-à-bras se moquant des règles et des conventions, ambitieux passés sans transition des services d'ordre militants au palais présidentiel, bénéficiant dès lors de passe-droits, la protection élyséenne générant le raccourci administratif, ils illustrent cette voyoucratie nichée dans la part d'ombre d'une politique saisie par l'obsession du pouvoir.

Ce n'est pas la première fois, et ce ne sera pas la dernière, que la chronique fait-diversière met en évidence combien le pouvoir personnel qui caractérise l'absolutisme présidentiel français entraîne dans son sillage un monde interlope et improbable d'habiles et de parvenus, offrant au pouvoir leurs talents transgressifs et leurs audaces illégales. Mais il est plus inhabituel de découvrir ses protagonistes au cœur du dispositif et non plus à sa marge. Soudain mis en lumière, Alexandre Benalla se révèle en effet un personnage central de l'aventure présidentielle d'Emmanuel Macron. De la campagne électorale au palais élyséen, d'autres images le montrent omniprésent et indispensable, au plus près du candidat hier, du chef de l'État aujourd'hui. La raison en est simple : ce n'est pas n'importe quel collaborateur d'Emmanuel Macron.

Sous le titre anodin d'adjoint au chef de cabinet, Alexandre Benalla était le « Monsieur Sécurité » du chef de l'État. Responsable de sa sécurité personnelle et privée, il avait la charge de protéger ses secrets et son intimité. Homme de confiance, il était logé quai Branly dans des dépendances de l'Élysée qui, sous la présidence de François Mitterrand, ont hébergé la vie privée qu'il dissimula si longtemps – sa fille Mazarine Pingeot et sa mère – et le fidèle qui en fut le gardien jusqu'à son suicide en 1994 – le fantasque François de Grossouvre.

Loin d'être relégué au second plan, Alexandre Benalla manifestait volontiers son importance dans le dispositif présidentiel, comme Mediapart put le constater au palais de Chaillot, lors du repérage des lieux préalable à l'entretien avec Emmanuel Macron du 15 avril 2018. Au prétexte de la sécurité, il entendait dicter la mise en scène, sans que quiconque de l'Élysée ne le remette à sa place.

La panique qui, aujourd'hui, s'empare de la cour macronienne et des députés LREM ne pourra aisément effacer cette vérité de fait : par choix et volonté du président de la République lui-même, Alexandre Benalla avait une place aussi démesurée qu'incompréhensible au vu d'une part de son parcours personnel et d'autre part du dispositif sécuritaire. Comment expliquer qu'un jeune homme n'ayant d'autres états de service que le service d'ordre du Parti socialiste puis de En Marche ! puisse occuper avec une telle liberté doublée d'irresponsabilité un rôle si important ? Comment justifier sa fonction sécuritaire, bizarrement occultée dans l'organigramme officiel, alors qu'il existe une unité spécialisée, fortement dotée, le Groupe de sécurité de la présidence de la République (GSPR), composée de gendarmes et de policiers, tous professionnels expérimentés ?

Avant même que ses méfaits soient révélés, Alexandre Benalla était déjà hors de la loi commune, hors usage réglementaire, hors cadre administratif. C'est pourquoi ses actes personnels engagent la responsabilité politique de celui qui l'a choisi et nommé : Emmanuel Macron, et nul autre. Seul ce choix présidentiel, entre caprice monarchique et bon plaisir, peut expliquer la mansuétude et la protection dont a bénéficié son « Monsieur Sécurité » après sa virée du 1er mai. Alors même que plusieurs délits lui sont potentiellement imputables – coups et blessures volontaires (article 222-13 du Code pénal), immixtion dans une fonction publique (article 433-12), exercice créant la confusion avec une fonction publique (article 433-13), etc. –, il a été couvert par l'appareil d'État.

Connu pour sa rigueur dans ses précédentes fonctions préfectorales, le directeur de cabinet Patrick Strzoda a pourtant dû se contenter d'une sanction bénigne, deux petites semaines de mise à pied. Le récit qui, aujourd'hui, par la voix du porte-parole de la présidence, tente de la justifier ne s'embarrasse guère de vraisemblance, affirmant qu'Alexandre Benalla était en congé le 1er mai, comme si un salarié posait des congés un jour férié... Non seulement il n'a pas été automatiquement licencié pour faute grave – il a été au contraire maintenu parmi le personnel élyséen –, mais de plus la justice n'a pas été saisie, alors que l'article 40 du Code de procédure pénale obligeait à le faire : « Toute autorité constituée, tout officier public ou fonctionnaire qui, dans l'exercice de ses fonctions, acquiert la connaissance d'un crime ou d'un délit est tenu d'en donner avis sans délai au procureur de la République et de transmettre à ce magistrat tous les renseignements, procès-verbaux et actes qui y sont relatifs. »

Tandis que le ministère de l'Intérieur ne bronchait pas, alors même que l'intégrité de la police est atteinte, le cabinet de l'Élysée faisait l'autruche, jouant la montre et l'oubli, en espérant, jusqu'aux révélations du *Monde* le 18 juillet 2018 au soir, que rien ne se sache pour que tout puisse continuer comme avant. Dans un système où les imprudences, les fautes et les erreurs du prince ligotent tous ceux qui le servent, la République a été de bout en bout bafouée. Seul le soutien aveugle du président lui-même peut expliquer que l'auteur de délits si manifestes ait été à ce point protégé.

L'affaire Benalla est bien plus que la sortie de route d'un collaborateur élyséen. Elle est une alerte sur la dérive de cette présidence vers un pouvoir encore plus sans partage du chef de l'État, dans une marche consulaire, avec coup de force permanent, en direction d'une présidentialisation accrue de la Ve République, ignorant les contre-pouvoirs, effaçant le Premier ministre et soumettant le Parlement, humiliant les opposants et méprisant la société.

Car, dès que le pouvoir se veut personnel, la basse police est à son affaire. Protégeant ses secrets, où souvent se mélangent intérêt public et vie privée, elle impose sa propre loi qui, au prétexte de la raison d'État, échappe à la loi. On ne saura jamais ce qu'aurait été la suite de l'aventure élyséenne d'Alexandre Benalla et de la petite bande qui l'entoure, même si l'on devine qu'aucune règle éthique ou principe moral ne l'aurait entravé pour parvenir à ses fins, discréditer les oppositions politiques ou empêcher les curiosités journalistiques. Mais le peu que l'on en sait rappelle déjà un précédent, autrement professionnel dans son apparence, qui, faute d'avoir été débusqué à temps, eut le temps de faire bien des dégâts : la cellule de l'Élysée au tout début du premier septennat de François Mitterrand, véritable service privé de sécurité et de renseignement.

Rapidement converti au pouvoir personnel qu'il dénonçait dans l'opposition, le premier président élu à gauche de la Ve République prit prétexte d'arguments sécuritaires – le terrorisme déjà – pour créer sa propre garde rapprochée, un service spécial dévoué à la protection de ce qu'il voulait absolument cacher et, aussi, de ce qu'il voulait absolument savoir. Atteint d'un cancer peu de temps après son élection de 1981, François Mitterrand réussit ainsi à cacher sa maladie jusqu'aux toutes dernières années de sa longue présidence, qui dura quatorze ans. De même, il réussit à protéger sa double vie, affichant publiquement sa famille officielle et dissimulant sa famille officieuse dans les palais de la République, jusqu'au jour, tardif, où il décida de mettre en scène lui-même la révélation de son existence.

Dans cette privatisation du pouvoir, la vie privée est toujours un bon prétexte. Sous couvert de la protéger, l'absolu du secret autorise l'abus de pouvoir. C'est ainsi que, détentrice des secrets intimes du Président, la cellule de l'Élysée mitterrandienne se rendit célèbre pour ses écoutes illégales d'opposants, de proches, d'avocats, de journalistes, etc., sans compter bien d'autres transgressions autorisées par son sauf-conduit présidentiel. Elle aussi mélangeait les genres, fréquentait les arrière-cours policières, jouait de son aura présidentielle pour s'imposer aux services, fédérait une bande de pieds nickelés aussi néfastes que maladroits…

Dévoilant la tentation macronienne d'un service de sécurité privé à l'Élysée, l'affaire Benalla arrive heureusement à temps pour empêcher que cet abus de pouvoir prolifère. Mais elle révèle que ce président élu sur la promesse d'une « révolution démocratique profonde » en est la négation incarnée. Près de deux ans après que ces mots ont été imprimés dans un livre dont le titre, *Révolution*[2], semble aujourd'hui sorti d'une nouvelle d'Orwell où le mensonge serait proclamé vérité, on peine à croire qu'y était écrit aussi que « la responsabilité est précisément ce qui peut contribuer à restaurer un peu de cette morale collective dont nous avons tant besoin ». Emmanuel Macron y affirmait que « l'ultime responsabilité est politique » et que, dans ce registre, « certaines fautes vous disqualifient radicalement ».

Parmi celles-ci, outre le financement politique, qui concerne tout particulièrement le prévenu et mis en examen Nicolas Sarkozy récemment invité dans son avion privé de retour de Moscou, l'actuel président de la République mentionnait les « atteintes à l'administration publique » et les « atteintes à l'autorité de l'État », fautes emblématiques de l'affaire Benalla. « Dans de tels cas, il faut avoir la décence de s'effacer », concluait l'homme qui refusa que son « Monsieur Sécurité » soit effacé de l'Élysée au lendemain de son escapade barbouzarde. Le florilège est inépuisable puisque, dans ce livre d'un autre temps, celui des promesses qui n'engagent à rien, on lit aussi que « la haute fonction publique ne doit pas être exempte d'une plus grande exigence ». Omnipotent secrétaire général de l'Élysée, Alexis Kohler médite à loisir cette prudente recommandation, alors que son conflit d'intérêts avec la puissante et mystérieuse compagnie maritime MSC ne lui vaut aucun embarras[3].

Éphémères, les lumières électorales sont toujours utiles pour souligner les ombres qui gagnent, une fois au pouvoir. « Certaines fautes vous disqualifient radicalement », écrivait donc le candidat Macron. Il n'est pas exclu que les fautes de son protégé disqualifient radicalement sa présidence.

20 juillet 2018

2 Emmanuel Macron, *Révolution*, XO Éditions, Paris, 2016.

3 Voir Martine Orange et Cecilia Ferrara, « Derrière l'affaire Kohler, le mystère MSC », Mediapart, 1er juillet 2018.

10
L'affaire Benalla, impitoyable révélateur

L'affaire Benalla est un impitoyable révélateur politique : elle montre que le pouvoir né du chamboule-tout électoral de 2017 n'a finalement guère de conscience démocratique, ce mélange de précaution et de scrupule où se niche le souci du bien commun, au-delà de son propre sort. Voici donc un président de la République, supposé être celui de tous les Français, au-dessus des clans et des factions, qui, il y a une semaine, lance lui-même la contre-offensive politique et médiatique à la manière d'un chef de bande devant ses affidés, défiant d'un « qu'ils viennent me chercher » tous les contre-pouvoirs, le Parlement, la presse, voire la justice. Le chef de l'État y parle de lui à la troisième personne : « S'ils veulent un responsable, il est devant vous. Qu'ils viennent le chercher. Je réponds au peuple français[1]. »

Depuis, sa garde des Sceaux, piétinant allègrement la séparation des pouvoirs, s'en va répétant dans les médias qu'il n'y a pas d'affaire, juste une faute individuelle, alors que des enquêtes judiciaires sont en cours pour, précisément, dire ce qu'il en est au regard du Code pénal. Quant aux députés de La République en marche, ils se sont résolus sans états d'âme à faire reculer ladite République, entravant le travail de la commission d'enquête de l'Assemblée nationale, au point même d'en annoncer précipitamment des conclusions arrangeantes pour la présidence de la République, le tout avec un mépris affiché du parlementarisme.

1 Emmanuel Macron fit cette déclaration devant les députés de son mouvement, La République en marche, le 24 juillet 2018.

Mais il y a peut-être pire. Portés par le principal intéressé, Alexandre Benalla, dans plusieurs prestations médiatiques auxquelles les communicants de l'Élysée ne sont pas étrangers, les éléments de langage de cette contre-attaque ne se contentent pas de minimiser les actes délictuels commis par l'homme de confiance d'Emmanuel Macron et son acolyte Vincent Crase, salarié du parti présidentiel. Ils les légitiment, affirmant qu'ils étaient en droit de porter assistance aux CRS en s'en prenant à des manifestants, en les frappant et en les interpellant – ce qu'ils feront à plusieurs reprises, comme l'établit encore la dernière vidéo révélée par Mediapart[2].

Autrement dit, il serait sinon admissible, du moins bénin que des collaborateurs du président et des membres de son parti jouent les supplétifs de forces de police pour s'en prendre à des opposants politiques exprimant dans la rue leur mécontentement. Et alors même qu'aucune charge ne sera retenue contre ces manifestants à l'issue de leur interpellation.

Faut-il rappeler qu'un des droits démocratiques fondamentaux qui s'imposent aux détenteurs momentanés de la représentation nationale, fût-ce le premier d'entre eux, est le droit de tout citoyen de manifester ses opinions, de les exprimer dans la rue et en public ? Ajouté à la coutumière banalisation française des violences policières dans le maintien de l'ordre, ce discours de relativisation des faits qui sont au départ de l'affaire Benalla revient tout simplement à accepter la mise à bas de l'État de droit au profit d'un régime autoritaire.

Car, comme l'a opportunément rappelé sur les réseaux sociaux l'historien Nicolas Offenstadt, « l'exercice de la violence physique contre des opposants politiques sans mandat légal, ou avec le soutien implicite des institutions, est un des traits marquants du fascisme[3] ». La violence supposée légitime de l'État y est supplantée par une violence partisane à l'abri d'une privatisation du pouvoir. Si se dire que nous n'en sommes pas encore là est vrai, ce n'en est pas pour autant rassurant.

---

2 Pascale Pascariello, « 1er mai : deux nouvelles vidéos montrent l'implication de Benalla et Crase dans une autre interpellation », Mediapart, 30 juillet 2018.

3 Tweet de l'historien Nicolas Offenstadt, le 30 juillet 2018. Il ajoutait : « Même si ce n'est pas la situation contemporaine, je ne vois pas en quoi il faudrait "passer à autre chose". »

De même que, idéologiquement, la courte échelle faite à la déchéance de nationalité a donné droit de cité aux refrains xénophobes de l'extrême droite, ce qui se donne à voir et à entendre dans l'affaire Benalla, c'est l'acceptation par ceux qui nous gouvernent de pratiques antidémocratiques fondées sur la violence contre celles et ceux qui les contestent.

Car sinon, les faits étant connus du pouvoir élyséen et du parti présidentiel dès le 2 mai 2018, les deux apprentis nervis du 1er mai auraient été licenciés sans frais, sans délai ni indemnité, pour faute grave. Or c'est tout l'inverse qui s'est produit : ils ont été couverts et protégés. Ne valant pas sanction disciplinaire d'un point de vue juridique, leur mise à pied symbolique de deux semaines, sans aucune retenue sur leur salaire du mois, n'est qu'un leurre : ils n'ont tout simplement pas été sanctionnés. Alexandre Benalla est tranquillement parti en vacances en Bretagne avant de reprendre sa place au plus près du président de la République, dans les mêmes fonctions, avec le même poids, les mêmes avantages auxquels devait s'ajouter le privilège d'une résidence dans l'annexe élyséenne du quai Branly. Et Vincent Crase était encore jusqu'à l'annonce opportune de son licenciement, ce mardi 31 juillet 2018, responsable de la sécurité du mouvement présidentiel.

L'attitude spontanée de la présidence face aux révélations initiales du *Monde*, le 18 juillet, confirme cet engagement total du pouvoir à leur côté. Non seulement le porte-parole de l'Élysée a été missionné le lendemain pour mentir de façon éhontée – rien de ce qu'il a dit ce jour-là n'ayant résisté aux investigations qui ont suivi – mais, de plus, comme l'a dévoilé Mediapart, des membres de l'entourage présidentiel n'ont pas hésité à exploiter, aux fins de soutenir Alexandre Benalla, les vidéos de la Préfecture de police, en les faisant relayer sur les réseaux sociaux, dans la nuit du 18 au 19 juillet 2018, par des comptes En Marche !. Parce qu'ils mettent en branle la justice, c'est l'attitude du préfet de police et du procureur de la République qui obligera l'Élysée à accélérer le pas et à annoncer le 20 juillet le licenciement du chargé de mission présidentiel.

Bref, sans les révélations de la presse et sans les sursauts de hauts fonctionnaires, l'Élysée ne se serait jamais séparé d'Alexandre Benalla dont les rêves de grand ordonnateur d'une nouvelle direction de la sécurité présidentielle, totalement dévouée à Emmanuel Macron – à l'homme et non plus seulement à la fonction –, auraient pu prospérer. Une phrase de son entretien-plaidoyer au *Monde* donne une indication de la voie que le « Monsieur Sécurité » du président élu en 2017 entendait suivre : « Si demain il y a une cohabitation, vous avez la sécurité qui est sous la main du ministre de l'Intérieur », y confiait-il sur le mode de l'inquiétude.

On retrouve là les anciennes obsessions de ceux qui, se prenant pour les mousquetaires du roi, entendaient sanctuariser la sécurité présidentielle, ainsi que le théorisait la tristement fameuse « cellule de l'Élysée » sous la présidence de François Mitterrand. Sa mésaventure, qui se terminera devant la justice par des peines de prison avec sursis, suffit à nous rappeler ce que cache ce prétexte sécuritaire : une privatisation accentuée du pouvoir présidentiel.

À tous ces titres, l'affaire Benalla est évidemment une affaire d'État, puisque son siège est à l'Élysée, au plus près du président de la République. Si elle n'a pas l'ampleur ou la gravité de celles qui l'ont précédée sous la Ve République, de l'affaire Ben Barka sous de Gaulle à l'affaire Greenpeace sous Mitterrand, c'est parce que ses protagonistes ont été pris en flagrant délit au tout début de leur carrière de basse police et de haute courtisanerie.

Mais tout ce que l'on apprend, depuis deux semaines que cette part d'ombre du macronisme est mise au jour, permet d'imaginer ce qu'il en aurait été, demain, après-demain, de leurs pratiques et de leurs dérives si, comme le cabinet présidentiel l'espérait, la vidéo des violences de la place de la Contrescarpe était tombée dans l'oubli sans que le faux policier casqué ne soit identifié comme un chargé de mission élyséen. Combien d'autres abus de pouvoir, avec leur cascade de passe-droits et de mélanges des genres, auraient été commis, autrement désastreux et ravageurs ?

Cette affaire d'État est évidemment une affaire Macron. Car cette histoire d'un chargé de mission élyséen fauteur de désordre en jouant les supplétifs du maintien de l'ordre aurait dû être réglée dans les vingt-quatre heures par son éjection de la présidence de la République. Dans ce cas, et dans ce seul cas, nous en serions restés au fait divers d'une dérive individuelle, aussi bavarde soit-elle sur la folie du pouvoir et sur l'esprit du temps.

Or si tel n'a pas été le cas, c'est parce que le président de la République lui-même a choisi de protéger son protégé. La seule vérité indiscutable de la communication présidentielle de ces derniers jours est la revendication par Emmanuel Macron de sa pleine et entière responsabilité. Mais cette responsabilité, celle de ne pas licencier son chargé de mission, de le conserver à ses côtés, de lui maintenir sa confiance et de ne pas saisir la justice, se révèle en contradiction avec la mission que lui a confiée le suffrage universel. « Le président de la République veille au respect de la Constitution, énonce en effet l'article 5 de celle-ci. Il assure, par son arbitrage, le fonctionnement régulier des pouvoirs publics ainsi que la continuité de l'État. »

Emmanuel Macron n'est certes pas le premier des présidents de la Ve République à malmener, pour son pouvoir personnel et ses intérêts partisans, cette définition de sa fonction en gardien d'une Constitution qui le dépasse, supposant « respect », « arbitrage », « continuité » et « fonctionnement régulier », autant de mots qui relèvent des précautions et scrupules démocratiques. Autant de mots surtout que heurte de plein fouet le passage en force d'une pratique de plus en plus monarchique du pouvoir, sous l'aisance et l'accessibilité apparentes. Soulevant ce masque affable et souriant, l'affaire Benalla nous confirme la tentation d'un absolutisme présidentiel, faisant fi des oppositions, méprisées ou caricaturées, jamais entendues ni écoutées, et des contre-pouvoirs, notamment la presse, diabolisée à la manière de Donald Trump en productrice de fausses nouvelles alors même que, sans elle, la vérité n'aurait jamais vu le jour.

« L'État, c'est moi », semble dire Emmanuel Macron en revendiquant, bravache, l'affaire Benalla. Un État à sa main, sans balance des pouvoirs et des contre-pouvoirs, sans ces pare-feu au pouvoir personnel qu'offre une administration dévouée à sa mission plutôt qu'à un homme, sans ces équilibres qui garantissent la vitalité et la stabilité démocratiques. La mémoire républicaine le sait, d'expérience douloureuse : on ne se méfiera jamais assez de ces aventuriers de la politique qui, en chamboulant les partis et les traditions, s'assoient sur la dynamique de mouvements informes, totalement dévoués à leur personne.

De l'aventure du futur Napoléon III, assassin de la IIe République qu'il présidait, à celle d'Emmanuel Macron, déterminé jusqu'à l'affaire récente à accentuer la présidentialisation du régime par une réforme constitutionnelle qui aurait encore réduit les pouvoirs du Parlement, il y a évidemment un gouffre, de temps historique et de mœurs politiques. Mais cela n'empêche pas les résonances fructueuses. Ainsi de cette « Société du 10 décembre » qui accompagna la marche consulaire du neveu du premier Bonaparte, dont Karl Marx offre un saisissant tableau dans son inoubliable *Dix-huit brumaire de Louis Bonaparte*[4]. Un monde varié d'ambitieux les plus divers, demi-soldes, soldats licenciés, escamoteurs, joueurs, filous, portefaix, écrivassiers, etc., en somme « une masse confuse, décomposée, flottante » qu'il assimile à la bohème.

Comment ne pas y penser en voyant ce tandem d'un ancien membre du service d'ordre du PS et d'un réserviste de la gendarmerie sans profession jouer les fiers-à-bras au cœur du pouvoir, sans que rien ne les arrête, sauf le travail des journalistes ? Que la défense médiatique d'Alexandre Benalla soit cornaquée par Marc Francelet, ex-journaliste devenu entremetteur récemment condamné pour escroquerie, et, quoi qu'elle en dise, par Mimi Marchand, grande prêtresse de la presse people, de ses silences comme de ses arrangements avec la vérité, ajoute au tableau de cette drôle d'engeance qui semble tenir lieu de cour présidentielle[5].

Avec ses protagonistes inédits et ses pratiques transgressives, la privatisation macronienne se révèle un nouvel épisode de la dégénérescence de la Ve République, alors qu'avant son élection le candidat d'En Marche ! prétendait la relever et l'élever. Tout pouvoir personnel étant tenté d'aller jusqu'au bout de lui-même, en faisant céder ce qui l'entrave, il serait bien naïf d'espérer qu'il se remette en cause. Tout au contraire, à la manière d'une

4 Karl Marx, *Le 18 Brumaire de Louis Bonaparte* (1852), présentation et traduction de Grégoire Chamayou, Flammarion, Paris, 2007.

5 On retrouvera la même Mimi Marchand en 2020-2021 dans l'opération de manipulation médiatique au bénéfice de Nicolas Sarkozy dans l'affaire des financements libyens.

bête blessée, Emmanuel Macron risque fort de s'entêter sur la voie d'un absolutisme présidentiel.

Il faut donc parier sur nous-mêmes, nos résistances, nos indépendances, nos solidarités, pour éviter une dérive qui affaiblira plus encore notre démocratie. Faute d'avoir été censuré par le Parlement, il faudra bien que ce pouvoir soit empêché par la société.

31 juillet 2018

11
Le crétinisme présidentiel

Décidément, le nouveau monde macronien se révèle un bien vieux monde : un ancien régime monarchique. S'il n'en a pas les caractéristiques héréditaires, il n'en épouse pas moins les privilèges de caste et les morgues de classe, le pouvoir égocentrique et la société de cour. Chaque nouvel épisode de la chronique présidentielle le confirme, dévoilant, au-delà des choix économiques et sociaux dont le parti pris néolibéral était prévisible, une pratique politique à mille lieues de la « révolution démocratique profonde » promise aux premières pages d'un livre de campagne électorale carrément intitulé *Révolution*[1].

Aveuglés par le poids de l'histoire, nous n'avons pas compris dans l'instant qu'il fallait entendre le mot à son sens premier, venu de l'astronomie, que définit ainsi le Littré : « Retour d'un astre au point d'où il était parti. » Le point de départ d'Emmanuel Macron est un retour en arrière. Il n'entend évidemment pas faire la révolution mais empêcher qu'elle se produise. Mâtiné d'une lecture sommaire de la critique des totalitarismes, faisant de la Révolution française leur ancêtre générique, son credo est un regret : la France se porterait mieux si elle n'avait pas coupé la tête de son roi et si elle avait fait confiance à la gestion des compétents qui entendaient réformer la monarchie plutôt qu'à l'invention aussi brouillonne que dangereuse de son peuple.

Pourtant, paru peu avant *Révolution*, un autre livre avait vendu la mèche dont l'auteur, Jean-Pierre Jouyet, n'est autre

1 Emmanuel Macron, *Révolution*, XO éditions, Paris, 2016.

que le mentor initial d'Emmanuel Macron, son protecteur à l'Inspection des finances et son promoteur à l'Élysée, puis au gouvernement sous la présidence de François Hollande. Écrit par le secrétaire général d'une présidence élue en 2012 sous l'étiquette socialiste, *Ils ont fait la Révolution sans le savoir*[2], dont le bandeau publicitaire sonnait comme un programme (« Le libertinage contre la Terreur »), est une ode sans nuances à l'Ancien Régime, ses élégants et ses libertines, ses traditions et ses richesses, ses courtisans et ses intrigants...

Son refrain est de méfiance pour la société, son bouillonnement imprévisible, ses contre-pouvoirs incontrôlables, son peuple conservateur, ses emballements destructeurs. Tout le livre dit l'angoisse d'un représentant de cette noblesse d'État aujourd'hui alliée à l'aristocratie d'argent face à la possibilité que son monde de confort et de certitude s'effondre. Pour ne prendre qu'un exemple digne d'un sottisier, on y trouve cette caricature aussi ignare qu'anachronique du travail de Mediapart, dont les enquêtes sont assimilées aux vindictes du *Père Duchesne* sous la Révolution : « Le culte trotskiste est prêt à tout – ou presque – pour atteindre son but : détruire l'organisation sociale de l'intérieur. »

Or la seule information que l'on trouve dans *Un personnage de roman*[3], le livre énamouré de Philippe Besson sur la campagne présidentielle d'Emmanuel Macron qu'il a accompagnée avec enthousiasme, est précisément son penchant pour l'Ancien Régime. Chroniquant l'annonce de sa candidature par le futur président de la République, le 16 novembre 2016, il écrit : « J'apprendrai qu'après son annonce il a demandé à passer au pied de la basilique de Saint-Denis, nécropole des rois de France. Je m'interroge sur ce geste, accompli dans la solitude, loin des caméras : en s'approchant de la tombe des Capétiens, est-il venu s'inscrire dans une histoire ? Chercher une onction ? » En mars 2017, toujours à propos de l'Ancien Régime et de son évocation par Emmanuel Macron, l'écrivain souligne : « Il l'aime décidément cette référence. »

2 Jean-Pierre Jouyet, *Ils ont fait la Révolution sans le savoir*, Albin Michel, Paris, 2016.

3 Philippe Besson, *Un personnage de roman*, Julliard, Paris, 2017.

Sous l'Ancien Régime, la révérence appelle la récompense, au mépris de la compétence. Voici donc Philippe Besson, récitant louangeur du macronisme triomphant, nommé consul général de France à Los Angeles[4]. Certes ce poste prestigieux avait déjà fait l'objet de manœuvres clientélistes quand Nicolas Sarkozy y avait nommé son protégé David Martinon après son échec à la mairie de Neuilly-sur-Seine. Mais au moins les apparences administratives étaient-elles sauves puisque le poste restait réservé à un diplomate de carrière, l'énarque Martinon ayant le Quai d'Orsay comme port d'attache. Cette fois, aucun autre critère que l'amitié du président (et de son épouse), tout comme ce fut le cas, il y a un an, pour le publiciste Bruno Roger-Petit, nommé porte-parole de la présidence, poste créé sur mesure.

La nomination de Philippe Besson a été permise par l'un de ces coups de force estivaux qu'autorise notre présidentialisme monarchique, imposant le fait du prince à l'État de droit. Au Conseil des ministres du 3 août dernier, un décret a été promulgué étendant le champ discrétionnaire de nomination du gouvernement – en pratique, celui du président – à vingt-deux postes de consul général qui, jusqu'ici, étaient laissés à la gestion interne de son personnel par le ministère des Affaires étrangères. Selon les départs de leurs actuels occupants, vingt et un postes prestigieux attendent donc d'autres courtisans, de Barcelone à Hong Kong, de Bombay à Saint-Pétersbourg, de São Paulo à Shanghai, etc.

Ce faisant, le macronisme s'inscrit dans le sillage du mitterrandisme qui, le premier, avait immensément étendu le pouvoir de nomination du président de la République. Là encore, c'était au cœur de l'été, avec même cette similitude que le pouvoir d'alors comme celui d'aujourd'hui était aux prises avec un fait divers en forme d'explosif politique, l'affaire Greenpeace, il est vrai autrement plus dramatique que l'affaire Benalla. Après un décret du 24 juillet 1985 fixant les emplois supérieurs dont la nomination est laissée à la décision du gouvernement, un décret du 6 août 1985 listait pas moins de cent quarante-huit emplois de direc-

4 Philippe Besson fut nommé consul général de France à Los Angeles le 3 août 2018. Attaqué par un syndicat des personnels du ministère des Affaires étrangères, le décret sera annulé en mars 2019 par le Conseil d'État, au motif que la procédure de nomination « a méconnu les principes d'égalité ».

tions d'établissements, d'entreprises et de sociétés publics dont les titulaires sont nommés en Conseil des ministres. Le précédent décret en vigueur, datant de 1967, sous la présidence du général de Gaulle, n'en énumérait que cinquante-trois.

Le présidentialisme français est donc une courtisanerie instituée : une fois élu, le chef de l'État a cinq années – c'était sept jusqu'en 2002 – pour se constituer une petite armée d'obligés et d'affidés, dans tous les secteurs de la vie publique. Au Premier ministre, aux ministres, conseillers d'État, ambassadeurs, conseillers maîtres à la Cour des comptes, préfets, représentants de l'État dans les collectivités d'outre-mer, officiers généraux, recteurs, directeurs d'administrations centrales, membres du Conseil constitutionnel, etc., s'ajoutent désormais cent soixante-dix postes laissés à l'arbitrage présidentiel. C'est évidemment une arme de manœuvre et de contrôle qui renforce la citadelle élyséenne : François Mitterrand avait agrandi ce champ de nomination en vue des élections législatives de 1986 qu'il perdra, contraint à une cohabitation avec la droite avant d'être réélu en 1988.

Aucun de ses successeurs n'a remis en cause cette extension du pouvoir présidentiel, ce coup de force permanent où la volonté d'un seul se prévaut du pouvoir de tous. Reste que nous assistons, notamment depuis Nicolas Sarkozy, à une version de plus en plus abâtardie de ce présidentialisme, comme si une génération d'aventuriers avait pris le relais d'une cohorte de professionnels. Après tout, Romain Gary, le prestigieux prédécesseur de Philippe Besson au consulat de Los Angeles, n'était pas seulement un immense écrivain mais surtout un grand résistant, figure de la France libre et Compagnon de la Libération. De même François Mitterrand avait-il l'habileté, sinon l'élégance, de nommer à de tels postes certains de ses contempteurs les plus farouches, par exemple Gilles Martinet à l'ambassade de Rome en 1981.

Hier, la tentation de privatiser l'État, bien réelle, se heurtait à de hautes figures du service public, ancrées dans une tradition de service de l'intérêt général. Aujourd'hui, ces digues semblent bien fragiles, sinon inexistantes : les auditions parlementaires de l'affaire Benalla n'ont-elles pas dévoilé la servilité active de nombre de hauts fonctionnaires envers l'Élysée, servilité qui aurait perduré sans états d'âme si la vidéo des violences du

1er mai n'avait pas été révélée et décryptée ? Le bon plaisir règne donc en maître, sans frein ni pudeur, à l'image de cette engeance dévolue aux frasques des *people* qu'incarne auprès du couple Macron la communicante Michèle Marchand, embauchée pour verrouiller leur image.

Peut-être faudra-t-il un jour refaire l'histoire de la Ve République à l'aune d'un seul critère : comment ce système de pouvoir personnel, profondément archaïque dans un monde complexe et face à des sociétés informées, abêtit ceux qui en bénéficient. Meilleur procureur de ce « coup d'État permanent », François Mitterrand fut lui-même vaincu par ces institutions, prenant la pose du monarque de droit divin sur la fin de ces quatorze années de présidence. Tous ses successeurs ont paru plus intelligents en campagne électorale, se déclarant lucides sur les pièges du présidentialisme, avant de succomber à son mirage, cédant à l'excitation et à l'aveuglement de l'hyperprésidence ou sombrant dans l'isolement et la solitude de l'Élysée. Aucun n'a su relever le défi de cette radicalité démocratique qu'appelle la sourde crise politique française.

Emmanuel Macron est le dernier en date de ces intelligents que le présidentialisme rend bêtes. Sa sortie au Danemark sur « le Gaulois réfractaire au changement » opposé à un « peuple luthérien qui a vécu les transformations des dernières décennies » en est la toute dernière illustration. Le trait d'humour aujourd'hui invoqué n'empêche pas que c'est une double ânerie, doublée d'une mauvaise manière. Bêtise historique comme se sont empressés de le rappeler les historiens spécialistes des Gaulois[5]. Stupidité intellectuelle, tant essentialiser un peuple, le réduire à une réalité intangible, c'est raisonner comme les racistes qui ne voient qu'une masse uniforme, homogène et invariable là où il y a des individus divers, mouvants et différents. Inélégance enfin vis-à-vis du peuple qu'Emmanuel Macron est supposé représenter et dont il parle comme s'il en était lui-même extérieur et, surtout, supérieur.

Au siècle précédent, dans le bouillonnement intellectuel qui accompagna la critique d'une social-démocratie convertie

5 « Macron a tout faux », déclara alors l'historien Jean-Louis Brunaux, spécialiste de la civilisation gauloise (*Les Inrockuptibles*, 30 août 2018).

à l'ordre établi et d'un communisme stalinien discréditant par ses crimes l'émancipation, le marxisme critique prisait une formule désuète : le « crétinisme parlementaire ». Venue sous la plume de Karl Marx en 1879 dans un échange polémique, en compagnie de Friedrich Engels, avec des figures de la social-démocratie allemande, elle voulait caractériser un personnel politique enfermé dans sa bulle institutionnelle qui en devient ignorant du cours du monde et indifférent au mouvement de la société, croyant au seul pouvoir de ses discours sans faire attention aux réalités sociales. « Ils sont atteints de crétinisme parlementaire au point de se figurer au-dessus de toute critique et de condamner la critique comme un crime de lèse-majesté », écrivait ainsi Marx comme le rappelle Maximilien Rubel, l'un de ses lecteurs les plus libertaires[6].

Le crétinisme présidentiel est la pathologie d'un pouvoir personnel démesurément puissant et solitaire. Enfermés dans leur citadelle, nos présidents prennent le risque d'échapper au sens commun, de perdre pied et raison, à force de complaisance coupable pour un système institutionnel qui, tout en les renforçant, dévitalise notre démocratie. « Tout ce qu'on fait est inédit. Ça peut se déliter à une vitesse folle, j'en ai conscience », confiait Emmanuel Macron à Philippe Besson en septembre 2016. L'alerte vaut pour maintenant, à cette différence près que tout se délite parce que l'inédit promis n'est pas au rendez-vous, supplanté par la perpétuation de la plus vieille des politiques.

30 août 2018

6 Karl Marx, *Pages choisies pour une éthique socialiste*, textes réunis, traduits et présentés par Maximilien Rubel, Librairie Marcel Rivière et Cie, Paris, 1948.

12
Contre son peuple, un pouvoir incendiaire

Cette présidence voudrait exciter les colères à son endroit qu'elle ne s'y prendrait pas autrement. Le mensonge sur l'introuvable « attaque » de l'hôpital de la Pitié-Salpêtrière par une horde de manifestants violents ne saurait être imputé à la seule incompétence du ministre de l'Intérieur Christophe Castaner[1]. Repris en boucle par les gouvernants, jusqu'au Premier ministre lui-même, en passant par la ministre de la Santé et le directeur de l'AP-HP, ce n'est que l'énième provocation d'un pouvoir qui n'a de cesse, depuis le surgissement des gilets jaunes, de violenter ceux qui le contestent, par les mots de la propagande comme par les actes de la répression.

La réponse démagogique d'Emmanuel Macron à l'incendie accidentel de Notre-Dame de Paris restera comme une métaphore de ce qu'est devenue sa présidence, à rebours de sa promesse originelle d'une « révolution démocratique profonde » : un pouvoir incendiaire. Congédiant avec mépris les attentes populaires, ramenées aux tumultes d'une politique sans esprit ni hauteur, réduites en somme à l'éphémère et au contingent quand il serait seul comptable de l'essentiel et du durable, il s'est d'emblée saisi de ce fait divers comme s'il s'agissait d'une terrible épreuve nationale et morale, au même titre que l'aurait été un attentat terroriste.

---

1 Lors du 1er mai 2019, le ministre de l'Intérieur, Christophe Castaner, socialiste passé au macronisme, inventa une attaque de manifestants contre l'hôpital de la Pitié-Salpêtrière, alors qu'en réalité ils fuyaient de violentes et injustifiées charges policières. Voir Ellen Salvi, « Castaner, premier pyromane de France », Mediapart, 3 mai 2019.

À l'instar des précédents du 11 Septembre américain avec la perdition du *Patriot Act* ou du Bataclan français avec l'égarement de la déchéance de nationalité, il s'est dès lors senti légitime pour continuer à passer en force, dans le déni de l'exigence démocratique portée depuis six mois par le mouvement social des gilets jaunes. Enfermé dans sa tour d'ivoire présidentielle, il persiste à imposer son propre agenda, refusant tout véritable dialogue, délégitimant la protestation populaire, appelant à sa répression policière, excluant tout discours d'apaisement. Attisant une haine de classe envers un peuple d'invisibles, il entretient la peur au lieu de veiller à la concorde.

Selon une vieille acception, incendiaire qualifie aussi, dit le Larousse, ce « qui est propre ou vise à échauffer les esprits, à inciter à la révolte ou à la sédition ». Depuis que les gilets jaunes se sont imposés dans le débat public, le pouvoir n'a cessé de vouloir les discréditer et les délégitimer. De la « foule haineuse » à « Jojo le gilet jaune », ils ont été renvoyés au statut de plèbe ignare et dangereuse, obscure et menaçante, réduits à la violence, aux incidents et aux dérapages, dans l'ignorance entêtée de la dynamique politique originale et inédite de ce mouvement auto-organisé.

Mensonge et répression sont ici les deux faces d'une même politique d'humiliation et de négation de celles et ceux qui, prenant au sérieux leur condition de citoyen, sont sortis de leur isolement et de leur solitude, faisant chemin les uns vers les autres pour s'assembler aux ronds-points des causes communes de l'égalité. Les discours officiels qui nient cette réalité, au point de lui inventer sans vergogne une légende noire, accompagnent la volonté concrète d'en effacer l'expression publique par la remise en cause d'un droit fondamental, celui de manifester, de contester et de protester.

« Nous avons une presse qui ne cherche plus la vérité », avait osé déclarer le chef de l'État fin juillet 2018, quand il se mettait lui-même en avant comme bouclier d'Alexandre Benalla. Le contraste entre la protection dont a bénéficié ce dernier, pour lequel le président n'a cessé de réclamer l'indulgence, et la répression constamment exigée à l'encontre des gilets jaunes, jusqu'à banaliser des violences policières sans précédent, suffit à dire combien il s'agissait d'une antiphrase, celle d'un pouvoir qui craint la vérité au point de la nier.

Le mensonge semble lui être devenu une seconde nature, largement documentée sur Mediapart[2]. Depuis, de nouveaux exemples se sont ajoutés à l'inventaire, des ventes d'armes pour la sale guerre du Yémen aux diverses « fake news » sur les manifestations, dont la toute dernière lors du 1er mai, en passant par le refus d'assumer son passé à l'extrême de la droite de la tête de liste LREM aux élections européennes[3]. Inhabituel chez un parti supposé de gouvernement, l'usage sans éthique des réseaux sociaux par les cellules de riposte du mouvement présidentiel aggrave ce climat de négation de la vérité au profit de la rumeur, de la calomnie, de l'insulte.

Au régime du coup d'État permanent, le macronisme ajoute l'usage permanent du faux. Plus de raison commune, plus de vérité partagée, plus de réel maîtrisé, seule compte l'affirmation qui confortera le pouvoir, fût-elle sans véracité aucune. Il ne s'agit plus seulement de mentir pour dissimuler, mais de mentir pour effacer. « La différence entre le mensonge traditionnel et le mensonge moderne revient le plus souvent à la différence entre cacher et détruire », notait la philosophe Hannah Arendt dans *Vérité et politique*[4].

Dans *Du mensonge en politique* qui lui fait suite, elle soulignait le rôle néfaste pour la démocratie de ces « spécialistes de la solution des problèmes » qui s'immiscent au cœur de l'État en étant « persuadés que la politique n'est qu'une variété des relations publiques »[5]. Dans une mise en garde prophétique, Arendt remarquait combien ces conseillers, communicants, experts manœuvriers et stratèges cyniques – dont l'entourage

2 Michaël Hajdenberg, « Emmanuel Macron, roi des "fake news" », Mediapart, 9 avril 2019.

3 Il s'agit de Nathalie Loiseau, ancienne directrice de l'École nationale d'administration, dont Mediapart révéla qu'étudiante, elle fut candidate sur une liste d'extrême droite à Science Po Paris. Voir Ellen Salvi et Marine Turchi, « Étudiante, Nathalie Loiseau a figuré sur une liste d'extrême droite », Mediapart, 22 avril 2019.

4 Hannah Arendt, « Vérité et politique » [1967], *in La Crise de la culture,* Gallimard, coll. « Folio Essais », Paris, 1989.

5 Hannah Arendt, « Du mensonge en politique » [1972], *in Du mensonge à la violence,* Pocket, coll. « Agora », Paris, 2002.

macronien issu du strauss-kahnisme offre de nombreux spécimens – « ont quelque chose en commun avec les menteurs purs et simples : ils s'efforcent de se débarrasser des faits et sont persuadés que la chose est possible parce qu'il s'agit de réalités contingentes ».

C'est ainsi que, sous ce gouvernement, la France officielle s'entête à nier ce que tous les défenseurs des droits humains constatent, qu'ils soient français (du Défenseur des droits au président de la CNCDH) ou étrangers (du Conseil de l'Europe aux rapporteurs des Nations unies) : la dangereuse régression des libertés dans le pays qui s'enorgueillissait d'avoir déclaré les droits de l'homme et du citoyen. Dès lors, la violence symbolique des mensonges et les violences effectives d'une répression transgressive, sans trop de frein ni de précaution, chauffent à blanc le pays au lieu d'en chercher l'apaisement.

Ceux qui défileront avec les gilets jaunes seront « complices du pire », a un jour déclaré Emmanuel Macron. La formule peut aisément lui être retournée : est complice du pire un pouvoir qui, pour perdurer, ruine toute éthique démocratique, ment à répétition, violente les libertés, disqualifie son propre peuple, calomnie ses oppositions, assume son indifférence à l'injustice, pousse à la faute les forces de l'ordre, ne dit mot des manifestants gravement blessés, incite aux condamnations expéditives, n'a jamais une parole de compassion ou d'empathie…

Ce président se comporte comme si sa victoire de 2017 lui avait offert un blanc-seing pour cinq ans. Or c'est ainsi qu'il s'enferre dans une fuite en avant dangereuse pour la démocratie elle-même, sa culture, ses institutions, ses équilibres. Une course vers l'inconnu qui n'exclut pas l'abîme. Car, dans son aveuglement narcissique, il se trompe doublement : sur l'essence de la démocratie ; sur la nature de son élection.

La démocratie n'est pas cette « tyrannie douce » qu'entrevoyait déjà Tocqueville, où le peuple n'est invité à sortir de sa servitude que pour choisir son maître avant d'être congédié de nouveau. C'est un écosystème fragile qui suppose des pouvoirs séparés, des contre-pouvoirs actifs et, surtout, l'expression permanente du peuple lui-même, garantie par le respect des droits fondamentaux sans l'exercice desquels le droit de vote n'est plus qu'une fiction : droits de se réunir, de s'exprimer, de manifester, de s'informer.

Quant à l'élection de 2017, faute de choix face à l'extrême droite, elle a précisément investi ce président à l'élection improbable de ce dont il ne veut pas tenir compte : la sourde crise démocratique française, cette « crise de la représentation politique devenue endémique et quasi structurelle », selon le récent bilan de la chercheuse Anne Muxel[6]. Loin d'enrayer cette crise, le nouveau pouvoir l'a renforcée, constate-t-elle, faute d'avoir pris en compte l'événement essentiel que masquait sa victoire : la montée inédite de l'abstention et l'importance du recours au vote blanc.

Électeurs politisés en « retrait du jeu politique », un « malaise démocratique », une « demande de démocratisation des rouages mêmes de la représentation politique » : autant de formules pour résumer le mandat issu du chamboule-tout de 2017, à mille lieues du pouvoir personnel égocentrique incarné par Emmanuel Macron dans sa revendication d'une présidence jupitérienne. Les gilets jaunes, que le pouvoir et ses relais intellectuels n'ont cessé de rabattre sur l'extrême droite, sont d'abord l'expression politique et sociale de cette réalité abstentionniste : un désir de démocratie.

Si, au-delà de leurs insuffisances ou de leurs entourloupes, les substantielles mesures économiques et sociales obtenues par la mobilisation entêtée des gilets jaunes – dont l'efficacité peut en remontrer à l'impuissance des organisations syndicales – ne suffisent pas à calmer leur colère, c'est précisément parce que leur mouvement porte la question démocratique laissée en jachère depuis deux ans. Ce qui l'unifie, dans sa diversité de milieux et de sensibilités, c'est cette conscience aiguë que la promesse d'une « révolution démocratique profonde », non tenue, pis, saccagée et reniée, dégénère sous nos yeux en régression démocratique profonde.

Le surgissement des gilets jaunes a correspondu avec la sortie, à l'automne 2018, du film de Pierre Schoeller, *Un peuple et son roi*, qui narre la désaffection rapide du peuple de 1789

6 Voir Bruno Cautrès et Anne Muxel, *Histoire d'une révolution électorale 2015-2018*, Classiques Garnier, Paris, 2019.

pour Louis XVI, conduisant à la mise à bas radicale de l'Ancien Régime. Parce qu'il refuse de remettre en cause la monarchie élective épuisée sur laquelle il trône, parce qu'il préfère le confort illusoire du mensonge et de la répression, Emmanuel Macron prend le risque de devenir un roi sans peuple.

3 mai 2019

13
Covid, l'étrange défaite du macronisme

Devant l'Assemblée nationale, le mardi 28 avril 2020, Édouard Philippe n'a pas hésité à convoquer « la vertu », « cette antique qualité qui mêle la rectitude, l'honnêteté et le courage ». C'était tout à la fin de son discours présentant « la stratégie nationale de déconfinement », où le Premier ministre essayait de sauver la face d'un État en perdition sous l'effet des injonctions contradictoires, incohérentes et irresponsables de celui qui est supposément son chef, le président de la République[1].

Étonnant discours dont les précautions et les prudences, voire l'humilité – notamment sur « la pénurie de masques », enfin reconnue –, contrastaient avec les injonctions catégoriques, grandiloquentes et paternalistes des trois interventions présidentielles face à la pandémie du Covid-19. Mais, aussi lucide puisse-t-il être en secret sur le désordre semé par le chef de l'État dans cette épreuve, le Premier ministre reste pris au piège d'un système institutionnel où tout procède d'un seul quand le sort de tout un peuple est en jeu.

Il a eu beau faire l'éloge de la représentation nationale, du débat et de la concertation, le résultat, désastreux, est là : une stratégie à nouveau décidée d'en haut, sans publicité ni discussion préalables, sur laquelle les députés ont dû se prononcer en même temps qu'ils en prenaient connaissance, tandis qu'autorités et collectivités locales, syndicats et associations, bref toutes

---

1 Voir Ellen Salvi, « Déconfinement : l'exécutif se contredit encore », Mediapart, 28 avril 2020.

celles et tous ceux qui agissent sur le terrain, sont simplement invités à en compléter *a posteriori* les modalités d'application[2].

En somme, le président a décidé, et le pays doit suivre. Or c'est ainsi que s'organisent les défaites, celles dont les premiers responsables sont des généraux vaniteux, obsédés par leur gloriole, indifférents au moral des troupes et peu soucieux de l'intendance. Contrairement aux rodomontades initiales d'Emmanuel Macron, nous ne sommes pas en guerre, tant, dans cette lutte contre un virus inconnu, nous n'avons d'autre ennemi que nous-mêmes : nos impréparations, nos aveuglements, nos ignorances.

Mais, en revanche, nous sommes d'ores et déjà témoins d'une défaite en rase campagne, celle du très vieux monde qu'incarne cette présidence : monde de supposés « sachants » qui se révèlent brusquement ignorants et de prétendus gagnants qui découvrent soudain la solidarité ; monde d'une élite autoproclamée et revendiquée qui, même quand la crise appelle l'empathie, dissimule mal son mépris pour un peuple qu'elle ne cesse d'admonester, d'infantiliser ou de réprimer.

À la fin de *L'Étrange Défaite*, Marc Bloch convoque, lui aussi, la vertu, cet enseignement de la Révolution et, souligne-t-il, ce ressort d'un État populaire[3]. Dans cet « examen de conscience d'un Français », écrit durant l'été 1940 sous le choc de la débâcle et du renoncement, le grand historien et futur martyr envisage, tout comme nous autres confiné·e·s, le monde d'après où « le grand devoir sera de refaire une France neuve ». Or, à l'adresse des générations qui en auront la charge, sa recommandation est sans appel : « Nous les supplions d'éviter la sécheresse des régimes qui, par rancune ou orgueil, prétendent dominer les foules, sans les instruire ni communier avec elles. Notre peuple mérite qu'on se fie à lui et qu'on le mette dans la confidence. »

Dans cette crise sanitaire, nous avons vécu tout l'inverse : un pouvoir qui tient son peuple en défiance et à distance ; un pouvoir qui, depuis janvier, lui a menti sans vergogne au point de le mettre en péril ; un pouvoir qui le culpabilise toute

---

2 Voir Manuel Jardinaud, « À l'Assemblée, la démocratie ne se déconfine pas », Mediapart, 28 avril 2020.

3 Marc Bloch, *L'Étrange Défaite* [1940, publié en 1946], préface de Stanley Hoffmann, Gallimard, coll. « Folio Histoire », Paris, 1990.

honte bue – si vous risquez de mourir, c'est parce que vous êtes désobéissants (le préfet de police) ; si le déconfinement est un échec, ce sera à cause de votre indiscipline (le ministre de la Santé). Mediapart n'a cessé de documenter cette inconséquence généralisée, qui a semé la méfiance quand il aurait fallu mobiliser la confiance, en la qualifiant d'impéritie, vieux mot qui désigne le manque d'aptitude dans l'exercice d'une profession.

C'est peu dire que cette présidence n'a pas été à la hauteur de la profession qu'elle revendique, ce pouvoir à la première personne dont tout procède et relève. Il y a d'abord eu ce scandale des masques[4], ces stocks stratégiques dilapidés, ces industries non réquisitionnées, cette fable irresponsable sur leur inutilité, jusqu'à l'indignité ultime de cette vente massive désormais accordée à la grande distribution privée, alors qu'ils devraient être donnés gratuitement et largement par la puissance publique.

La logique comptable qui a mené à ce désarmement sanitaire est aussi celle qui organisa la pénurie hospitalière – non seulement de masques mais aussi de lits, de surblouses, de tests, de médicaments, de respirateurs… – qu'ont dû surmonter soignantes et soignants, rendant d'autant plus admirable leur mobilisation. « Il n'y a pas d'argent magique », avait répondu il y a deux ans, le 6 avril 2018, un Emmanuel Macron dédaigneux à une aide-soignante du CHU de Rouen qui lui disait cette réalité dont la facture est aujourd'hui douloureuse : « Au quotidien, il y a des fermetures de lits dans les services, des fermetures de services faute de personnels. On a besoin de moyens, on a besoin de personnels. »

Nous payons donc le prix de son imprévoyance. De son irresponsabilité aussi. La chronologie est implacable[5] : en janvier et février, faisant fi des alertes de l'Organisation mondiale de la santé, cette présidence est restée arc-boutée sur son agenda politicien, aveuglée par ses obsessions idéologiques au point de ne pas prendre à temps les mesures de protection qui s'imposaient.

4 Yann Philippin, Antton Rouget et Marine Turchi, « Masques : les preuves d'un mensonge d'État », Mediapart, 2 avril 2020.

5 François Bonnet, « Covid-19 : chronologie d'une débâcle française », Mediapart, 17 avril 2020.

Une conseillère Santé de l'Élysée qui s'en va fin janvier pour convenance personnelle sans être remplacée ; des visas toujours autorisés avec la Chine quand tous les autres pays de l'espace Schengen les suspendaient dès le 1er février ; une ministre de la Santé qui déserte son poste à la mi-février pour mener campagne électorale à Paris ; un premier Conseil des ministres sur l'épidémie le 29 février dont la principale mesure fut le choix d'un 49-3 autoritaire pour imposer sans débat la réforme des retraites ; un souci prioritaire accordé au profit, à la productivité et à la croissance, alors même que la pandémie allait en démontrer la vanité, mettant à l'arrêt l'économie mondiale ; sans oublier un premier tour des municipales maintenu coûte que coûte au moment où le pays tout entier était appelé à se confiner…

L'inconséquence s'est poursuivie avec l'annonce unilatérale, par le président de la République lui-même, et lui seul, d'un déconfinement à partir du 11 mai, incluant une rentrée générale des écoles, collèges et lycées, mais pas des universités. La suite l'a démontré : impraticable, tant elle ignorait la diversité épidémique et les réalités éducatives, cette décision prise sans concertation avec les premiers concernés – recteurs, inspecteurs d'académie, chefs d'établissement, conseils municipaux, départementaux, régionaux, etc. – fut facteur de désordre et de confusion[6].

Comme l'ont montré les embardées régulières de la ministre du Travail ou de la secrétaire d'État à l'Économie, l'une voulant contraindre au retour à la production, l'autre voulant défendre l'impératif du profit, l'obsession économique est la boussole de cette présidence, bien plus que le souci des élèves, et notamment des plus défavorisés. De fait, le Conseil scientifique ad hoc, pourtant créé et choisi par le seul bon vouloir présidentiel au détriment des structures existantes (Haut Conseil de la santé publique ; Santé publique France), a fait savoir son opposition à une rentrée des classes avant septembre. Un Conseil dont l'Élysée revendiquait jusqu'alors l'expertise en amont, assurant se fier à ses recommandations.

Or ce Conseil, qui n'a pas été écouté, ne saurait être suspecté d'indifférence sur la question des inégalités face à la pandémie,

6 Ellen Salvi, « Crise sanitaire : Macron en fauteur de troubles », Mediapart, 15 avril 2020.

que ses avis documentent avec d'autant plus d'insistance que, outre deux spécialistes des sciences sociales – une anthropologue et un sociologue –, l'ONG ATD Quart Monde y est représentée. Mais il y a plus bavard encore pour montrer combien ce président, loin des envolées narcissiques où il prétend se « réinventer », n'a rien changé dans sa façon d'être et d'agir.

Sous l'impulsion d'activistes de la santé publique, formés à l'épreuve d'autres pandémies – celle du VIH notamment –, le Conseil scientifique, par la voix de son président, a réclamé « l'inclusion et la participation de la société à la réponse au Covid-19 ». Datée du 14 avril 2020 et intitulée « Une urgence sociétale », cette note est un réquisitoire contre le verticalisme et le centralisme macroniens[7].

Plaidant pour une « démocratie sanitaire », elle s'alarme de la « montée des critiques » face à une « gestion de l'urgence sanitaire resserrée autour d'un Conseil scientifique nommé par le gouvernement et mis en place de façon ad hoc ». Elle souligne que « le pouvoir politique conserve un contrôle assez fort sur la sélection des organisations et des personnes censées "éclairer" la décision publique ». Enfin, dans la perspective de la « sortie de crise », elle avertit que « l'exclusion des organisations de la société civile peut facilement ouvrir la voie à la critique d'une gestion autoritaire et déconnectée de la vie des gens ».

Or, non seulement sa proposition d'un « Comité de liaison avec la société » est restée lettre morte mais, à la différence d'autres notes de travail du Conseil scientifique, ce texte n'a jamais été rendu public par le pouvoir. Si Mediapart ne l'avait pas trouvé et publié, il n'aurait jamais été porté à la connaissance de l'opinion. « Faire confiance pour garder la confiance » : ce sont les derniers mots de l'avis n° 6 du Conseil scientifique, daté du 20 avril, sur la sortie progressive du confinement, comme en écho à cette note sans effet qui faisait des « propositions pour garder la confiance ».

La confiance ne peut être au rendez-vous d'un pouvoir qui n'a cessé, durant cette crise comme durant les trois années qui

7 Cette note, restée confidentielle, fut révélée par Caroline Coq-Chodorge : « Le président du Conseil scientifique demande "d'impliquer la société" », Mediapart, 22 avril 2020.

l'ont précédée, de se méfier de la société. « Mais la société, c'est qui ? Ça n'existe pas ! », avait lancé Margaret Thatcher en 1987 – dans une interview au magazine *Woman's Own* –, cette même Première ministre britannique dont le catégorique « Il n'y a pas d'alternative » résumait la violence de son offensive néolibérale contre sa propre société. Sous l'effet de la crise sanitaire, le macronisme se révèle dans sa vérité fruste : un avatar tardif du thatchérisme, incapable de s'élever au-dessus de lui-même pour servir l'intérêt général, sinon dans des prestations télévisuelles de circonstance, où ses rôles de composition théâtrale sonnent vide et creux, tant ils sont surjoués.

À travers son échec, c'est tout un monde qui se défait : ce groupe social mêlant noblesse d'État et bourgeoisie d'affaires, dont il est le produit et l'incarnation. À force de se croire au-dessus du peuple, d'assimiler ses intérêts privés au bien public, de privilégier la compétition à la solidarité, il se révèle incapable de protéger la société quand l'assaille une épreuve qui la concerne tout entière, ne faisant pas de distinction entre ses victimes. Où l'on retrouve Marc Bloch, désignant dans *L'Étrange Défaite* la responsabilité de ce groupe social qui « se sent ou se croit appartenir à une classe vouée à tenir dans la nation un rôle directeur » mais qui ne connaît plus son propre peuple, s'en défie au point de le craindre, préférant le condamner plutôt que le comprendre.

Le même pouvoir qui donna à voir sa grande peur face au mouvement des gilets jaunes, au point d'assumer une répression d'une violence sans précédent en temps de paix, ne peut espérer rallier la société à sa cause face à la pandémie. L'ardoise magique par laquelle il tente d'effacer ses turpitudes passées ne fonctionne pas. Quand Emmanuel Macron se souvient soudain que le 1er Mai est jour de fête internationale des travailleurs, nous nous souvenons tous du 1er mai 2018 – les violences de son protégé Alexandre Benalla contre des manifestants – et du 1er mai 2019 – les manifestants réfugiés devant l'hôpital de la Pitié sous un déluge de gaz lacrymogènes, puis calomniés par un mensonge ministériel.

Trop d'imposture, trop de mensonge, trop de fausseté. Même avec la meilleure volonté du monde, nous ne pouvons plus y croire. Le pire, c'est que, dans cette déchéance de l'action et de la parole présidentielles, Emmanuel Macron entraîne l'État lui-même, y semant la confusion et atteignant sa crédibilité. Assimilant l'impéritie à « l'ignorance de ce qu'on doit savoir dans sa profession », le dictionnaire de l'Académie française l'illustre par cette citation : « L'impéritie de certains fonctionnaires rabaisse le fonctionnarisme aux yeux de l'opinion publique. » En l'espèce, l'impéritie de cette présidence a rabaissé le crédit de la puissance publique tout entière.

Car c'est comme si l'État était devenu amnésique, oublieux de sa propre histoire. Les plans pour faire face à une pandémie grippale, sous la forme d'un nouveau virus contre lequel aucune personne n'est immunisée, étaient pourtant établis, dressés avec minutie, disponibles depuis une décennie. Tel rapport du Conseil consultatif national d'éthique de février 2009 affirme même que « le plan de la France est l'un des plus aboutis », tout en ajoutant que « l'information de la population française sur l'existence et le contenu de ce plan est quasi nulle ». Il faut donc croire que cette ignorance a fini par atteindre le sommet de l'État.

Pas plus tard qu'il y a un an, en mai 2019, tel autre rapport de Santé publique France sur « la constitution d'un stock de contre-mesures médicales face à une pandémie grippale » soulignait combien la constitution de ces stocks stratégiques nationaux, ceux-là mêmes qui ont fait si cruellement défaut – notamment de masques –, « ne saurait être assimilée à une dépense indue ». Rejetant le court-termisme des logiques comptables, il affirmait qu'elle « devrait être considérée comme le paiement d'une assurance que l'on souhaite, malgré la dépense, ne jamais avoir besoin d'utiliser ».

Nous sommes les spectateurs impuissants de cette défaite d'un État qui s'est désarmé lui-même. Défaite qui se prolonge avec ses difficultés à reconstituer les stocks de masques manquants, à produire massivement les tests qui permettraient de ne plus combattre l'épidémie à l'aveugle, à impulser la recherche française de vaccins dans la compétition internationale, à élaborer un scénario solide de sortie de crise. Sous le règne des « premiers de cordée », la chaîne des solidarités s'est rompue au point que l'État a fini par désapprendre le b.a.ba de son savoir en matière sanitaire : les fondements d'une politique de santé publique générale, au service du plus grand nombre.

Mais nous en sommes aussi les victimes puisque devant porter le poids de sa défection, par le confinement qui nous a été imposé en catastrophe, ou, dans le pire des cas, devant en payer le prix par la maladie, à l'instar des soignants contaminés par le virus au point d'en mourir[8]. C'est pourquoi la justice devra passer, établissant les responsabilités et demandant des comptes. Un site a été construit à cette fin, proposant des dépôts de plainte contre X à l'aide de dossiers préremplis, notamment pour « abstention volontaire de prendre les mesures visant à combattre un sinistre ».

« Malgré les avertissements des instances sanitaires internationales, l'État français n'a pas pris à temps les mesures nécessaires pour protéger les personnes sur son sol, peut-on y lire. Les mesures prises récemment sont tardives, insuffisantes et incohérentes. De ce fait, de nombreuses personnes, dont du personnel médical, ont été et sont toujours exposées à des risques sanitaires, sont tombées malades ou sont décédées. » À ce jour, près de 170 000 plaintes y ont été téléchargées depuis le 24 mars 2020.

Judiciairement, il y a peu de probabilités qu'elles atteignent le premier des responsables, le chef de l'État lui-même. La soumission, par le biais de majorités dites « présidentielles », du pouvoir législatif au pouvoir exécutif rend improbable sa mise en cause *via* l'article 68 de la Constitution qui organise la procédure de destitution du président de la République « en cas de manquement à ses devoirs manifestement incompatible avec l'exercice de son mandat ».

S'il est pourtant, en France, une leçon politique de cette crise, c'est bien la nécessité de destituer ce présidentialisme archaïque qui, loin de nous protéger et de nous rassembler, nous fragilise et nous divise. À l'échelle de l'humanité, la pandémie du Covid-19 est porteuse de défis et d'énigmes sans frontières, à la fois médicaux, éthiques, écologiques, sociaux, économiques. Mais, à l'aune française, elle a d'ores et déjà mis en évidence l'autonomie de la question démocratique, cette

8 « En mémoire des soignants morts du Covid-19 », Mediapart, 26 avril 2020. Cette enquête fut réalisée par trois étudiantes du Centre de formation des journalistes (CFJ) : Léa Boistault, Émilie Garcia et Gaétane Poissonnier.

faiblesse intrinsèque de notre vie publique qui nous a désarmés, quand d'autres pays, de l'Allemagne au Portugal, en passant par la Corée du Sud ou Taïwan, ont su mieux faire face.

Et, si nous n'y mettons pas fin, la catastrophe continuera. Tandis que, par le truchement d'une porte-parole devenue ministre de la Vérité après avoir tant menti, ce pouvoir présidentiel prétend faire lui-même le tri entre bonne et mauvaise information[9], comment ne pas se rappeler cette ultime mise en garde de Marc Bloch qui concerne le métier que nous pratiquons ici, le journalisme :

« N'avions-nous pas, en tant que nation, trop pris l'habitude de nous contenter de connaissances incomplètes et d'idées insuffisamment lucides ? Notre régime de gouvernement se fondait sur la participation des masses. Or, ce peuple auquel on remettait ainsi ses propres destinées et qui n'était pas, je crois, incapable, en lui-même, de choisir les voies droites, qu'avons-nous fait pour lui fournir ce minimum de renseignements nets et sûrs, sans lesquels aucune conduite rationnelle n'est possible ? Rien en vérité. Telle fut, certainement, la grande faiblesse de notre système, prétendument démocratique, tel, le pire crime de nos prétendus démocrates. »

4 mai 2020

9 « L'État n'est pas l'arbitre de l'information », Le Club de Mediapart, 3 mai 2020. Dans cette tribune collective, plus de trente rédactions protestaient contre le projet gouvernemental, abandonné depuis, de reproduire, sur un site officiel, un florilège d'articles estampillés « fiables » consacrés au Covid-19.

14
La démocratie meurt dans l'obscurité

Democracy dies in darkness : en février 2017, au lendemain de l'intronisation présidentielle de Donald Trump, le *Washington Post*, ce quotidien américain rendu célèbre par ses investigations, dont le scandale du Watergate reste la plus connue, décidait d'inscrire cette phrase en tête de son site Internet et à la une de ses éditions imprimées. C'était une réponse aux vérités alternatives promues par le nouvel occupant de la Maison-Blanche, qui ne cessera, durant son mandat, de s'en prendre à la liberté de la presse, à son devoir de révéler et à son droit de critiquer.

« La démocratie meurt dans l'obscurité » : alors que Donald Trump, battu dans les urnes, ne sera bientôt plus président des États-Unis d'Amérique, c'est dans la France d'Emmanuel Macron qu'il nous faut, aujourd'hui, convoquer cette alarme. Car, dans un climat de peur suscité par le terrorisme, la loi « sécurité globale » défendue par le pouvoir exécutif et sa majorité parlementaire met fin à une liberté fondamentale, celle de renseigner, documenter, révéler, critiquer les manquements de l'État à l'encontre du peuple souverain[1].

En entravant, voire en interdisant dans certains cas, la captation et la diffusion d'images de violences policières, son article 24 instaure un État de police en lieu et place de l'État de droit : c'est l'avènement d'un État qui a tous les droits, y compris celui de cacher les illégalités qu'il commet, d'empêcher qu'on connaisse les violences illégitimes faites en son nom,

1 Cette loi a été finalement promulguée le 25 mai 2021 sous l'intitulé : « Loi pour une sécurité globale préservant les libertés ».

d'étouffer les scandales, les injustices et les abus de pouvoir dont elles relèvent.

Si cette disposition est votée, il n'y aura plus d'affaires Benalla, Chouviat ou Legay – pour ne citer que trois exemples de faits d'intérêt public, aujourd'hui entre les mains de la justice, dévoilés par la diffusion d'images de violences policières[2]. Trois affaires différentes qui illustrent combien la fin de cette liberté ferait tomber un voile noir sur des réalités qui nous concernent toutes et tous : avec l'affaire Alexandre Benalla, la privatisation élyséenne de la police ; avec la mort de Cédric Chouviat, l'ordinaire des abus policiers ; avec la blessure de Geneviève Legay, la mise en cause du droit de manifester.

La question n'est pas seulement le droit d'informer des médias mais surtout le droit de savoir des citoyens. Dans ces trois cas, les images ne sont pas venues que de journalistes professionnels mais aussi de lanceurs d'alerte. La liberté de la presse n'est pas un privilège des journalistes mais un droit des citoyens. Tout amendement de cet article liberticide qui prétendrait sanctuariser le travail des journalistes ne ferait qu'accroître son scandale : en accordant à la presse le monopole de l'information, la loi priverait le peuple tout entier d'un droit qui lui appartient. Celui, précisément, d'informer, de faire savoir et de faire connaître, d'alerter et de contester.

La démocratie est un écosystème dont le droit de savoir et la liberté de dire sont les organes vitaux. Sans informations libres et sans opinions pluralistes, délivrées du contrôle de l'État, des intérêts et des idéologies de ses occupants du moment, il n'y a plus de démocratie véritable. Sans la production libre et indépendante de vérités de fait, surtout celles qui interpellent et surprennent, dérangent ou bousculent, le peuple souverain ne saura plus ce qui le concerne, ne pourra plus décider de son sort, sera empêché de débattre de son avenir. Aveuglé par les phares du pouvoir, ces vérités

2 Livreur à scooter, Cédric Chouviat est mort des suites d'un violent contrôle, le 3 janvier 2020, au cours duquel il fut étranglé et plaqué au sol par des policiers. Militante altermondialiste d'Attac, Geneviève Legay fut gravement blessée à la suite d'une charge policière contre une manifestation pacifique à Nice, le 23 mars 2019.

officielles qui cachent des mensonges éhontés, il sera plongé dans l'obscurité.

Mais cet article 24 n'est que le symbole flagrant d'une débâcle plus générale : le basculement dans un régime autoritaire, rompant avec ce qui restait d'esprit libéral dans nos grandes lois républicaines. C'est pourquoi nous demandons, au-delà du retrait pur et simple de cet article, le retrait de cette loi « sécurité globale » dont les dispositions accroissent les pouvoirs de surveillance de l'État tout en annihilant les contre-pouvoirs de la société. Avec l'autre loi de rupture, celle sur le « séparatisme » portant désormais l'emblème des « principes républicains »[3], elle forme un tout qui renverse deux piliers démocratiques : quand l'une s'attaque à la liberté d'informer par et pour tous les citoyens, l'autre s'en prend à leur liberté de s'exprimer en voulant instaurer une procédure expéditive de comparution immédiate pour les opinions dissidentes ou provocantes.

Si ces textes sont adoptés, ce ne sera plus le règne de l'arbitraire, des manifestations empêchées, des protestations réprimées, des violences illégitimes, des états d'urgence prolongés, etc. Non, c'en sera la consécration officielle, légale, définitive. Un arbitraire permanent, incontesté et incontestable. Un arbitraire devenu notre ordinaire. Mettant à bas l'esprit démocratique de la loi républicaine inaugurale, celle de 1881 consacrant la liberté de presse et de parole, ces deux lois signifieront la fin d'une République vivante et vibrante, riche de ses conflits et forte de ses polémiques. D'autant qu'elles ne s'arrêtent pas en si bon chemin puisqu'elles remettent aussi en cause le libéralisme politique d'autres lois républicaines fondatrices, sur l'école (1881-1882), sur les associations (1901), sur la laïcité (1905).

Quand la République devient un mot vide et creux, brandi comme un argument d'autorité pour faire taire et asséné telle une matraque pour mieux réprimer, c'est qu'elle n'est plus. Du moins plus démocratique. Le champ républicain a toujours connu ses conservateurs et ses réactionnaires abrités par sa devise « Liberté, Égalité, Fraternité » mais farouches ennemis de

3 Ce projet de loi « confortant le respect des principes de la République » a été définitivement adopté le 30 juillet 2021.

ce qu'elle signifie : l'égalité des droits, le droit de les défendre, le courage de les inventer, la promesse d'une société libre de s'organiser, de s'informer, de s'assembler, de manifester, de revendiquer, de lutter et de protester.

Ces républicains adversaires de la démocratie, de son esprit et de son essence, de ses lois fondatrices et de ses principes vitaux, ont revêtu de multiples atours dans notre histoire passée, dont le pouvoir actuel est le dernier avatar. Car la République invoquée à tire-larigot par nos actuels gouvernants n'est qu'un cache-misère. Elle fait penser à un arbre arraché, ou à un poisson réduit à son arête ou encore à une viande ramenée à l'os. Elle est sans vie, sans chair, sans épaisseur. Une République dépourvue d'adjectif, ni démocratique, ni sociale. Une République sans âme ni boussole. Une République égarée.

En 2017, quand le *Washington Post* adopta l'alarme sur l'obscurité qui tombe sur la démocratie, un historien américain, Timothy Snyder, lui fit écho en publiant *De la tyrannie*, guide de résistance face à Donald Trump et à ses semblables ailleurs dans le monde afin de préserver les libertés dans les années à venir[4]. L'une de ses « vingt leçons du XXe siècle » s'intitule : « Rester calme quand survient l'impensable » : « La tyrannie moderne, c'est le management de la terreur. En cas d'attaque terroriste, n'oubliez pas que les régimes autoritaires exploitent cet événement pour consolider leur pouvoir. » Et de conclure par cette recommandation : « Ne tombez pas dans le panneau. »

Parce que nous refusons de tomber dans le panneau, nous manifesterons dans le calme face à l'impensable : la mise en cause de la démocratie par un gouvernement démocratiquement élu. Et nous ne cesserons de le faire jusqu'à ce qu'il recule.

20 novembre 2020

---

4 Timothy Snyder, *De la tyrannie. Vingt leçons du XXe siècle*, Gallimard, Paris, 2017.

15
La catastrophe est en marche

Fabuliste de la prétention des humains et de l'aveuglement des puissants, La Fontaine, né il y aura précisément quatre siècles le 8 juillet 2021, s'était inspiré des fables d'Ésope le Phrygien. L'une d'elles, appelée *L'enfant qui criait au loup* ou *Le Berger mauvais plaisant*, est à l'origine de l'expression « crier au loup », autrement dit exagérer une alerte ou un danger. Ou, peut-être, l'annoncer trop tôt, avec cet excès que motive une prescience. C'est aujourd'hui la situation de Mediapart, spectateur d'une catastrophe sur l'avènement de laquelle notre journal n'a cessé de sonner le tocsin.

« La catastrophe n'est pas à venir, elle est déjà là », écrivions-nous début 2017 à quelques mois de la dernière élection présidentielle, en alertant sur une « course à l'abîme, vers le gouffre des peurs et des haines, des mensonges et des violences, du recul des libertés, du refus des égalités et du déchaînement des identités[1] ». Désormais, ajoutions-nous, « tout est possible, même l'impensable ». Trop précoce pour être alors entendue, la prophétie n'en était pas moins juste. Car nous y sommes : l'extrême droite dicte désormais son agenda à la vie politique française avec la complicité cynique du pouvoir en place, la complaisance délirante des médias de masse et la lâcheté opportuniste d'une partie de la gauche.

Contrairement à ce qu'a déclaré Emmanuel Macron après avoir été giflé, mardi 8 juin 2021, à Tain-l'Hermitage dans

1 La rédaction de Mediapart, *Sonnons l'alarme ! Faits et gestes de la présidence Hollande. Décryptage au jour le jour d'une catastrophe annoncée*, Don Quichotte, Paris, 2017.

la Drôme par un homme lançant le cri de guerre royaliste « Montjoie Saint-Denis ! », ce geste n'est pas un « incident » qu'il faudrait « relativiser » car « tout va bien ». Non, tout va mal, et cette relativisation présidentielle ne fait qu'aggraver cette catastrophe. Visant celui qui, présidentialisme oblige, incarne par fonction la République, cette violence est un boomerang : elle frappe le pouvoir qui l'a ignorée, mésestimée, tolérée, voire encouragée, en diabolisant ses oppositions de gauche tout en légitimant les obsessions idéologiques de l'extrême droite.

L'avant-veille de la gifle, dimanche 6 juin, un activiste royaliste, connu pour ses virulences contre tout symbole de l'égalité et de l'émancipation, avait posté une vidéo mettant en scène l'exécution d'un « gauchiste », au choix électeur de La France insoumise, abonné de Mediapart ou lecteur de *Libération*. À quelques rares ou tardives exceptions près, cette incitation fasciste à l'action violente, qui fait écho à de réelles menaces terroristes venues de l'ultradroite, n'a suscité aucune indignation, encore moins d'action, du pouvoir en place et des médias dominants, plus occupés à tomber à bras raccourcis sur des propos assurément malvenus de Jean-Luc Mélenchon[2].

Tout comme l'intrusion le 25 mars à Toulouse dans l'assemblée régionale de militants de l'Action française entendant dénoncer « les islamo-gauchistes traîtres à la France » avait été rapidement éclipsée par la polémique sur les réunions non mixtes de l'Unef avec le relais, aussi paradoxal qu'empressé, de la cible des intrus, la présidente socialiste de la région Occitanie, Carole Delga[3].

---

2 Le 6 juin 2021, lors d'une interview à France Inter, Jean-Luc Mélenchon avait déclaré : « Vous verrez que dans la dernière semaine de la campagne présidentielle nous aurons un grave incident ou un meurtre. Cela a été [l'attentat de Mohammed] Merah en 2012. Cela a été [en 2017] l'attentat la dernière semaine sur les Champs-Élysées. Avant, on avait eu Papy Voise, dont plus personne n'a jamais entendu parler après. Tout ça, c'est écrit d'avance. Nous aurons le petit personnage sorti du chapeau. Nous aurons l'événement gravissime qui va, une fois de plus, permettre de montrer du doigt les musulmans et d'inventer une guerre civile. Voilà, c'est bateau tout ça. »

3 Au lendemain de l'intrusion, le 25 mars 2021, de militants de l'Action française dans l'enceinte de l'Assemblée régionale d'Occitanie, à Toulouse, avec une banderole proclamant : « Islamo-gauchistes traitres à la France », la présidente

Face à cette libération de l'expression et des agissements d'une extrême droite raciste, xénophobe, sexiste, homophobe, antisémite, islamophobe et négrophobe, ils ne se contentent pas de regarder ailleurs, ils lui font la courte échelle. La veille de la gifle de Tain-l'Hermitage, lundi 7 juin, l'Assemblée nationale commençait, en commission, sa discussion en deuxième lecture du projet de loi sur le respect des principes républicains après l'échec de la conciliation avec le Sénat. Quelles que soient les précautions langagières, ce texte légitime les obsessions de toujours des ennemis de la République véritable, celle de l'égalité des droits sans distinction d'origine, de conviction ou de religion, de genre ou d'apparence, par l'emploi de ce simple mot : « séparatisme ».

C'est un concept de guerre civile, qui la légitime, l'installe et la précipite : il y aurait donc, au sein de notre peuple, la France et ceux qui s'en séparent. Non pas des opposants ou des contestataires, mais des séparatistes, autrement dit des Français et des Françaises qui, potentiellement, ne le seraient plus par leurs engagements, leurs comportements et leurs convictions. Héritée de l'anticommunisme de la guerre froide et de l'impérialisme des guerres coloniales, cette dénonciation du « séparatisme » ouvre grand la porte du débat public à l'obsession constante de l'extrême droite : l'anti-France.

Royaliste et adversaire farouche de la République, le fondateur de l'Action française, Charles Maurras, l'avait théorisée en désignant à la vindicte les « quatre États confédérés » que seraient « protestants, juifs, francs-maçons et métèques ». Habitée par une phobie de la rencontre et du mélange, cette quête de pureté identitaire était un appel explicite à l'exclusion des altérités, des différences et des dissidences, dont l'antisémitisme est une passion mobilisatrice récurrente.

Un antisémitisme que, sans surprise, l'on retrouve aujourd'hui, tel un retour du refoulé, sous la plume de l'actuel ministre de l'Intérieur inscrivant son action, à propos de l'islam et des musulmans, dans le sillage de celle de Napoléon cherchant à « régler les difficultés touchant à la présence de milliers de

socialiste de région s'en prit dans un tweet au syndicat étudiant Unef à propos des réunions « non mixtes ».

Juifs en France » et à « porter remède au mal auquel beaucoup d'entre eux se livrent au détriment de nos sujets »[4].

Le cœur des idéologies d'extrême droite est le rejet du principe d'égalité naturelle et la promotion, sous couvert d'identité, de nation ou de peuple, des inégalités, hiérarchies et dominations. Or c'est à cette pédagogie funeste que contribue l'offensive identitaire menée par le pouvoir, brandissant les mots de « République » et de « laïcité » en les ayant vidés de leur portée émancipatrice, de leur exigence sociale et de leur vitalité démocratique.

Pendant qu'à l'Assemblée nationale Gérald Darmanin invite donc les députés à légiférer contre un « djihadisme d'atmosphère » (*sic*), avec pour seule obsession la désignation d'une religion, l'islam, et d'une communauté, les musulmans, en facteur de division et en fauteur de troubles, l'atmosphère du débat public est empuantie par les refrains d'exclusion, d'intolérance et de virulence propres au fascisme. Des médias à l'université, avec l'assentiment du pouvoir et l'encouragement d'intellectuels égarés, la chasse en meute aux sorcières « islamo-gauchistes » est ouverte, machine à exclure, disqualifier et diaboliser, qui recycle au goût du jour les anciens refrains fascistes dénonçant les « judéo-bolcheviques ».

Volontairement entretenu par une présidence qui fait le jeu de l'extrême droite dans l'espoir cynique d'en faire son marchepied électoral, ce climat délétère ne peut que libérer de la violence. Car c'est un appel incessant au rejet de corps, d'idées ou de mouvements supposés étrangers. Dès lors qu'elle a droit de cité, cette quête de boucs émissaires, dont les musulmans sont aujourd'hui l'emblème privilégié, devient infinie, frappant aussi bien les migrants, les Noirs, les femmes, les homosexuels, les nomades et, comme toujours, les Juifs. Bref, tout ce qui, relevant de la diversité, de la pluralité et de l'altérité, dérange une vision univoque, immobile et uniforme d'un pays, d'une nation ou d'un peuple.

« L'extrême droite n'existe pas. Il y a la France et les ennemis de la France », a récemment déclaré le principal porte-voix

4 Gérald Darmanin, *Le Séparatisme islamiste. Manifeste pour la laïcité,* Éditions de l'Observatoire, Paris, 2021.

médiatique de ces passions funestes, Éric Zemmour, lequel a depuis confié toute sa sympathie pour le youtubeur fasciste ayant mis en scène l'exécution des gauchistes. Que Zemmour ait été le promoteur d'une idéologie potentiellement criminelle, le « grand remplacement », appel à rejeter une partie de notre peuple démonisé en envahisseur et en occupant, n'a aucunement nui à sa carrière médiatique, bien au contraire, pas plus que ses violences envers les femmes qu'il a d'ailleurs théorisées en êtres inférieurs[5].

Résumant l'abîme politique dans lequel nous entraînent les apprentis sorciers qui nous gouvernent, cette déclaration du 4 juin 2021 sur CNews accompagnait d'ailleurs un échange sur le féminisme avec une figure emblématique des égarements actuels, Raphaël Enthoven. Trois jours plus tard, le 7 juin, ce supposé philosophe prétendument de gauche recyclait le « Plutôt Hitler que le Front populaire » des droites françaises de l'entre-deux-guerres qui accompagna la perdition tricolore dans la collaboration avec le nazisme : « Plutôt Trump que Chavez », résuma-t-il sur Twitter pour justifier son choix actuel de voter Marine Le Pen si elle était opposée à Jean-Luc Mélenchon.

Aussi médiocre et dérisoire soit-elle, cette écume médiatique n'en charrie pas moins les déchets d'une époque de plus en plus rance, vulgaire et basse, violente et grossière. Nous sommes spectateurs d'un effondrement national et d'une perdition morale. Mais notre profession, le journalisme, en est aussi l'un des acteurs tant cette catastrophe est orchestrée par des médias faisant diversion à l'essentiel, étouffant les informations et promouvant les haines, détournant le regard des réalités sociales vécues par le plus grand nombre.

Le procès des harceleurs en ligne de la jeune Mila y fait plus de bruit que celui de Bygmalion[6], où pourtant s'éclaire la part d'ombre de notre vie politique sur fond d'argent fou et de truanderie électorale. N'importe quelle polémique épousant l'air du temps islamophobe ou sécuritaire y rencontrera plus

5 En mai 2021, plusieurs enquêtes de Mediapart ont révélé des témoignages mettant en cause Éric Zemmour dans son comportement avec les femmes.

6 L'affaire Bygmalion concerne le financement de la campagne présidentielle de Nicolas Sarkozy en 2012.

d'écho que les dernières révélations de Mediapart sur l'immense scandale des financements libyens où se dévoile, d'ailleurs, la manipulation des médias par un demi-monde communicant de demi-soldes mercenaires.

Au spectacle de ce désastre, on aimerait se rassurer en prenant de la hauteur grâce à une opposition résolue, ayant compris la gravité du moment et faisant barrage commun autour des principes démocratiques qui la rassemblent dans sa diversité partisane. Hélas, en bonne part, la gauche est elle-même égarée, creusant ses divisions comme autant de plaies irrémédiables et n'ayant plus de repères au point de donner la main au pire.

Faisant fi de leurs responsabilités vis-à-vis des électrices et électeurs qui leur ont fait confiance, nombre de ses acteurs transforment en prophétie autoréalisatrice la déclaration de Manuel Valls sur les « gauches irréconciliables », formule qui est une invitation à l'autodestruction de la gauche. L'histoire funeste de cette dépression française retiendra que les partis socialiste et communiste, emblématiques du Front populaire de 1936 dont la dynamique est née d'un sursaut face aux factieux du 6 février 1934, ont choisi de se solidariser, par la présence de leurs dirigeants, avec une manifestation de policiers exigeant d'avoir barre sur la justice – ce qui est la définition même d'un État policier[7].

Il y a près de vingt ans, en 2004, analysant l'onde de choc des attentats du 11 Septembre qui cherchaient à précipiter notre siècle dans une nouvelle guerre des civilisations, l'historien américain Robert O. Paxton s'interrogeait sur l'avenir du fascisme[8]. « Il n'y a pas d'habit particulier pour ce moine-là », répondait-il en soulignant combien la quête d'un ennemi intérieur était le premier ressort de ce qu'il nommait un « cycle fasciste ». « On peut définir le fascisme, concluait-il, comme une forme de comportement politique marquée au coin d'une préoccupation obsessionnelle pour le

7 Des élus socialistes, communistes et écologistes, dont les principaux dirigeants du PS et du PCF, se sont rendus le 19 mai 2021 à un rassemblement syndical de policiers devant l'Assemblée nationale qui remettait en cause l'État de droit par l'affirmation que « le problème de la police, c'est la justice ».

8 Robert O. Paxton, *Le Fascisme en action*, Seuil, Paris, 2004.

déclin de la société, pour son humiliation et sa victimisation, pour les cultes compensatoires de l'unité, de l'énergie et de la pureté. »

Nous y sommes.

9 juin 2021

III.

Les sursauts de la société

1
Combattre la mafia de l'évasion fiscale

La tentation belge de Bernard Arnault, première fortune française et quatrième fortune mondiale, est une formidable leçon de choses[1]. Quels que soient ses démentis postérieurs, le désir d'expatriation de ce milliardaire boulimique montre que l'argent, quand il devient une fin en soi, avoisine le crime dans son entêtement à échapper aux lois communes. L'évasion fiscale n'est pas à la marge mais au centre d'une économie devenue mafieuse parce que livrée à la finance. La combattre devrait être l'urgence du moment, une véritable cause nationale et européenne. Démonstration factuelle.

En 1937, après la réélection de Franklin Delano Roosevelt pour un deuxième mandat présidentiel, les États-Unis d'Amérique accentuaient leur sursaut démocratique et social face à une crise de même ampleur que l'actuelle, tandis qu'en Europe nazisme et fascisme imposaient leur barbarie jusqu'à l'inévitable basculement dans la guerre mondiale. Le 21 mai de cette année-là, Henry Morgenthau Jr., le ministre des Finances américain,

---

1 Depuis cet épisode de sa tentation d'exil fiscal en Belgique, Bernard Arnault s'est montré un acteur essentiel du quinquennat d'Emmanuel Macron, affichant publiquement sa proximité avec le président et son épouse. Le mouvement Attac, qui a fait du combat contre l'évasion fiscale l'un de ses principaux combats, a régulièrement souligné l'implication de la première fortune française et de son groupe LVMH dans ces pratiques contraires à l'intérêt général. Quand j'ai écrit, début septembre 2012, cet article, en forme de plaidoyer pour que la présidence Hollande et le gouvernement Ayrault fassent de la lutte contre l'évasion fiscale une priorité, Fabrice Arfi avait déjà commencé son enquête sur le compte suisse non déclaré de leur ministre du Budget, Jérôme Cahuzac. Elle ne sera publiée sur Mediapart que trois mois plus tard, début décembre 2012. Mon article en présentait avant l'heure l'enjeu démocratique.

transmit à son président une « Note du Trésor sur la fraude et l'évasion fiscales »[2].

« Année après année, écrivait-il, l'enquête sur les rentrées de l'impôt sur le revenu révèle le combat toujours plus acharné des individus fortunés et des entreprises pour ne pas payer leur juste part des dépenses de leur gouvernement. Bien que le juge Holmes[3] ait dit que "les impôts sont le prix à payer pour une société civilisée", trop de citoyens veulent la civilisation au rabais. »

Ne pas payer ses impôts, chercher à s'y soustraire ou à y échapper, c'est donc faire le choix de la barbarie du chacun pour soi contre la civilisation du tous pour chacun. Quand il devient un absolu, la fin et la mesure de toute chose, l'argent n'est plus qu'une arme sauvage au bénéfice d'une liberté aveugle, destructrice de la société, des liens et des solidarités qui la font tenir. Quand tout s'achète, il n'y a plus de principe et de valeur qui vaille, et la loi elle-même ne vaut plus rien. La fiscalité n'est pas l'ennemie de la liberté, qui comprend celle de s'enrichir. Mais elle civilise cette liberté individuelle en l'insérant dans une relation collective où chacun, à la mesure de ses moyens, contribue à la richesse nationale, afin qu'il y ait des écoles, des hôpitaux, des routes, etc., dans l'espoir qu'ainsi personne ne sera laissé en dehors de la cité commune.

Quand les leaders de la droite – François Fillon par exemple[4] – se lamentent sur le sort de Bernard Arnault, ils dévoilent leur faible souci de l'intérêt général et leur grande sollicitude pour quelques intérêts privés. Ce fut d'ailleurs leur politique, notamment sous le quinquennat de Nicolas Sarkozy : que le peuple dans son acception la plus large paye toujours plus et encore ; que les très riches payent de moins en moins afin de s'enrichir de plus en plus. Mais cet appel à l'incivisme et cet éloge de l'illégalisme vont au-delà : écho à la radicali-

---

2 Sa traduction fut publiée dans *L'Économie politique*, 2003, vol. 3, n° 19, revue éditée par *Alternatives économiques*.

3 Oliver Wendell Holmes Jr. fut juge à la Cour suprême des États-Unis de 1902 à 1932. Il était surnommé « *the Great Dissenter* » (le grand dissident).

4 « Quand on prend des décisions stupides, on arrive à ces résultats effrayants », déclara François Fillon, Premier ministre de 2007 à 2012 et futur candidat de la droite à la présidentielle de 2017, à propos de l'intention prêtée à Bernard Arnault de demander la nationalité belge pour des raisons fiscales.

sation extrémiste de la droite américaine, dont les tentations fascisantes ont une liberté aveugle pour étendard, ils diffusent une pédagogie politique funeste qui érige le droit du plus fort, parce que le plus fortuné, en norme sociale.

D'où ce détour par un passé américain plein d'à présent européen, qui permet de prendre toute la mesure de cette régression intellectuelle. La raison de la note du ministre Morgenthau était la moindre ampleur que prévu des rentrées fiscales pour l'année 1936, notamment parce que les plus riches se débrouillaient pour échapper à l'effort collectif.

Énumérant les procédés utilisés, parmi lesquels au premier chef les paradis fiscaux, et citant nommément certains des milliardaires concernés, le ministre des Finances américain insistait sur l'amoralisme de ces combines en opposant ces profiteurs à tous les autres acteurs de l'économie – salariés, commerçants, entrepreneurs –, tout comme, dans la France d'aujourd'hui, le patron du numéro un mondial du luxe, LVMH, ne dit en rien la vérité d'un tissu industriel hexagonal fait de petites et moyennes entreprises.

« Nous avons encore beaucoup trop de cas de ce que j'appellerai la fraude morale, écrivait donc Morgenthau à l'attention du président Roosevelt, c'est-à-dire la mise en échec des impôts par des moyens douteux qui n'ont pas d'objectif ni d'utilité réels pour les affaires, et auxquels un homme vraiment honnête n'aurait pas recours pour réduire ses impôts. Votre gouvernement s'est distingué en exigeant un niveau plus élevé de moralité dans les relations commerciales. Nous avons besoin d'un niveau plus élevé de moralité dans les rapports du citoyen avec son gouvernement. [...] Le salarié moyen et le petit commerçant n'ont pas recours à de tels procédés. La grande masse de nos déclarations sont faites honnêtement. Le fait que les soi-disant leaders du monde des affaires fraudent le fisc ou y échappent est non seulement préjudiciable aux rentrées fiscales, mais il l'est aussi pour ceux qui se livrent à ces actes. Il ajoute à la charge fiscale des autres membres de la communauté, qui en portent déjà leur part bien qu'ils aient moins de moyens. La réussite de notre système fiscal dépend autant d'une bonne administration par le Trésor public que de déclarations complètement honnêtes par les contribuables. Et nous sommes en droit d'attendre des gens haut placés une moralité plus élevée que celle dévoilée par les déclarations de 1936. »

Cette alarme contre la fraude et l'évasion fiscales relevait des travaux pratiques d'une politique sans ambiguïté du *New Deal* vis-à-vis de la taxation des plus riches. « Les impôts sont les cotisations que nous payons pour jouir des privilèges de la participation à une société organisée », déclarait Roosevelt en 1936, deux ans après le vote du *Revenue Act* qui remit à plat les règles d'imposition des hauts revenus.

Les personnes gagnant plus de 200 000 dollars (soit un million de dollars aujourd'hui) par an furent alors taxées à hauteur de 63 %. La loi fut révisée en 1936, augmentant le taux à 79 %, qui atteindra même 91 % en 1941. Pendant près d'un demi-siècle, soit jusqu'à la contre-révolution reaganienne et thatchérienne, les États-Unis connaîtront un taux marginal d'imposition sur les très hauts revenus proche de 80 %.

Mais, comme le soulignait hier la note américaine de Henry Morgenthau et comme l'illustre aujourd'hui la tentation belge de Bernard Arnault, il ne suffit pas d'imposer plus fortement les plus riches : il faut aussi, sinon surtout, empêcher qu'ils fraudent et que leurs fortunes s'évadent, de même que les délinquants fuient la juste rigueur de la loi et que le crime prolifère à l'abri d'une économie parallèle. Et ce n'est pas une petite affaire tant, ces quarante dernières années, l'évasion fiscale n'a cessé de gangrener le cœur de l'économie mondiale, de se professionnaliser financièrement et de se barricader juridiquement, au point de devenir une citadelle imprenable, opaque et secrète à la manière d'un trou noir où s'abrite, se renforce et se conforte une dangereuse « mafiosisation » du monde.

Affirmer ce lien d'essence entre parti de l'argent et parti du crime, entre des organisations qui, par-delà leurs dissemblances, la respectabilité des unes, la clandestinité des autres, n'ont d'autre loi que le profit et d'autre règle que le secret, n'est pas un propos d'illuminé ou d'agité. Dans son fameux discours du 31 octobre 1936, au Madison Square Garden, à la veille de sa réélection, Roosevelt lui-même n'y avait pas été par quatre chemins.

S'en prenant aux « vieux ennemis de la paix », dont au premier chef « le monopole industriel et financier, la spéculation, la banque véreuse », le leader démocrate poursuivait ainsi : « Ils avaient commencé à considérer le gouvernement des États-Unis comme un simple appendice à leurs affaires privées. Nous savons maintenant qu'il est tout aussi dangereux d'être gouverné par l'argent organisé que par le crime organisé. »

L'argent organisé à même enseigne que le crime organisé, clamait Roosevelt, allant bien au-delà de cette « finance anonyme » évoquée comme son « ennemi » par le candidat François Hollande[5]. Pas si anonyme et, surtout, criminelle ! De fait, le ministre des Finances déjà cité, Henry Morgenthau, ajoutera à sa lutte contre la fraude et l'évasion fiscales le combat contre la corruption et le crime organisé. Que diraient aujourd'hui ces réformateurs radicaux, convaincus que l'exigence démocratique n'était pas l'affaire des tièdes, au spectacle des dérégulations ultralibérales qui, en quelques décennies, nous ont légué un monde où l'argent est roi et le crime son maître ? Oui, le crime, c'est-à-dire le refus des lois et la violation des règles, dans un climat de lâcheté et d'indécence, de renoncement des États et d'arrogance des oligarques. Et un crime que la crise, loin de le faire reculer, a conforté.

Car telle est la réalité de notre monde devenu la proie d'un capitalisme sans entraves : les paradis fiscaux en sont le cœur. Non pas la marge, l'exception ou la dérive, mais la norme. Ce noir tableau est brossé par Nicholas Shaxson, auteur de la plus récente bible sur le sujet :

« Les paradis fiscaux sont partout. Plus de la moitié du commerce international – du moins sur le papier – passe par eux. Plus de la moitié de tous les actifs bancaires et un tiers des investissements directs à l'étranger des multinationales transitent par des centres financiers offshore. Environ 85 % des opérations bancaires internationales et des émissions d'obligations sont effectuées *via* ce que l'on appelle l'Euromarket, un espace offshore apatride. Le FMI a évalué en 2010 que le bilan cumulé des petits paradis fiscaux insulaires s'élevait à 18 000 milliards de dollars – une somme équivalente à un tiers du PIB mondial –, précisant que ce montant était sans doute sous-estimé. La Cour des comptes américaine a révélé en 2008 que 83 des plus

5 Dans son discours du Bourget le 22 janvier 2012.

grandes entreprises du pays possédaient des filiales dans les paradis fiscaux. L'année suivante, une enquête du Tax Justice Network nous a appris que 99 des 100 plus grandes entreprises européennes avaient recours à des filiales offshore. Dans chaque pays, les banques sont les sociétés qui, de loin, recourent le plus aux paradis fiscaux[6]. »

Les travaux pionniers de Gabriel Zucman, jeune chercheur de l'École d'économie de Paris, ont permis d'évaluer ce qu'il nomme « la richesse manquante des nations » : environ 8 % du patrimoine financier des ménages est détenu dans des paradis fiscaux à l'échelle mondiale. « Fin 2008, expliquait-il dans un entretien à *La Vie des idées*[7], le patrimoine financier des ménages – c'est-à-dire les dépôts bancaires, les portefeuilles d'actions, les placements dans des fonds d'investissement et les contrats d'assurance-vie détenus par les ménages du monde entier – s'élevait à 75 000 milliards de dollars. Les ménages détenaient donc environ 6 000 milliards de dollars dans les paradis fiscaux. »

Dans une nouvelle étude, de septembre 2012, Gabriel Zucman et son collègue Niels Johannesen montrent que la prétendue action du G20 contre les paradis fiscaux « a jusqu'à présent largement échoué » : « Il y a autant d'argent dans les paradis fiscaux aujourd'hui qu'en 2009, et les fonds se déplacent vers les paradis fiscaux les moins coopératifs[8]. »

Qui sait, par exemple, qu'un minuscule archipel caraïbe, les îles Caïmans, est aujourd'hui le quatrième centre financier mondial ? Notre confrère Christian Chavagneux, d'*Alternatives économiques*, et l'économiste Ronen Palan lancent cette question en ouverture de leur précis très pédagogique sur *Les Paradis fiscaux*[9]. Depuis, la campagne électorale américaine a fait sortir ces îles de l'ombre discrète qui les abritait, avec une cascade de révélations sur la fortune qu'y a amassée et cachée le candidat républicain Mitt

6 Nicolas Shaxson, *Les Paradis fiscaux. Enquête sur les ravages de la finance néolibérale*, André Versaille, 2012.

7 « Les paradis fiscaux : visite guidée », entretien avec Gabriel Zucman, *La Vie des idées*, 15 novembre 2011.

8 Niels Johannesen et Gabriel Zucman, « The End of Bank Secrecy ? An evaluation of the G20 Tax Haven Crackdown », *Les Notes du G-MonD*, n° 3, septembre 2012, École d'économie de Paris.

9 Christian Chavagneux et Ronen Palan, *Les Paradis fiscaux*, La Découverte, coll. « Repères », Paris, 2012 [rééd. 2017].

Romney[10]. Du coup, dans un esprit très rooseveltien, les activistes démocrates ont imaginé en vidéo une savoureuse charge contre l'évasion fiscale, dont la Suisse ne sort pas indemne. Les paradis fiscaux, expliquent Chavagneux et Palan, c'est « la part d'ombre de la mondialisation » : « Ils en nourrissent l'opacité, l'instabilité – ils ont été l'un des acteurs de la grande crise financière de la fin de la première décennie 2000 – et l'inégalité en servant d'abord les plus puissants de ses acteurs ». Mais, au fur et à mesure que s'étend et s'approfondit la crise, l'ombre gagne sur la lumière.

Cet été 2012, Tax Justice Network a démontré que les évaluations officielles des organismes internationaux sous-estiment le poids des paradis fiscaux. Selon ce réseau indépendant pour la justice fiscale, les actifs financiers qui y sont cachés ne seraient pas autour de 17 000 milliards d'euros, chiffre déjà incommensurable, mais de 25 500 milliards de dollars, soit plus que l'addition des PIB des États-Unis et du Japon ! Et encore ne sont comptés là que les actifs financiers, sans prendre en compte tous les autres actifs dissimulés *via* les paradis fiscaux, investis dans la réalité matérielle, de l'immobilier aux yachts, des écuries de course aux œuvres d'art, etc. L'erreur de perspective serait de croire qu'il ne s'agit là que d'actes individuels, ceux de particuliers violant les lois de leurs nations pour mieux s'enrichir. La vérité, c'est qu'il s'agit du système tout entier, des grandes entreprises aux grandes banques qui, toutes, ont organisé leur prospérité sur l'illégalisme des places offshore.

Ainsi les établissements bancaires qui ont bénéficié, sans contrepartie véritable, du secours de l'argent public depuis 2008 ont tous continué à prospérer dans les paradis fiscaux. Un récent rapport de CCFD-Terre Solidaire a révélé que la présence des banques françaises dans les paradis fiscaux a augmenté malgré, ou plutôt grâce à la crise. Sur sept banques étudiées, on compte 547 filiales dans les paradis fiscaux, soit près de 21 % du total de leurs filiales. Les banques françaises, notamment BNP-Paribas, Crédit agricole et Société générale, comptent ainsi 24 filiales dans les Caïmans, 12 dans les Bermudes, 19 en Suisse, 29 à Hong Kong et 99 au Luxembourg !

---

10 Voir Nicolas Shaxson, « Where the money lives », enquête pour *Vanity Fair*, août 2012.

Mais il n'y a pas que les banques : comme le démontrent Chavagneux et Palan, « les grandes entreprises gèrent désormais leur trésorerie et leurs politiques de financement par l'intermédiaire de filiales situées dans les paradis fiscaux qui centralisent les transactions de prêts, d'emprunts, de répartition mondiale des bénéfices, etc., pour l'ensemble du groupe ». C'est ainsi qu'on aboutit à ce paradoxe qu'en 2008, par exemple, le premier investisseur étranger en France n'est autre que… la France, les multinationales françaises investissant dans leur propre pays *via* leurs filiales non résidentes situées dans les paradis fiscaux, et ce à un niveau plus important que les investissements des multinationales étrangères en France !

Derrière ces chiffres et ces pratiques, il y a tout simplement le vol d'une grande part de la richesse nationale qui, détournée et cachée, n'est pas redistribuée pour le bien commun. Dans sa récente enquête sur l'évasion fiscale en France, qui a provoqué l'ouverture d'une information judiciaire le 5 avril 2012 visant la banque suisse UBS, laquelle bénéficia longtemps de hautes protections[11], notre confrère Antoine Peillon affirme, sans être démenti ni contredit, que « les avoirs dissimulés au fisc français sont presque de l'ordre de toute la recette fiscale annuelle du pays » et que l'évasion fiscale, individus et entreprises confondus, « s'élève au minimum à 590 milliards d'euros, dont 108 milliards rien qu'en Suisse »[12].

Loin d'être anecdotique, la question de la fraude et de l'évasion fiscales est donc un enjeu décisif du redressement économique et financier, social et moral de nos nations. Au-delà de la légitime surtaxation des revenus les plus élevés, le nouveau pouvoir doit s'en emparer au plus vite, d'autant plus que c'est une arme pédagogique formidable dans le combat inégal entre les aspirations populaires et les prévarications oligarchiques. Et que cette question fait l'unanimité parmi les différentes forces qui ont soutenu François Hollande au second tour de la présidentielle, comme l'a montré la récente commission d'enquête

11 Martine Orange, « Fraude fiscale : comment le pouvoir protège UBS », Mediapart, 28 mars 2012.

12 Antoine Peillon, *Ces 600 milliards qui manquent à la France*, Seuil, Paris, 2012.

sénatoriale sur l'évasion des capitaux et des actifs hors de France et ses incidences fiscales[13].

Ce rapport incontestable et incontesté montre que la fuite vers les paradis fiscaux provoque chaque année un manque à gagner d'au moins 40, voire 50 milliards pour le budget de la France ! Soit 10 (ou 20) milliards de plus que la saignée de 30 milliards d'économies que le gouvernement veut aujourd'hui imposer au pays ! Qu'attend le nouveau pouvoir pour s'emparer des riches travaux du Sénat, les approfondir à l'Assemblée nationale et, ainsi, initier une large dynamique parlementaire en faveur d'une lutte déterminée contre ces crimes financiers ?

La lecture des nombreuses auditions menées par les sénateurs met en évidence les lignes de front de cette bataille : d'un côté, un milieu des affaires, relayé par certains hauts fonctionnaires des finances, qui traite de haut la représentation nationale, entre morgue assumée et langue de bois ; de l'autre, tous ceux, des syndicalistes et associatifs jusqu'aux policiers eux-mêmes, qui espèrent enfin un sursaut.

Nos deux confrères déjà cités ont été longuement entendus par les sénateurs, faisant la pédagogie, schémas et graphiques à l'appui, de leurs trouvailles. « On m'a dit une fois, à Bercy, leur a confié Christian Chavagneux, qu'en prenant la Belgique, la Suisse, le Liechtenstein et le Luxembourg, on couvrait l'essentiel de la fraude fiscale française, aussi bien celle des particuliers que des multinationales. Il y a donc une fraude, une évasion et une optimisation agressive de proximité dans laquelle, toutes les statistiques le font ressortir, nos amis luxembourgeois tiennent un rôle particulier. » Une fraude qui est donc nichée au cœur de l'Europe, le Luxembourg et la Belgique faisant partie des six membres fondateurs de l'Union européenne ! Et de rappeler que, tandis que le premier détenteur de la dette publique américaine est l'ensemble des investisseurs situés dans les paradis fiscaux, les trois premiers pays où sont localisés les investisseurs qui détiennent la dette publique française ne sont autres que le Luxembourg, les îles Caïmans et le Royaume-Uni.

---

13 Commission d'enquête sur l'évasion des capitaux et des actifs hors de France et ses incidences fiscales, Éric Bocquet (rapporteur), 2 tomes, Sénat, 17 juillet 2012.

Les sénateurs ont également entendu le magistrat financier Renaud Van Ruymbeke, initiateur avec d'autres, en 1996, de l'Appel de Genève contre l'opacité financière des paradis fiscaux. À l'époque, a-t-il confié, il n'avait pas trop pris au sérieux la remarque d'un de ses collègues suisses qui lui disait : « Le gros problème, c'est la fraude fiscale. » Seize ans plus tard, il ne dirait plus que « la fraude fiscale est une chose, la criminalité organisée en est une autre » : « En réalité, même si la criminalité organisée ne représente que 1 % à 5 % de l'évasion fiscale, ces deux pratiques ont en commun un certain nombre d'outils que l'on pourrait appeler, sans aucune connotation politique, le libéralisme ou la mondialisation financière. [...] Dès que l'argent franchit les frontières, la loi de la jungle prévaut. »

S'il fut une vertu démonstrative des révélations de Mediapart depuis sa création en 2008, c'est de mettre au jour cette réalité. Apparemment, il n'y a pas de criminels endurcis parmi tous les protagonistes de nos enquêtes les plus spectaculaires, dont cet inventaire donne un aperçu : des fonctionnaires de l'armement et des finances, du ministère de la Défense et de celui de l'Économie ; l'héritière Liliane Bettencourt et son entourage, dans la haute société, d'avocats, de financiers, de notaires, de brasseurs d'affaires et de politiciens professionnels ; le réseau constitué par Ziad Takieddine où l'on croise notamment François Léotard, Nicolas Bazire (numéro deux de LVMH, le groupe de Bernard Arnault), Nicolas Sarkozy, Édouard Balladur, Jean-François Copé...

Pourtant, en ne s'en tenant ici qu'aux seules affaires Karachi, Woerth-Bettencourt et Takieddine (on pourrait y ajouter aussi l'affaire Tapie), toutes nos enquêtes ont dévoilé le recours massif à des paradis fiscaux, une pratique généralisée de fraude et d'évasion fiscales, en somme l'habitude, dans ces milieux privilégiés, de la violation de la loi commune et, plus encore, une acceptation culturelle de cet illégalisme comme allant de soi.

Grande figure de la magistrature indépendante en Italie, ayant fait du combat judiciaire contre la mafia l'engagement d'une vie au service du bien commun, le procureur Roberto Scarpinato aime rappeler que le véritable pouvoir, celui de l'argent comme celui du crime – qui se confondent, se rejoignent ou se croisent souvent –, est toujours obscène, au sens étymologique de ce mot : *ob scenum* en latin, c'est-à-dire « hors scène ». Car le secret est l'obscénité foncière de ce pouvoir, et c'est bien pourquoi, dès qu'il est mis à nu comme dans les enregistrements du majordome des Bettencourt ou dans les documents Takieddine, sa réalité vraie, son avidité, sa brutalité et sa vulgarité nous sidèrent et nous stupéfient. Sur scène, dans ses lieux institutionnels, ce pouvoir met en avant l'apparence d'une représentation destinée au public. Hors scène, il se livre à ses trafics, combines et arrangements au nom de ses intérêts bruts et brutaux, sans aucune fioriture.

Extraordinaire réflexion à haute voix de Scarpinato sur la « mafiosisation » d'un monde dérégulé, comme sorti de ses gonds, *Le Retour du prince*[14] est un livre incontournable pour comprendre de quoi le mot mafia est devenu le nom commun : d'un monde, le nôtre, où le conflit d'intérêts, cette prolifération des intérêts privés à l'abri de l'intérêt général, est de fait institutionnalisé ; où l'abus de pouvoir est ainsi légitimé, par accoutumance et résignation ; où la corruption devient « un code culturel qui façonne la forme même de l'exercice du pouvoir » ; où les plus hautes classes dirigeantes et possédantes pratiquent sans vergogne l'illégalité pour elles-mêmes. Selon Scarpinato, la mafia des tueurs, cette « mafia militaire » issue des milieux populaires que chroniquent les médias, fait écran à la « haute mafia » qu'il a su démasquer au risque de sa vie dans ses enquêtes : ces politiciens, notables et financiers qui en sont les véritables bénéficiaires.

L'Italie mafieuse ne vous est pas étrangère, lancent à la face de l'Europe et du monde aussi bien Roberto Scarpinato que le journaliste Roberto Saviano, l'auteur du désormais célèbre *Gomorra*[15]. Ce dernier ne cesse de s'étonner de l'indifférence ou de l'inconscience françaises vis-à-vis de la très concrète présence des diverses mafias italiennes en France, qui va de pair avec notre complaisance pour la criminalité corse.

« Voilà ce qu'est la France, aujourd'hui : un carrefour, un lieu de négociations, de réinvestissement et d'alliances entre

---

14 Roberto Scarpinato, *Le Retour du prince. Pouvoir et criminalité*, La Contre Allée, Lille, 2012.

15 Roberto Saviano, *Gomorra. Dans l'empire de la Camorra*, Gallimard, Paris, 2007.

cartels criminels », écrit Saviano en préface de l'édition française de son dernier livre, message qu'il a répété dans les médias[16]. Mais, surtout, insiste-t-il, cette extension des mafias d'en bas va de pair avec les pratiques mafieuses d'en haut. C'est ainsi, souligne Saviano, que le système bancaire international n'a guère fait la fine bouche, depuis la crise de 2008, pour récupérer et blanchir l'argent du crime afin de renflouer ses caisses et de trouver des liquidités.

C'est peu dire que la France, dont le parquet et ses procureurs ne sont pas, comme en Italie, indépendants du pouvoir exécutif, est en retard dans cette prise de conscience. Les anciennes rodomontades de Nicolas Sarkozy contre les paradis fiscaux, dont la liste noire fut ensuite blanchie comme par miracle, ont accompagné une démobilisation générale de l'État dans la lutte contre le crime financier et économique, d'où qu'il vienne. Le Service central de prévention de la corruption (SCPC), dont on a oublié jusqu'à l'existence, est devenu une coquille presque vide, en tout cas une structure impuissante comme l'admet son chef lui-même. Cette année, la Cour des comptes a sévèrement souligné les faiblesses de Tracfin, la structure administrative de renseignement financier créée pour lutter contre le blanchiment d'argent. Et, tout récemment, l'OCDE s'est inquiétée des retards de la France en matière de lutte contre la corruption internationale, s'étonnant de la rareté des enquêtes et du manque de sanctions.

Pendant ce temps-là, les autorités américaines, pourtant peu suspectes de collectivisme confiscatoire, ont saisi l'opportunité de la crise pour renforcer la lutte contre la fraude et l'évasion fiscales. Dans leur ligne de mire, la Suisse et ses banques, aujourd'hui dépositaires d'un tiers de la richesse mondiale manquante parce que détournée. Au nom de la souveraineté, qui est à la base du principe même de l'impôt et des recettes fiscales, les acteurs privés ne sont pas ménagés, notamment la banque UBS mise en cause par la justice américaine, tandis qu'un programme de dénonciation volontaire était mis en place. Mieux, le *Foreign Account Tax Compliance Act* (Fatca), qui entre en

16 Roberto Saviano, *Le combat continue. Résister à la Mafia et à la corruption*, Robert Laffont, Paris, 2012.

vigueur à partir de 2013, sème la panique sur les places financières helvètes car il contraint les établissements financiers, sous contrainte de sanctions aux États-Unis mêmes, à transmettre automatiquement leurs informations sur des Américains détenteurs de compte.

Qu'attend la France pour faire de même ? Qu'attend-elle pour faire la guerre à l'évasion fiscale et combattre les paradis fiscaux ? Qu'attend-elle pour boycotter, en leur refusant toute commande publique, les sociétés, quelles qu'elles soient, qui ont des filiales dans ces enfers criminels ? Qu'attend-elle quand l'impôt sur les bénéfices des entreprises n'est que de 25 % en moyenne en Europe contre 40 % aux États-Unis ? Qu'attend-elle quand on sait qu'en trente ans, avec la baisse de la part des salaires et la hausse des profits, ce sont quelque 150 % du PIB de l'ensemble des pays européens qui sont partis vers les marchés financiers ? Qu'attend-elle quand la révolution industrielle, dont le numérique est le moteur, accroît ces déséquilibres, ses principaux oligopoles jouant à plein la carte des paradis fiscaux pour payer le moins d'impôts possible – le taux d'imposition affiché par Google est de 2,4 % !

En conclusion de son livre, Nicholas Shaxson, dont la plume est accueillie aussi bien par le *Financial Times* que par *The Economist*, lance cette alerte : « Les paradis fiscaux sont un facteur déterminant de la façon dont le pouvoir politique et économique fonctionne dans le monde aujourd'hui. Ils permettent aux personnes, aux entreprises et aux pays les plus riches de conserver leurs privilèges, sans qu'il n'y ait pour cela aucune bonne raison. Les paradis fiscaux sont le théâtre où les millionnaires affrontent les pauvres, les multinationales les citoyens, les oligarchies les démocraties : à chaque fois, le plus riche l'emporte. »

Autrement dit, si une guerre acharnée ne leur est pas faite, avec constance et détermination, aucune politique socialement progressiste ne pourra durablement s'imposer, encore moins faire ses preuves. Car cet adversaire-là est déloyal, fourbe et secret, violent et puissant, sans frontières et sans états d'âme, tout comme l'est le crime organisé.

12 septembre 2012

2
Les intermittents pour nos biens communs

Le récent, et très beau, film de la réalisatrice Pascale Ferran, *Bird People*, est une fable sur les dérèglements d'un monde, le nôtre, celui d'un capitalisme hors de ses gonds, où l'argent dévore le temps, isole et sépare les individus, finit par les éloigner de la vie, d'une vie humainement décente.

Trois personnages, de conditions sociales différentes, s'y débattent dans un lieu de nulle part et de partout, un hôtel de l'aéroport de Roissy-en-France : un ingénieur informaticien américain, associé de son entreprise dans la Silicon Valley, qui décide soudainement de tout plaquer, boulot et famille ; une jeune femme de chambre rêveuse et ingénue qui aimerait pouvoir reprendre ses études ; un réceptionniste qui, faute de pouvoir s'offrir un domicile, dort dans sa voiture.

Et c'est un oiseau, un simple moineau, qui indique la voie du sursaut, par la surprise d'un vol en liberté : cette grâce, entre amour, plaisir et bonheur, de ce qui ne se quantifie ni ne se monétise. On pourrait appeler cela le commun, comme l'ont récemment proposé Christian Laval et Pierre Dardot[1]. Non seulement ce qui est commun, ouvert à la curiosité de chacun, mais aussi ce qui est en commun, partagé par et pour tous. Ces biens communs dont l'affirmation et la protection garantissent que nous pouvons compter sur la protection d'une société solidaire, qui ne laisse personne sur le bas-côté, qui ne rejette ni ne détruit, soucieuse de l'humanité comme de la nature.

1 Pierre Dardot et Christian Laval, *Commun. Essai sur la révolution au XXIe siècle*, La Découverte, Paris, 2014.

Bref, ce qui fait qu'une société tient debout, affronte l'avenir, invente son futur, sans céder aux nécroses de la rancœur ou du ressentiment qui pourraient l'égarer et la perdre.

Nul hasard si je repense à cette œuvre de Pascale Ferran et au regard généreux qui l'anime, où chaque personne invisible compte pour une personne essentielle, au moment d'évoquer la lutte actuelle, et fort ancienne, des intermittents qui est aussi celle de tous les travailleurs intérimaires et/ou précaires. Car, cinéaste engagée en ce sens qu'elle est soucieuse du monde où elle vit et travaille, Pascale Ferran en a formidablement résumé l'enjeu, le soir de 2007 où son précédent film, *Lady Chatterley*, fut couronné par pas moins de cinq Césars. Voici un extrait de ce qu'elle déclara lors de la cérémonie, propos qui, malgré le changement de majorité politique, de droite à gauche, n'a pas pris une ride, sept ans après :

« Pendant longtemps, [le régime d'indemnisation chômage des intermittents du spectacle] était remarquable parce qu'il réussissait, tout en prenant en compte la spécificité de nos métiers, à atténuer un peu, un tout petit peu, la très grande disparité de revenus dans les milieux artistiques. C'était alors un système mutualisé. Il produisait une forme très concrète de solidarité entre les différents acteurs de la chaîne de fabrication d'un film et aussi entre les générations. Depuis des années, le Medef s'acharne à mettre à mal ce statut en s'attaquant, par tous les moyens possibles, à la philosophie qui a présidé à sa fondation.

« Aujourd'hui, il y est presque arrivé. De réformes en nouveau protocole, il est arrivé à transformer un système mutualisé en système capitalisé. Et cela change tout. Cela veut dire, par exemple, que le montant des indemnités n'est plus calculé sur la base de la fonction de son bénéficiaire mais exclusivement sur le montant de son salaire. Et plus ce salaire est haut, plus haut sera le montant de ses indemnités. Et on en arrive à une absurdité complète du système où, sous couvert de résorber un déficit, on exclut les plus pauvres pour mieux indemniser les plus riches. »

J'ai retrouvé cette citation au tout début de *Intermittents et précaires*[2], travail aussi rigoureux qu'original de Antonella Corsani

2 Antonella Corsani et Maurizio Lazzarato, *Intermittents et précaires*, Éditions Amsterdam, Paris, 2008.

et Maurizio Lazzarato. Cette référence à une voix s'exprimant depuis le terrain concret de la création donnait le ton d'une recherche certes menée selon les codes scientifiques mais dans une nouvelle relation entre chercheurs et ceux qu'ils étudient, en vue d'une « expertise citoyenne ». Issue d'une convention entre le CNRS, l'université de Paris I et l'Association des Amis des intermittents et précaires, son résultat est à l'image du mouvement des intermittents qui, depuis ses débuts, ne se contente pas de lutter contre mais innove et propose par la production de nouveaux savoirs sur la réalité dont il témoigne.

« L'histoire du mouvement des intermittents n'est pas seulement celle d'une lutte, écrivent ainsi Corsani et Lazzarato. C'est aussi celle d'une "expertise" permanente qui se nourrit d'une réflexion sur la politique des savoirs et place au centre de la question politique les relations entre savoirs savants et savoirs profanes, savoirs minoritaires et savoirs majoritaires. » L'expérience vécue des premiers concernés y est sans cesse mobilisée afin de problématiser la réalité du travail discontinu, d'appréhender ses inégalités et son hétérogénéité, de penser sa nouveauté et de réinventer ses solidarités comme en témoigne le site de la Coordination des intermittents et précaires.

Cette expertise citoyenne nourrit en retour la connaissance savante la plus aboutie. C'est ainsi que le sociologue Pierre-Michel Menger, élu en 2013 au Collège de France, a fait de l'intermittence son terrain de recherche lui permettant d'appréhender les transformations du travail à l'heure du nouvel âge industriel dont la révolution numérique est le moteur. De *Portrait de l'artiste en travailleur*, sous-titré *Métamorphoses du capitalisme*[3], à *Les Intermittents du spectacle*, sous-titré *Sociologie du travail flexible*[4], ses travaux rejoignent le souci militant des intermittents d'inscrire leur lutte dans un combat plus large pour la protection de tous les salariés à l'emploi discontinu. Tout comme leurs propositions – ce qu'ils nomment « le Nouveau Modèle »[5] –

3 Pierre-Michel Menger, *Portrait de l'artiste en travailleur*, Seuil, coll. « La République des idées », Paris, 2003.

4 Pierre-Michel Menger, *Les Intermittents du spectacle. Sociologie du travail flexible*, Éditions de l'EHESS, Paris, 2005 [rééd. 2011].

5 Coordination des intermittents et des précaires, « Un autre modèle d'indemnisation du chômage des salariés intermittents », 3 mars 2005.

rejoignent les réflexions d'un autre professeur lui aussi élu au Collège de France (en 2012), Alain Supiot, éminent juriste penseur de l'État social[6].

« La Coordination des intermittents et précaires, écrivent encore Corsani et Lazzarato, n'a pas pour ambition de défendre les acquis sociaux des Trente Glorieuses, mais entend défendre de nouveaux droits sociaux associés à la mobilité et à la flexibilité de l'emploi. [...] En revendiquant de nouveaux droits sociaux non seulement pour les intermittents mais aussi pour tous les travailleurs à l'emploi discontinu, à la rémunération variable et aux employeurs multiples, ce mouvement a ouvert une bataille politique sur le front de la précarisation et de la paupérisation qui touchent désormais une partie de plus en plus importante de la population. »

C'est en ce sens que le combat des intermittents du spectacle contre la nouvelle convention Unedic de leur régime d'assurance chômage n'est en rien catégoriel. Engagé depuis une dizaine d'années (la précédente mobilisation ayant conduit à l'annulation de nombreux festivals remonte à 2003), il recouvre un triple enjeu de civilisation : la conception du travail, la place de la culture, la définition de la démocratie.

Ceux auxquels ils s'affrontent – l'État, le patronat et les organisations syndicales signataires de l'accord (CFDT, FO et CFTC) – leur opposent un argument comptable : le déficit de l'assurance chômage spécifique dont ils bénéficient qu'ils imputent à une croissance des effectifs bénéficiaires bien supérieure à celle de la quantité de travail qu'ils se partagent.

Sachant que les 110 000 intermittents du spectacle représentent 3,5 % des bénéficiaires des allocations chômage et 3,4 % des dépenses de l'Unedic, c'est évidemment un argument à courte vue qui pose la seule question des dépenses sans interroger les recettes, qui n'interroge pas la contribution insuffisante d'employeurs (notamment dans l'audiovisuel) libres d'embaucher et de désembaucher à volonté, bref qui se refuse à inventer et consolider une protection sociale nouvelle, couvrant le risque

6 Alain Supiot, *Grandeur et misère de l'État social*, Fayard, coll. « Leçons inaugurales du Collège de France », Paris, 2013 ; du même, *L'Esprit de Philadelphie. La justice sociale face au marché total*, Seuil, coll. « Débats », Paris, 2010.

d'un sous-emploi élevé encouru par les salariés dans un système de travail au projet, fragmenté et discontinu.

Dans un moment où la discontinuité de l'emploi qui caractérise l'intermittence s'étend à bien d'autres secteurs de l'économie, au-delà des seuls mondes de l'art et de la culture, le patronat refuse que le statut spécifique des intermittents fasse école. Il veut bien, ô combien, de l'emploi discontinu, et de la souplesse qu'il lui offre pour ses propres marges, mais refuse que son extension s'accompagne de nouvelles protections sociales, et donc des charges qu'elles lui imputeraient au nom de la solidarité. Tel est, pour la Coordination des intermittents et précaires (CIP), l'enjeu d'intérêt général de sa mobilisation contre l'accord Unedic conclu le 21 mars 2014, essentiellement entre le Medef et la CFDT.

« Pourquoi le Medef prend-il pour cibles les intermittents, si peu nombreux, les intérimaires, si précaires ? demande-t-elle. Parce que les annexes 4, 8 et 10 de l'assurance-chômage faisaient partie des rares dispositifs de protection sociale pensés pour l'emploi discontinu. Aujourd'hui, 86 % des embauches se font en CDD, il y a des millions de salariés pauvres ou à temps partiel. Le Medef ne veut pas que le régime des intermittents du spectacle ou des intérimaires serve de modèle aux autres : il s'agit d'empêcher à tout prix les précaires de réclamer des droits sociaux en échange de l'hyper-flexibilité voulue par leurs employeurs. » « Ce que nous défendons, nous le défendons pour tous », ajoute la CIP, reprenant son slogan de 2003 : « Défendre les régimes d'indemnisation qui assurent une continuité de revenu face à la discontinuité de l'emploi, c'est défendre l'ensemble des salariés. »

Entre progrès social et régrès libéral, la bataille de l'intermittence concerne donc le monde du travail tout entier, véritable laboratoire de l'affrontement entre une logique de mutualisation du risque, qui impose des solidarités collectives, et une idéologie de capitalisation, qui livre les personnes à des combats solitaires, avec cette conviction aveugle que le chômage serait de la responsabilité des seuls individus et non pas de celle de la société. Mais, loin d'avoir pour unique adversaire le néolibéralisme patronal, le combat des intermittents rencontre en chemin des conservatismes syndicaux qui n'envisagent le travail que sous la forme de l'emploi salarié et permanent, qui s'accrochent à sa défense exclusive au point de délaisser les nouvelles formes d'emplois et de trajectoires professionnelles et qui, de ce fait, aggravent leur déjà faible représentativité par l'ignorance de nouvelles catégories de travailleurs, notamment parmi la jeunesse.

Qu'il s'agisse du Medef ou de la CFDT, ceux qui signent les accords appliqués aux intermittents ne sont aucunement représentatifs des secteurs d'emploi concernés. Arguant des grands équilibres comptables de l'assurance chômage, ils ignorent les réalités qu'ils réglementent sans concertation des premiers concernés. Ni la CFDT ni FO ne sont particulièrement implantés dans les métiers du spectacle ou de la culture, tandis que les syndicats d'employeurs du secteur, tel le Syndeac, ont fait connaître leur désapprobation massive de l'accord conclu.

À la question centrale du travail et de ses métamorphoses s'ajoutent donc celles, également décisives pour la société tout entière, de la culture et de la démocratie. Aveuglé par idéologie au point d'ignorer les réalités économiques, le Medef n'hésite pas à qualifier l'indemnisation chômage spécifique aux intermittents de subvention déguisée à la culture. Et pourquoi pas ? Pourquoi ne pas soutenir collectivement un secteur décisif pour l'économie française, sa vitalité et son innovation ? Première destination touristique mondiale avec 83 millions d'entrées touristiques internationales en 2012, largement devant les États-Unis, la France est aussi un pays que la culture enrichit, produisant de la valeur et créant des emplois.

C'est ainsi qu'elle contribue sept fois plus au produit intérieur brut (PIB) français que l'industrie automobile, quatre fois plus que l'industrie chimique et deux fois plus que les télécoms. Issues d'une récente étude conjointe des ministères de l'Économie et de la Culture, les données ne souffrent pas de discussion : avec 104,5 milliards d'euros d'apports directs et indirects à l'économie nationale en 2011, les activités culturelles représentent 57,8 milliards d'euros de valeur ajoutée, soit 3,2 % du PIB national. Un total de 670 000 personnes y sont employées, soit 2,5 % de l'emploi actif en 2010, mais il faut y ajouter l'impact des initiatives culturelles sur le dynamisme socioéconomique d'un territoire.

« La culture et l'art, leurs modalités de production, leurs contenus, les publics qu'ils créent, les ressources et les désirs qu'ils mobilisent participent pleinement de l'émergence d'un nouveau régime de croissance », soulignent Corsani et Lazzarato au terme de leur recherche. En ce sens, loin de se réduire à un coût ou à une charge, les dépenses sociales, repensées à l'aune des transformations de l'économie et de la société, doivent être appréhendées, imaginées et défendues comme un investissement collectif contribuant au développement de ces biens communs que sont la culture, l'éducation, la formation, la santé, l'habitat, bref tout ce qui tisse le bien-vivre d'une société d'individus solidaires.

Parce qu'elle est riche de son inventivité créatrice, la lutte des intermittents pose la question d'une réinvention de la démocratie, de son extension et de son approfondissement face à l'essoufflement, au risque de la nécrose autoritaire, de sa version étroitement représentative où le pouvoir de tous finit par se perdre dans la délégation à quelques-uns. C'est aussi ce que l'on ne comprend pas dans les ministères, ne voyant là qu'agitation minoritaire en lieu et place d'une authentique concertation et délibération démocratiques, alors même qu'ils ont accepté sans états d'âme de décider du sort de quelques-uns avec des interlocuteurs qui n'en sont pas représentatifs.

Loin de vieilles rengaines usées, les formes de lutte promues par les intermittents évoquent plutôt ce pragmatisme radical, ou ces radicalités pragmatiques qui furent théorisées aux États-Unis dans le sillage des philosophes pragmatistes qu'étaient John Dewey (1859-1952) et William James (1842-1910). Pour ces auteurs, l'avenir ne pouvait être qu'une invention collective, production partagée de nouveaux savoirs et de nouvelles approches, mobilisation collective autour d'exigences radicalement démocratiques. Ceux qui dirigent (l'État), ceux qui possèdent (le patronat), ceux qui représentent (en l'espèce les syndicats) ne sauraient ignorer les réflexions et les propositions de ceux qui vivent les réalités dont ils débattent.

Très tôt, y compris par le détour d'une « Commission des mots », la Coordination des intermittents et précaires a renversé la notion d'expert et d'expertise telle qu'elle s'est imposée dans les usages gouvernementaux et leurs vulgates médiatiques. Est

« expert » celui qui est expérimenté, c'est-à-dire celui qui a ou qui fait une expérience. Autrement dit, proclame la CIP, « nous sommes bien les experts, je suis un expert de ma vie ».

Où l'on comprend que le mouvement des intermittents, loin de défendre de façon crispée des acquis qui seraient datés, ébranle nombre de citadelles conservatrices. Pour notre bien. Pour nos biens communs.

10 juin 2014

3
Lettre au Président sur la Palestine

Monsieur le Président, cher François Hollande, je n'aurais jamais pensé que vous puissiez rester, un jour, dans l'histoire du socialisme français, comme un nouveau Guy Mollet. Et, à vrai dire, je n'arrive pas à m'y résoudre tant je vous croyais averti de ce danger d'une rechute socialiste dans l'aveuglement national et l'alignement international, cette prétention de civilisations qui se croient supérieures au point de s'en servir d'alibi pour justifier les injustices qu'elles commettent.

Vous connaissez bien ce spectre molletiste qui hante toujours votre famille politique. Celui d'un militant dévoué à son parti, la SFIO, d'un dirigeant aux convictions démocratiques et sociales indéniables, qui finit par perdre politiquement son crédit et moralement son âme faute d'avoir compris le nouveau monde qui naissait sous ses yeux. C'était, dans les années 1950 du siècle passé, celui de l'émergence du tiers monde, du sursaut de peuples asservis secouant les jougs colonisateurs et impériaux, bref le temps de leurs libérations et des indépendances nationales.

Guy Mollet, et la majorité de gauche qui le soutenait lui opposèrent, vous le savez, un déni de réalité. Ils s'accrochèrent à un monde d'hier, déjà perdu, ajoutant du malheur par leur entêtement, aggravant l'injustice par leur aveuglement. C'est ainsi qu'ils prétendirent que l'Algérie devait à tout prix rester la France, jusqu'à engager le contingent dans une sale guerre, jusqu'à autoriser l'usage de la torture, jusqu'à violenter les libertés et museler les oppositions. Et c'est avec la même mentalité coloniale qu'ils engagèrent notre pays dans une désastreuse aventure guerrière à Suez contre l'Égypte souveraine, aux côtés du jeune État d'Israël.

Mollet n'était ni un imbécile ni un incompétent. Il était simplement aveugle au monde et aux autres. Des autres qui, déjà, prenaient figure d'Arabes et de musulmans dans la diversité d'origines, la pluralité de cultures et la plasticité de croyance que ces mots recouvrent. Lesquels s'invitaient de nouveau au banquet de l'Histoire, s'assumant comme tels, revendiquant leurs fiertés, désirant leurs libertés. Et qui, selon le même réflexe de dignité et de fraternité, ne peuvent admettre qu'aujourd'hui encore l'injustice européenne faite aux Juifs, ce crime contre l'humanité auquel ils n'eurent aucune part, se redouble d'une injustice durable faite à leurs frères palestiniens, par le déni de leur droit à vivre librement dans un État normal, aux frontières sûres et reconnues.

Vous connaissez si bien la suite, désastreuse pour votre famille politique et, au-delà d'elle, pour toute la gauche de gouvernement, que vous l'aviez diagnostiquée vous-même, en 2006, dans *Devoirs de vérité*. « Une faute, disiez-vous, qui a été chèrement payée : vingt-cinq ans d'opposition, ce n'est pas rien ! » Sans compter, auriez-vous pu ajouter, la renaissance à cette occasion de l'extrême droite française, éclipsée depuis la chute du nazisme, et l'avènement d'institutions d'exception, celles d'un pouvoir personnel, celui du césarisme présidentiel. Vingt-cinq ans de « pénitence », insistiez-vous, parce que la SFIO, l'ancêtre de votre Parti socialiste d'aujourd'hui, « a perdu son âme dans la guerre d'Algérie ».

Vous en étiez si conscient que vous ajoutiez : « Nous avons encore des excuses à présenter au peuple algérien. Et nous devons faire en sorte que ce qui a été ne se reproduise plus. » « Nous ne sommes jamais sûrs d'avoir raison, de prendre la bonne direction, de choisir la juste orientation, écriviez-vous encore. Mais nous devons, à chaque moment majeur, nous poser ces questions simples : agissons-nous conformément à nos valeurs ? Sommes-nous sûrs de ne pas altérer nos principes ? Restons-nous fidèles à ce que nous sommes ? Ces questions doivent être posées à tout moment, au risque sinon d'oublier la leçon. »

Eh bien, ces questions, je viens vous les poser parce que, hélas, vous êtes en train d'oublier la leçon et, à votre tour, de devenir aveugle au monde et aux autres. Je vous les pose au vu des fautes stupéfiantes que vous avez accumulées face à cet énième épisode guerrier provoqué par l'entêtement du pouvoir israélien à ne pas reconnaître le fait palestinien. J'en dénombre au moins sept, et ce n'est évidemment pas un jeu, fût-il des sept erreurs, tant elles entraînent la France dans la spirale d'une guerre des mondes, des civilisations et des identités, une guerre sans issue, sinon celle de la mort et de la haine, de la désolation et de l'injustice, de l'inhumanité en somme, ce sombre chemin où l'humanité en vient à se détruire elle-même.

Les voici donc ces sept fautes où, en même temps qu'à l'extérieur la guerre ruine la diplomatie, la politique intérieure en vient à se réduire à la police.

1. Vous avez d'abord commis une faute politique sidérante. Rompant avec la position traditionnellement équilibrée de la France face au conflit israélo-palestinien, vous avez aligné notre pays sur la ligne d'offensive à outrance et de refus des compromis de la droite israélienne, laquelle gouverne avec une extrême droite explicitement raciste, sans morale ni principe, sinon la stigmatisation des Palestiniens et la haine des Arabes.

Votre position, celle de votre premier communiqué du 9 juillet 2014, invoque les attaques du Hamas pour justifier une riposte israélienne disproportionnée dont la population civile de Gaza allait, une fois de plus, faire les frais. Purement réactive et en grande part improvisée, elle fait fi de toute complexité, notamment celle du duo infernal que jouent Likoud et Hamas, l'un et l'autre se légitimant dans la ruine des efforts de paix.

Surtout, elle est inquiétante pour l'avenir, face à une situation internationale de plus en plus incertaine et confuse. À la lettre, ce feu vert donné à un État dont la force militaire est sans commune mesure avec celle de son adversaire revient à légitimer, rétroactivement, la sur-réaction américaine après les attentats du 11 Septembre, son *Patriot Act* liberticide et sa guerre d'invasion contre l'Irak. Bref, votre position tourne le dos à ce que la France officielle, sous la présidence de Jacques Chirac, avait su construire et affirmer, dans l'autonomie de sa diplomatie, face à l'aveuglement nord-américain.

Depuis, vous avez tenté de modérer cet alignement néoconservateur par des communiqués invitant à l'apaisement, à la retenue de la force israélienne et au soulagement des souffrances palestiniennes. Ce faisant, vous ajoutez l'hypocrisie à l'incohérence. Car c'est une fausse compassion que celle fondée sur une fausse symétrie entre les belligérants. Israël et Palestine ne sont pas ici à égalité. Non seulement en rapport de force militaire mais selon le droit international.

En violation de résolutions des Nations unies, Israël maintient depuis 1967 une situation d'occupation, de domination et de colonisation de territoires conquis lors de la guerre des Six Jours, et jamais rendus à la souveraineté pleine et entière d'un État palestinien en devenir. C'est cette situation d'injustice prolongée qui provoque en retour des refus, résistances et révoltes, et ceci d'autant plus que le pouvoir palestinien issu du Fatah en Cisjordanie n'a pas réussi à faire plier l'intransigeance israélienne, laquelle, du coup, légitime les actions guerrières de son rival, le Hamas, depuis qu'il s'est imposé à Gaza.

Historiquement, la différence entre progressistes et conservateurs, c'est que les premiers cherchent à réduire l'injustice qui est à l'origine d'un désordre tandis que les seconds sont résolus à l'injustice pour faire cesser le désordre. Hélas, Monsieur le Président, vous avez spontanément choisi le second camp, égarant ainsi votre propre famille politique sur le terrain de ses adversaires.

2. Vous avez ensuite commis une faute intellectuelle en confondant sciemment antisémitisme et antisionisme. Ce serait s'aveugler de nier qu'en France la cause palestinienne a ses égarés, antisémites en effet, tout comme la cause israélienne y a ses extrémistes, professant un racisme anti-arabe ou antimusulman. Mais assimiler l'ensemble des manifestations de solidarité avec la Palestine à une résurgence de l'antisémitisme, c'est se faire le relais docile de la propagande d'État israélienne.

Mouvement nationaliste juif, le sionisme a atteint son but en 1948, avec l'accord des Nations unies, URSS comprise, sous le choc du génocide nazi dont les Juifs européens furent les victimes. Accepter cette légitimité historique de l'État d'Israël, comme a fini par le faire sous l'égide de Yasser Arafat le mouvement national palestinien, n'entraîne pas que la politique de cet État soit hors de la critique et de la contestation. Être antisioniste, en ce sens, c'est refuser la guerre sans fin qu'implique l'affirmation au Proche-Orient d'un État exclusivement juif, non seulement fermé à toute autre composante mais de plus construit sur l'expulsion des Palestiniens de leur terre.

Confondre antisionisme et antisémitisme, c'est installer un interdit politique au service d'une oppression. C'est instrumentaliser le génocide dont l'Europe fut coupable envers les Juifs au service de discriminations envers les Palestiniens dont, dès lors, nous devenons complices. C'est, de plus, enfermer les Juifs de France dans un soutien obligé à la politique d'un État étranger, quels que soient ses actes, selon la même logique suiviste et binaire qui obligeait les communistes de France à soutenir l'Union soviétique, leur autre patrie, quels que soient ses crimes. Alors qu'évidemment on peut être juif et antisioniste, juif et résolument diasporique plutôt qu'aveuglément nationaliste, tout comme il y a des citoyens israéliens, hélas trop minoritaires, opposés à la colonisation et solidaires des Palestiniens.

Brandir cet argument comme l'a fait votre Premier ministre aux cérémonies commémoratives de la rafle du Vél'd'Hiv', symbole de la collaboration de l'État français au génocide commis par les nazis, est aussi indigne que ridicule. Protester contre les violations répétées du droit international par l'État d'Israël, ce serait donc préparer la voie au crime contre l'humanité ! Exiger que justice soit enfin rendue au peuple palestinien, pour qu'il puisse vivre, habiter, travailler, circuler, etc. normalement, en paix et en sécurité, ce serait en appeler de nouveau au massacre, ici même !

Que ce propos soit officiellement tenu, alors même que les seuls massacres que nous avons sous les yeux sont ceux qui frappent les civils de Gaza, montre combien cette équivalence entre antisémitisme et antisionisme est brandie pour fabriquer de l'indifférence. Pour nous rendre aveugles et sourds. « L'indifférence, la pire des attitudes », disait Stéphane Hessel dans *Indignez-vous !*, ce livre qui lui a valu tant de mépris des indifférents de tous bords, notamment parce qu'il y affirmait qu'aujourd'hui, sa « principale indignation concerne la Palestine, la bande de Gaza, la Cisjordanie ».

Avec Edgar Morin, autre victime de cabales calomnieuses pour sa juste critique de l'aveuglement israélien, Stéphane Hessel incarne cette gauche qui ne cède rien de ses principes et de ses valeurs, qui n'hésite pas à penser contre elle-même et contre les siens et qui, surtout, refuse d'être prise au piège de l'assignation obligée à une origine ou à une appartenance. Cette gauche libre, Monsieur le Président, vous l'aviez conviée à marcher à vos côtés, à vous soutenir et à dialoguer avec vous, pour réussir votre élection de 2012. Maintenant, hélas, vous lui tournez le dos, désertant le chemin d'espérance tracé par Hessel et Morin et, de ce fait, égarant ceux qui vous ont fait confiance.

3. Vous avez aussi commis une faute démocratique en portant atteinte à une liberté fondamentale, celle de manifester. En démocratie, et ce fut une longue lutte pour l'obtenir, s'exprimer par sa plume, se réunir dans une salle ou défiler dans les rues pour défendre ses opinions est un droit fondamental. Un droit qui ne suppose pas d'autorisation. Un droit qui n'est pas conditionné au bon vouloir de l'État et de sa police. Un droit dont les abus éventuels sont sanctionnés *a posteriori*, en aucun cas présumés *a priori*. Un droit qui, évidemment, vaut pour les opinions, partis et colères qui nous déplaisent ou nous dérangent.

L'histoire des manifestations de rue est encombrée de désordres et de débordements, de violences où se disent des souffrances délaissées et des colères humiliées, des ressentiments parfois amers, dans la contestation d'un monopole étatique de la seule violence légitime. Il y en eut d'ouvrières, de paysannes, d'étudiantes… Il y en eut, ces temps derniers, dans la foulée des manifestations bretonnes des Bonnets rouges, écologistes contre l'aéroport de Notre-Dame-des-Landes, conservatrices contre le mariage pour tous. Il y eut même une manifestation parisienne aux banderoles et slogans racistes, homophobes, discriminatoires, celle du collectif « Jour de colère » en janvier dernier.

S'il existe une spécialité policière dite du maintien de l'ordre, c'est pour nous apprendre à vivre avec cette tension sociale qui, parfois, déborde et où s'expriment soudain, dans la confusion et la violence, ceux qui se sentent d'ordinaire sans voix, oubliés, méprisés ou ignorés – et qui ne sont pas forcément aimables ou honorables. Or voici qu'avec votre Premier ministre vous avez décidé, en visant explicitement la jeunesse des quartiers populaires, qu'un seul sujet justifiait l'interdiction de manifester : la solidarité avec la Palestine, misérablement réduite par la propagande gouvernementale à une libération de l'antisémitisme.

Cette décision sans précédent, sinon l'atteinte au droit de réunion portée fin 2013 par Manuel Valls, alors ministre de l'Intérieur, toujours au seul prétexte de l'antisémitisme[1], engage votre pouvoir sur le chemin d'un état d'exception, où la sécurité se dresse contre la liberté. Actuellement en discussion au Parlement, l'énième loi antiterroriste va dans la même direction, en brandissant toujours le même épouvantail pour réduire nos droits fondamentaux : celui d'une menace terroriste dont l'évidente réalité est subrepticement étendue, de façon indistincte, aux idées exprimées et aux engagements choisis par nos compatriotes musulmans, dans leur diversité et leur pluralité, d'origine, de culture ou de religion.

Accepter la guerre des civilisations à l'extérieur, c'est finir par importer la guerre à l'intérieur. C'est en venir à criminaliser des opinions minoritaires, dissidentes ou dérangeantes. Et c'est ce choix irresponsable qu'a d'emblée fait celui que vous avez, depuis, choisi comme Premier ministre, en désignant à la vindicte publique un « ennemi intérieur », une cinquième colonne en quelque sorte peu ou prou identifiée à l'islam. Et voici que hélas, à votre tour, loin d'apaiser la tension, vous vous égarez en cédant à cette facilité sécuritaire, de courte vue et de peu d'effet.

4. Vous avez également commis une faute républicaine en donnant une dimension religieuse au débat français sur le conflit israélo-palestinien. C'est ainsi qu'après l'avoir réduit à des « querelles trop loin d'ici pour être importées », vous avez symboliquement limité votre geste d'apaisement à une rencontre avec les représentants des cultes. Après avoir réduit la diplomatie à la guerre et la politique à la police, c'était au tour de la confrontation des idées d'être réduite, par vous-même, à un conflit des religions. Au risque de l'exacerber.

Là où des questions de principe sont en jeu, de justice et de droit, vous faites semblant de ne voir qu'expression d'appar-

1 Voir Edwy Plenel, « Contre Dieudonné, mais sans Valls », Mediapart, 7 janvier 2014. Sur l'antisémitisme de Dieudonné, j'avais tôt pris position dans cet article : « Dieudonné, ce pitre qui ne fait pas rire », Mediapart, 31 décembre 2008.

tenances et de croyances. La vérité, c'est que vous prolongez l'erreur tragique faite par la gauche de gouvernement depuis que les classes populaires issues de notre passé colonial font valoir leurs droits à l'égalité. Il y a trente ans, la « Marche pour l'égalité et contre le racisme » fut rabattue en « Marche des Beurs », réduite à l'origine supposée des marcheurs, tout comme les grèves des ouvriers de l'automobile furent qualifiées d'islamistes parce qu'ils demandaient, entre autres revendications sociales, le simple droit d'assumer leur religion en faisant leurs prières.

Cette façon d'essentialiser l'autre, en l'espèce le musulman, en le réduisant à une identité religieuse indistincte désignée comme potentiellement étrangère, voire menaçante, revient à refuser de l'admettre comme tel. Comme un citoyen à part entière, vraiment à égalité c'est-à-dire à la fois semblable et différent. Ayant les mêmes droits et, parmi ceux-ci, celui de faire valoir sa différence. De demander qu'on l'admette et qu'on la respecte. D'obtenir en somme ce que, bien tardivement, sous le poids du crime dont les leurs furent victimes, nos compatriotes juifs ont obtenu : être enfin acceptés comme français et juifs. L'un et l'autre. L'un avec l'autre. L'un pas sans l'autre.

Si vous pensez spontanément religion quand s'expriment ici même des insatisfactions et des colères en solidarité avec le monde arabe, univers où dominent la culture et la foi musulmanes, c'est paradoxalement parce que vous ne vous êtes pas résolu à cette évidence d'une France multiculturelle. À cette banalité d'une France plurielle, vivant diversement ses appartenances et ses héritages, qu'à l'inverse votre crispation, où se mêlent la peur et l'ignorance, enferme dans le communautarisme religieux. Pourtant, les musulmans de France font de la politique comme vous et moi, en pensant par eux-mêmes, en inventant par leur présence au monde, à ses injustices et à ses urgences, un chemin de citoyenneté qui est précisément ce que l'on nomme laïcisation.

C'est ainsi, Monsieur le Président, qu'au lieu d'élever le débat, vous en avez, hélas, attisé les passions. Car cette réduction des musulmans de France à un islam lui-même réduit, par le prisme sécuritaire, au terrorisme et à l'intégrisme est un cadeau fait aux radicalisations religieuses, dans un jeu de miroirs où l'essentialisation xénophobe finit par justifier l'essentialisation identitaire. Une occasion offerte aux égarés en tous genres.

5. Vous avez surtout commis une faute historique en isolant la lutte contre l'antisémitisme des autres vigilances antiracistes. Comme s'il fallait la mettre à part, la sacraliser et la différencier. Comme s'il y avait une hiérarchie dans le crime contre l'humanité, le crime européen de génocide l'emportant sur d'autres crimes européens, esclavagistes ou coloniaux. Comme si le souvenir de ce seul crime monstrueux devait amoindrir l'indignation, voire simplement la vigilance, vis-à-vis d'autres crimes, de guerre ceux-là, commis aujourd'hui même. Et ceci au nom de l'origine de ceux qui les commettent, brandie à la façon d'une excuse absolutoire alors même, vous le savez bien, que l'origine, la naissance ou l'appartenance, quelles qu'elles soient, ne protègent de rien, et certainement pas des folies humaines.

Ce faisant, votre Premier ministre et vous-même n'avez pas seulement encouragé une détestable concurrence des victimes, au lieu des causes communes qu'il faudrait initier et promouvoir. Vous avez aussi témoigné d'un antiracisme fort oublieux et très infidèle. Car il ne suffit pas de se souvenir du crime commis contre les juifs. Encore faut-il avoir appris et savoir transmettre la leçon léguée par l'engrenage qui y a conduit : cette lente accoutumance à la désignation de boucs émissaires, essentialisés, caricaturés et calomniés dans un brouet idéologique d'ignorance et de défiance qui fit le lit des persécutions.

Or comment ne pas voir qu'aujourd'hui, dans l'ordinaire de notre société, ce sont d'abord nos compatriotes d'origine, de culture ou de croyance musulmane qui occupent cette place peu enviable ? Et comment ne pas comprendre qu'à trop rester indifférents ou insensibles à leur sort, ce lot quotidien de petites discriminations et de grandes détestations, nous habituons notre société tout entière à des exclusions en chaîne, tant le racisme fonctionne à la manière d'une poupée gigogne, des Arabes aux Roms, des Juifs aux Noirs, et ainsi de suite jusqu'aux homosexuels et autres prétendus déviants ?

Ne s'attarder qu'à la résurgence de l'antisémitisme, c'est dresser une barrière immensément fragile face au racisme renaissant. Le Front national deviendrait-il soudain fréquentable parce qu'il aurait, selon les mots de son vice-président, fait « sauter le verrou idéologique de l'antisémitisme » afin de « libérer le reste » ? L'ennemi de l'extrême droite, confiait à Mediapart la chercheuse qui a recueilli cette confidence de Louis Aliot, « n'est plus le Juif mais le Français musulman »[2].

De fait, la Commission nationale consultative des droits de l'homme (CNCDH), dont vous ne pouvez ignorer les minutieux et rigoureux travaux, constate, de rapport en rapport annuels, une montée constante de l'intolérance antimusulmane et de la polarisation contre l'islam[3]. Dans celui de 2013, on pouvait lire ceci, sous la plume des sociologues et politologues qu'elle avait sollicités : « Si on compare notre époque à celle de l'avant-guerre, on pourrait dire qu'aujourd'hui le musulman, suivi de près par le Maghrébin, a remplacé le juif dans les représentations et la construction d'un bouc émissaire. »

L'antiracisme conséquent est celui qui affronte cette réalité tout en restant vigilant sur l'antisémitisme. Ce n'est certainement pas celui qui, à l'inverse, pour l'ignorer ou la relativiser, brandit à la manière d'un étendard la seule lutte contre l'antisémitisme. Cette faute, hélas, Monsieur le Président, est impardonnable car non seulement elle distille le venin d'une hiérarchie parmi les victimes du racisme, mais de plus elle conforte les moins considérées d'entre elles dans un sentiment d'abandon qui nourrit leur révolte, sinon leur désespoir. Qui, elles aussi, les égare.

6. Vous avez par-dessus tout commis une faute sociale en transformant la jeunesse des quartiers populaires en classe dangereuse. Votre Premier ministre n'a pas hésité à faire cet amalgame grossier lors de son discours du Vél'd'Hiv', désignant à la réprobation nationale ces « quartiers populaires » où se répand l'antisémitisme « auprès d'une jeunesse souvent sans repères, sans conscience de l'Histoire et qui cache sa "haine du Juif" derrière un antisionisme de façade et derrière la haine de l'État d'Israël ».

Mais qui l'a abandonnée, cette jeunesse, à ces démons ? Qui sinon ceux qui l'ont délaissée ou ignorée, stigmatisée quand elle revendique en public sa religion musulmane, humiliée quand

2 « L'ennemi du FN n'est plus le Juif mais le Français musulman », entretien recueilli par Joseph Confavreux et Marine Turchi, Mediapart, 6 juillet 2014.

3 Carine Fouteau, « Des musulmans aux Roms : les nouvelles figures de la xénophobie », Mediapart, 21 mars 2013.

elle voit se poursuivre des contrôles policiers au faciès, discriminée quand elle ne peut progresser professionnellement et socialement en raison de son apparence, de son origine ou de sa croyance ? Qui sinon ceux-là mêmes qui, aujourd'hui, nous gouvernent, vous, Monsieur le Président et, surtout, votre Premier ministre qui réinvente cet épouvantail habituel des conservatismes qu'est l'équivalence entre classes populaires et classes dangereuses ?

Cette jeunesse n'a-t-elle pas, elle aussi, des idéaux, des principes et des valeurs ? N'est-elle pas, autant que vous et moi, concernée par le monde, ses drames et ses injustices ? Par exemple, comment pouvez-vous ne pas prendre en compte cette part d'idéal, fût-il ensuite dévoyé, qui pousse un jeune de nos villes à partir combattre en Syrie contre un régime dictatorial et criminel que vous-même, François Hollande, avez imprudemment appelé à « punir » il y a tout juste un an ? Est-ce si compliqué de savoir distinguer ce qui est de l'ordre de l'idéalisme juvénile et ce qui relève de la menace terroriste, au lieu de tout criminaliser en bloc en désignant indistinctement des « djihadistes » ?

Le pire, c'est qu'à force d'aveuglement cette politique de la peur que, hélas, votre pouvoir assume à son tour, alimente sa prophétie autoréalisatrice. Inévitablement, elle suscite parmi ses cibles leur propre distance, leurs refus et révoltes, leur résistance en somme, un entre-soi de fierté ou de colère pour faire face aux stigmatisations et aux exclusions, les affronter et les surmonter. « On finit par créer un danger, en criant chaque matin qu'il existe. À force de montrer au peuple un épouvantail, on crée le monstre réel » : ces lignes prémonitoires sont d'Émile Zola, en 1896, au seuil de son entrée dans la mêlée dreyfusarde, dans un article du *Figaro* intitulé « Pour les Juifs »[4].

Zola avait cette lumineuse prescience de ceux qui savent se mettre à la place de l'autre et qui, du coup, comprennent les révoltes, désirs de revanche et volonté de résister, que nourrit un trop lourd fardeau d'humiliations avec son cortège de ressentiments. Monsieur le Président, je ne mésestime aucunement les risques et dangers pour notre pays de ce choc en retour. Mais

4 Émile Zola, « Pour les Juifs », *Le Figaro*, 16 mai 1896.

je vous fais reproche de les avoir alimentés plutôt que de savoir les conjurer. De les avoir nourris, hélas, en mettant à distance cette jeunesse des quartiers populaires à laquelle, durant votre campagne électorale, vous aviez tant promis au point d'en faire, disiez-vous, votre priorité. Et, du coup, en prenant le risque de l'abandonner à d'éventuels égarements.

7. Vous avez, pour finir, commis une faute morale en empruntant le chemin d'une guerre des mondes, à l'extérieur comme à l'intérieur. En cette année 2014, de centenaire du basculement de l'Europe dans la barbarie guerrière, la destruction et la haine, vous devriez pourtant y réfléchir à deux fois. Cet engrenage est fatal qui transforme l'autre, aussi semblable soit-il, en étranger et, finalement, en barbare – et c'est bien ce qui nous est arrivé sur ce continent dans une folie destructrice qui a entraîné le monde entier au bord de l'abîme.

Jean Jaurès, dont nous allons tous nous souvenir le 31 juillet prochain, au jour anniversaire de son assassinat en 1914, fut vaincu dans l'instant, ses camarades socialistes basculant dans l'Union sacrée alors que son cadavre n'était pas encore froid. Tout comme d'autres socialistes, allemands ceux-là, Rosa Luxemburg et Karl Liebknecht, finirent assassinés en 1919 sur ordre de leurs anciens camarades de parti, transformés en nationalistes et militaristes acharnés. Mais aujourd'hui, connaissant la suite de l'histoire, nous savons qu'ils avaient raison, ces justes momentanément vaincus qui refusaient l'aveuglement des identités affolées et apeurées.

Vous vous souvenez, bien sûr, de la célèbre prophétie de Jaurès, en 1895, à la Chambre des députés : « Cette société violente et chaotique, même quand elle veut la paix, même quand elle est à l'état d'apparent repos, porte en elle la guerre comme la nuée dormante porte l'orage[5]. » Aujourd'hui que les inégalités provoquées par un capitalisme financier avide et rapace ont retrouvé la même intensité qu'à cette époque, ce sont les mêmes orages qu'il vous appartient de repousser, à la place qui est la vôtre.

Vous n'y arriverez pas en continuant sur la voie funeste que vous avez empruntée ces dernières semaines, après avoir déjà

5 Discours de Jean Jaurès, le 7 mars 1895, à la Chambre des députés.

embarqué la France dans plusieurs guerres africaines sans fin puisque sans stratégie politique. Vous ne le ferez pas en ignorant le souci du monde, de ses fragilités et de ses déséquilibres, de ses injustices et de ses humanités, qui anime celles et ceux que le sort fait au peuple palestinien concerne au plus haut point.

Monsieur le Président, cher François Hollande, vous avez eu raison d'affirmer qu'il ne fallait pas « importer » en France le conflit israélo-palestinien, en ce sens que la France ne doit pas entrer en guerre avec elle-même. Mais, hélas, vous avez vous-même donné le mauvais exemple en important, par vos fautes, l'injustice, l'ignorance et l'indifférence qui en sont le ressort.

23 juillet 2014

4
À Sivens, l'appel de la jeunesse

Monsieur le Président, je vous fais cette adresse que vous lirez peut-être si vous avez le temps… C'est à l'enseigne d'une célèbre chanson des années 1950 que je viens, François Hollande, vous poser la seule question qui vaille à mi-chemin de votre quinquennat : qu'avez-vous fait de la jeunesse ? *Le Déserteur*, ce poème de Boris Vian qui dérange toujours les conformismes et les suivismes, dit ce désordre vital de la jeunesse[1]. De cette jeunesse qui bouscule le présent, dérange le passé, invente le futur par ses refus, souvent bien plus raisonnables que les entêtements des ordres établis et des pouvoirs aveugles.

En l'espèce, *Le Déserteur* portait le cri paisible d'une jeunesse contre des guerres injustes, aussi inutiles que perdues d'avance. Précisément, ces guerres coloniales dans lesquelles la gauche socialiste d'alors perdit son âme, laissant une blessure qui n'est pas encore totalement cicatrisée. Aujourd'hui, demain, après-demain, il y aura toujours des jeunes pour se reconnaître dans la chanson de Boris Vian : le refus, quoi qu'il en coûte, d'un ordre injuste qui met en péril l'essentiel. Dire non, ce premier pas de la liberté où s'inventent des oui autrement prometteurs. Non, y compris à la loi quand elle n'est que l'alibi des pouvoirs confisqués, aveugles à leurs fins, sourds à leurs peuples.

L'affaire du barrage de Sivens n'est rien d'autre que la répétition de cette tragédie où, depuis Antigone, se joue l'affrontement d'un désordre vivant et d'un ordre mort. Tout ce que

1 La chanson *Le Déserteur* fut écrite par Boris Vian en février 1954, lors de la guerre d'Indochine que la France allait perdre la même année.

l'on a appris, depuis la mort du pacifique Rémi Fraisse[2], sur ce projet d'aménagement d'un autre âge, démesuré et inutile, confirme que les jeunes « zadistes » étaient autrement lucides dans leur protestation que ne l'étaient dans leur entêtement des élus confits de clientélisme et de cumul. Et tout ce que l'on est en train de découvrir sur les circonstances de cette mort, provoquée par une grenade offensive, et sur son traitement par les autorités qui en sont responsables confirme que les Créon d'aujourd'hui ont le visage du gouvernement de Manuel Valls.

Dans les jours qui ont suivi ce drame, aggravé par la morgue martiale d'un pouvoir plus prompt à criminaliser la jeunesse qu'à la comprendre en s'interrogeant sur son propre aveuglement, l'écologiste Cécile Duflot a mis des mots justes sur le désarroi qui tétanise et démobilise la gauche. Ce n'est pas nous qui avons quitté ce gouvernement, a-t-elle dit en substance, mais c'est ce gouvernement qui nous a quittés[3]. Ce jeudi 6 novembre, à mi-mandat de son quinquennat, la majorité de vos électeurs en 2012, François Hollande, pourrait dire la même chose, entre stupeur et colère.

Le peuple de gauche, dans sa diversité de conditions et de cultures, les classes populaires, ces ouvriers, employés et chômeurs qui en font les gros bataillons, la masse des salariés, qui sont la force sociale majoritaire face à la minorité oligarchique, savent tous pertinemment que ce pouvoir, le vôtre, s'est détourné de ceux qui l'ont élu, en faisant la politique de ceux qui ne l'ont pas voulu. Mais, avec la jeunesse, elle-même diverse socialement et culturellement, c'est une rupture plus essentielle tant son sort d'aujourd'hui, par le jeu des générations à venir, conditionne l'audace, le dynamisme, l'inventivité d'une société, sa confiance en elle-même, ses solidarités et ses cohésions.

Oui, qu'avez-vous fait de la jeunesse, cette jeunesse à laquelle vous avez tant promis et pour laquelle vous avez si peu tenu ? Vous en aviez fait votre principale promesse de campagne électo-

---

2 Militant écologiste âgé de 21 ans, Rémi Fraisse fut tué le 26 octobre 2014 par un tir de grenade offensive, alors qu'il manifestait pacifiquement contre le projet de barrage de Sivens. Le projet sera abandonné un an après, par un arrêté préfectoral du 4 décembre 2015.

3 « Cécile Duflot : "Ce gouvernement nous a quittés" », *Le Monde*, 30 octobre 2014.

rale, brandissant ce mot à la manière d'un mantra. « En donnant confiance à la jeunesse, nous mettrons notre pays en mouvement », promettiez-vous le 19 novembre 2011 à Strasbourg, proposant d'en faire l'acteur de votre « rêve français » face à un monde où « aujourd'hui tout est brouillé, confus, obscur, triste ». C'est peu dire, trois ans après, que votre propre présidence a accru le brouillard, tant cette confusion, cette obscurité, cette tristesse sont les mots qui viennent à l'esprit depuis la mort de Rémi Fraisse.

La jeunesse, donc. Cette jeunesse qu'en 2006 vous brandissiez en alliée naturelle face à la droite conservatrice, à raison de ses lucidités. « La bonne nouvelle pour le pays, sa politique et son avenir, disiez-vous dans *Devoirs de vérité*, c'est l'irruption d'une génération inventive, déterminée et raisonnable, engagée et lucide, finalement plus responsable que celle qui nous gouverne. » Face à ce que vous n'hésitiez pas à appeler « une fin de règne » présidentiel, laquelle n'a cessé depuis de se prolonger tant ce système s'épuise quels qu'en soient les titulaires, vous vantiez alors « l'appel à la solidarité » de cette jeunesse, ce caractère « généreux » et « désintéressé » des générations qui ne sont pas encore alourdies par l'âge, pas encore corrompues par l'intérêt, pas encore étouffées sous les responsabilités.

Or que venez-vous de lui opposer, à cette jeunesse, à ses colères et ses impatiences, à ses désirs et ses rêves ? L'ordre immuable de la force, la brutalité de l'autoritarisme, la violence de l'indifférence. Loin d'être au rendez-vous de l'empathie proclamée, votre présidence, particulièrement sous le gouvernement de votre second Premier ministre, n'a cessé de tourner le dos à cette jeunesse qui, pourtant, indique la voie du sursaut, du mouvement comme vous disiez quand vous étiez en campagne.

Qui, sinon la jeunesse, pour nous réveiller sur l'exigence d'égalité, le refus des injustices, la lutte contre les discriminations, le devoir de solidarité, le souci de la nature, etc. ? Qui, sinon le pouvoir actuel, le vôtre donc, pour ne pas l'entendre quand elle lutte contre l'ordinaire des contrôles au faciès, quand elle se mobilise dans les lycées pour des élèves étrangers expulsés, quand elle s'engage pour que justice soit rendue au peuple palestinien, quand elle s'alarme d'études sans emplois à l'horizon, quand elle se rassemble en défense de la Terre, de ses équilibres et de ses richesses, etc. ?

D'une rigidité caricaturale, la posture de fermeté affichée par votre Premier ministre, où se laisse entrevoir l'autoritarisme des pouvoirs faibles, n'est pas seulement une fin de non-recevoir adressée à ces jeunesses conscientes et généreuses. En criminalisant leurs révoltes, en brandissant l'épouvantail des casseurs, en ayant pour seul vocabulaire les mots pauvres de l'ordre sécuritaire, elle a rejoint les pires conservatismes. Car, bien au-delà de l'opposition entre gauche et droite, qui n'ont ni l'une ni l'autre la propriété de la justice ou de la vertu, quelle est la ligne de partage véritable, celle où se joue la bataille entre progrès et régrès, invention de nouveaux droits et possibles ou crispation sur une réalité immuable et écrasante ?

C'est tout simplement l'éternel affrontement du désordre et de l'injustice, où se fait le tri entre pouvoirs conservateurs et pouvoirs progressistes, verticalité des uns et horizontalité des autres. Face à un désordre venu de la société, les premiers exigeront avec impatience qu'on y mette fin au plus vite, fût-ce au prix d'une injustice augmentée et prolongée. À l'inverse, les seconds s'empresseront de chercher l'injustice qui est à l'origine du désordre, sa cause pour tenter d'y mettre fin, en refusant donc d'y ajouter le désordre d'une injustice renouvelée.

Par quelque bout qu'on la prenne, l'affaire de Sivens n'est autre que l'histoire d'un pouvoir qui préfère l'injustice au désordre. Et c'est pourquoi la mort de Rémi Fraisse n'est pas un vulgaire fait divers, mais bien un séisme politique dont l'onde de choc continuera de se répandre. « Si la jeunesse n'a pas toujours raison, la société qui la méconnaît et qui la frappe a toujours tort », avait lancé, dans l'hémicycle de l'Assemblée nationale, le député François Mitterrand au pouvoir gaulliste, le 8 mai 1968. Un pouvoir vieilli et vieillot qui, dès lors, était condamné, comme le général de Gaulle finira par le comprendre lui-même.

Les journalistes ne sont pas prophètes, et je ne connais pas l'avenir de votre pouvoir, François Hollande. Je sais seulement qu'il a sans doute déjà perdu la jeunesse, faute d'avoir entendu son appel.

Au mitan de son siècle, ébranlé par les printemps des peuples – en France, la révolution de 1848 –, Victor Hugo écrivit un poème que, dans l'après-68, transcendait le blues de Colette Magny[4]. *Les Tuileries* est un hommage à la jeunesse, à ses imprudences créatrices, à ses désordres nécessaires, à ses audaces souhaitables. Cette strophe, par exemple, sur laquelle se termine le chant de Magny :

Nous avons l'ivresse,
L'amour, la jeunesse,
L'éclair dans les yeux,
Des poings effroyables ;
Nous sommes des diables,
Nous sommes des dieux !

6 novembre 2014

---

4 La chanson de Colette Magny, sur ce poème écrit en avril 1847 par Victor Hugo, date de 1964.

5
« Grand remplacement », idéologie meurtrière

Le récent arrêt de l'émission d'iTélé, dont Éric Zemmour était un débatteur rémunéré depuis une décennie, a été provoqué par l'interview qu'il a accordée au *Corriere della Sera* sur son livre *Le Suicide français*[1]. Ce choix éditorial de la chaîne d'information ne saurait évidemment être qualifié de censure puisque, loin d'être privé de parole, l'intéressé continuera de cumuler professionnellement chroniques bihebdomadaires sur RTL, émission hebdomadaire sur Paris Première, tribune ouverte dans *Le Figaro* et son magazine, invitations dans d'autres médias (à France Culture bientôt), sans compter ses ouvrages en librairie[2].

Le plus surprenant, au contraire, c'est que n'ait pas été posée plus tôt la question de la large place accordée, dans l'espace médiatique dominant, à une parole explicitement xénophobe et raciste, stigmatisant des individus en raison de leur origine ou de leur croyance, et contrevenant de ce fait aux droits humains fondamentaux tels qu'ils ont été proclamés par la Déclaration universelle de 1948. Dans l'entretien au quotidien italien, Zemmour ne faisait que redire, de façon abrupte, ce qu'il n'a cessé d'énoncer ou de suggérer ces dernières années, y compris sur iTélé, à savoir que « les musulmans » n'ont pas leur place en France, formulation générale qui exclut de notre

1 Éric Zemmour, *Le Suicide français*, Albin Michel, Paris, 2014.

2 Depuis, Éric Zemmour a retrouvé une place centrale dans l'univers de l'information en continu et des talk-shows d'opinion grâce à CNews, la chaîne du milliardaire Vincent Bolloré, qui a remplacé iTélé.

peuple plusieurs millions de personnes en raison de leur origine, de leur culture ou de leur religion.

C'est Jean-Luc Mélenchon qui, le 15 décembre 2014, a exhumé sur son blog cet entretien paru en Italie un mois et demi plus tôt, le 30 octobre. La polémique organisée en contrefeu autour du mot « déporter » est une diversion grossière qui ne résiste pas à l'examen des faits, tant elle ne change rien aux propos de Zemmour lui-même[3]. « Les musulmans ont leur code civil, c'est le Coran. Ils vivent entre eux, dans les périphéries. Les Français ont été obligés de s'en aller », déclare Zemmour au fil de cet entretien avec Stefano Montefiori. « Mais alors que suggérez-vous de faire ? Déporter cinq millions de musulmans français ? » lui demande le journaliste.

Depuis, à la demande de Zemmour, Montefiori a modifié cette formulation par laquelle il résumait son interpellation. La question est devenue : « Mais alors que suggérez-vous de faire ? Ne pensez-vous pas qu'il est irréaliste de mettre sur des avions ("ou sur des bateaux", ajoute Zemmour) cinq millions de musulmans français pour les chasser ? » Plus précis, l'énoncé n'en est pas moins accablant, d'autant que Zemmour y contribue lui-même. De fait, le journaliste du *Corriere* accompagne sa rectification de ce commentaire : « Je ne suis pas sûr que, en français comme en italien, "mettre cinq millions de musulmans sur des avions ou sur des bateaux pour les chasser" soit plus léger ou, de toute façon, différent de "déporter cinq millions de musulmans". Mais j'accueille évidemment la mise au point de l'interviewé. »

Cette mise au point ne concerne donc en rien les propos de Zemmour qui, loin de repousser l'hypothèse suggérée d'une expulsion de leur propre pays de « cinq millions de musulmans français », répond : « Je sais, c'est irréaliste mais l'Histoire est surprenante. Qui aurait dit en 1940 qu'un million de pieds-noirs, vingt ans plus tard, seraient partis d'Algérie pour revenir en France ? Ou bien qu'après la guerre cinq ou six millions d'Allemands auraient abandonné l'Europe centrale et orientale où ils vivaient depuis des siècles ? » « Vous parlez d'exodes

3 Stefano Montefiori, « Zemmour e la rabbia anti-élite », *Superdupont, un blog sulla Francia*, 30 octobre 2014.

provoqués par des tragédies immenses », lui rétorque le journaliste italien. Or la réponse de Zemmour est, tout simplement, un appel à la répétition de ces tragédies : « Je pense que nous nous dirigeons vers le chaos. Cette situation d'un peuple dans le peuple, des musulmans dans le peuple français, nous conduira au chaos et à la guerre civile. Des millions de personnes vivent ici, en France, et ils ne veulent pas vivre à la française. »

Nous ne sommes pas ici en présence d'une opinion qu'il s'agirait de discuter ou de réfuter. Mais d'une idéologie meurtrière dont les ressorts sont ceux-là mêmes qui, par la construction fantasmée d'une question juive, ont, hier, entraîné l'Europe dans l'abîme du crime contre l'humanité. Avant d'organiser à partir de 1941 leur destruction par la Solution finale, l'idéologie nazie a construit les juifs comme un peuple à part, dangereux et menaçant, dont la seule présence ruinait et corrompait une identité prétendue immuable qu'il fallait défendre et restaurer par l'expulsion de ce corps allogène et étranger.

Avant l'anéantissement par le génocide, dont le programme fut tenu secret, l'antisémitisme européen, qui n'était pas réservé à la seule Allemagne, loin de là, revendiquait haut et fort son projet d'exclusion et d'expulsion des juifs. À tel point que l'île de Madagascar, alors française, fut envisagée comme ultime destination pour des juifs européens préalablement stigmatisés et discriminés, autrement dit exclus des peuples nationaux qui étaient les leurs.

Les mots d'Éric Zemmour installent un imaginaire semblable, par la construction arbitraire d'une question musulmane : celui d'un « peuple dans le peuple », d'allogènes qui menacent les indigènes, d'individus étrangers par essence, naissance et nature, vivant à part et tenus à distance, qu'il faut rendre invisibles en les excluant de la cité, puis en les expulsant du pays. Qu'il faut effacer en somme. Que ces délires meurtriers ne soient plus aujourd'hui, en France, des pensées marginales mais tiennent lieu d'opinion acceptable dans le débat médiatique est la question posée par l'affaire Zemmour. Celle d'une longue régression française qui, progressivement, a rendu présentable, sous de nouveaux masques, l'idéologie inégalitaire et identitaire que la défaite du nazisme avait, depuis 1945, reléguée aux marges de l'espace public. Et celle des aveuglements qui, à droite surtout mais aussi à gauche, ont permis cette défaite intellectuelle.

Fussent-elles potentiellement criminelles, les idéologies ont leurs logiques internes qui font entrer au forceps la réalité dans leurs fictions. Popularisé par Éric Zemmour, le raisonnement qui conduit à la nécessité vitale d'une expulsion des musulmans a pour point de départ l'affirmation que la France est victime d'un « grand remplacement », autrement dit d'un changement de peuple insidieux et silencieux, lequel appellerait en réponse, par réflexe de survie, le départ des supposés envahisseurs, une sorte de grand retour des Français issus de l'immigration venue des anciennes colonies françaises. Tel un furet de mauvais augure, cette formule court désormais, bien au-delà des cercles militants, comme en témoigne sa revendication par *Valeurs actuelles*, trait d'union hebdomadaire entre extrême droite et droite extrémisée.

« La puissance des mots est si grande qu'il suffit de termes bien choisis pour faire accepter les choses les plus odieuses » : l'invention du « grand remplacement » témoigne de la fécondité de cette intuition de Gustave Le Bon, l'auteur de *Psychologie des foules*[4], essai précurseur dont les intellectuels fascistes et nazis sauront tirer d'utiles enseignements pratiques. Car son auteur est un intellectuel justement, figure éminente des confusions propres aux temps obscurcis où la transgression tient lieu de radicalité. Symbole de la cause homosexuelle dans les années 1970, quand elle ébauchait ses premières visibilités militantes, Renaud Camus est devenu le principal propagandiste de la nouvelle idéologie raciste.

En l'an 2000, dans *La Campagne de France*[5], il s'était signalé en s'alarmant d'une supposée trop grande présence juive sur les ondes de France Culture. La polémique qui s'ensuivit fut une sorte de répétition générale des régressions à venir : la réprobation dominante ne visa pas Camus mais ceux qui le critiquaient, et notamment *Le Monde* dont je dirigeais alors la rédaction. Loin d'être isolé, l'écrivain reçut notamment le

4 Gustave Le Bon, *Psychologie des foules* [1895], Presses universitaires de France, coll. « Quadrige », Paris, 1988.

5 Renaud Camus, *La Campagne de France*, Fayard, Paris, 2000.

soutien, jamais démenti depuis, d'Alain Finkielkraut, preuve que les passions identitaires rendent aveugles au point qu'un juif revendiqué ne sache plus reconnaître un antisémite à peine masqué. Revisiter cette scène primitive, où figurait déjà Michel Houellebecq, permet de prendre la mesure de la longue durée de cet obscurcissement dont Zemmour est l'ultime produit[6].

Depuis, Renaud Camus a mis en sourdine son obsession juive pour mieux libérer ses obsessions antimusulmanes où la question religieuse est l'alibi d'une stigmatisation générale des Français issus des immigrations maghrébines, africaines, méditerranéennes, antillaises, etc. Mais son originalité est d'aller bien au-delà, en redonnant vie aux idéologies identitaires qui ont produit la catastrophe européenne, entre 1914 et 1945. Dès 2005, sur le site de son « parti de l'In-nocence », il le fait comprendre en s'alarmant de « la deuxième carrière d'Adolf Hitler », cette « reductio ad Hitlerum » qu'il doit affronter et dont, avec une fausse ingénuité, il montre lui-même qu'elle voudrait l'empêcher de penser comme Hitler, c'est-à-dire en termes de « distinctions ethniques », de « dimensions héréditaires des civilisations », d'« appartenances natives », d'« origines », de « races »... C'était cinq ans avant sa trouvaille de 2010, cette invention du « grand remplacement », devenue slogan de ralliement du nouveau racisme.

C'est sur le même site que l'on trouve son discours de soutien, en 2012, à la candidature de Marine Le Pen, prononcé au premier congrès du SIEL, petite formation du Rassemblement Bleu Marine fondée par l'ex-chevènementiste Paul-Marie Coûteaux. Se portraiturant devant la candidate d'extrême droite en « producteur de concepts, d'expressions ou de thèmes dont certains font leur chemin, et parfois jusqu'en votre bouche, Madame », Renaud Camus consacre tout son propos à « la question pour nous primordiale, essentielle, fondamentale du Grand Remplacement, ou, pour parler de façon séculière, de l'immigration ».

Il y appelle à « modifier profondément la loi et même les engagements internationaux de la France » pour « mettre un

6 J'y avais consacré un chapitre (« Une campagne française ») dans *La Découverte du monde*, Stock, coll. « Un ordre d'idées », Paris, 2002.

terme, par toutes mesures appropriées, au Grand Remplacement du peuple français par d'autres peuples de toute origine et à la substitution, sur son territoire même, d'autres cultures et d'autres civilisations à celles qu'il avait lui-même portées si haut ».

« La France n'est pas une terre d'islam », insiste-t-il, souhaitant en conséquence une politique qui fasse disparaître les musulmans de notre paysage, soit en les faisant renoncer à leur foi, soit en leur faisant quitter le territoire. Car tous ces mots sont potentiellement des actes, et la violence symbolique des premiers est un appel à la violence concrète des seconds. Le « grand remplacement » de Camus, que popularisent aussi bien Zemmour par l'essai que Houellebecq par le roman, est ainsi devenu le mantra du Bloc identitaire, cette formation radicale de l'extrême droite dont nombre de cadres sont aussi présents au Front national, notamment dans ses municipalités.

Orateur vedette des premières « Assises de la Remigration », organisées le 15 novembre 2014 par ces identitaires, Renaud Camus parraine également l'« Observatoire du grand remplacement », récemment lancé sur Internet par les mêmes. « Je salue avec d'autant plus de plaisir et d'enthousiasme votre démarche actuelle », écrit-il à Fabrice Robert, président du Bloc identitaire, « que pour moi la constatation et le refus absolu du Grand Remplacement – ce "concept" dont vous voulez bien me reconnaître la paternité – ont toujours impliqué comme leur complément indispensable, et leur substance même, la Remigration, puisque c'est le mot que vous avez choisi de mettre en avant : je disais pour ma part "le renversement des flux migratoires", mais c'est la même chose. »

Avec la « remigration », c'est bien à une guerre que Renaud Camus et ses divers épigones, dont Éric Zemmour, préparent la France et, au-delà, l'Europe. Une guerre civile, une guerre de la France et de l'Europe contre elles-mêmes, contre une partie de leurs peuples, ces hommes, ces femmes, ces enfants vivant, habitant et travaillant ici même que, par toutes les armes du préjugé et de l'ignorance, ils auront préalablement construit comme étrangers, en raison de leur naissance, de leur apparence ou de leur croyance.

Qui en douterait doit s'infliger la lecture des textes qui en témoignent. Une littérature triste et grise qui n'a d'autre fil conducteur que l'obsession inégalitaire, cette passion raciste de la hiérarchie des origines, des cultures, des civilisations, des religions, où celui qui l'énonce se place au-dessus de l'humanité. De l'exigence d'humanité, des droits de l'humanité, de l'humanité concrète.

« La remigration ou la guerre : voici les termes du débat, écrit ainsi Renaud Camus après sa participation aux "Assises de la Remigration". Il y en aurait bien un troisième, mais il est plus effrayant qu'eux : la soumission – l'acceptation de la conquête par les conquis, du remplacement par les remplacés, de la colonisation par les colonisés ; la conversion, qui sait ? Faute de consentement au statut de *dhimmi*, la guerre est inévitable. » Nul hasard évidemment si, au détour de cette rhétorique violente écrite avant qu'on n'apprenne sa sortie, l'on tombe sur le scénario du nouveau roman de Houellebecq, précisément titré *Soumission*[7]. « La remigration, poursuit Camus, est une façon de traiter le mal, une solution [il souligne le mot], c'est même la seule qui ait été proposée jusqu'à présent. »

« Une opération chirurgicale », insiste-t-il à destination des âmes sensibles que « la perspective de certains traitements [pourrait] inquiéter ». Dans son discours de novembre 2014 aux « Assises de la Remigration », il jouait avec cette perspective violente, la souhaitant en la sous-entendant, par l'évocation de « tout un arsenal qu'il n'est pas facile, qu'il n'est peut-être pas opportun, et qu'en tout cas il n'est pas urgent de détailler à présent – j'en laisse le soin à mes amis identitaires, qui ont la tête plus pratique que la mienne et qui sont si précis sur les voies et les moyens qu'on se dispute de toute part, à ce que je vois, leurs compétences ».

Il suffit de se reporter aux « vingt-six mesures pour une politique de remigration » proposées par le Bloc identitaire pour comprendre de quoi parle Camus. La première est l'« abrogation du droit du sol », la dernière la « création d'un grand ministère de l'Identité et de l'Enracinement ». Interdisant notamment la visibilité, et donc la présence, du culte musulman, toutes ces mesures tendent à imposer « le retour dans leurs pays d'origine d'une majorité des immigrés extra-européens présents sur notre

7 Michel Houellebecq, *Soumission*, Flammarion, Paris, 2015.

territoire ». Cette France prétendument éternelle qu'il s'agirait de rétablir est simplement l'antithèse de la République telle que la proclame encore notre Constitution, démocratique et sociale, ne faisant pas de distinction selon l'origine, l'apparence ou la religion, respectant toutes les croyances, revendiquant l'universalité des droits humains.

Ainsi devenu l'intellectuel de référence de la nouvelle idéologie raciste, dans ses variantes militantes et médiatiques, l'identitaire Camus ne peut que se prendre au sérieux. En 2013, avant de participer début 2014 à la manifestation « Jour de colère » sous cette bannière, il avait lui-même lancé une pétition pour dire « non au changement de peuple et de civilisation ». « Il faut entrer en résistance, concluait-elle. Il faut se rendre assez forts pour changer les lois, dénoncer les traités, soustraire officiellement la France à des conventions qui la livrent pieds et poings liés, de même que tous les pays d'Europe, à la substitution démographique et au changement de civilisation. Révision du droit d'asile, fermeture des frontières, défense du territoire, retour à une conception de la France et de l'Europe comme des puissances et non plus comme un droit de l'homme. »

Menée contre les droits de l'homme, cette résistance est évidemment la négation de la Résistance et de la France libre – lesquelles accueillirent nombre de combattants étrangers et coloniaux qu'aujourd'hui Camus et Zemmour expulseraient tout comme leurs descendants. « Le pitre ne rit pas », disait David Rousset à propos de cette basse littérature, propagandiste ou administrative, qui a accompagné l'accoutumance européenne à l'antisémitisme sous le nazisme. Cette indifférence, cette inconscience[8]. Et c'est ainsi qu'en France, de nos jours, sans qu'on s'en inquiète, l'histrion raciste Renaud Camus peut, sans rire, détourner le *Chant des partisans* en *Chant des remplacés*, pour mieux revendiquer « le droit du sang ».

Officiellement, du moins par la voix de sa présidente, le Front national n'épouse pas la prétendue « théorie du grand remplacement », jugée par Marine Le Pen quelque peu « complotiste ». Mais, dans sa diversité, l'extrême droite, élus, cadres et militants

8 David Rousset, *Le pitre ne rit pas*, Christian Bourgois Éditeur, Paris, 1979.

du Front national compris, s'en régale tandis que l'électorat de droite extrémisé ou déboussolé n'y est pas insensible. Faisant passer le racisme sur le terrain religieux et culturel, détournant la laïcité libérale en laïcisme sectaire, facilitant la promotion d'un imaginaire identitaire contre l'espérance égalitaire, c'est une formidable arme d'hégémonie idéologique.

De fait, Camus hier, Zemmour aujourd'hui, Houellebecq demain ne sont aucunement des marginaux. Brouillant la frontière entre droite et gauche, les soutiens – intellectuels, médiatiques, politiques – qu'ils ont reçus ou qu'ils reçoivent donnent crédit à l'idéologie raciste qu'ils propagent : on conviendra qu'elle est sans doute discutable, mais on proclamera d'abord qu'elle est acceptable et tolérable, sinon respectable. En témoigne par exemple, une paisible conversation organisée en 2011 par Alain Finkielkraut, sur les ondes de France Culture, entre Renaud Camus et Manuel Valls. Il faut attendre la toute fin de l'émission pour que le futur – et actuel – Premier ministre s'émeuve un peu des conséquences du « grand remplacement », au terme de trois quarts d'heure d'échanges courtois durant lesquels le philosophe animateur ne cache pas sa communauté de pensée avec l'écrivain[9].

Alain Finkielkraut n'est pas inquiet car « le fascisme est mort en 1945 », définitivement mort. C'est ce qu'il écrit dans *Causeur*, à propos du livre d'Éric Zemmour dont il regrette « les errements sur Vichy » mais juge « pertinent » le constat d'une France qui « se quitte », sous l'effet notamment de « l'immigration de peuplement ». Pour reprendre Camus, pas de deuxième carrière d'Hitler et, donc, nous pouvons désormais librement revenir à nos obsessions identitaires sans mémoire des crimes auxquels elles ont conduit dans le passé.

Mais les héritiers intellectuels des « droites révolutionnaires » qui ont accompagné cette modernité terrible que fut la révolution conservatrice fasciste et nazie n'ont pas besoin de cet alibi. Car ils savent bien, eux, que c'est la même histoire qui se remet en marche, celle à laquelle ils sont restés fidèles et dont ils ont préservé les idéaux, cette vision du monde qui

9 C'était le 16 avril 2011. « Insécurité sociale » était le titre de cette livraison de *Répliques* l'émission hebdomadaire d'Alain Finkielkraut sur France Culture.

dresse le peuple et le sang contre l'individu et l'humanité, qui brandit l'identité contre l'égalité[10].

En 2013, un événement en a apporté le témoignage. Le 22 mai de cette année-là, devant l'autel de Notre-Dame de Paris, se suicidait avec une arme à feu Dominique Venner, figure de cette Nouvelle Droite, issue de l'extrême droite à la fois la plus radicale et la plus intellectuelle des années 1960, qui opta ensuite pour une stratégie gramscienne de conquête progressive d'une hégémonie culturelle et idéologique. Or, dans une posture esthétique de « samouraï de l'Occident », l'athée Dominique Venner entendait par son sacrifice lancer un appel à la mobilisation contre… le « grand remplacement ».

C'est ce qu'il écrit la veille de sa mort dans un billet où, tout en les soutenant, il interpelle les participants à la prochaine « Manif pour tous », prévue le 26 mai 2013, contre la loi Taubira : « Le “grand remplacement” de population de la France et de l'Europe, dénoncé par l'écrivain Renaud Camus, est un péril autrement catastrophique pour l'avenir. » Dans sa dernière lettre, Dominique Venner dit se « sacrifier pour rompre la léthargie qui nous accable » : « Je m'insurge contre le crime visant au remplacement de nos populations », conclut-il. Savourant cet hommage, Renaud Camus lui retournera le compliment dans un discours prononcé le 31 mai 2013 sur le parvis de la cathédrale Notre-Dame de Paris : « Cette mort de Dominique Venner, nous lui devons d'en faire un point de non-retour. »

Au même moment, dans une salle parisienne, se tenait l'hommage des siens à Dominique Venner, celui de cette extrême droite à la fois intellectuelle et radicale dont les références sont explicitement celles de la révolution conservatrice allemande, à la fois païennes et européennes, identitaires et élitaires. Une vidéo en témoigne, qui mérite d'être vue jusqu'au bout, pauses chantées comprises[11] – *Les Lansquenets, La Petite Piste, J'avais un camarade* : les trois chants retenus sont tous des versions françaises de chansons prisées par la Wehrmacht. Entre un Espagnol phalangiste et un Italien rouge-brun, on y entend dans

10 Voir Joseph Confavreux, « La carte mentale du nazisme », Mediapart, 30 décembre 2014.

11 Sur YouTube : « Cérémonie d'hommage à Dominique Venner 31 mai 2013 ».

la bouche des orateurs au moins deux références au « grand remplacement » de Camus.

À la tribune, l'hommage sans doute le plus fidèle, car le plus en communion de pensée avec Venner, est celui d'Alain de Benoist, principal théoricien de cette nouvelle droite révolutionnaire, habitée par la hantise du métissage et la phobie du multiculturalisme, déterminée à remplacer l'éthique en politique par une esthétique de l'élite. Lequel Alain de Benoist sort de plus en plus fréquemment de son apparente tour d'ivoire intellectuelle pour commenter cette victoire de la stratégie gramscienne d'hégémonie idéologique dont il fut le premier promoteur à droite.

En 2010, il se contentait de saluer « l'anticonformiste Zemmour ». Fin 2014, il le crédite de ne pas parler « au nom de la droite mais du peuple ». Mieux encore, interrogé sur la « remigration », cette expulsion qu'appelle le « grand remplacement », et sur le refus de Marine Le Pen d'employer ce mot, il confie « n'en penser rien, car j'attends qu'on m'explique en quoi cela pourrait consister ».

Habile et politique, sa réponse discute la faisabilité, pas l'éventualité : « J'ai lu avec attention toutes les mesures proposées par les tenants de la "remigration". Ce sont des mesures qui, si elles étaient appliquées, auraient certainement pour effet de diminuer les flux migratoires, de couper certaines pompes aspirantes, de décourager d'éventuels candidats à l'immigration. Ce qui est déjà beaucoup. Je n'en ai pas vu une seule, en revanche, qui soit de nature à faire repartir vers un improbable "chez eux" – avec, on le suppose, leurs parents "de souche" – des millions de Français d'origine étrangère installés ici depuis parfois des générations et qui n'ont nullement l'intention d'en bouger. Cela dit, tout le monde n'est pas forcé d'être exigeant sur le sens des mots. Et il n'est pas interdit non plus de rêver… »

Le rêve qu'évoque Alain de Benoist est évidemment le cauchemar de tous ceux qui restent attachés aux plus élémentaires valeurs démocratiques. Mais son propos éclaire la sombre dynamique dont il s'accommode volontiers : peu importe le sens des mots, l'essentiel étant qu'ils rendent possible le rêve – notre cauchemar. Car de quoi parle-t-on ici, très paisiblement, comme s'il s'agissait d'un problème physique de flux et d'échangeur sur une autoroute ? Rien moins que de la possibilité pratique d'une émigration forcée de Français et de résidents en France parce qu'ils sont « d'origine étrangère » !

Dans ses écrits sur le totalitarisme, la philosophe Hannah Arendt se référait toujours à cette affirmation de David Rousset dans *L'Univers concentrationnaire*, paru en 1946, à son retour des camps nazis : « Les hommes normaux ne savent pas que tout est possible. » Le propre des idéologies totalitaires, c'est de rendre possible l'impossible et, donc, l'impensable. D'où le rôle essentiel d'un langage habilement meurtrier, de cette langue de tous les jours qui habitue, accoutume, prépare au pire, met en condition au point de le rendre souhaitable, acceptable, faisable. Du témoin Victor Klemperer au philosophe Jean-Pierre Faye, en passant par l'historien Johann Chapoutot déjà cité[12], une littérature abondante nous avertit de ce piège : l'idéal démocratique, c'est au contraire l'affirmation que tout n'est pas possible, et notamment pas la destruction de l'humanité par l'homme.

Tout n'est pas possible, et tout n'est donc pas dicible dans l'espace public comme s'il s'agissait d'une opinion en valant une autre – et notamment pas que les Noirs sont inférieurs aux Blancs, que l'islam est inférieur à la chrétienté, que les musulmans ne sont pas européens, que les Juifs dominent les médias, que l'expulsion des Français d'origine étrangère est une solution, que la stigmatisation d'une religion est légitime, que la discrimination à l'embauche l'est tout autant, tout comme le contrôle au faciès, etc. C'est ce que, pour ma part, je n'ai cessé de rappeler, d'articles en livres, face à cette régression française commencée il y a trente ans. C'est, hélas, ce que politiques, intellectuels et journalistes ont trop souvent renoncé à défendre, concédant sans cesse du terrain à ce nouveau racisme transgressif, comme en ont encore témoigné les soutiens à Éric Zemmour, au nom du libre débat d'opinion[13].

---

12 Victor Klemperer, *LTI, la langue du IIIe Reich*, Albin Michel, coll. « Agora », Paris, 1996 ; Jean-Pierre Faye, *Langages totalitaires*, Hermann, Paris, 1972 ; Johann Chapoutot, *La Loi du sang. Penser et agir en nazi*, Gallimard, coll. « Bibliothèque des histoires », Paris, 2014.

13 Par exemple, Jean-François Kahn : « Éric Zemmour est victime d'une fatwa médiatique » (*Le Figaro*, 20 décembre 2014).

Il est aisé de faire porter la principale responsabilité à Nicolas Sarkozy dont la présidence a libéré tous les monstres du passé, se plaçant d'emblée sous la terrifiante promesse d'un « ministère de l'Identité nationale et de l'Immigration » tenu par un transfuge socialiste[14]. De fait, la radicalisation, entre 2007 et 2012, de la droite anciennement gaulliste fut la double mort symbolique de Charles de Gaulle : en ouvrant grand la porte aux nostalgiques du pétainisme et de l'OAS, aux héritiers de la collaboration et de la colonisation, le sarkozysme a tué le gaullisme résistant de 1940 et le gaullisme décolonisateur de 1962. Mais l'évolution qui a rendu possible, et si facile, ce meurtre symbolique s'est jouée en amont, sous la quiétude apparente du chiraquisme, dans un paysage politique dont le premier acteur à gauche était l'actuel président de la République, alors premier secrétaire d'un PS défait à la présidentielle de 2002.

Dans un grand écart entre le monde et la France, entre la position défendue à l'ONU contre la guerre des civilisations états-unienne et les accommodements politiciens avec l'islamophobie française, la seconde présidence Chirac fut l'occasion manquée, avec la complicité de la gauche socialiste. Au lieu de cet imaginaire alternatif qu'appelaient les désordres du monde, cette tentation de la guerre sans fin des identités, le Parlement français, droite et gauche unanimes, vota, en 2004, une loi discriminatoire contre une religion, l'islam, au prétexte de défendre une laïcité entendue, à tort, comme l'interdiction d'afficher publiquement sa croyance. Dans la foulée, la majorité de droite vota, en 2005, une loi proclamant le rôle positif de la colonisation. Si la seconde a été depuis heureusement corrigée, la première fut prolongée sous la droite en 2012 par une circulaire, que la gauche n'a pas abrogée, étendant la discrimination contre l'islam aux mères d'enfants scolarisés à l'école publique.

Les mots de Zemmour, Camus, Houellebecq ne sont pas hors sol. Ils accompagnent des politiques étatiques et des vulgates médiatiques qui, depuis dix ans, légitiment une désignation négative de nos compatriotes musulmans, de leur croyance,

---

14 Il s'agit d'Éric Besson. Secrétaire national à l'économie du Parti socialiste, il en démissionne pendant la campagne présidentielle de 2007 pour rejoindre Nicolas Sarkozy qui le fera ministre. Il détient le portefeuille de l'Identité nationale de janvier 2009 à novembre 2010.

de leur culture et de leur histoire. C'est ainsi que commence l'apprentissage des ségrégations, et cette propédeutique infernale de l'inégalité est sans fin, n'épargnant dès lors aucune minorité, aucune différence, aucune dissemblance.

On ne peut l'enrayer qu'avec un imaginaire concurrent, qui mobilise et rassemble, entraîne et élève. Rien ne sert de faire la morale ou la leçon aux idéologies racistes, et c'est bien pourquoi on ne s'abaissera pas à en débattre. Notre choix est de les combattre par la défense de la France telle qu'elle est, telle qu'elle vit, telle qu'elle travaille, multiculturelle, plurielle, diverse, riche du monde qui fit sa richesse.

Loin d'être une idée abstraite, cette défense appelle des solidarités concrètes. Une politique de l'empathie, un souci des causes communes, un refus des silences complices. Car rien n'est plus désolant, aujourd'hui, que la solitude qui entoure l'humanité, ces hommes, ces femmes, ces enfants que les idéologies racistes ici inventoriées envisagent d'exclure, d'expulser, de déporter. Lors d'une rencontre provoquée par mon livre *Pour les musulmans*[15], avec l'association « Mamans toutes égales », l'une des intervenantes suggéra que le pire, « ce n'étaient pas les bruits de bottes, mais le silence des pantoufles ». Notre silence, votre silence. Si, d'aventure, nous ne réussissons pas collectivement à empêcher la catastrophe qu'appellent de leurs vœux Camus, Zemmour et Houellebecq, nous nous souviendrons avec honte de cette alarme.

4 janvier 2015

15 Paru à l'automne 2014 aux éditions La Découverte.

6
La torture, l'Algérie et la République

Deux présidents peu ou prou de droite auront donc réussi à dire ce que leurs prédécesseurs élus à gauche n'avaient pas su énoncer. Après Jacques Chirac, qui en 1995 avait déverrouillé la mémoire française sur l'Occupation et la collaboration avec le nazisme, Emmanuel Macron vient enfin d'ouvrir grand le placard à blessures et à secrets de la guerre d'Algérie[1].

À travers le sort tragique du jeune militant communiste algérien Maurice Audin, arrêté à Alger par l'armée française le 11 juin 1957, torturé puis exécuté ou torturé à mort – l'incertitude demeure – par des militaires, le huitième président de la Ve République reconnaît publiquement l'existence d'un « système institué sur un fondement légal, les pouvoirs spéciaux » qui, poursuit-il, « a été le terreau malheureux d'actes parfois terribles, dont la torture ». Pour toutes celles et tous ceux qui, depuis soixante bonnes années, se sont engagés dans ce combat pour la vérité, c'est une victoire qui récompense leur courage, leur fidélité et leur entêtement.

Nous la connaissions bien sûr cette vérité, comme le rappelait Michèle Audin, écrivaine tout comme elle est mathématicienne à l'instar de son père, dans le beau livre qu'elle lui a consacré, *Une vie brève* : « Maurice Audin avait vingt-cinq ans

1 Cette prise de position au début de son quinquennat, que cet article saluait, semble une exception dans la présidence d'Emmanuel Macron. Elle est intervenue avant son tournant identitaire et autoritaire, dont témoigne un an plus tard l'interview accordée le 30 octobre 2019 au magazine d'extrême droite *Valeurs actuelles*. Surtout, elle fut ensuite contredite par un tour de vis sur l'accès aux archives militaires, entravant la libre recherche historique sur la guerre d'Algérie.

en 1957, il a été arrêté au cours de la bataille d'Alger, il a été torturé par l'armée française, il a été tué, on a organisé son simulacre d'évasion et fait disparaître les traces de sa mort[2]. » Mais ce que nous demandions, c'est qu'en la reconnaissant, la République française l'affronte dans toutes ses conséquences en admettant que la guerre d'Algérie s'accompagna d'une institutionnalisation de la torture, dans une perdition qui accable les trois pouvoirs, le législatif, l'exécutif et le judiciaire.

Aussi bienvenue qu'elle est tardive, l'énonciation au sommet de l'État de cette vérité de l'histoire ouvre enfin la voie à une réconciliation des mémoires algérienne et française tant ce passé traumatique est encore actif au sein de nos deux peuples, de génération en génération. La déclaration présidentielle est un appel à ce que, dans leur diversité meurtrie, ils effectuent ensemble ce travail de vérité et de mémoire. Gangrenant la République, la systématisation de la torture, mais aussi des disparitions, des arrestations arbitraires, des camps d'internement et des violences contre les populations civiles, a conduit la France et l'Algérie à une séparation qui les a blessées toutes deux, entraînant des déchirures et des radicalisations qui, n'eût été l'entêtement aveugle des gouvernants français, auraient peut-être pu être évitées.

De ce côté-ci de la Méditerranée, nous sommes des millions, chevauchant au moins trois générations, à être partie prenante de cette histoire commune : les descendant·e·s de travailleurs algériens en France dont, à l'époque, bon nombre épousèrent la cause nationaliste ; les pieds-noirs, ces Européens d'Algérie qui n'étaient pas tous, loin de là, des colons oppresseurs – Maurice Audin était l'un d'eux ; les familles juives sépharades dont l'Algérie était la patrie ancestrale ; les communautés de harkis, doublement victimes de l'histoire car rejetées et méprisées dans les deux camps ; sans compter toutes les lignées où rôdent, tels des fantômes, les silences de parents, soldats du contingent ou militaires de carrière, ayant dû mener cette guerre où la France fut moralement vaincue.

Mais la portée de la déclaration d'Emmanuel Macron concerne autant nos présent et futur que l'histoire de cette

2 *Une vie brève*, Gallimard, coll. « L'arbalète », Paris, 2012.

guerre coloniale, illégitime et désastreuse, de huit années (1954-1962) qui conduisit à la perdition de la IVe République. Une guerre qui ne prit fin qu'avec l'indépendance algérienne, quatre ans après l'effondrement, en 1958, de ce régime sous les coups de boutoir des ultras, tenants de l'Algérie française. C'est en effet une alerte sur les dangers sans retour de tout état d'exception qui, au prétexte de menaces sécuritaires, fait sortir la démocratie de sa légalité ordinaire et, par conséquent, de son cours démocratique.

Le texte présidentiel souligne que c'est une loi « votée par le Parlement en 1956 [qui] a donné carte blanche au gouvernement pour rétablir l'ordre en Algérie ». Et que c'est cette loi dite des « pouvoirs spéciaux » qui a permis la délégation des pouvoirs de police à l'armée, pouvoirs dès lors sans contrôle où tous les excès furent permis, notamment « le système appelé "arrestation-détention" à l'époque même, qui autorise les forces de l'ordre à arrêter, détenir et interroger tout "suspect" dans l'objectif d'une lutte plus efficace contre l'adversaire ».

On n'ose espérer que cette prise de position historique fasse désormais réfléchir les parlementaires qui, ces dernières années, face aux attentats terroristes, ont accepté de rogner l'État de droit par des mesures d'exception au prétexte d'urgences provisoires qui, toujours, deviennent pérennes, affaiblissant durablement les droits individuels face à la raison d'État. Comment oublier que les dispositions de l'état d'urgence instauré sous la présidence de François Hollande, puis entré dans le droit commun sous celle d'Emmanuel Macron, avaient pour texte de référence une loi votée en 1955, pour réprimer le mouvement indépendantiste algérien, et dont la loi instaurant, un an après, les pouvoirs spéciaux ne sera que le prolongement et l'extension ?

Mais la déclaration sur Maurice Audin va encore plus loin : elle acte que, faute de vigilance des gouvernants et des fonctionnaires qui en ont la charge, les démocraties peuvent céder à des pratiques de violation systématique des droits humains, jusqu'à ce crime totalitaire, la torture, cette négation de l'humanité de ceux et celles qui en sont victimes. Nul hasard si ce texte remarquable commence par la mise en exergue d'une citation de l'historien Pierre Vidal-Naquet, figure de la dénonciation documentée de cette institutionnalisation de *La Torture dans la République*[3], dont le premier engagement contre la guerre d'Algérie sera, précisément, l'affaire Audin avec le livre éponyme publié en mai 1958 aux Éditions de Minuit[4].

« Certes, la torture n'a pas cessé d'être un crime au regard de la loi, mais elle s'est alors développée parce qu'elle restait impunie, affirme le président de la République. Et elle restait impunie parce qu'elle était conçue comme une arme contre le FLN, qui avait lancé l'insurrection en 1954, mais aussi contre ceux qui étaient vus comme ses alliés, militants et partisans de l'indépendance ; une arme considérée comme légitime dans cette guerre-là, en dépit de son illégalité. En échouant à prévenir et à punir le recours à la torture, les gouvernements successifs ont mis en péril la survie des hommes et des femmes dont se saisissaient les forces de l'ordre. En dernier ressort, pourtant, c'est à eux que revient la responsabilité d'assurer la sauvegarde des droits humains et, en premier lieu, l'intégrité physique de celles et de ceux qui sont détenus sous leur souveraineté. »

« Il importe que cette histoire soit connue, qu'elle soit regardée avec courage et lucidité », ajoute Emmanuel Macron. C'est ce courage et cette lucidité qui ont manqué à François Mitterrand, président durant quatorze ans (1981-1995) et figure tutélaire du PS, dont l'attitude de déni farouche a paralysé les pouvoirs socialistes sur ces questions mémorielles toujours vivantes et actuelles, alors même que, pour nombre de ceux qui l'entouraient au pouvoir – Pierre Joxe et Michel Rocard notamment –, la contestation de la guerre d'Algérie avait été leur premier engagement militant.

De Chirac à Macron, deux verrous ont donc sauté que Mitterrand tenait fermés. Il n'avait pas seulement refusé de regarder en face ses engagements de jeunesse à l'extrême droite, puis à Vichy où il fut décoré par Pétain de la francisque. Il refusait aussi d'affronter son engagement ministériel actif dans le choix, pendant la guerre d'Algérie, d'une répression sans issue, niant le droit à l'autodétermination des peuples afin de maintenir coûte

---

3 Pierre Vidal-Naquet, *La Torture dans la République*, Éditions de Minuit, Paris, 1972.

4 Pierre Vidal-Naquet, *L'Affaire Audin*, Éditions de Minuit, Paris, 1958.

que coûte l'empire colonial. Il faudra, par exemple, attendre sa mort pour que les archives confirment combien, garde des Sceaux du gouvernement Guy Mollet (février 1956-mai 1957), il fut intraitable, assumant quarante-cinq exécutions capitales de nationalistes algériens auxquels il refusa presque systématiquement la grâce.

Trop longtemps la vérité de la guerre d'Algérie, de ses crimes et de son injustice, fut officiellement niée, étouffée ou dissimulée, au point qu'elle ne fut reconnue comme telle par l'Assemblée nationale qu'en 1999, soit quarante-cinq ans après le début de l'insurrection indépendantiste du FLN, née du refus français de l'autodétermination du peuple algérien. La voici enfin assumée au sommet de l'État, dégageant la voie à un travail de mémoire accru par la décision du président de la République d'« encourager le travail historique sur tous les disparus de la guerre d'Algérie, français et algériens, civils et militaires » grâce à une dérogation générale ouvrant « à la libre consultation tous les fonds d'archives de l'État qui concernent ce sujet ».

« S'il est partisan, c'est seulement de la vérité », écrivait en préface de *L'Affaire Audin* le grand mathématicien Laurent Schwartz qui présida le jury de la thèse de Maurice Audin, soutenue *in absentia*. On retrouve l'écho de ce combat originel, dont les principaux protagonistes furent des mathématiciens et des historiens, dans la déclaration présidentielle : « Il en va enfin du devoir de vérité qui incombe à la République française, laquelle dans ce domaine comme dans d'autres, doit montrer la voie, car c'est par la vérité seule que la réconciliation est possible et il n'est pas de liberté, d'égalité et de fraternité sans exercice de vérité. » Un peuple doit savoir regarder la vérité en face, aussi douloureuse soit-elle pour lui-même, son honneur ou sa grandeur.

Évidemment soutenues par nombre de bonnes volontés militantes, dont le Parti communiste auquel avait adhéré Maurice Audin mais aussi la Ligue des droits de l'homme, constante dans son engagement, deux fidélités n'ont cessé de porter ce combat, associant rigueur mathématique et exigence historienne. Mathématicien émérite, le député LREM Cédric Villani, détenteur de la prestigieuse médaille Fields, s'est senti dépositaire de cette exigence de vérité, dans la lignée de ses anciens, disparus comme Laurent Schwartz, Henri Cartan et Gérard Tronel, ou toujours vivants et présents, tel Michel Broué (président des Amis de Mediapart) auquel il avait succédé à la tête de l'Institut Henri-Poincaré.

Dans le sillage de Pierre Vidal-Naquet, une historienne, Sylvie Thénault, directrice de recherche au CNRS, a beaucoup compté dans la précision de la déclaration présidentielle sur le « système » qui a permis l'assassinat de Maurice Audin et de tant d'autres, en toute impunité. Ses travaux récents sur les magistrats pendant la guerre d'Algérie (2001) et sur les détentions arbitraires dans l'Algérie coloniale (2012) font référence[5]. Tout comme avait fait date, en 1991, *La Gangrène et l'Oubli*, cette alerte mémorielle de l'historien Benjamin Stora[6]. On ne saurait trop rappeler à nos gouvernants – dont les actuels – combien sans la libre recherche universitaire, loin de toute logique de rentabilité économique et d'utilitarisme marchand, ce moment de vérité n'aurait peut-être jamais eu lieu.

Pierre Vidal-Naquet aimait qualifier de « dreyfusiste » l'engagement de sa génération contre la guerre d'Algérie, soulignant ainsi combien il passait par la défense d'individus face à l'arbitraire et au mensonge. S'il est une leçon à retenir de ce long combat porté par des membres de la société civile, c'est bien celle-ci : le refus de l'indifférence aux autres et au monde, le souci des hommes et des femmes frappés d'injustice. Avocat de la famille Audin, un homme incarna cette exigence jusqu'à son dernier souffle : six jours avant son décès brutal, le 26 juin 2017, Roland Rappaport avait écrit à Emmanuel Macron en portant à sa connaissance de nouveaux documents, extraits des archives de son confrère Maurice Garçon, où l'on pouvait lire que Maurice Audin « est mort entre les mains des paras ».

L'affaire Audin fut, pour l'anticolonialisme, ce que fut l'affaire Dreyfus pour l'antisémitisme : la défense du salut de tous à travers le sort d'un seul. En quatrième de couverture du livre de Pierre Vidal-Naquet, paru près d'un an après la disparition du jeune mathématicien, Jérôme Lindon avait simplement

---

5 Sylvie Thénault, *Une drôle de justice. Les magistrats dans la guerre d'Algérie*, La Découverte, Paris, 2001 ; *Violence ordinaire dans l'Algérie coloniale : Camps, internements, assignations à résidence*, Odile Jacob, Paris, 2012.

6 Benjamin Stora, *La Gangrène et l'Oubli*, La Découverte, Paris, 1991.

reproduit un passage des *Preuves* (1898), le recueil d'articles de Jean Jaurès en défense de l'innocence du capitaine Alfred Dreyfus. En voici le début : « Oui, quelle est l'institution qui reste debout ? Il n'en reste plus qu'une : c'est la France elle-même. Un moment, elle a été surprise, mais elle se ressaisit, et même si tous les flambeaux officiels s'éteignent, son clair bon sens peut encore dissiper la nuit. »

Si la France est debout, en ce jeudi 13 septembre 2018, c'est grâce à toutes celles et tous ceux qui ont mené ce long et patient combat anticolonialiste dont Maurice Audin fut à la fois l'emblème et le martyr.

13 septembre 2018

7
Gilets jaunes, la bataille de l'égalité

La révolte des gilets jaunes est un événement pur : inédit, inventif et incontrôlable. Comme tout surgissement spontané du peuple, elle déborde les organisations installées, bouscule les commentateurs professionnels, affole les gouvernants en place. Comme toute lutte sociale collective, elle s'invente au jour le jour, dans une création politique sans agenda préétabli, où l'auto-organisation est le seul maître du jeu. Comme toute mobilisation populaire, elle brasse la France telle qu'elle est, dans sa diversité et sa pluralité, avec ses misères et ses grandeurs, ses solidarités et ses préjugés, ses espoirs et ses aigreurs.

Devant l'inconnu, la première responsabilité du journalisme est, avant de juger, de donner à entendre pour chercher à comprendre. C'est ce que Mediapart s'est efforcé de faire depuis le début en prenant le temps d'aller y voir, au plus près du terrain, rencontrant une diversité de motivations, de générations et de milieux, montrant l'implication inédite des retraités et la forte présence des femmes. En ne se limitant pas à la chronique fait-diversière des incidents racistes, anti-migrants ou anti-journalistes, qui ont parfois émaillé et discrédité la mobilisation, nos reportages ont ainsi mis en évidence l'authentique conscience politique qui traverse cette révolte spontanée : d'une part, la perception aiguë de l'injustice sociale ; d'autre part, l'exigence forte d'une démocratie radicale.

La question fiscale a servi de révélateur social. Tout un peuple a compris que le pouvoir sorti des urnes en 2017 assume sans vergogne une politique au bénéfice d'intérêts économiques socialement minoritaires. Emmanuel Macron a sciemment appauvri l'État au bénéfice des ultra-riches, tout en faisant peser sur les revenus du plus grand nombre les conséquences d'une politique de classe qui ruine triplement les solidarités : en affaiblissant les services publics de tous, en allégeant les impôts d'une minorité et en augmentant ceux de tous les autres. Largement documentée sur Mediapart, la froideur des chiffres s'est soudain muée en chaleur des indignations.

Le 2 août dernier, avant même que survienne la révolte des gilets jaunes contre la taxe carbone, le ministère des Comptes publics publiait la situation du budget de l'État à fin juin 2018, soit à la moitié de l'année. Comme l'a d'emblée souligné *Alternatives économiques*, il en ressortait déjà qu'à périmètre constant les recettes fiscales avaient reculé de 2,4 % par rapport au premier trimestre 2017, baisse qui, en volume, est en réalité de 4,5 %, si l'on tient compte de l'inflation, soit un trou énorme de 14 milliards d'euros sur l'année. Or ce recul est dû, et seulement dû, à l'injustice fiscale de la politique gouvernementale : tandis que les taxes qui pèsent sur le plus grand nombre ont continué d'augmenter, la chute des recettes fiscales vient des cadeaux faits aux entreprises et aux fortunés. À périmètre constant, entre le premier semestre 2017 et le premier semestre 2018, leur recul est de 10,5 % pour l'impôt sur les sociétés et de carrément 39 % pour l'impôt de solidarité sur la fortune, supprimé pour un impôt sur la fortune immobilière, les droits de succession et l'imposition du capital !

Les gilets jaunes ne se révoltent pas contre l'impôt mais contre son injuste répartition. La meilleure preuve en est qu'ils demandent des services publics dotés et accessibles, défendent à leur tour ce qui fait tenir ensemble une société – des écoles, des hôpitaux, des commissariats, des transports, etc. Comme tout un chacun, ils savent que ces services publics sont financés par l'impôt, cette « contribution commune indispensable » dont la Déclaration des droits de l'homme et du citoyen de 1789 rappelait déjà, en son article 13, qu'« elle doit être également répartie entre tous les citoyens, en raison de leurs facultés ». Ce qui n'est plus supportable, c'est qu'elle soit, tout au contraire, inégalement répartie. Ce qui n'est pas admissible, c'est que le peuple acquitte de plus en plus d'impôts, alors même que l'État réduit les services qu'il lui rend, à cause de l'ampleur considérable des cadeaux fiscaux consentis aux entreprises et aux très riches.

L'autre lucidité politique portée par cette révolte concerne le déni de démocratie. L'usage égalitaire des réseaux sociaux, le refus des récupérations partisanes, la volonté de filmer les rencontres avec les autorités, l'élaboration collective de cahiers de doléances, l'invention spontanée de nouveaux modes d'action, etc. : autant de symboles d'une exigence démocratique nouvelle, quelles que soient les tensions ou les contradictions qui la traversent. Soudain, le peuple s'empare de la question institutionnelle qui, dès lors, prend vie et corps au-delà des programmes politiques et des colloques savants. Par l'évocation de référendums, l'exigence de concertation, la demande de délibération, les gilets jaunes disent que la démocratie ne se réduit pas au droit de vote. Et qu'une démocratie où le peuple souverain perd tout pouvoir une fois qu'il a voté, congédié du débat politique et invité à faire silence, n'en est plus une.

Cette exigence radicalement démocratique affronte de plein fouet l'aveuglement monarchique de la présidence Macron. Après s'être faite sur la promesse d'une « révolution démocratique profonde » (*sic*), l'improbable élection d'un outsider de la politique professionnelle s'est traduite par une accentuation des pires travers de cette dernière sous la Ve République : pouvoir d'un seul se comportant en propriétaire de la volonté de tous ; personnalisation autoritaire de la décision politique autour du « moi » présidentiel ; majorité soumise aux désirs, erreurs et errements du monarque élu, jusqu'à tolérer l'affaire Benalla ; clientèle d'intérêts privés largement récompensée par une présidence absolutiste qui s'en fait la fondée de pouvoir au détriment de l'intérêt commun.

Emmanuel Macron n'est évidemment pas le premier président à illustrer cette régression démocratique. Mais deux caractéristiques de sa présidence aggravent son cas, au point de nourrir un rejet passionnel et virulent qui évoque, alors qu'il est encore au début de son quinquennat, la toute fin de la présidence de Valéry Giscard d'Estaing (1974-1981). Ce sont d'abord les circonstances de son élection face à l'extrême droite : au lieu de prendre en compte le sens de ce vote, qui n'était pas d'adhésion massive mais d'obligation contrainte, au lieu de tenir compte de sa diversité et de ses contrastes par une pratique participative et délibérative du pouvoir, il s'est comporté comme si son socle de 18 % des électeurs inscrits du premier tour lui donnait un chèque en blanc pour agir, fût-ce au détriment des 82 % restants.

À cette inconscience irresponsable, tant elle fait, de nouveau, le jeu de l'extrême droite, s'est ajouté un exercice personnel du pouvoir tissé de morgue et de mépris. S'il va volontiers au contact, ce président-là ne peut s'empêcher d'y faire la leçon. Il prétend savoir par avance, et mieux que les premiers concernés, ce qui est bon pour le peuple, qu'il évoque souvent comme s'il lui était extérieur, sinon étranger – ah, ces « Gaulois réfractaires » ! Cumulant mépris de classe – les plus riches – et de caste – les plus diplômés –, il incarne, par son comportement dans l'exercice du pouvoir, une politique de l'inégalité où il y a des supérieurs et des inférieurs, des esprits forts et des volontés faibles, des inclus et des exclus, des vernis et des malchanceux. L'idéologie de la réussite individuelle, au détriment des solidarités collectives, épouse l'hybris d'une aventure personnelle, cette démesure qui ne s'autorise que d'elle-même.

Du terrain fiscal – la question sociale – au débat politique – la question démocratique –, le mouvement des gilets jaunes renouvelle l'exigence d'égalité qui a toujours été le ressort des combats émancipateurs. Le 10 décembre 2018, on fêtera l'adoption à Paris, il y a soixante-dix ans, de la Déclaration universelle des droits de l'homme, dont l'affirmation préalable que « tous les êtres humains naissent libres et égaux en dignité et en droits » se traduit en exigences démocratiques et sociales déclinées en 30 articles. Ce droit d'avoir des droits, de les défendre, de les revendiquer et de les inventer, ouvre en grand les possibles politiques, déplaçant des montagnes de conservatisme, bousculant des siècles de préjugés, renversant des dominations qui se croyaient inébranlables. Car c'est un énoncé sans frontières qui se dresse face à tous les tenants des inégalités naturelles : sans distinction d'origine, de condition, d'apparence, de croyance, de sexe ou de genre, nous sommes égaux en droits et en dignité.

Selon sa traduction politique, ce « n'importe qui » démocratique est au cœur de l'avenir du mouvement des gilets jaunes. La sympathie active que lui déclarent droites et extrêmes droites entend l'entraîner vers une égalité trahie, celle où ne sont concédés des droits qu'à celles et ceux qui nous ressemblent, dans l'entre-soi des identités closes et fermées, repliées sur elles-mêmes, excluant les autres dans la diversité des préjugés – xénophobes, racistes, sexistes, homophobes, etc.

À l'inverse, les convergences revendiquées par les mouvements sociaux dans leur pluralité plaident pour un surgissement des causes communes de l'égalité : salariés en lutte, comme le sont ces temps-ci les infirmières et les travailleurs des raffineries ; étudiants et lycéens contre l'augmentation des frais universitaires ; femmes de #NousToutes contre les violences sexistes et sexuelles ; populations discriminées en raison de leur origine, de leur apparence ou de leur croyance, à l'instar du mouvement #RosaParks ; gays et lesbiennes pour l'ouverture de la PMA à tous ; solidaires et hospitaliers en défense de l'accueil des migrants, etc.

L'avenir n'est pas écrit, tant ici l'événement est maître, sans avant-garde autoproclamée ni appareil dominant. Mais, plutôt que de tenir à distance cet inédit qui les déborde et les dépasse, tous les tenants d'une République démocratique et sociale devraient mener cette bataille de l'égalité auprès des gilets jaunes et avec eux. S'abstenir, rester spectateur ou dubitatif, en retrait ou en réserve, ouvrirait encore plus la voie aux forces de l'ombre qui, aujourd'hui, en France et en Europe, comme à l'échelle du monde entier, entendent remplacer l'égalité par l'identité, le droit de tous par le privilège de certains.

1er décembre 2018

8
Ce « préjugé de couleur » qui fait honte

Sept ans après les révélations de Mediapart sur les quotas discriminatoires dans le football français, notre enquête « Football Leaks 2 » a révélé le fichage ethnique pratiqué de 2013 à 2018 par son club le plus prestigieux, le PSG[1]. Que dit de notre pays cette insistance du préjugé ?

D'ici une semaine, on commémorera, en France et dans le monde, le 70e anniversaire de la Déclaration universelle des droits de l'homme, adoptée le 10 décembre 1948 par l'Assemblée générale des Nations unies, tenue à Paris, au palais de Chaillot. La France est ainsi le pays où furent proclamées deux déclarations des droits de l'homme, la sienne propre, celle de 1789, et l'universelle. Toutes deux, en affirmant l'égalité de naissance des êtres humains – « en dignité et en droits », précise la déclaration de 1948 –, déclarent que l'on ne saurait opérer de « distinction » entre eux à raison de leur origine, de leur apparence ou de leur croyance.

En somme, l'égalité suppose de ne pas distinguer, c'est-à-dire choisir, sélectionner, trier, ficher, hiérarchiser, etc., selon de tels critères.

Le préambule des Constitutions françaises depuis 1946, sous la IVe comme sous la Ve République, affirme que « la France assure l'égalité devant la loi de tous les citoyens sans distinction d'origine, de race ou de religion ». Quant à la déclaration adoptée à Chaillot deux ans plus tard, elle consacre tout son

---

1 Les enquêtes « Football Leaks » ont été menées avec le réseau European Investigative Collaborations (EIC) dont Mediapart est le partenaire français.

article 2 à cette question de la « distinction » pour évidemment la récuser entièrement : « Chacun peut se prévaloir de tous les droits et de toutes les libertés proclamées dans la présente Déclaration, sans distinction aucune, notamment de race, de couleur, de sexe, de langue, de religion, d'opinion politique ou de toute autre opinion, d'origine nationale ou sociale, de fortune, de naissance ou de toute autre situation. »

Autoproclamée « pays des droits de l'homme », la France ne serait-elle pas plutôt celui de leurs déclarations, dont les mots seraient comme ces décors des villages Potemkine qui masquaient à l'impératrice Catherine II la misère du peuple russe ? Car la « distinction » est encore à l'œuvre au sein du peuple français, dans l'ordinaire vécu par celles et ceux discriminés selon l'origine, l'apparence ou la croyance, pour l'accès au logement ou à l'emploi, dans la relation avec les administrations – la police au premier chef –, voire plus sourdement dans le sport le plus populaire et, *a priori*, le plus ouvert à la diversité, le football.

C'est la question dérangeante que nous posent les révélations des « Football Leaks 2 » sur le fichage ethnique au PSG. Comment expliquer en effet, dans la deuxième décennie du XXIe siècle, de telles pratiques de tri entre « Français », « Africain », « Maghrébin » et « Antillais », selon les entrées des fichiers informatiques révélés, lesquelles dévoilent la pensée inconsciente de leurs concepteurs que « Français » serait une couleur, le blanc, et non pas une citoyenneté ?

Comment justifier que l'on continue ainsi à distinguer selon l'origine et l'apparence, alors même que, de grands discours en solennelles commémorations, nos officiels ne cessent de répéter combien cette « distinction » fut au ressort de la banalisation européenne des hiérarchies entre humanités, jusqu'à laisser se perpétrer des crimes, contre l'humanité précisément ?

Comment comprendre, surtout, que responsables du football national, membres du gouvernement français et élus politiques de tous bords se soient empressés de classer l'affaire, laquelle ne se prolonge que grâce à une plainte de la Ligue des droits de l'homme ayant entraîné l'ouverture d'une enquête préliminaire au parquet de Paris ? Cet empressement à relativiser, voire à nier la révélation de pratiques discriminatoires au sein d'un sport qui est pourtant le miroir emblématique de la diversité de notre peuple interroge d'autant plus que le précédent des quotas de 2011 aurait dû empêcher toute récidive.

À l'époque, nos révélations sur la volonté des dirigeants de la Fédération française de football (FFF) de recruter moins de Noirs et d'Arabes avaient fait scandale, suscité des excuses et provoqué une enquête interne, menée par Patrick Braouezec. Plus de sept ans après, rien de tel. Sans doute l'argent est-il pour quelque chose dans ce silence, cet argent fou qui gangrène le sport au point de pouvoir acheter les consciences.

D'ailleurs, les révélations des « Football Leaks 2 » portent d'abord sur ce registre, montrant combien, du dopage financier des clubs au recours aux paradis fiscaux, en passant par la mainmise d'un oligarque sur une principauté ou l'obtention monnayée de décisions opportunément favorables, la folie marchande et consommatrice de notre monde corrompt la beauté du jeu. Reste que la puissance économique du PSG, club qui est la propriété de l'émir du Qatar, ne saurait justifier cette indifférence coupable à la banalisation réitérée de pratiques discriminatoires.

La question n'est pas morale mais politique. Le football est ici le miroir de la France, non seulement de ce qu'elle affiche, mais aussi de ce qu'elle dissimule : sa trop longue habitude du préjugé lié à l'origine. Qu'il puisse encore s'infiltrer au sein du sport emblématique du divers et du pluriel qui, objectivement, tissent notre peuple en dit long sur la tenace persistance française des impensés hérités de la longue durée coloniale, laquelle s'est accompagnée originellement d'un crime contre l'humanité, l'esclavage, avec sa traite négrière et son économie de plantation. C'est comme si, sous l'apparence égalitaire, ce passé faisait toujours valoir sa présence, et d'autant plus que la France reste aujourd'hui la seule puissance coloniale directe, sur presque tous les continents, de la Guyane et des Antilles à la Réunion et la Nouvelle-Calédonie.

Travaillée par le préjugé lié à l'origine, une sorte de citoyenneté conditionnelle est toujours sourdement produite, s'entêtant à construire l'autre comme tel, à le distinguer et à le différencier. Et s'étonnant ensuite que cet autre, pour combattre les discriminations dont il est victime, s'affirme précisément comme tel, revendiquant avec fierté ses différences et ses distinctions pour mieux s'émanciper et se libérer. « La race (dont la couleur ne constitue que le marqueur ou le signe de reconnaissance) est fabriquée de l'intérieur même de la citoyenneté, rétroactivement, quitte à s'y trouver incessamment contestée », écrit ainsi le philosophe Étienne Balibar en préface à *L'Autre Citoyen*[2], nommant « universalisme différentialiste » cette butte témoin de la hiérarchie des humanités toujours à l'œuvre au pays (de la Déclaration) des droits de l'homme.

Ouvrage de Silyane Larcher, philosophe et politiste, *L'Autre Citoyen* analyse cette production inégalitaire de l'autre au sein de l'égalité proclamée à partir du cas des Antilles après l'abolition de l'esclavage en 1848. Libérés de la servitude au nom de l'égalité, les anciens esclaves n'accédèrent pas pour autant à l'égalité politique. « Comment l'égalité civique peut-elle s'articuler à l'exclusion politique ? Pour le dire autrement, comment l'universalisme civique peut-il s'accommoder de l'exclusion de citoyens en droit égaux ? » : en travaillant ces questions à partir de la situation coloniale postesclavagiste, Silyane Larcher interroge jusque dans notre présent les tensions internes de la citoyenneté française.

Le scandale des quotas à la FFF comme l'affaire du fichage au PSG ne sont en rien anecdotiques ou mineurs. Ils nous confrontent, selon les mots de Silyane Larcher, à « l'histoire des ressorts idéologiques de l'externalisation des citoyens dans la France d'aujourd'hui, c'est-à-dire à la production sociale et politique des "étrangers de l'intérieur", ces Français souvent d'appartenances non occidentales, refoulés au plan symbolique en dehors ou aux marges de la "communauté nationale" pour défaut prétendu de conformité à ses normes sociales et culturelles », celles de la communauté majoritaire sur les plans numérique et politique.

On comprend dès lors pourquoi nos révélations dérangent l'ordre politiquement et socialement dominant, tout comme les travaux intellectuels et les actions militantes qui, aujourd'hui, posent avec insistance la question décoloniale : parce qu'elles

---

2 Silyane Larcher, *L'Autre Citoyen*, préface d'Étienne Balibar, Armand Colin, Paris, 2014.

obligent – Silyane Larcher encore – « à déconstruire les logiques et les mécanismes par lesquels la société elle-même produit et reproduit, de manière historiquement située, de la racisation ».

Les sélectionneurs du football ne sont pas racistes, et d'ailleurs Mediapart ne les a jamais accusés de l'être. Mais ils produisent de la racisation parce qu'ils n'ont pas fait litière des préjugés lointains hérités d'un passé colonial toujours actif dans notre présent. Victor Schœlcher, le républicain dont le nom est attaché à l'abolition de l'esclavage en 1848, fut honoré en 1880 par un comité « regroupant des hommes de couleur de la Martinique, de la Guadeloupe et de la Cochinchine ». Publié en 1948 dans un recueil intitulé *Esclavage et colonisation*[3] et introduit par Aimé Césaire, alors député communiste, le discours qu'il prononça pour les remercier s'intitule *Contre le préjugé de couleur*, qu'il associait explicitement aux « séquelles de l'esclavage ». Le mot racisme, cette barbare invention moderne, ne figurait pas encore dans les dictionnaires. Mais le préjugé, ce racisme qui s'ignore par inconscience, était déjà à l'œuvre.

« Républicain depuis l'âge de raison, concluait Schœlcher, j'ai été, dans la métropole comme aux colonies, un ardent défenseur de l'égalité, j'ai attaqué toutes les aristocraties, y compris celle de la peau, la plus tenace de toutes, peut-être parce que de toutes la plus dénuée de sens commun. »

3 décembre 2018

3 Victor Schœlcher, *Esclavage et colonisation*, préface d'Aimé Césaire, Presses universitaires de France, Paris, 1948.

9
Les trois sortes de violence

C'était il y a une semaine, et cela semble déjà une éternité. Au soir du 31 décembre 2018, Emmanuel Macron, parlant debout depuis le palais de l'Élysée, faisait mine de comprendre cette colère qui a éclaté en 2018, une colère, disait-il dans ses vœux, qui « venait de loin », une colère qui, « quels que soient ses excès et ses débordements », exprimait le désir de « bâtir un avenir meilleur ».

Quatre jours plus tard, le 4 janvier 2019, lors du compte-rendu du premier Conseil des ministres de l'année, brutal changement de cap : à mille lieues de cette posture compréhensive, le porte-parole du gouvernement, Benjamin Griveaux, dénonçait dans les gilets jaunes un mouvement « d'agitateurs qui veulent l'insurrection et, au fond, renverser le gouvernement ».

Le choix était donc fait avant même les manifestations du lendemain, 5 janvier 2019. Prenant prétexte d'actes de violence aucunement majoritaires, qui plus est uniquement imputés aux manifestants, et ignorant superbement l'évidente reprise du mouvement des gilets jaunes, le Premier ministre a annoncé lundi 7 janvier sur TF1 un nouvel arsenal répressif afin d'étendre la responsabilité civile des casseurs, de sanctionner l'absence de déclaration de manifestation, de réprimer comme un délit le fait de porter une cagoule et, enfin, de pouvoir empêcher de manifester et interpeller préventivement des manifestants préalablement fichés, à l'instar de ce qui se fait pour les hooligans du football.

Si aucune question ne fut posée à Édouard Philippe sur les violences policières, pourtant traitées dans le JT de TF1, on soulignera qu'il n'eut de lui-même aucun mot pour les évoquer et les condamner, se révélant plus loquace sur les 5 600 gardes à vue et 1 000 condamnations de manifestants gilets jaunes – des chiffres témoignant de l'ampleur inédite d'une répression qui embarrasse la justice.

Aussi condamnables soient-elles, les violences des gilets jaunes répondent à la violence d'un pouvoir qui ne veut rien entendre. Visant explicitement ceux qui « remettent en cause les institutions », le Premier ministre a ainsi donné la clé de cet entêtement : ce qui alarme cette présidence, c'est que la question politique qui est au ressort de ce mouvement, au-delà de ses causes initiales – vie chère, pouvoir d'achat, injustice fiscale –, la remet en question directement.

C'est en effet celle de l'épuisement du système présidentiel, ce pouvoir personnel qui confisque la République, la dévitalise et la paralyse, cette monarchie élective qui, à force d'abus de pouvoir, finit par discréditer la démocratie française auprès du peuple souverain.

Les réflexions pertinentes de Mounir Mahjoubi, secrétaire d'État chargé du Numérique et, à ce titre, averti des espérances démocratiques nées de l'actuelle révolution technologique, sur les gilets jaunes comme « chance pour la France », n'étaient donc que paroles en l'air.

« Le mouvement des gilets jaunes, écrivait-il dans *Le Monde* le 1er janvier 2019, apporte la preuve qu'il est aujourd'hui possible de s'organiser spontanément sans aucun intermédiaire. Je suis convaincu qu'il peut représenter une chance pour la France. [...] Ce que pointent les gilets jaunes, c'est l'impérieuse nécessité d'une plus grande justice sociale et fiscale ainsi que le besoin irrépressible de participer plus activement au fonctionnement de notre démocratie. [...] Dans leur immense majorité, les gilets jaunes que j'ai rencontrés ou qui participent au débat sur les réseaux sociaux ne sont ni violents, ni séditieux, ni anti-écologie, ni racistes, ni antisémites, ni homophobes. »

Impopulaire et impuissante, déstabilisée par un mouvement social inédit, cernée par le feuilleton de l'affaire Benalla, politiquement désorientée et administrativement grippée, désertée par nombre de ses plus proches, cette présidence court désormais en tous sens, tel un canard sans tête. Mais, comme le confirme l'intervention lundi 7 janvier au soir du Premier ministre sur l'ordre public, tout indique que ce n'est pas dans la bonne direction.

Loin d'une hauteur démocratique qui se soucierait à la fois de la paix républicaine et des libertés citoyennes, le pouvoir fait le choix délibéré d'une diabolisation du mouvement social en cours, caricaturé en bande factieuse d'extrême droite, et d'une fuite en avant dans sa répression policière, dont les excès ne sont jamais condamnés. Le choix de l'affrontement, en somme. D'une répression accrue entraînant la radicalisation.

C'est ce que montre son attitude sur la question des violences. Tout historien des mouvements sociaux pourrait utilement rappeler à ces gouvernants, prompts à s'émouvoir unilatéralement des seules violences de gilets jaunes, que la violence populaire est en écho aux violences étatiques, cette défense brutale d'un ordre politique, social et économique que ses bénéficiaires ont décrété immuable.

De la Révolution française à Mai 68, en passant par juillet 1830, février et juin 1848, les grèves de 1936 ou les insurrections de la Libération, nos Républiques, nos libertés, nos droits, nos institutions ont toujours été affirmés, finalement conquis ou progressivement étendus par ces révoltes tumultueuses dont les transgressions, les audaces et les outrances permirent d'inventer de nouveaux horizons démocratiques et sociaux.

On objectera, en invoquant les belles figures du Mahatma Gandhi et de Martin Luther King ou en soulignant la calme détermination des récentes marches organisées au nom des femmes gilets jaunes, que des changements pacifiques sont préférables, tant une violence aveugle peut se transformer en spirale destructrice des idéaux qui l'animaient.

Mais cette précaution n'exclut pas la lucidité sur la disproportion du rapport de force entre un État en place et ceux qui le contestent ni, surtout, sur cette morgue sociale, expression d'une énième grande peur des possédants, qui ne veut voir et ne dénonce qu'une violence, celle d'en bas, celle du peuple, de la foule, de la plèbe – quel qu'en soit le visage, plus ou moins amène.

Profondément pacifiste, un évêque catholique brésilien, Hélder Câmara, auteur d'un essai qui fit date au début des années 1970, *Spirale de la violence*, sut parfaitement résumer cette bien-pensance destinée à immobiliser le présent en fermant la porte du futur[1].

« Il y a trois sortes de violence, écrivait-il. La première, mère de toutes les autres, est la violence institutionnelle, celle qui légalise et perpétue les dominations, les oppressions et les exploitations, celle qui écrase et lamine des millions d'hommes dans ses rouages silencieux et bien huilés. La seconde est la violence révolutionnaire, qui naît de la volonté d'abolir la première. La troisième est la violence répressive, qui a pour objet d'étouffer la seconde en se faisant l'auxiliaire et la complice de la première violence, celle qui engendre toutes les autres. Il n'y a pas de pire hypocrisie que de n'appeler violence que la seconde, en feignant d'oublier la première, qui la fait naître, et la troisième, qui la tue. »

Face à sa contestation dans la rue, tout pouvoir sera enclin à affirmer que la seule violence légitime est celle de l'État et de ses forces de police. Mais cette revendication d'un monopole étatique de la violence n'est défendable qu'à condition qu'elle soit accompagnée d'une défense intraitable de l'État de droit, c'est-à-dire de droits individuels et collectifs, notamment la liberté d'expression et le droit de manifestation, opposables par les citoyen·ne·s à l'État qui les bafoue, les piétine ou les réprime. De ce point de vue, la pédagogie de ce pouvoir est totalement déséquilibrée, assumant une radicalisation sans précédent du maintien de l'ordre sans, jamais, l'accompagner d'un seul mot pour en condamner les excès, sans une seule consigne pour la réfréner, sans une seule précaution pour la modérer.

Ignorant les propos provocateurs de Benjamin Griveaux à l'égard des gilets jaunes qui en ont fait l'une de leurs cibles, le président Emmanuel Macron s'est d'emblée ému de l'intrusion violente ayant contraint, samedi 5 janvier 2019, le porte-parole du gouvernement à quitter précipitamment son secrétariat d'État, alors qu'il n'y eut que frayeur individuelle et dégât matériel.

En revanche, il ne dit rien, son ministre de l'Intérieur encore moins, son Premier ministre pas plus, de l'accumulation sidérante de blessés sérieux du côté des manifestants, causés par

1 Hélder Câmara, *Spirale de la violence*, Desclée de Brouwer, Paris, 1986.

des manquements graves aux règles déontologiques du maintien de l'ordre – notre confrère David Dufresne en fait une recension exhaustive sur Twitter[2].

Ils n'ont d'ailleurs rien dit des lycéens adolescents humiliés par dizaines à Mantes-la-Jolie, forcés à rester plusieurs heures agenouillés bras sur la tête comme on le ferait sous un régime autoritaire. Et ils n'ont rien dit non plus de ce commandant de police de Toulon, récemment promu dans l'ordre de la Légion d'honneur, qui s'est permis de frapper, à deux reprises, des personnes sans défense, déjà à sa merci, ce qui viole toute déontologie policière, sans parler même de règles de droit.

Que le procureur de la République de Toulon ait pu cautionner ce comportement – heureusement contredit par le préfet du Var qui a ouvert une enquête – en dit long sur les conséquences au sein de l'appareil étatique de ce laxisme gouvernemental, diffusant une culture répressive sans freins ni retenue.

Là encore, le nouveau monde promis s'inscrit en filiation des vieilleries qu'il voulait congédier, si l'on se souvient de la tolérance du précédent quinquennat envers les violences policières, de la mort de l'écologiste Rémi Fraisse à la répression des manifestations syndicales contre la loi El Khomri.

De dérives en complaisances, de silences en encouragements, la France devient de ce point de vue une exception européenne, avec un maintien de l'ordre plus offensif et violent, pratiqué par des forces de sécurité suréquipées et surarmées. Et que le pouvoir envisage de surarmer encore plus, comme en témoignent de nouvelles commandes de lanceurs de balles de défense.

Au tableau comparatif qui met en évidence cette dangereuse spécificité française, récemment diffusé par l'Association des chrétiens pour l'abolition de la torture (ACAT), il faut ajouter l'analyse du sociologue de la police Fabien Jobard soulignant « l'ampleur considérable » de l'action répressive contre les gilets jaunes[3] : « Les interventions policières ont entraîné en maintes

2 Cette recension sur le réseau social se transforma en une banque de données sur Mediapart, « Allô Place Beauvau ? ».

3 Fabien Jobard, « Face aux gilets jaunes, l'action répressive est d'une ampleur considérable », *Le Monde*, 20 décembre 2018.

occasions des dommages considérables : mains arrachées par les grenades, défigurations ou énucléations par des tirs de balles de défense, décès à Marseille : le bilan dépasse tout ce que l'on a pu connaître en métropole depuis Mai 68, lorsque le niveau de violence et l'armement des manifestants étaient autrement plus élevés, et le niveau de protection des policiers, au regard de ce qu'il est aujourd'hui, tout simplement ridicule. »

Or, « en maintien de l'ordre, c'est le donneur d'ordres qui est en première ligne, c'est-à-dire le politique », insiste-t-il, soulignant combien cette « immixtion du politique dans la conduite des forces policières est une particularité française ».

« Ce sont moins les policiers qui sont en cause ici, poursuit Fabien Jobard, que l'armement dont ils disposent et les ordres qu'on leur donne. On ne trouve pas en Europe, en tout cas ni en Allemagne ni en Grande-Bretagne, d'équipements tels que les grenades explosives et les lanceurs de balles de défense, qui sont des armes qui mutilent ou provoquent des blessures irréversibles. Engager ces armes face à des protestataires inexpérimentés, qui, pour beaucoup (on l'a vu lors des audiences de comparution immédiate), se trouvaient pour la première fois à Paris, amène une dynamique de radicalisation qui entraîne les deux camps dans une escalade très dangereuse : les uns sont convaincus qu'ils répondent à une violence excessive, donc illégitime, et les policiers, se voyant agressés, usent de tous les moyens à leur disposition. » Et d'ajouter pour finir cette alarme : « Seule l'arme à feu est restée inemployée... »

Il y a cinquante ans, alors que le pouvoir gaullien tremblait de façon autrement sérieuse sur ses bases, le préfet de police de Paris, Maurice Grimaud, le 29 mai 1968, n'avait pas hésité à s'adresser à tous les policiers pour les mettre en garde contre les « excès dans l'emploi de la force ».

« Passé le choc inévitable du contact avec des manifestants agressifs qu'il s'agit de repousser, les hommes d'ordre que vous êtes doivent aussitôt reprendre toute leur maîtrise, écrivait-il. Frapper un manifestant tombé à terre, c'est se frapper soi-même en apparaissant sous un jour qui atteint toute la fonction policière. Il est encore plus grave de frapper des manifestants après arrestation et lorsqu'ils sont conduits dans des locaux de police pour y être interrogés. [...] Dites-vous bien et répétez-le autour de vous : toutes les fois qu'une violence illégitime est commise contre un manifestant, ce sont des dizaines de ses camarades qui souhaitent le venger. Cette escalade n'a pas de limites. »

Nulle autorité n'a tenu ce discours ces dernières semaines ! Comme si avait disparu cette haute fonction publique gardienne de l'État contre les excès partisans de ses provisoires occupants. Comme si elle avait renoncé, par servilité ou par crainte. Ou, pire, comme si elle s'était elle-même convertie à cet instinct de propriétaire qui caractérise nos gouvernants énarques, convaincus de savoir mieux que le peuple ce qui est bon pour lui, non sans servir aveuglément des intérêts économiques socialement minoritaires.

De ce point de vue, l'affaire Benalla, dans son événement initial (les violences volontaires du 1er Mai), restera comme la scène picrocholine de cette dérive inquiétante : toute une chaîne administrative, de hauts fonctionnaires divers jusqu'au président de la République lui-même, a fait preuve d'indulgence (selon le mot revendiqué par Emmanuel Macron), voire s'est montrée complice (en l'étouffant jusqu'aux révélations de la presse), vis-à-vis d'un comportement d'ordinaire réservé aux régimes autoritaires – un collaborateur du chef de l'État n'hésitant pas à prêter main-forte à la police pour frapper et arrêter des opposants.

Pas de quartier contre la populace, semble-t-on dire *mezza voce* au sommet de l'État, répétant l'erreur dramatique de gouvernements élus démocratiquement qui en viennent à prendre en grippe leur propre peuple. Loin de nous protéger ainsi de l'avènement de pouvoirs autoritaires, ils leur ouvrent la voie : d'une part, en banalisant la brutalisation des droits et des libertés fondamentales ; d'autre part, en méprisant toute expression populaire, dès lors renvoyée au ressentiment et à l'aigreur.

Une résonance historique lointaine éclaire cette méprise. Quand la IIe République vit le jour, après la longue parenthèse impériale puis monarchique, elle noya dans le sang l'espérance démocratique et sociale des journées de février 1848 par sa répression impitoyable des révoltes ouvrières de juin 1848. La suite fut, hélas, en décembre 1851, cette indifférence d'une large partie du peuple à l'assassinat de la République par le futur Napoléon III, alors président de la République élu.

Le déni des aspirations démocratiques et sociales venues du peuple lui-même avait produit l'éclipse de la République, cet avènement du pouvoir d'un seul confisquant la volonté de tous. Tout le problème, aujourd'hui, c'est que la présidence Macron se comporte comme si elle était d'ores et déjà ce pouvoir confiscatoire.

Faisant semblant d'ignorer les circonstances de son élection à la présidence – face à l'extrême droite avec un socle de seulement 18 % des électeurs inscrits au premier tour – qui aurait dû l'obliger à prendre en compte la diversité politique et sociale des attentes dont il était le dépositaire, Emmanuel Macron se comporte comme s'il avait obtenu un chèque en blanc pour cinq ans. Or s'il est bien un enjeu politique sur lequel l'évidente pluralité contradictoire des gilets jaunes ne saurait prêter à confusion, c'est le refus de ce verrouillage de la démocratie.

Puisque vous m'avez élu en 2017, il n'y aura pas d'alternative à la politique que j'ai décidée jusqu'en 2022 : tel est le credo macronien. Un credo répété à satiété alors même qu'il prétend inviter le pays, sous la pression des gilets jaunes, à un grand débat national. Mais un débat, préviennent d'emblée ses proches, qui ne devra rien remettre en cause de la politique suivie, ainsi que l'a résumé avec humour le député socialiste Boris Vallaud : « Débattons tous ensemble de la ligne que j'ai décidé tout seul de ne pas changer. »

Cet entêtement risque de ruiner le crédit de la Commission nationale du débat public, autorité administrative indépendante dont le rôle officiel est ainsi résumé sur son site : « Vous donner la parole et la faire entendre. » Or il faut craindre qu'elle ne sera pas entendue par le pouvoir si, d'aventure, elle remet en cause certains de ses piliers idéologiques, notamment ses choix en faveur des plus fortunés ou du grand capital.

Quand certains gilets jaunes se réfèrent au « Maïdan », la révolution ukrainienne de 2014, ou à la marche des femmes en octobre 1789 sur Versailles (popularisée par le récent film de Pierre Schoeller, *Un peuple et son roi*), dont les marches féminines du 6 janvier 2019 se voulaient l'écho, ils témoignent que leur mouvement ne se réduit pas aux haines, aux excès ou aux agités qu'une sorte de peur panique, politique et médiatique, s'empresse de monter en épingle.

Aussi condamnables soient-ils sur-le-champ, aussi inquiétants soient-ils pour l'avenir, ils ne disent pas la vérité d'un sursaut populaire totalement inédit : pour la première fois de notre histoire, un mouvement social s'empare de la question d'ordinaire réservée à des spécialistes de la Constitution ou tenue en marge du débat politique, celle de notre vitalité démocratique si longtemps étouffée par le système présidentiel.

Si les gilets jaunes crient « Macron démission », c'est parce que, en ayant renoncé à sa promesse d'une « révolution démocratique profonde » et en y ajoutant la morgue hautaine de ceux qui se croient « trop intelligents », il symbolise la persistance du déni des élites dirigeantes face à cette urgence : réinventer une démocratie vivante, délibérative et participative, avec des contre-pouvoirs forts, une justice vraiment indépendante, un Parlement contrôlant l'exécutif, une presse réellement libre, etc.

Si leur colère tourne ici ou là au vinaigre, c'est parce que cette exigence n'est à l'évidence pas entendue. Or c'est bien à force de la décevoir, sous toutes les présidences précédentes depuis l'alerte du face-à-face Chirac-Le Pen de 2002 et le référendum européen dont le vote fut trahi en 2005, que l'on fait la courte échelle à l'extrême droite.

Parti d'une révolte contre la vie chère, le mouvement des gilets jaunes porte l'exigence confuse d'une respiration démocratique, d'un partage et d'un échange, en lieu et place de la verticalité présidentielle. Y répondre par un surcroît de répression, c'est prouver sa faiblesse et démontrer son irresponsabilité. Oui, son irresponsabilité, car loin d'apaiser et de rassembler, c'est ainsi que l'on divise et que l'on aggrave.

Un avertissement que les pacifiques activistes de « Partager c'est sympa », par la voix du vidéaste Vincent Verzat, avaient déjà énoncé lors de leurs vœux pour 2019 sur Mediapart : « Ceux qui rendent une révolution pacifique impossible rendront une révolution violente inévitable. »

7 janvier 2019

10
Pour éviter le pire, parier sur la société

Plutôt le Rassemblement national que le mouvement social ! Après les avoir violemment réprimés, Emmanuel Macron entend congédier les gilets jaunes par la promotion électorale de l'extrême droite en seul adversaire de sa politique. Cette politique du pire est un hommage paradoxal à la nouveauté démocratique et sociale du mouvement.

Pierre Mendès France, dont le relatif libéralisme économique s'accompagnait d'un fort libéralisme politique, refusant toute réduction de la volonté populaire au pouvoir d'un seul, s'inquiétait de l'avènement durable de cette « tyrannie douce » qu'évoquait avec prescience Alexis de Tocqueville, celle où « les citoyens sortent un moment de la dépendance pour indiquer leur maître, et y retourner ». « La démocratie, ajoutait Mendès, c'est beaucoup plus que la pratique des élections et le gouvernement de la majorité : c'est un type de mœurs, de vertu, de scrupule, de sens civique, de respect de l'adversaire ; c'est un code moral. »

Emmanuel Macron parle un tout autre langage, dont le refrain donne congé à la mobilisation et à la délibération populaires, remplacées par la seule délégation de pouvoir offerte, *via* l'élection, à un chef et à une élite d'experts, seuls dépositaires du savoir. Ses derniers propos, en forme d'acte de décès des gilets jaunes, l'ont de nouveau illustré. « La démocratie, ça ne se joue pas le samedi après-midi », a-t-il déclaré à Biarritz le 17 mai 2019, affirmant qu'« il n'y a plus de débouché politique » au mouvement social qui secoue la France depuis six mois, sauf à ce qu'il se traduise en offre électorale.

Ni libérale ni progressiste, contrairement à ses dires, la présidence Macron est ainsi, par sa vision de la politique et par son exercice du pouvoir, à mille lieues de la hauteur démocratique mendésiste.

Du 17 novembre 2018 au 17 mai 2019, un semestre de mouvement des gilets jaunes l'aura amplement démontré : affirmation de la seule légitimité présidentielle, diabolisation de l'expression des minorités, refus de toute consultation démocratique (dissolution ou référendum), remise en cause du droit de manifester, répression policière sans frein ni relâche, confiscation du débat national par l'exécutif, accumulation de mensonges partisans, propagande grossière sur les réseaux sociaux, discours empreints de morgue sociale, indulgence pour les puissants et indifférence aux faibles, soutien sans faille aux frasques de Benalla et consorts, caporalisation de la majorité parlementaire, mainmise renforcée sur le parquet judiciaire, mépris pour les oppositions politiques, défiance de la presse libre et indépendante…

Le résultat de cette fuite en avant est qu'au lieu de faire reculer l'extrême droite contre laquelle il fut élu en 2017, le pouvoir lui fait la courte échelle en l'adoubant comme seul adversaire autorisé de sa politique. Loin de chercher des alliés dans la dynamique démocratique et sociale venue de la société elle-même, il lui tourne le dos, se privant du seul levier disponible pour construire un rapport de force solide et durable face à la montée, dans toute l'Europe, de régressions identitaires et autoritaires. Pis, il les légitime en concédant du terrain à leur hégémonie idéologique par ses propres reculs sur la vitalité des idéaux républicains, que ce soit la liberté (les droits fondamentaux), l'égalité (les injustices sociales) ou la fraternité (l'accueil des migrants).

En temps d'incertitude et de doute, ce clair-obscur où un vieux monde n'en finit pas de mourir tandis que le nouveau tarde à naître, les solutions, émancipations nouvelles et résistances créatrices, ne peuvent venir que de la mobilisation de la société. À l'inverse, c'est en la congédiant au nom de l'ordre établi, qui plus est un ordre de propriétaires et de privilégiés, qu'à coup sûr la démocratie recule, s'affaiblit et renonce. *Récidive 1938*, l'essai récent de Michaël Fœssel[1], l'a rappelé fort

1 Michaël Fœssel, *Récidive 1938*, Presses universitaires de France, Paris, 2019.

à propos, montrant comment, deux ans après le Front populaire et deux ans avant la capitulation pétainiste, la IIIe République s'était déjà rendue parce qu'elle avait choisi de « se défendre en empruntant les armes de ses adversaires les plus acharnés ».

Le pouvoir d'Emmanuel Macron ne doit son apparente stabilité qu'à la forteresse institutionnelle du présidentialisme, précisément instauré en 1958 pour éviter la traduction politique, *via* le parlementarisme, des mouvements de la société. Mais cette tour d'ivoire l'isole plutôt qu'elle ne le protège. La preuve en est que, politiquement, ses deux ans de présidence l'auront rapidement rabattu sur un vieux monde politicien, petite cohorte d'ex-socialistes en déroute et en perdition, à l'instar de Christophe Castaner (ministre de l'Intérieur), Richard Ferrand (président de l'Assemblée) ou Jean-Yves Le Drian (ministre des Affaires étrangères).

Enfermé dans sa solitude, ce pouvoir est ainsi devenu une digue immensément fragile face à la montée de l'extrême droite qu'il avait reçu mandat d'endiguer. À tel point qu'il n'a plus d'autre argument que de crier au loup nationaliste pour se légitimer de nouveau après avoir lui-même perdu l'électorat contraint qui, le 7 mai 2017, faute d'alternative, l'avait élu pour tenir ce danger à distance.

Sa faute, engageant sa responsabilité historique face aux périls qui menacent, aura été de se défier de sa propre société, au point de la mépriser, de la réprimer et de la congédier. Elle s'est accompagnée d'un aveuglement volontaire face à la nature inédite et inventive d'un mouvement social sans précédent connu et sans doute précurseur. La persistance des gilets jaunes, qui ne se mesure pas qu'aux chiffres des manifestations du samedi, a confirmé les hypothèses initiales formulées dans *La Victoire des vaincus*, nées des reportages du terrain et confortées par l'expression de ses acteurs[2]. À rebours des préjugés conservateurs ou avant-gardistes qui, à droite comme à gauche, s'empressaient d'enfermer le mouvement dans un cadre déjà établi et un futur déjà écrit, nous avions entrevu la dynamique interne d'une mobilisation dont le ressort était égalitaire, la

2 Edwy Plenel, *La Victoire des vaincus. À propos des gilets jaunes*, La Découverte, Paris, 2019.

menant de l'injustice fiscale à la revendication démocratique, en passant par les questions sociales.

De fait, l'extrême droite partisane a rapidement déserté le mouvement, l'estimant récupéré par les gauches radicales, tandis que pas un seul instant l'agenda identitaire, d'exclusion xénophobe des migrants et de chasse au bouc émissaire musulman, n'est venu polluer l'expression politique collective des gilets jaunes, notamment lors de leurs assemblées des assemblées à Commercy, puis à Saint-Nazaire. Non pas qu'il n'y ait pas, comme lors de tout surgissement populaire dont aucune organisation n'est maîtresse, des préjugés ancrés chez certains de ses acteurs, voire des votes accordés hier à l'extrême droite.

Mais la politisation interne du mouvement les a marginalisés, relativisés ou étouffés, en imposant un agenda émancipateur, celui de l'égalité des droits, sans distinction de naissance, d'origine, de condition, de diplôme et, par conséquent, sans distinction non plus d'apparence et de croyance, de sexe ou de genre… S'y est ajouté l'effet agrégateur des solidarités provoquées par la répression policière, les primo-manifestants gilets jaunes découvrant qu'ils subissent le sort ordinaire des jeunesses des quartiers populaires et les militants de l'urgence climatique se découvrant fichés comme les supposés hooligans du football.

Sociologues et historiens du présent s'attachent d'ores et déjà à le documenter : les gilets jaunes sont le premier mouvement social de notre crise de civilisation où s'entremêlent défi écologique, exigence sociale et nécessité démocratique. Leur démarche de désobéissance civile a pris pour emblème un signal d'alarme faisant partie du quotidien – le port d'un gilet de sécurité et de protection – et pour lieu des ronds-points où l'on ne peut d'ordinaire s'arrêter, soudain subvertis en endroits où l'on se pose pour se rassembler, discuter et partager. Ils ont ainsi d'emblée choisi comme cible de leur protestation les flux d'une économie marchande de la vitesse et de la consommation, de l'oubli et du gâchis.

Ralentir, prendre le temps, fraterniser sans exclusive, sortir de sa solitude, partir du vécu de chacun·e, investir les routes, tenter de bloquer l'économie en s'attaquant à la circulation des marchandises, etc. : nul doute que ces formes d'action, qui unifient au-delà des entreprises, du travail et du salariat, inaugurent une nouvelle ère des mouvements sociaux, plus inclusive et plus rassembleuse, ouverte à des acteurs qui en étaient hier exclus, isolés ou ignorés, en s'ancrant résolument dans leur vie la plus quotidienne.

Le ressort premier de l'engagement n'est plus une promesse abstraite d'un devenir meilleur, mais la réalité concrète d'un vécu insupportable. Agir ici et maintenant, sans garantie de succès ni promesse de résultat. Simplement parce que ce n'est plus possible de continuer comme avant. Littéralement parce que c'est devenu invivable. Rien de plus logique que la convergence se soit faite naturellement et rapidement avec l'écologie politique, autour d'un imaginaire alternatif à la résignation aux inégalités et aux dilapidations, aux destructions du commun et du vivant.

« Fin du monde, fin du mois, c'est pour nous le même combat » : dès le 8 décembre 2018, ce mot d'ordre s'imposait, accompagné d'un hommage des militants écologistes les plus pacifistes à la démonstration par les gilets jaunes que, sans confrontation, rien ne changera et, du coup, rien n'arrêtera la course à l'abîme d'un monde injuste et inconséquent, irresponsable au bout du compte.

Évoquant cette convergence entre gilets jaunes et gilets verts, tant « le capitalisme repeint en vert ne fait plus illusion pour beaucoup d'écologistes », le militant écologiste et altermondialiste Patrick Farbiaz n'hésite pas à affirmer que « les gilets jaunes sont le premier mouvement social-écologiste de l'histoire en Europe » : « Ils ont permis de repositionner la question écologique comme une question sociale à part entière, en remettant en cause la mobilité contrainte et la carence des transports en commun, absents d'une grande partie du territoire. Tous les gouvernements depuis Sarkozy ont utilisé le prétexte de la crise écologique bien réelle pour augmenter les taxes frappant les plus pauvres sans jamais s'attaquer aux pollueurs[3]. »

Réalisant ainsi des convergences militantes actives, qui contrastent avec ces divisions partisanes qui ont rendu les gauches passives, la dynamique politique des gilets jaunes pose fronta-

3 Patrick Farbiaz, *Les Gilets jaunes. Documents et textes*, Éditions du Croquant, Vulaines-sur-Seine, 2019.

lement la question de la crise de la représentation. C'est bien pourquoi les appels à ce qu'ils se rabattent sur le jeu électoral sont inopérants, tant leur exigence est au-delà des urnes, porteuse d'une demande de refondation politique où, précisément, la démocratie ne se réduirait pas au droit de vote. Où celle et celui qui délèguent leur pouvoir ne le perdraient pas illico. Où la délégation ne serait plus une confiscation. Où la vitalité démocratique s'exprimerait en dehors du choix de représentants.

Les gilets jaunes sont le mouvement social de l'absentéisme électoral. L'expression politique affirmée d'un retrait du jeu politique traditionnel. Lequel retrait n'a cessé de croître ces dernières années, au point de devenir le fait marquant de la présidentielle de 2017, éclipsé par le chamboule-tout d'En Marche et de La France insoumise. Avec une participation plus faible qu'en 2012, le niveau d'abstention enregistré s'est situé au-dessus de la moyenne des neuf élections présidentielles précédentes, selon les calculs de la chercheuse Anne Muxel : 22,2 % des inscrits contre 19,7 % en moyenne au premier tour et 25,4 % des inscrits contre 18,4 % en moyenne au second[4].

« L'abstention est donc une caractéristique essentielle » de l'élection qui a porté Emmanuel Macron pouvoir, écrit-elle en commentaire de l'enquête électorale du Cevipof, ajoutant que cette abstention, augmentée de la croissance des votes blancs, exprime « un malaise démocratique », « une demande de démocratisation des rouages de la représentation politique », voire l'affirmation qu'« établir une vraie démocratie en France nécessiterait un changement radical ».

Ce constat d'une « crise de la représentation politique devenue endémique et quasi structurelle » – Anne Muxel toujours – rejoint la mise en garde de David Van Reybrouck dans son plaidoyer pour le tirage au sort : « Ou bien la politique ouvre toutes grandes les portes, ou bien celles-ci ne tarderont pas à être enfoncées par des citoyens en colère qui réduiront en miettes le mobilier de la démocratie, décrocheront le lustre du pouvoir et l'emporteront dans la rue[5]. »

---

4 Anne Muxel, « Le climat actuel n'est pas propice à la participation électorale », entretien recueilli par Pauline Graulle, Mediapart, 10 mai 2019.

5 David Van Reybrouck, *Contre les élections*, Actes Sud, coll. « Babel », Arles, 2014.

Porté par une colère contre le premier des représentants, le président de la République, le mouvement des gilets jaunes est la réalisation inaccomplie de cette prophétie. Ce qui nourrit cette révolte, c'est de plus une lucidité largement partagée, notamment sous l'effet de la démocratisation numérique des informations et des connaissances, concernant la soumission du pouvoir présidentiel à une petite minorité d'intérêts sociaux ayant fait sécession de la masse de la société. Campé en président non seulement des riches mais, en vérité, des ultra-riches, Emmanuel Macron en est venu à incarner une présidence dévouée au lobbying d'une infime fraction de la population.

Dans *L'Archipel français*, Jérôme Fourquet a largement documenté cette inquiétante « sécession des élites » françaises, tout à la fois sociale, culturelle, géographique et idéologique[6]. Accumulant les données sur l'habitat des grandes villes, la scolarisation dans le privé, les loisirs et les pratiques culturelles, il décrit une classe dirigeante qui ne connaît plus la société à laquelle elle entend imposer sa volonté : « Ayant progressivement perdu le contact avec le reste de la société, et notamment avec les catégories populaires qu'elles côtoient peu, les classes favorisées ont de plus en plus de mal à appréhender la réalité du pays. Non seulement les différentes fractions des classes supérieures partagent les mêmes orientations sur les sujets essentiels, mais elles s'éloignent par conséquent mécaniquement des attentes et du système de valeurs des classes moyennes et des catégories populaires. »

Décrivant la progression de l'exil fiscal, ce « stade ultime de la sécession des élites », Jérôme Fourquet montre combien les Français expatriés dans les villes étrangères qui l'abritent ont offert un plébiscite à Emmanuel Macron en 2017. La morgue sociale, voire la détestation haineuse des gilets jaunes, qui s'est donnée à entendre du côté du pouvoir ne vient pas de nulle part : à la manière des émigrés de l'Ancien Régime, commente l'auteur de *L'Archipel français*, « de nombreux membres des catégories les plus favorisées éprouvent aujourd'hui davantage d'affinités avec les "privilégiés" issus des pays voisins qu'avec leurs concitoyens plus modestes ».

---

6 Jérôme Fourquet, *L'Archipel français*, Seuil, Paris, 2019.

Réponse à cette sécession des élites dominantes, la dissidence des gilets jaunes a logiquement surgi face à une présidence dont les actes et les paroles ont mis à nu cette domination de classe. Expression d'une politisation de l'abstentionnisme électoral et révolte contre la sécession sociale des élites dirigeantes, le mouvement des gilets jaunes a enfin actualisé la radicalité du passé républicain, en plongeant aux sources des idéaux d'une République démocratique et sociale.

Des dessins et inscriptions sur les gilets, qui sont l'équivalent des affiches en sérigraphie de Mai 68, aux diverses carmagnoles nées sur les ronds-points, dont les vidéos sont massivement partagées, l'inventivité de la mobilisation donne vie à un imaginaire de l'égalité et de la fraternité. Sur les ronds-points, le tutoiement est de rigueur dans une franche horizontalité qui évoque cette façon de s'apostropher sous le beau nom de citoyen, qui ne dura que le temps de la Révolution française.

À cette aune, le refus radical de la représentation qui caractérise le mouvement, au point de renverser ses porte-parole autoproclamés à l'instant même où ils s'affirment et de ne pas accepter une quelconque structuration formelle de son expression, est bien plus un retour aux sources qu'une négation de la politique.

« Plus de président, plus de représentants » : en 1851, on pouvait trouver cette proclamation radicale en titre d'une brochure signée Alexandre-Auguste Ledru-Rollin (1807-1874), ce républicain entêté dont nombre de nos avenues portent le nom. Adversaire d'une République devenue conservatrice, après avoir été en 1848 le ministre de l'Intérieur ayant imposé le suffrage universel (masculin, hélas), il cherchait déjà, à tâtons, la réponse pratique au défi démocratique lancé par Jean-Jacques Rousseau, dans le *Contrat social*.

Un défi toujours actuel, comme ce présent du passé dont les gilets jaunes sont l'une des expressions : « La souveraineté n'étant que l'exercice de la volonté générale, ne peut jamais s'aliéner, et le souverain, qui n'est qu'un être collectif, ne peut être représenté que par lui-même. »

19 mai 2019

11
La persistance de la question coloniale

L'extrême droite peut se réjouir : sa stratégie d'hégémonie culturelle a encore marqué un point. Après avoir réussi à imposer l'insécurité, l'immigration et l'islam comme obsessions médiatiques et gouvernementales, détrônant les ambitions sociales et les aspirations démocratiques, la voici qui parvient à relativiser et à banaliser le racisme par la promotion d'un « racisme anti-Blancs ». Il aura suffi d'une déclaration de Lilian Thuram, à propos des insultes racistes visant les joueurs noirs dans les stades[1], pour que se diffuse, dans le débat public, une docte réflexion sur les supposées dérives d'un antiracisme qui serait aveugle à ce nouveau « racisme anti-Blancs » dont *Valeurs actuelles,* évidemment, proclame l'existence avérée.

Aucun individu n'est à l'abri, en raison de sa culture, de son peuple ou de son origine, des préjugés discriminant, méprisant ou violentant d'autres cultures, d'autres peuples ou d'autres origines. Supposée égale pour tous, la loi sanctionne à juste titre ce racisme, qu'il se traduise par des propos, des comportements ou des violences. C'est ainsi qu'Éric Zemmour vient d'être définitivement condamné pour provocation à la haine raciale (à l'encontre des musulmans), après l'avoir déjà été en 2011

---

1 L'ancien international de football Lilian Thuram fut accusé de racisme après avoir réagi, dans un journal italien, aux cris de singe dont avait été victime, dans les stades, l'attaquant de l'Inter Milan Romelu Lukaku. « Il faut prendre conscience que le monde du foot n'est pas raciste mais qu'il y a du racisme dans la culture italienne, française, européenne et plus généralement dans la culture blanche », avait-il notamment déclaré le 4 septembre 2019 au *Corriere dello Sport.* Le magazine *Valeurs actuelles* mit en couverture, le 12 septembre 2019, une photo de Thuram accompagnée de ce titre : « Les racistes anti-Blancs ».

(à l'encontre des Noirs et des Arabes). Mais il suffit de constater que ces condamnations de récidiviste ne nuisent en rien à sa carrière éditoriale et médiatique, au contraire, pour comprendre qu'évoquer, aujourd'hui, en France, un « racisme anti-Blancs » est une construction idéologique sans rapport avec la réalité.

Car le racisme, précisément, ne se résume pas à une idéologie : c'est un système, une pratique sociale, une réalité institutionnelle, un vécu culturel. Aucun Blanc ne subit dans notre pays ce qu'ordinairement des Noirs, des Arabes et d'autres encore, témoignant d'une France plurielle et multiculturelle, subissent : contrôles au faciès, discriminations à l'embauche, refus de logements, relégations sociales, mépris culturel, remarques déplacées, invisibilité de leur histoire, etc. Aucun Blanc ne se heurte systématiquement, à cause de son apparence, à un monde qui l'exclut, le relègue ou le blesse. Jamais un Blanc ne s'est senti étranger en France parce que Blanc, à raison de sa couleur de peau. Théoriser l'existence d'un « racisme anti-Blancs », ce n'est pas prendre acte de la réalité mais, au contraire, la nier en effaçant, par une prétendue réciprocité dans la discrimination, ce qu'ont subi et subissent encore Noirs et Arabes de la part du monde blanc, en toute bonne (in) conscience des individus qui le constituent.

C'est en somme relativiser le racisme réel en inventant un racisme irréel. Dans plusieurs contributions fort bien argumentées, l'essayiste et journaliste Rokhaya Diallo a souligné que « le » racisme se définit par son caractère systémique et qu'à ce titre aucun « racisme anti-Blancs » n'est discernable : « Si des personnes blanches peuvent être la cible de préjugés, d'attaques, d'injures parce que perçues comme blanches, il faut le condamner, écrit-elle. Mais il convient de rappeler qu'il n'existe pas de théorie qui placerait les Blanc·he·s au bas d'une hiérarchie raciale et qui se soit traduite dans des pratiques institutionnelles. C'est pour cela qu'on ne peut parler de “racisme anti-Blancs”. Le racisme est un système de domination, qui ne se cantonne pas à des interactions individuelles. »

Autre militante féministe et antiraciste, blogueuse sur Mediapart, Mélusine a montré, sur Ballast[2], que cette banali-

2 « Racisme anti-blancs : quand les mots rompent avec le réel », par Mélusine, militante féministe et antiraciste, Ballast, 16 septembre 2019.

sation d'un « racisme anti-Blancs », au prétexte que le racisme ne serait qu'une idéologie de la haine contre laquelle aucun groupe humain n'est évidemment prémuni, relève de la même opération idéologique que la légitimation de l'islamophobie : en la présentant comme la simple critique laïque d'une religion, on réussit à rendre présentable et acceptable l'ancien racisme anti-arabe et antimusulman, y compris au sein de la gauche qui faisait de l'antiracisme son étendard.

« Le racisme, ajoute avec lucidité Mélusine, n'avait pas à être, nécessairement, une hégémonie blanche. Mais il se trouve qu'il l'est, parce que l'histoire contingente l'a fait ainsi. » Dès lors, les Blancs sont eux-mêmes pris au piège de cette construction sociale. « Les Blancs, poursuit Mélusine, sont un groupe social produit par le racisme lui-même : ils sont blancs parce qu'ils entretiennent un rapport de domination particulier avec les groupes racisés, parce qu'ils sont distingués des non-Blancs, parce qu'ils occupent, toutes choses égales par ailleurs, une position sociale et symbolique qui leur est supérieure. »

Hier comme aujourd'hui, du côté de celles et ceux qui vivent ordinairement et durablement le racisme, rappelle enfin Mélusine qui parle d'expérience, « le qualificatif "blanc" ne désigne pas une qualité de l'être, mais bien une propriété sociale : il ne dit pas l'identité des individus, mais leur position dans la société, dans le rapport de domination raciste ». C'est ainsi qu'il eût fallu entendre les propos de Lilian Thuram, dans un journal sportif italien, le *Corriere dello Sport*, le 4 septembre : « Il faut prendre conscience que le monde du foot n'est pas raciste, mais qu'il y a du racisme dans la culture italienne, française, européenne et plus généralement dans la culture blanche, avait déclaré l'ancien international de football. Il est nécessaire d'avoir le courage de dire que les Blancs pensent être supérieurs et qu'ils croient l'être. »

Les Blancs d'aujourd'hui peuvent certes s'y méprendre, en recevant ce propos comme une essentialisation malvenue qui les enrégimenterait, en bloc, dans un suprémacisme qu'il leur arrive, eux aussi, de combattre. Mais leur émoi sera d'autant plus crédible qu'ils sauront reconnaître combien, sur la longue durée qui a fait la France et l'Europe, leur puissance et leur richesse, ce qu'énonce Lilian Thuram est vrai, rigoureusement vrai.

Depuis plus de cinq siècles, colonisations, conquêtes et esclavages ont fait l'Europe en la projetant sur le monde. Récentes à échelle d'humanité et confisquées à durée d'homme, les indépendances des décolonisations n'empêchent pas la persistance de cette histoire, notamment par la continuité des prédations économiques occidentales dans l'ancien tiers monde. Or, dans le sillage de cette domination maintenue, au nom d'une France ou Europe se voulant puissances, persiste aussi l'empreinte de ce qui a accompagné la colonisation pour justifier cette soumission violente de peuples et de territoires : la construction systématique du Blanc en « race supérieure » et de l'autre, du Noir notamment, en inférieur ou en barbare, pis en instrument corvéable et jetable. Ce qu'a résumé d'une formule cinglante l'écrivain Patrick Chamoiseau, s'invitant d'un tweet dans la polémique : « Une des forces profondes, parmi les plus obscures, de l'imaginaire occidental, levée poisseuse de la Traite, de l'esclavage et des furies colonialistes, et se maintenant vivace, insidieuse ou patente, c'est le racisme. L'activité reptilienne des stades de football la met au jour[3]. »

Tant que cette vérité ne sera pas assumée, énoncée et reconnue, dans la parole politique comme dans le débat public, la question coloniale restera une question française en souffrance et en jachère, une blessure et une fracture. Et c'est peu dire qu'elle ne l'est pas : la colonisation attend toujours son « discours du Vél'd'Hiv' », à l'instar des paroles décisives prononcées par Jacques Chirac en 1995 à propos de la participation de l'État français au génocide des juifs d'Europe ; l'esclavage attend encore son musée à Paris (le Mémorial ACTe est à Pointe-à-Pitre) quand la Grande-Bretagne s'honore, à Liverpool, d'un Musée international de l'esclavage ; le rapport d'Édouard Glissant détaillant, en 2007, un projet ambitieux de « Centre national pour la mémoire des esclavages et de leurs abolitions » est resté lettre morte[4] ; et, loin d'un souci de vérité de l'histoire,

---

3 Patrick Chamoiseau sur Twitter, le 17 septembre 2019.

4 Édouard Glissant, *Mémoires des esclavages. La fondation d'un Centre national pour la mémoire des esclavages et de leurs abolitions*, Gallimard-La Documentation française, Paris, 2007. Sous la présidence d'Emmanuel Macron, une Fondation pour la mémoire de l'esclavage a cependant été créée, dont l'ancien Premier ministre socialiste Jean-Marc Ayrault est le président.

les refrains médiatiques et politiques sur le « bilan positif de la colonisation » (récemment encore par un ex-ministre[5]) ne cessent de blesser des mémoires vivantes, au lieu de chercher à réconcilier.

La question coloniale est d'autant plus ce passé au présent, non soldé ni affronté, que les décolonisations françaises furent, de toutes les fins d'empires européens à l'exception du portugais, les plus tardives et les plus douloureuses. Mais, de plus, la France reste aujourd'hui la seule puissance coloniale au monde, plantant son drapeau tricolore sur tous les continents, de la Guyane à la Nouvelle-Calédonie en passant par la Réunion. Comment ne pas voir ce rapport de cause à effet qui rend la France officielle aveugle à la question coloniale alors même que notre pays est la butte témoin du colonialisme européen, avec 18 % de son territoire en outre-mer (pour 4 % de la population) et possédant, grâce à ces terres lointaines, le deuxième domaine maritime de la planète ?

Ainsi Thuram est-il d'une île caraïbe, la Guadeloupe, dont la France prit possession en 1635, en même temps que de sa voisine et désormais cousine en aventure française, la Martinique, d'où parle Chamoiseau. Cinquante ans plus tard, en mars 1685, Louis XIV promulguait le Code noir, « édit sur les esclaves des îles de l'Amérique » qui instituait la supériorité du Blanc en codifiant la servitude du Noir. Au passage, et c'est à souligner pour prendre la mesure des conséquences criminelles jusqu'en Europe même de cette catastrophique institution des hiérarchies d'apparence et d'origine, le Code noir, dès son article premier, exigeait « de chasser de nos dites îles tous les juifs qui y ont établi leur résidence, comme ennemis déclarés du nom chrétien ».

Ce crime de l'Ancien Régime enjamba la Révolution française, marquant d'un sceau d'infamie la modernité napoléonienne. Tardivement aboli par la Révolution, le 4 février 1794 (16 pluviôse an II), sous l'effet de la révolution haïtienne, menée par des affranchis et des esclaves qui ébranlaient la France au

5 Il s'agit de Jean Leonetti, ancien ministre des Affaires européennes en 2011-2012 sous la présidence Sarkozy, qui déclara, le 19 septembre 2019 : « Peut-être que dans les pays que la France a colonisés, peut-être un peu mieux que les autres, on a traité les personnes qui y étaient avec humanité. Je ne pense pas une seconde que c'était un crime contre l'humanité, comme l'a dit le Président. »

lieu même de son accumulation primitive du capital, l'esclavage fut rétabli par Bonaparte le 20 mai 1802 (30 floréal an X). Encore Premier Consul, l'ex-caporal et futur empereur, hissé sur les épaules d'une révolution ayant proclamé que « les hommes naissent et demeurent libres et égaux en droits », affirmait donc que ce principe ne valait pas pour tous les hommes, et plus particulièrement les Noirs : « La traite des Noirs et leur importation dans lesdites colonies auront lieu conformément aux lois et règlements existant avant ladite époque de 1789. »

Pour la petite, et sordide, histoire, la veille, 29 floréal an X, le même Premier Consul avait fondé l'ordre de la Légion d'honneur, immédiat voisinage de date entre la distinction des hommes et la hiérarchie des humanités qui souligne combien la glorification de l'héritage napoléonien peut entraîner l'indifférence à ses crimes. Lors de sa tentative de reconquête de Saint-Domingue, la future Haïti, terrible guerre coloniale dont les Jacobins noirs[6] furent victorieux, l'envoyé de Bonaparte, Richepanse, accompagna son arrêté du 28 messidor an X (17 juillet 1802) rétablissant l'esclavage de ce considérant : « Les colonies ne sont autre chose que des établissements formés par les Européens qui y ont amené des Noirs comme les seuls individus propres à l'exploitation de ces pays. » L'article premier de cet arrêté est un condensé d'énoncé raciste : « Le titre de citoyen français ne sera porté, dans l'étendue de cette colonie, que par les Blancs. »

Récidive, trois ans plus tard, quand le 1er brumaire an XIV (7 novembre 1805) Napoléon Ier promulgue le Code civil aux colonies en édictant que ses lois n'y seront exécutées que « des Blancs aux Blancs entre eux, et des affranchis ou des descendants d'affranchis entre eux, sans que par aucune voie directe ou indirecte aucune desdites dispositions puisse avoir lieu d'une classe à l'autre ». Les États-Unis d'Amérique n'ont donc pas le monopole de l'invention de la ségrégation raciale. Le considérant de cet énoncé bonapartiste vaut d'être cité, tant il montre que, au-delà de la généralisation de la traite et de l'esclavage, la colonisation fut le laboratoire originel du racisme moderne, faisant ensuite retour en Europe même jusqu'à la dévaster :

6 Voir C.L.R. James, *Les Jacobins noirs. Toussaint Louverture et la Révolution de Saint-Domingue*, Éditions Amsterdam, Paris, 2017.

« Considérant que de tout temps on a connu dans les colonies la distinction des couleurs, qu'elle est indispensable dans nos pays d'esclaves et qu'il est nécessaire d'y maintenir la ligne de démarcation qui a toujours existé entre la classe blanche et celle de leurs affranchis ou de leurs descendants… »

Loin de disparaître avec l'avènement durable de la République, ce poison l'a rapidement contaminée. Son tournant colonial a lieu en 1885[7], lors du vote de crédits pour la poursuite de la conquête de Madagascar et de l'Indochine, c'est-à-dire de la construction d'un empire colonial inaugurée par la Restauration (la conquête de l'Algérie débute en 1830, peu avant les Trois Glorieuses) et amplifiée par le Second Empire (Mayotte, Tahiti, les îles Marquises, la Nouvelle-Calédonie, le Sénégal, la Cochinchine et le Cambodge). C'est Jules Ferry, dont le nom est définitivement associé à l'école publique, gratuite et obligatoire, qui mène la charge : « Il faut le dire nettement : oui, les races supérieures ont un droit vis-à-vis des races inférieures. […] Je répète qu'il y a pour les races supérieures un droit, parce qu'il y a pour elles un devoir, qui est de civiliser les races inférieures. » Ferry, qui y gagnera le surnom moqueur de Ferry-Tonkin, ira même jusqu'à dire que la Déclaration des droits de l'homme n'a pas « été écrite pour les Noirs de l'Afrique équatoriale ».

Les grands principes n'ont pas résisté à l'appât du gain : la diffusion du racisme moderne, avec ses alibis idéologiques ou scientifiques (la théorisation des races et ses typologies morphologiques), accompagne l'expansion coloniale, qu'elle justifie et légitime. Laquelle expansion fera la fortune de la France (et de l'Europe), dans l'échange inégal imposé aux peuples conquis, avec son cortège de souffrances, de territoires occupés, de terres confisquées, de richesses volées, de travaux forcés, de civilisations détruites, de massacres impunis, de populations martyrisées… Qu'il y ait eu aussi rencontre, relation et échange, entre individus et cultures, parfois pour le meilleur, ne saurait effacer, encore moins excuser, cette réalité que la colonisation fut un crime européen, accompagné de crimes contre l'humanité dont le premier fut la traite négrière.

7 Voir Gilles Manceron, *1885 : le tournant colonial de la République*, La Découverte-Poche, Paris, 2007.

Nul pays n'aura colonisé impunément, assénait Aimé Césaire dans son *Discours sur le colonialisme* dont la relecture s'impose comme une échappée vitale face aux régressions contemporaines[8]. « Colonisation, énonçait-il : tête de pont dans une civilisation de la barbarie d'où, à n'importe quel moment, peut déboucher la négation pure et simple de la civilisation. » Ce que ce texte brûlant, d'une force et d'une beauté intactes, proclamait à la face d'une France alors arc-boutée sur le refus du droit des peuples à disposer d'eux-mêmes, c'est que la barbarie nazie qui venait de ravager l'Europe avait trouvé son origine, sa fureur et son énergie dans la violence coloniale.

De ce point de vue, Aimé Césaire ne disait pas autre chose que Hannah Arendt dont *Les Origines du totalitarisme*, publié à la même époque, font de l'impérialisme le moment de bascule vers le totalitarisme. Et c'est bien là que se situe le nœud qui, dans le débat français, n'est pas encore dénoué : pas de Hitler sans colonialisme, pas de catastrophe européenne sans sauvagerie coloniale, pas de nazisme sans racisme, pas de génocide sans idéologie des civilisations et des races supérieures. Césaire donc, qui, décidément, n'était pas un tiède, s'adressant « au très distingué, très humaniste, très chrétien bourgeois du XXe siècle » : « Ce qu'il ne pardonne pas à Hitler, ce n'est pas le crime en soi, le crime contre l'homme, ce n'est pas l'humiliation de l'homme en soi, c'est le crime contre l'homme blanc, c'est l'humiliation de l'homme blanc, et d'avoir appliqué à l'Europe des procédés colonialistes dont ne relevaient jusqu'ici que les Arabes d'Algérie, les coolies de l'Inde et les nègres d'Afrique. »

Et cet immense poète, qui savait rehausser la politique, d'enfoncer le clou : « C'est là le grand reproche que j'adresse au pseudo-humanisme : d'avoir trop longtemps rapetissé les droits de l'homme, d'en avoir eu, d'en avoir encore une conception étroite et parcellaire, partielle et partiale et, tout compte fait, sordidement raciste. [...] Au bout du capitalisme, désireux de se survivre, il y a Hitler. Au bout de l'humanisme formel et du renoncement philosophique, il y a Hitler. » La France, dont le peuple est tissé en profondeur d'une diversité liée à son histoire

---

8 Aimé Césaire, *Discours sur le colonialisme*, Réclame, Paris, 1950 ; Présence africaine, 1955.

coloniale, passée et présente, ne se relèvera pas tant que ces vérités douloureuses ne seront pas devenues une conscience politique partagée.

En 1894, moins de dix ans après le tournant colonial de la IIIe République, commençait l'affaire Dreyfus, théâtre de la naissance de l'antisémitisme moderne sur fond d'un vieil antijudaïsme chrétien. Colonialistes à outrance, les antidreyfusards furent l'avant-garde intellectuelle de la projection sur l'Europe du poison colonial : l'infériorisation de l'homme jusqu'à sa négation. Dans ses répliques aux tenants du « racisme anti-Blancs » qui tentent d'annexer à leur cause le malheur juif, Rokhaya Diallo cite cette philippique antisémite du futur collaborateur Robert Brasillach, dans *Je suis partout*, le 31 mars 1939 : « Quel tribunal oserait nous condamner si nous dénonçons l'envahissement extraordinaire de Paris et de la France par les singes ?... On va au théâtre ? La salle est remplie de singes... Dans l'autobus, dans le métro ? Des singes... En province, dans les marchés, les foires, des stands entiers sont occupés par des singes, avec un grand fracas de casseroles en solde et d'étoffes prises à des faillites... Les guenons qui les accompagnent ont chapardé des fourrures, des colliers de perles, et elles minaudent d'une manière presque humaine... Ce que nous appellerons l'antisimiétisme (veuillez bien lire, je vous prie) devient, chaque jour, une nécessité plus urgente... »

Où l'on retrouve le « Juif négroïde » des pamphlets antisémites de Céline. L'imaginaire raciste colonial à l'égard des « nègres » nourrissait bien le délire exterminateur envers les juifs qui, pour l'antisémite, sont des non-Blancs. « Un antisémite est forcément négrophobe », avait averti Frantz Fanon dans *Peau noire, masques blancs*[9]. Et la réciproque est vraie. Faut-il que la France soit égarée pour que l'on ait besoin de rappeler toutes ces évidences, ces faits et ces réalités, qui devraient être notre patrimoine commun ! Mais il y a bien péril puisque c'est dans ce pays-ci que, de nouveau, s'est élaborée l'arme idéologique d'un racisme meurtrier, sous le nom de « grand remplacement », appel à expulser, à effacer ou à détruire, une partie de notre propre peuple. Or le « racisme anti-Blancs » n'en est-il pas la

---

9 Frantz Fanon, *Peau noire, masques blancs*, Seuil, Paris, 1952.

version présentable, à l'insu sans doute de ceux qui discourent à son propos ? Une façon de dire que nous, les Blancs, sommes discriminés, victimes, occupés, etc., par d'autres contre lesquels il serait temps de se révolter ? Et n'est-il pas accompagné de théories prétendument scientifiques sur le différentialisme culturel comme l'était hier le colonialisme avec sa hiérarchie des races ?

Enfin, au tout début de son *Discours sur le colonialisme*, Aimé Césaire dit ceci : « Une civilisation qui ruse avec ses principes est une civilisation moribonde. Le fait est que la civilisation dite "européenne", la civilisation "occidentale", telle que l'ont façonnée deux siècles de régime bourgeois, est incapable de résoudre les deux problèmes majeurs auxquels son existence a donné naissance : le problème du prolétariat et le problème colonial. » Datés par leurs circonstances (Césaire était alors député communiste), ces mots n'en sont pas moins pertinents pour aujourd'hui : particulièrement en France, Amérique de l'Europe par la constitution de son peuple, où question sociale et question coloniale sont durablement imbriquées. Ne pas affronter la seconde, c'est ruiner la première. Et c'est bien ce que nous ont appris ces trois dernières décennies au spectacle de gauches diversement gagnées par les crispations identitaires, se détournant des exigences sociales à mesure qu'elles se dérobaient face à l'exigence de vérité sur l'enjeu colonial, passé et présent.

Il suffirait pourtant d'écouter ces voix qui, refusant d'être assignées à la servitude, ont montré la voie, celle d'un humanisme véritable, celui des humanités et des civilisations égales dans le respect de leur pluralité et de leur différence. Ainsi Frantz Fanon qui, à la fin de *Peau noire, masques blancs*, nous dit ceci : « Moi l'homme de couleur, je ne veux qu'une chose. Que jamais l'instrument ne domine l'homme. Que cesse à jamais l'asservissement de l'homme par l'homme. C'est-à-dire de moi par un autre. Qu'il me soit permis de découvrir et de vouloir l'homme, où qu'il se trouve. Le nègre n'est pas. Pas plus que le Blanc. [...] Supériorité ? Infériorité ? Pourquoi tout simplement ne pas essayer de toucher l'autre, de sentir l'autre, de me révéler l'autre ? Ma liberté ne m'est-elle pas donnée pour édifier le monde du Toi ? »

En cette année 2019, la ville de Bordeaux, l'un des principaux ports de la traite négrière qui fit la fortune de sa bourgeoisie d'armateurs et de commerçants, a refusé qu'une de ses rues porte le nom de ce dangereux humaniste, Frantz Fanon, ce soldat de la France libre qui, au nom des valeurs de la résistance au nazisme, choisit logiquement le camp des peuples colonisés, ces damnés de la terre.

24 septembre 2019

12 Contre l'islamophobie, la République dans la rue

Dimanche 10 novembre 2019, la République était dans la rue[1]. Une République vivante, joyeuse et fraternelle, démocratique et sociale. Une République de l'égalité et de l'émancipation. Une République sans distinction d'origine, de condition, de croyance, d'apparence, de sexe, de genre. Cette République qui sait, d'instinct, combien l'injustice faite à l'un·e des sien·ne·s, à raison de ce qu'il (elle) est, de son être, de son identité, de son appartenance, est un crime qui la blesse tout entière. Une République qui ne s'absente ni ne se dérobe.

On y scandait en chœur, et de bon cœur, « Liberté, égalité, fraternité ». On y lisait, avec la devise républicaine en signature, cette pancarte : « OUI à la critique de la religion – NON à la haine du croyant ». Ou cette autre, portée par une femme arborant un foulard aux couleurs du drapeau tricolore : « Le voile c'est un faux débat, mais un vrai voile sur le débat de nos retraites et de nos salaires. » On y entonnait volontiers la laïcité, l'authentique, celle de 1905, de respect de la liberté de conscience et de croyance : « Dans les rues parisiennes, les musulmans chantaient : laïcité on t'aime, tu dois nous protéger. »

À l'arrivée du cortège, place de la Nation, cette marche populaire et pacifique acclama ces mots, lancés par les organisateurs du défilé : « Le Front commun sera toujours plus

1 Cette manifestation est victime d'une légende noire qui la diabolise et la caricature. Écrit le lendemain, cet article faisait suite à un reportage de Mediapart qui la rendait à sa vérité : Pauline Graulle et Lucie Delaporte, « Contre l'islamophobie, une manifestation pour “la liberté, l'égalité et la fraternité” », Mediapart, 10 novembre 2019.

puissant que le Front national. » Une foule heureuse communiait ainsi autour des causes communes de l'égalité, opposant son « grand rapprochement » à l'idéologie funeste du « grand remplacement ». Puis ils et elles entonnèrent sans hésitation *La Marseillaise* : « Allons enfants de la Patrie/Le jour de gloire est arrivé… » Au centre de la place, un monument en bronze leur faisait un écho complice : il se nomme *Triomphe de la République*.

Il fut inauguré il y a précisément cent vingt ans, le 19 novembre 1899, et c'est un journal qui avait alors pris l'initiative d'une marche populaire contre les ennemis de l'égalité, ces ennemis mortels de la démocratie dont le racisme et la xénophobie seront toujours l'arme fatale. Bousculant appareils et partis, républicains conservateurs et gauches frileuses, *La Petite République* avait voulu transformer ce jour officiel en liesse populaire, à l'enseigne du combat contre l'antisémitisme, le dreyfusisme, ce sursaut moral qui, alors, sauva l'idéal républicain. On y cria : « Vive Dreyfus ! » et « Vive Zola ! », mais aussi « Vive la Commune ! » ou « Vive la Révolution sociale ! ».

C'est Charles Péguy qui nous l'apprend, dans le premier numéro des *Cahiers de la Quinzaine*, paru peu après, en janvier 1900. Évoquant les « Vive la République ! » qui saluaient le monument fraîchement inauguré place de la Nation, il ajoutait ce commentaire : « Ce n'était pas vive la République amorphe et officielle, mais vive la République vivante, vive la République triomphante, vive la République parfaite, vive la République sociale. » Auparavant, il avait non seulement fustigé cette « presse immonde » qui orchestrait la campagne antisémite, mais aussi moqué les partis et politiciens qui désertèrent ce combat de principe pour la vérité et la justice.

Il s'est produit, dimanche 10 novembre 2019, un événement semblable, dans les mêmes lieux parisiens : une marche populaire pour la République sociale. Une marche dont le cri de rassemblement est cette cause à propos de laquelle on ne saurait jamais barguigner : la haine de l'autre, la stigmatisation d'une origine, la discrimination d'une croyance. De l'antisémitisme hier – et de nos jours encore – à l'islamophobie aujourd'hui –, le musulman faisant figure de principal bouc émissaire des peurs françaises –, c'est ce sursaut qui a eu lieu, entraînant, jusqu'à vaincre de vieilles réticences, toutes les gauches n'ayant pas égaré l'exigence d'égalité – de la CGT au PCF, de La France insoumise à Lutte ouvrière, d'EELV à Génération.s, du NPA à la LDH, d'Ensemble à l'Unef, de Solidaires aux organisations libertaires…

Réussie malgré les diffamations des médias qui mènent campagne islamophobe, les suspicions des politiciens qui se font complices du pire, en somme les désertions des oublieux de la solidarité la plus élémentaire avec les victimes du racisme, cette marche pour dire « Stop à l'islamophobie » fut organisée par les premiers concernés : des musulman·e·s. Des Françaises et Français musulmans. Français et musulmans. Pas l'un sans l'autre. Pas l'un contre l'autre. Pas l'un malgré l'autre. Indissociablement l'un et l'autre. C'est cette auto-organisation qui a fait le succès, donnant à la manifestation cette dimension populaire, familiale et paisible, sa richesse et sa vitalité, devenues si rares dans les cortèges traditionnels ou officiels des professionnels de la politique ou du syndicalisme.

Par contraste, c'est la peur du peuple, tel qu'il est, vit et travaille qui s'est donnée à voir et à entendre chez ceux qui ont délégitimé ou déserté ce juste combat contre le racisme et les discriminations. La peur de sa volonté, de sa force, de son inventivité, de son unité, en un mot de son autonomie. À cette aune, ce sursaut face à l'islamophobie rejoint le soulèvement des gilets jaunes et le mouvement #MeToo. Dans les trois cas, la politique se réinvente par la société, redevient bien commun grâce à la révolte des dominés et des opprimés, s'ancre dans le quotidien de chacune et chacun, au plus près de sa condition concrète. Et c'est alors que s'entrouvrent des chemins partagés dont la revendication d'égalité, de droits égaux, de dignité égale, de justice égale, est le trait d'union.

Le mépris de classe spontanément affiché par la majorité du monde politique et médiatique face aux revendications sociales et démocratiques des gilets jaunes, tout comme la condescendance ou l'indifférence vis-à-vis de l'irruption d'un nouveau féminisme portant la question, si longtemps ignorée, des violences sexuelles et sexistes, est du même ordre que le rejet de la mobilisation contre l'islamophobie au prétexte du « communautarisme ». La politique qui refuse de leur donner crédit est une politique de dominants et de possédants, de spécialistes et de supérieurs, de propriétaires et de coloniaux. Déniant tout droit à l'expression autonome des revendications populaires, elle s'ancre dans un communautarisme bien réel et fort efficace, de classe (bourgeoise), de genre (masculin) et d'apparence (blanche). Un communautarisme dont le pouvoir et l'avoir sont le ciment : la domination et la possession.

Comment ne pas relier toutes ces absences répétées où de prétendus républicains ont déserté la République démocratique et sociale, son exigence et sa hauteur, refusant de porter assistance à peuple en danger et à principe en péril ? Depuis plus de trois décennies, la désignation des musulmans et de l'islam, ainsi que de l'étranger et de l'immigré qui leur sont assimilés, empoisonne notre vie politique. Et il aura fallu cette initiative de la société pour qu'enfin la protestation prenne force et corps ! Mais qu'en fut-il, cette même année 2019, de la solidarité face à la répression la plus brutale d'un mouvement social sous la Ve République, à ces violences policières massives, à ces plus de 10 000 gardes à vue, à ces 3 100 condamnations, dont 400 peines de prison ferme ? Rien ! La même abstention des mêmes politiciens professionnels, au prétexte que ce peuple-là ne serait pas digne d'eux, trop confus, trop incertain.

De même, comment ne pas souligner ce retard français que l'engagement de l'actrice Adèle Haenel vient d'inviter à rattraper sur la question des violences faites aux femmes[2] ? Ces arguties sur la séduction à la française quand il s'agit d'abus de pouvoir. Ce refus d'écouter la parole des victimes en prétextant qu'elle ne se serait pas libérée à temps. Cette sacralisation de l'œuvre au mépris de l'humanité, comme si le talent valait absolution du crime. Cette violence redoublée par le déni de légitimité. Dès lors, nul hasard si, rompant avec un féminisme confortable et parvenu, à l'abri du milieu social ou du statut économique, cette révolution des femmes que porte le mouvement #MeToo se veut résolument « intersectionnelle », c'est-à-dire unificatrice

2 Sur Mediapart, le témoignage de l'actrice Adèle Haenel recueilli par Marine Turchi avait, une semaine plus tôt, le 3 novembre 2019, brisé un tabou et relancé le #MeToo français.

de toutes les discriminations, qu'elles soient de sexe, de genre, de classe, de race, de croyance, etc.

Nous le savons, face à l'impératif démocratique, à l'exigence sociale et à l'urgence écologique, le temps presse. La catastrophe, c'est que tout continue comme avant, dans cette fuite irresponsable de gouvernants – actuels, passés et candidats à le redevenir – qui, pour se sauver, malmènent la liberté, piétinent l'égalité et détruisent la fraternité, afin de défendre les privilèges d'une infime minorité. Contre leur politique du pire, la société française, grâce aux mobilisations qui s'affirment au nom des intérêts de la majorité, indique la réponse et invente des solutions. À l'instar des mobilisations face au réchauffement climatique et des nombreux soulèvements populaires qui aujourd'hui, sous toutes latitudes et souvent dans des contextes autrement difficiles, expriment de par le monde le réveil de l'espoir, nous n'avons d'autre choix que ce pari collectif.

Faire société ensemble pour inventer une politique commune.

11 novembre 2019

13
Tout arrêter pour les arrêter

Prolongeant le mouvement des gilets jaunes, la mobilisation contre la réforme des retraites porte un enjeu politique qui va au-delà de ses revendications sociales : la victoire ou la défaite d'un libéralisme autoritaire associant État policier, démocratie faible et marché sauvage[1].

Alors que la présidence Macron vit son « moment thatchérien », cherchant une victoire historique contre les travailleurs du rail qui ont encore la possibilité d'immobiliser le pays, c'est du monde cheminot que nous vient un souvenir de bon conseil. Entré comme dessinateur industriel à la SNCF, Gébé publia ses premiers dessins humoristiques dans *La Vie du rail*. Or, de 1971 à 1974, il fut l'auteur d'une bande dessinée prophétique, publiée en série dans *Politique Hebdo*, puis *Charlie Mensuel* et *Charlie Hebdo*, et devenue en 1973 un film, réalisé par Jacques Doillon : *L'An 01*. Son propos était aussi simple que radical : « On arrête tout. » Et sa première scène se passait dans une gare…

Nul hasard si le film comme la BD sont aujourd'hui prisés par les jeunes de la génération Greta Thunberg qui, elle-même, décida, un jour de 2018, d'arrêter l'école pour sauver le climat. « Pourquoi, se demandait-elle, étudier en vue d'un futur qui pourrait bientôt ne plus exister puisque personne ne fait rien pour le préserver ? » Près de cinquante ans après son invention,

---

1 Cette contre-réforme des retraites, interrompue en 2020 à cause de la pandémie de la Covid-19, est toujours dans les projets de la présidence d'Emmanuel Macron en 2021.

la fable de *L'An 01* rencontre l'urgence écologique, le refus du productivisme, la critique du marché, le rejet de la consommation, l'alarme sur les pollutions, l'inquiétude sur les aliénations, la contestation des oppressions, bref un soulèvement général et pacifique contre un monde destructeur du commun et du bien-être, des solidarités et des partages, des bonheurs simples et des joies paisibles, de la beauté et de la bonté.

Lieux de nulle part, selon l'invention du mot par Thomas More, les utopies ne sont pas des naïvetés mais des radicalités : une façon d'aller à la racine de nos malheurs ou de nos rêves, de la cause des premiers et de l'impuissance des seconds. Et si, toutes et tous ensemble, on arrêtait tout pour mieux les arrêter ? Oui, arrêter cette course au pire où nous emportent des gouvernants partis en bataille contre leur propre société, servant des intérêts socialement minoritaires et brutalisant des droits sociaux élémentaires.

Né d'une revendication spontanée d'égalité face à l'impôt, le mouvement des gilets jaunes a mis à nu la violence sociale du pouvoir en faisant surgir une répression policière sans précédent, par sa brutalité comme par son impunité. Lancée par les organisations syndicales représentatives, la mobilisation contre la réforme des retraites confirme l'intransigeance de ce même pouvoir, déterminé à ne rien changer de son programme de remise en cause systématique des protections conquises depuis des décennies par le monde du travail.

S'il l'emporte, ce ne sont pas seulement des droits vitaux qui seront revus à la baisse, rognés, affaiblis, diminués – droits à bien vivre au-delà du travail, à survivre bien qu'étant au chômage, à pouvoir garder son emploi, à réussir à préserver sa santé. Plus essentiellement, c'est une victoire symbolique qui sera remportée contre les sursauts de la société face aux injustices, ses protestations devant les inégalités, ses résistances aux abus de pouvoir qui les protègent et les prolongent. Une victoire qui cadenassera encore un peu plus l'ordre établi au bénéfice des privilégiés et des nantis.

Depuis le bunker protecteur d'institutions monarchiques, lui assurant un pouvoir personnel dont il a encore accru l'omnipotence, Emmanuel Macron mène à marche forcée une contre-réforme dont le programme fut énoncé dans les années 1970 par les théoriciens d'un libéralisme autoritaire. Son document fondateur fut le texte de la Commission trilatérale sur *La Crise de la démocratie*, sous-titré *Rapport sur la gouvernabilité des démocraties*, dont l'un des auteurs, Samuel Huntington, théorisera plus tard le « choc des civilisations ».

Réquisitoire contre l'excès de démocratie que constitueraient son débordement par le peuple souverain et son interpellation par la dynamique de la société, ce rapport est un plaidoyer pour une démocratie limitée et restreinte. Une démocratie éteinte et assoupie où le gouvernement échappe au contrôle de ceux qui l'ont élu, son action étant hors d'atteinte de toute délibération pluraliste. Une démocratie dont l'État serait ainsi placé à distance de la volonté générale, sans donner prise à la contestation, sans possibilité de remise en cause, de façon qu'il puisse veiller sans embarras à la protection des intérêts économiques qui s'en sont emparés.

Dans un ouvrage pionnier, *La Société ingouvernable*, le philosophe Grégoire Chamayou a minutieusement reconstitué la généalogie de ce libéralisme autoritaire où un État fort est au service d'un marché sauvage[2]. Sous ce régime, « la liberté économique, celle de l'individualisme possessif, est non négociable, tandis que la liberté politique est optionnelle », résume-t-il, en rappelant les compromissions explicites de Friedrich Hayek, principal théoricien de cette offensive réactionnaire, avec les dictatures chilienne, argentine ou portugaise, ainsi qu'avec le régime d'apartheid en Afrique du Sud.

Pour Hayek, la liberté du marché importe davantage que la liberté politique, et donc que la démocratie. Ce qu'il expliqua sans ambages dès 1978 à propos de Margaret Thatcher : « Lorsque Madame Thatcher affirme que le libre choix doit plutôt s'exercer sur le marché que dans les urnes, elle se borne à rappeler que ce premier genre de choix est indispensable à la liberté individuelle, tandis que le second ne l'est pas : le libre choix peut au demeurant exister sous une dictature capable de se limiter elle-même, mais pas sous le gouvernement d'une démocratie illimitée. » « Je préfère un dictateur libéral à un gouvernement démocratique sans libéralisme », renchérira-t-il en 1981, lors d'une visite au Chili.

2 Grégoire Chamayou, *La Société ingouvernable*, La Fabrique, Paris, 2018.

Ces prétendus libéraux n'aiment pas la liberté. Ce qu'ils nomment « démocratie illimitée », c'est simplement une démocratie vivante et véritable : le droit de contrôler les gouvernants, de leur demander des comptes, de s'organiser, de protester et de manifester, de faire surgir des revendications ignorées, d'inventer de nouveaux horizons d'émancipation, etc. La seule liberté qu'ils défendent est égoïste et particulière : c'est celle de s'enrichir, de profiter et de posséder.

Autrement dit celle que vient d'illustrer l'oligarque Carlos Ghosn, patron déchu de Renault-Nissan, libre de fuir la justice commune grâce à une évasion payée plusieurs millions et promu à ce titre en héros de leur monde en sécession[3]. Comme le montre par contraste leur revendication d'une impitoyable répression des mouvements sociaux, les libertés du plus grand nombre leur sont en revanche une menace et un danger. Car elles portent la possibilité que leurs privilèges et leur domination soient un jour remis en cause.

Leur État, résume Chamayou, est « un État fort-faible, fort avec les uns, faible avec les autres », fort contre les revendications démocratiques de redistribution sociale, faible dans sa relation au marché, aux financiers et aux actionnaires. Politiquement antilibéral, puisque voulant restreindre nos libertés démocratiques et nos droits sociaux, ce libéralisme autoritaire est « un autoritarisme socialement asymétrique », s'interdisant de toucher à l'ordre des inégalités sociales mais s'autorisant une répression impitoyable envers ceux qui le contestent.

Cet autoritarisme est un projet de société qui va au-delà des seuls abus de pouvoir de l'État, dont les violences policières sont l'emblème le plus manifeste. Ayant le désir de rendre irréversible sa domination, le monde des affaires entend « se rendre soi-même ingouvernable pour mieux gouverner les autres », résume encore Grégoire Chamayou. L'ingouvernabilité organisée des marchés, la liberté débridée des actionnaires, l'incitation à spéculer et à s'enrichir sont une méthode de gouvernement qui

3 Le 29 décembre 2019, Carlos Ghosn, ancien P-DG de Renault-Nissan, mis en examen par la justice japonaise, s'est évadé du Japon où il était en résidence surveillée pour se réfugier au Liban.

généralise une violence dans les relations de travail, la vie des entreprises, la condition des salariés.

« La politique néolibérale, explique le philosophe, en ce qu'elle pratique la dérégulation, notamment du droit du travail, renforçant le pouvoir de l'employeur dans la relation contractuelle, en ce qu'elle précarise et insécurise les travailleurs, affaiblissant leur rapport de force, réduisant leur capacité de refus, leur liberté, en ce qu'elle favorise l'accumulation des richesses, creusant les inégalités, exacerbant par là plus encore les opportunités de subjugation de tous ordres, implique un raffermissement des autoritarisme privés. C'est en ce sens-là aussi que le libéralisme économique est autoritaire, au sens social et pas seulement étatique. »

Le projet politique porté par Emmanuel Macron, dont Friedrich Hayek aurait pu être l'inspirateur, nous met collectivement à la merci d'un recul durable de nos libertés individuelles et de nos droits collectifs. Sans compter qu'il peut faire, à l'échéance de 2022, le lit d'un pouvoir encore plus autoritaire. Avec sa promotion entêtée de l'extrême droite en seule alternative électorale, il nous expose à des violences redoublées, dont la crise écologique peut être l'accélérateur. Car en dévitalisant la démocratie, il désarme la société. Et ce faisant, il rend possible le pire.

Dans son dernier livre, *Plan B pour la planète*, Naomi Klein s'alarme de la possibilité d'un « écofascisme » qui prenne argument de l'urgence climatique pour promouvoir des idéologies racistes et suprémacistes, dans une guerre de tous contre tous[4]. Car, souligne-t-elle, « le dérèglement climatique nous entraîne sur un terrain qui répugne fortement aux esprits conservateurs : redistribution des richesses, partage des ressources et réparation ». Dès lors, les intérêts concernés, pour échapper à cette remise en question, risquent d'accentuer encore, à l'échelle planétaire, leur sécession du monde commun, y compris en épousant des idéologies racistes, xénophobes, anti-migrants, de façon à justifier leurs barricades et leurs privilèges.

Droits sociaux, libertés démocratiques, combats écologiques, tout se tient, de façon indivisible et indissociable. C'est ensemble

4 Naomi Klein, *Plan B pour la planète*, Actes Sud, Arles, 2019.

qu'ils avanceront ou reculeront. La joyeuse prophétie de *L'An 01* est aujourd'hui devenue une urgence inquiète. Si nous n'arrêtons pas maintenant un pouvoir qui les met en danger, nous n'aurons peut-être plus la possibilité de les défendre demain.

Et comment le faire sinon en arrêtant tout ? Partout. Toutes et tous ensemble.

9 janvier 2020

14
Le racisme nous étouffe

Gardienne de la paix publique, la police dit la vérité d'un État. Quand le racisme la gangrène, c'est que le pouvoir, ses sommets et ses élites sont eux-mêmes malades, gagnés par une haine sourde de la démocratie, du peuple, de l'égalité. Le constat vaut pour la France, pas seulement pour les États-Unis.

« *I can't breathe* » (« Je ne peux pas respirer ») : cette phrase est devenue le cri de ralliement de manifestations aussi massives que spontanées contre les violences policières dont les premières et principales victimes, dans la vie quotidienne, sont les personnes racisées.

Elle fut prononcée par Eric Garner, le 17 juillet 2014, avant de mourir d'une immobilisation par étranglement opérée par un policier new-yorkais. Elle fut aussi dite par George Floyd, le 25 mai 2020, avant de mourir étouffé par un policier de Minneapolis dont le genou écrasait son cou. « Je n'arrive plus à respirer » : ce furent aussi les derniers mots d'Adama Traoré, le 19 juillet 2016, à Beaumont-sur-Oise, avant de mourir des suites d'un plaquage ventral effectué par des gendarmes. Américains ou Français, tous trois avaient en commun d'être noirs de peau.

Oui, le racisme nous étouffe, empêchant la société de respirer, de s'épanouir, d'avancer. Sa diffusion, sa contagion, son expression nous concernent toutes et tous, que nous en soyons victimes ou non. Car le racisme est une machine de guerre contre l'affirmation autonome de la vitalité populaire, le cheval de Troie de sa dépossession et de sa soumission. En jetant en pâture des boucs émissaires, en accoutumant aux discriminations, en autorisant des violences, il répand le poison d'une inégalité naturelle, liée à l'apparence ou à l'origine. Et, dès lors, il légitime une remise en cause générale de l'égalité des droits.

Toute l'histoire européenne en témoigne, tant le racisme fut consubstantiel de la projection de notre continent sur le monde, de son accumulation de richesses, de ses appétits de domination, jusqu'à enfanter la monstruosité du crime contre l'humanité. C'est en affrontant cette vérité, et donc en soldant son héritage, que l'on évitera le retour, inévitablement meurtrier, d'une hiérarchie des humanités. Oui, le chemin vers nos modernités est indissociable des idéologies de nations et de civilisations supérieures à d'autres, donc de peuples et de cultures inférieurs.

Il fut pavé par l'esclavage (mise en servitude et exploitation forcenée des populations africaines), la conquête (prise de possession et annexion violente de territoires sur tous les continents), l'extermination (annihilation de peuples premiers, notamment les Indiens d'Amérique), le colonialisme (refus de l'égalité des droits aux indigènes), l'impérialisme (course à la puissance mondiale dont la xénophobie et le nationalisme furent les leviers), l'antisémitisme (cristallisation du racisme impérialiste en haine de l'humanité *via* la diabolisation du Juif – autre, différent, cosmopolite, diasporique, etc.).

Le nazisme est en effet au bout de la chaîne, comme le rappelait Aimé Césaire dans son *Discours sur le colonialisme* : « C'est là le grand reproche que j'adresse au pseudo-humanisme : d'avoir trop longtemps rapetissé les droits de l'homme, d'en avoir eu, d'en avoir encore une conception étroite et parcellaire, partielle et partiale et, tout compte fait, sordidement raciste. [...] Au bout du capitalisme, désireux de se survivre, il y a Hitler. Au bout de l'humanisme formel et du renoncement philosophique, il y a Hitler. »

Toute tolérance envers le racisme est un pas de plus vers la catastrophe. Toute acceptation, silence, indifférence, minimisation, négation des crimes racistes, et d'autant plus quand ils sont commis par des représentants de la loi et de l'ordre, précipite l'avènement de pouvoirs autoritaires, remettant en cause les libertés et les droits fondamentaux. Loin d'être un combat annexe des enjeux démocratiques, sociaux ou écologiques, l'antiracisme en est le ressort universel car il proclame le refus intraitable des idéologies inégalitaires.

Terreau des dominations économiques, le darwinisme social des gagnants, vainqueurs, puissants et autres « premiers de cordée » est cousin des idéologies racistes. Il fait l'éloge de la compétition, de la concurrence, de la rivalité quand l'antiracisme défend la solidarité, la fraternité et l'entraide. Comment, de ce point de vue, ne pas être frappé que le formidable sursaut autour de l'affaire Adama, ce rassemblement immense du mardi 2 juin, ait été précédé, le samedi 30 mai, par le succès de la « Marche des solidarités », elle aussi interdite ?

À la protestation contre l'invisibilité officielle des crimes racistes, ce déni qui en redouble la violence, faisait écho le défilé des invisibles, ces travailleurs sans papiers qui font tourner la machine économique, ces sans-droits dont nombre d'entre eux ont assuré le quotidien d'une nation confinée par le coronavirus, ces exilés, migrants et demandeurs de refuge qui nous rappellent au respect de ce dont la France aime se glorifier sans le respecter, à savoir : « Les hommes naissent et demeurent libres et égaux en droits. Les distinctions sociales ne peuvent être fondées que sur l'utilité commune » (article 1er de la Déclaration de 1789).

Combattre sans relâche le racisme, c'est être du côté des « premiers de corvée », en défendant une exigence sociale sans frontières, sans guerre fratricide des opprimés entre eux, dans l'union face à des adversaires communs. De par le monde, la mobilisation contre les violences policières est le chemin de cette convergence, exprimant la conscience aiguë que ces répressions étatiques cherchent à congédier, museler, étouffer les protestations, révoltes et colères populaires. En France, ce fut l'épreuve traversée par les gilets jaunes, yeux crevés et mains arrachées, subissant le même sort que les jeunesses racisées des quartiers populaires.

Que ces surgissements interviennent alors que l'humanité est confrontée à une pandémie universelle ne tient pas au hasard. Car la maladie est aussi un révélateur social. « Selon que vous serez puissant ou misérable/Les jugements de cour vous rendront blanc ou noir » : que la morale des *Animaux malades de la peste*, cette fable de La Fontaine sur une épidémie (« Ils ne mouraient pas tous, mais tous étaient frappés »), soit précisément la question de l'injustice et l'inégalité sociales n'est pas sans à-propos. La négation du racisme systémique en France a ainsi permis d'invisibiliser les inégalités et injustices liées à l'origine ethnique. Et, dès lors, de ne pas prendre conscience du tribut payé au Covid-19, au sein des classes populaires (la Seine-Saint-Denis, département le plus pauvre de France, fut le plus touché), par les minorités.

Il est temps d'en finir, de dire « stop », de mettre un coup d'arrêt définitif à cette course à l'abîme dont le racisme, en actes et en paroles, est l'accélérateur. Encourager, tolérer ou nier le racisme revient au même : à le laisser proliférer. Il n'y a qu'une différence de degré entre un président américain explicitement suprémaciste blanc, incendiaire soufflant sur les braises de la haine raciale, et un président français indifférent au sort des nombreuses victimes de violences policières, sans un mot de compassion ou d'indignation, mais en revanche extrêmement soucieux de celui d'un idéologue raciste patenté en la personne d'Éric Zemmour, définitivement condamné à ce titre par la justice mais néanmoins toujours promu par des médias pousse-au-crime.

La France n'a aucune leçon à donner aux États-Unis, sinon de se lever pour en finir avec le racisme ici même, chez elle. En pleine émotion mondiale provoquée par le meurtre de George Floyd, le préfet de police de Paris, Didier Lallement, déjà devenu le symbole d'un État en guerre contre la société, s'est empressé de nier l'évidence de pratiques, comportements et violences racistes dans l'institution policière, tout en interdisant et calomniant les manifestations de solidarité. Les révélations successives de Mediapart/Arte et de StreetPress sur l'effroyable banalisation du racisme au sein de la police devraient suffire à le disqualifier[1].

S'il fallait un énième symbole disant combien, à travers le combat antiraciste, se joue notre sort commun, on le trouverait dans ce rôle d'une presse libre et indépendante, celle-là même que les pouvoirs tolérants vis-à-vis du racisme mettent en cause, suspectent ou répriment. C'est par elle que les récits

1 Camille Polloni, « "Bougnoules", "nègres", "fils de pute de juifs" : quand des policiers racistes se lâchent », Mediapart, 4 juin 2020 ; Ronan Maël, « Des milliers de policiers s'échangent des messages racistes sur un groupe Facebook », StreetPress, 4 juin 2020.

mensongers sur les violences policières sont démasqués, ainsi de nos révélations sur l'affaire Legay à Nice. C'est par elle que les discriminations quotidiennes et ordinaires sont documentées, par exemple nos enquêtes inaugurales sur les contrôles au faciès ou les quotas dans le football. C'est par ses informations que le public prend progressivement conscience des liens entre toutes les discriminations, qu'elles soient racistes, antisémites, sexistes, homophobes, comme le prouvent abondamment les enregistrements des policiers rouennais que nous avons révélés.

Nous faisons ce travail parce que c'est notre métier, au nom d'un droit fondamental, le droit de savoir tout ce qui est d'intérêt public, qui garantit l'exercice de la souveraineté populaire. Mais nous le faisons aussi parce que toute tolérance vis-à-vis du racisme nous est insupportable. Parce que c'est le combat de notre vie : comment pourrions-nous continuer à respirer si le racisme nous étouffe ?

5 juin 2020

15
« L'heure de nous-mêmes a sonné »

La récente polémique sur le droit de se réunir exclusivement entre personnes concernées par une discrimination est la nouvelle étape d'une offensive généralisée contre l'auto-organisation des dominé·e·s. Que ce soit en raison de leur apparence, de leur croyance, de leur genre ou de leur condition. Démonstration.

« France, réveille-toi, songe à ta gloire » : le 7 janvier 1898, soit six jours avant la parution dans *L'Aurore* de son célèbre « J'accuse… ! » en défense du capitaine Alfred Dreyfus, Émile Zola publie une « Lettre à la France » où il conjure « tous les libres esprits, tous les cœurs larges » à se ressaisir face à la haine antisémite qui ruine la République. « France, si tu ne te méfies, tu vas à la dictature », lance-t-il avant d'énoncer ce constat : « La République est envahie par les réactionnaires de tous genres. Ils l'adorent d'un brusque et terrible amour. Ils l'embrassent pour l'étouffer. »

Nous pourrions dire la même chose au spectacle contemporain de républicains d'opérette ou d'occasion, de carton-pâte assurément, qui s'en réclament pour mieux la contredire. Leur République n'est plus qu'une terre aride où des mesures discriminatoires, des interdits et des préjugés mettent en pièces sa devise : avec eux, plus de liberté (de croyance), plus d'égalité (des civilisations), plus de fraternité (des cultures). Leur offensive constante et obsessionnelle contre l'une des religions de notre pays, l'islam, et l'une des parties de son peuple, les musulmans, ainsi que, plus largement, contre toutes les expressions des minorités, diabolisées en séparatisme antinational, est en effet le cheval de Troie d'une dévitalisation de la République.

Car qu'est-ce que la République entendue comme horizon d'émancipation ? Rien d'autre que la promesse d'égalité. Une promesse active, toujours inachevée, toujours renouvelée, toujours réinventée. Nous naissons « libres et égaux en droits », sans distinction d'origine, de condition, de croyance, d'apparence, de sexe ou de genre... Mais il ne suffit pas que la Déclaration des droits de l'homme de 1789 l'ait abstraitement proclamé, dès son premier article, pour que ce principe devienne réalité concrète. L'égalité a toujours été un combat de celles et ceux qui en sont exclus contre les bénéficiaires qui en ont le privilège et entendent bien le garder.

La République authentique, c'est-à-dire démocratique et sociale comme le dit depuis 1945 notre Constitution, est un mouvement permanent où les luttes des sans-droits, des dominés, des opprimés, des exclus, des stigmatisés, des discriminés, etc. ne cessent d'élargir son horizon et d'approfondir son idéal. À l'inverse, une République sans adjectif, figée et immobilisée, repliée sur elle-même et fermée aux remises en cause, tourne le dos à l'égalité et, partant, se détruit elle-même. C'est cette République conservatrice et réactionnaire qui, dans le passé, a catégoriquement refusé l'égalité des droits aux ouvriers, aux femmes et aux colonisés, faisant droit aux inégalités de naissance et de condition pour justifier de réprimer les premiers, de dominer les secondes, de « barbariser » les troisièmes.

Obligée de se faire discrète durant un demi-siècle, après que sa perdition eut accompagné la catastrophe européenne et le désastre colonial, cette République anti-égalitaire est de retour, et plus que jamais à l'offensive. Sa cible est l'altérité sous toutes ses formes, c'est-à-dire le refus de céder au Grand Un du pouvoir et au Grand Même de l'identité. Non seulement elle ne supporte pas le pluriel et le divers, le dissident et l'opposant, mais surtout elle n'admet l'Autre qu'à condition qu'il se soumette à sa norme et à sa règle. La promotion en bouc émissaire du musulman (mais aussi du « décolonial », du « racisé », de l'« intersectionnel », de l'« islamo-gauchiste ») sert à cela : empêcher toute dissonance, différence ou divergence. C'est donc très logiquement qu'elle accompagne la répression des luttes sociales, la libération des violences policières, la diabolisation des gilets jaunes, la stigmatisation des révoltes juvéniles, la détestation des radicalités écologiques, etc.

Penser à droite, c'est se revendiquer d'un réel immuable et inchangeable, dont on se croit le garant ou le propriétaire. En ce sens, il est aussi une gauche de droite qui, régulièrement, se dresse contre les nouveautés portées par l'incessant combat pour l'égalité des droits. Ce que ces réactionnaires et conservateurs, quels que soient leurs atours, ne supportent pas, c'est l'auto-organisation des dominés, exploités, opprimés, discriminés, stigmatisés, etc. L'artificielle polémique contre des réunions exclusivement réservées à celles et ceux que concernent lesdites oppressions n'a d'autre but que de délégitimer et disqualifier ce mouvement où se renouvelle sans cesse l'exigence d'égalité. Non pas d'une égalité abstraite, édictée et gardée par celles et ceux qui en sont déjà les bénéficiaires, mais d'une égalité concrète, conquise et défendue par celles et ceux qui en sont exclus.

En ce sens, ce sont toujours des minorités qui font grandir les majorités, les obligeant à sortir de leur confort ou de leur aveuglement. Des minorités qui ne le sont pas forcément quantitativement mais qui le sont par construction sociale et idéologique. Il en fut ainsi, hier, des ouvriers et des femmes, comme il en est aujourd'hui des racisé·e·s, opprimé·e·s, discriminé·e·s ou stigmatisé·e·s à raison de leur origine, de leur culture, de leur religion, de leur apparence, de leur couleur de peau. Les gauches qui accompagnent, en la soutenant ou en s'abstenant, l'actuelle offensive réactionnaire tournent le dos à toute l'histoire des luttes émancipatrices où l'auto-organisation des concerné·e·s a successivement mis en cause des dominations de classe, de sexe et de race, qui cohabitent, se superposent et s'imbriquent.

Se souviennent-elles, ces gauches égarées, du « Manifeste des soixante » de 1864, première exigence d'une représentation des ouvriers par eux-mêmes, par les leurs et non plus par l'intermédiaire de bourgeois, aussi éclairés soient-ils ? Ils ne disaient pas autre chose que les discriminés d'aujourd'hui, ne comptant que sur leurs propres forces pour faire valoir leurs droits : « On a répété à satiété : il n'y a plus de classes ; depuis 1789, tous les Français sont égaux devant la loi. Mais nous qui n'avons d'autre propriété que nos bras, nous qui subissons tous les jours les conditions légitimes ou arbitraires du capital [...], il nous est bien difficile de croire à cette affirmation. [...] Nous ne sommes pas représentés, et voilà pourquoi nous posons cette question des candidatures ouvrières. Nous savons qu'on ne dit pas candidatures industrielles, commerciales, militaires, journalistes, etc. ; mais la chose y est si le mot n'y est pas. Est-ce que la très grande majorité du Corps législatif n'est pas composée de grands propriétaires, industriels, commerçants, de généraux, de journalistes... ? »

Se souviennent-elles, ces gauches oublieuses, de « la Grande Marie », cette figure exceptionnelle du syndicalisme, l'institutrice Marie Guillot (1880-1934), féministe pionnière, fondatrice de la commission féminine de la CGT ? Dévouant sa vie à l'émancipation alors que les femmes étaient privées de tout droit politique, elle se heurta à la domination masculine au sein de la CGT et, afin d'y échapper et de la combattre, adhéra à une organisation non mixte, la Jeunesse laïque et féministe, qui avait été lancée en 1903. Anticipatrice des futurs « groupes femmes » du féminisme des années 1970, elle refusait de dissoudre la cause des femmes dans la lutte des classes : « Nous avons, nous, femmes, une double lutte à mener : lutte commune à tous les prolétaires contre l'asservissement économique, lutte particulière pour la conquête de nos droits d'êtres humains. » « Même bourgeois, ajoutait-elle, le féminisme a une valeur révolutionnaire, en redressant les femmes, en les poussant à faire reconnaître leurs droits par les hommes. »

Se souviennent-elles, ces gauches incultes, d'Aimé Césaire proclamant, avec Léopold Sédar Senghor, la « négritude », retournant en fierté le stigmate de la servitude, alors qu'il était encore député communiste ? Et du premier « Congrès international des écrivains et artistes noirs », organisé à Paris en septembre 1956 par Alioune Diop, le fondateur de la revue *Présence africaine* ? Recevant Senghor en 1976 à la Martinique, en sa mairie de Fort-de-France, Césaire revendiquait la négritude comme « la revitalisation de fraternités oubliées et la vaste solidarité de ceux que l'histoire violenta ». Face à une Europe qui « soliloque », contraignant les peuples qu'elle domine « à écouter passivement », « le dialogue, insistait-il, doit d'abord être avec nous-mêmes ».

Qu'elles soient sociales, sexuelles, raciales, les dominations ne cèdent que par la mobilisation de celles et ceux qui les subissent. Ne pas l'entendre, c'est leur barrer la route, les entraver, les refuser. Enfermés dans leur bonne conscience, celle de n'avoir jamais vécu une discrimination, de ne s'être jamais vu comme intrus dans les regards des autres, de ne pas se rendre compte du privilège que leur accorde leur apparence, on entend ainsi des politiques, des intellectuels et des journalistes de tous bords s'indigner d'un retour du mot race par l'utilisation militante du vocable « racisé ».

Les races n'existent pas, ânonnent-ils, donnant ainsi la main à l'extrême droite qui s'empresse de dénoncer un « racisme des antiracistes » pour mieux abattre l'exigence d'égalité. Pas de races bien sûr, mais du racisme à l'évidence. Il ne suffit pas d'enlever le mot, y compris de la Constitution, pour supprimer le fait. Le racisme construit, dans la vie quotidienne et par des pratiques institutionnelles, une assignation à l'origine, à l'apparence, à la couleur, à l'identité : c'est cela être racisé·e. Une réalité concrètement vécue par une large partie de notre peuple issue de la longue projection de la France sur le monde, par la conquête, l'esclavage, la colonisation, qui fit sa richesse et sa puissance.

L'actualité de la question noire et de la question musulmane dans la France d'aujourd'hui est celle, persistante, de la question coloniale, toujours en souffrance, jamais soldée. Tout comme les États-Unis doivent encore affronter le passé esclavagiste qui les a construits, la France devra bien finir par affronter la question coloniale qui verrouille son imaginaire politique. Non seulement elle y véhicule un racisme persistant, léguant le préjugé de cultures, civilisations, religions, etc. supérieures à d'autres, mais de plus elle prolonge la prétention à un universalisme dominateur dont la nation française serait propriétaire par essence. Or il n'y a d'universel que dans le partage et la relation : ne pas faire à d'autres ce que l'on ne voudrait pas que l'on nous fasse.

Un mois après le premier Congrès des écrivains noirs, Aimé Césaire rompait avec le Parti communiste français par une lettre adressée à son secrétaire général, Maurice Thorez, le 24 octobre 1956[1]. Introduisant la brochure de *Présence africaine*

1 Aimé Césaire, *Lettre à Maurice Thorez*, Présence africaine, Paris, 1956.

qui la diffusa, Alioune Diop souligne qu'avec ce texte Césaire « disqualifie l'Occident en tant que directeur des consciences et de l'histoire ». C'est en effet l'affirmation d'un humanisme réellement universel, où aucune part de l'humanité ne s'accorde le privilège de l'édicter et de le posséder. Un universel construit dans les résistances à tout ce qui blesse l'humanité, à raison de son origine, de son genre, de sa couleur – de sa classe, de son sexe, de sa race.

L'auteur du célèbre *Discours sur le colonialisme* y dénonce le « fraternalisme » de cette gauche française qui, à l'adresse des colonisés – en somme des Noirs, des Arabes, des Berbères, des musulmans, des Africains, des Asiatiques, des Antillais, des Guyanais, des Réunionnais, des Kanak, etc. – « vous prend par la main (d'une main hélas ! parfois rude) pour vous conduire sur la route où il sait se trouver la Raison et le Progrès ». « Or, assène Césaire, c'est précisément ce dont nous ne voulons pas. Ce dont nous ne voulons plus. »

Et c'est alors qu'il proclame ceci, qui restera toujours d'actualité tant qu'il y aura des citadelles d'inégalité et d'injustice à faire tomber : « C'est assez dire que, pour notre part, nous ne voulons plus nous contenter d'assister à la politique des autres. Au piétinement des autres. Aux combinaisons des autres. Aux rafistolages de conscience ou à la casuistique des autres. L'heure de nous-mêmes a sonné. Et ce que je viens de dire des nègres n'est pas valable que pour les nègres. »

C'est cette heure de nous-mêmes qu'inventent, solidairement, toutes les jeunesses aujourd'hui mobilisées, dans notre pays, face au racisme, à l'islamophobie, à l'antisémitisme, à la négrophobie, à la xénophobie, aux violences sexistes et sexuelles, à l'homophobie, aux répressions policières, aux injustices sociales, aux inégalités sanitaires, aux contrôles au faciès, aux persécutions des migrants, à l'urgence climatique…

Il n'est pas d'autre chemin d'émancipation et d'universel que celui de ces causes communes où se réinvente l'espérance. Où s'ébauchent les nouvelles constellations qui, un jour ou l'autre, chasseront la nuit des dominations, ces astres morts.

5 avril 2021

Table

II. *La souffrance démocratique*

MIXTE
Papier issu de sources responsables
FSC® C003309

L'éditeur de cet ouvrage s'engage dans une démarche de certification FSC® qui contribue à la préservation des forêts pour les générations futures.

CPI
FIRMIN-DIDOT
27650 Mesnil-sur-l'Estrée

Composition Facompo, Lisieux.
Achevé d'imprimer par CPI Firmin Didot
à Mesnil-sur-l'Estrée en septembre 2021.
Dépôt légal : septembre 2021
Numéro d'imprimeur : 166001
Imprimé en France